학습상담

상담학총서
COUNSELING SERIES

學習相談

학습상담

Academic Counseling
and Educational Therapy

김동일 · 신을진 · 이명경 · 김형수 공저

상담학총서시리즈 기획위원

서울대학교 김계현 교수
서울대학교 김창대 교수

| 머리말 |

정보의 양이 급증하고 지식의 반감기가 줄어들면서 학교 학습에서 교사, 부모, 학생 각자의 역할과 서로에 대한 기대가 불안정하고 급격하게 변화하고 있다. 그런데 교사와 학습자가 감당해야 할 교과의 양은 늘어나고 부모의 자녀에 대한 기대는 늘 걱정을 수반한다. 학업 성취와 적응도는 동기, 자아개념, 포부수준의 형성, 대인관계 적응, 진로 등을 포함한 학습자의 여러 심리사회적 문제와 결부되어 있다. 이렇게 볼 때, 학업적응을 돕는 일은 교과학습과 더불어 학습의 연속인 삶의 과정을 적응적으로 사는 문제와도 관련이 깊다. 교수-학습 전문가들이 효과적인 학습의 개인적 요소로 학습자의 인지적 측면과 함께 정의적 특성을 함께 강조하고 있지만, 학교 학습에서 이 두 가지를 균형 있게 고려하기 어려운 것이 현실이다.

기본적으로 이 교재의 집필 목적은 학교 학습과 관련된 위와 같은 문제를 학습자가 잘 극복하도록 상담자와 교사가 돕게 하는 데 있다. 즉, 교과지도 방식으로 충분히 도움을 주기 어려운 학업 부적응 문제를 상담적 방법으로 돕고, 학습자의 인지적 · 정의적 측면에서 고른 발달과 적응을 촉진할 수 있도록 현실감 있는 학습상담의 지침을 제공하는 것이다.

이 책은 2부 12장으로 구성되어 있으며, 상호 협의 과정을 거쳐 1, 2장은 김동일이, 3, 6, 7장은 신을진이, 4, 8, 10장은 이명경이, 그리고 5, 9, 11, 12장은 김형수가 분담하여 집필하였다. 각 부와 세부 장의 내용을 간단히 소개하면 다음과 같다.

1부는 학습상담의 이론 측면을 다룬다. 따라서 학습상담 활동에 대한 이해를 돕기 위해 학습상담의 개념과 관련 이론을 개관한다. 이에 포함된 내용으로는 학습상담의 개관, 학업 관련 문제, 학습 관련 요인, 학습상담을 위한 진단 및 평가, 그리고 학습전략이 있으며 이들 내용을 이론적 수준에서 제시한다.

2부는 학습상담의 실제 측면을 다루고 있다. 따라서 학습상담의 주요 문제 영역, 개입방법, 매체 활용, 보조전략 등의 상담 실제와 관련한 내용을 포함한다. 더불어 학습상담 활동에서 요긴하게 활용될 수 있는 온라인상의 연계 및 활용 기관 정보를 소개한다.

무언가를 이해하기 위해서는 그것이 자신 안에서 재발견되는 과정을 거쳐야 한다. 또한 교수-학습 과정의 목적은 학습자가 독립적인 학습자가 되도록 돕는 것인데, 그러한 과정은 상담자와 내담자 그리고 교사와 학생의 관계에서 서로 돕는 과정이 반드시 필요하다. 빅토르 위고는 '신이 인간에게 필요한 것을 아시고 하늘은 멀리에, 벗은 가까이에 두셨다' 고 하였다. 이 교재가 상담자와 교사에게 학교 학습상담을 위한 실용적인 지침서로 활용되고, 또 학습자와 상담자 간에 서로 벗이 되도록 하는 안내서로 쓰이기를 기대한다. 끝으로 이 책의 출간을 맡아 주신 학지사 김진환 사장님과 출판 과정에서 세밀한 교정으로 도움을 준 김경민 과장 및 편집부 관계자 여러분께 깊은 감사의 마음을 전한다.

2011년 1월
집필진 일동

| 차 례 |

제 1 부
학습상담의 이해

제1장

학습상담의 개관

학습목표

1. 학업 문제의 심각성과 학습자를 바라보는 관점을 이해할 수 있다.
2. 학업 부적응으로서의 학습부진을 재개념화할 수 있다.
3. 초등학생과 중학생, 고등학생을 위한 학습상담의 목적을 이해할 수 있다.

이 장의 구성

학습상담의 개관

학업 문제의 심각성	학습과 학습자를 보는 관점	학습부진에 대한 탐색	학습상담의 목적
• 학업에 대한 정신적 부담감과 압박감 • 학습 문제와 부적응을 보이는 내담자 유의사항	• 우수한 학습자와 열등한 학습자 • 빨리 배우는 학습자와 느리게 배우는 학습자 • 적절한 학습 조건에서는 거의 비슷	• 학습부진에 대한 탐색적 접근 • 학습부진의 유형 및 특성 • 학습부진의 재개념화	• 초등학생 대상 학습상담의 목적 • 중고등학생 대상 학습상담의 목적

1. 학업 문제의 심각성

초 · 중 · 고등학교 시기의 학생들에게 학업수행은 주요한 발달과업이다. 이러한 학업은 상급학교로의 진학이나 사회 진출을 위한 취업 등 진로 문제와 밀접한 관련성이 있으며 성인기의 생활에도 커다란 영향을 미치게 된다. 상급학교에의 진학과 적절한 직업이 개인의 성공과 행복을 가늠하는 중요한 요인으로 여겨지고 있는 우리 사회의 현실은 학생에게 학업수행의 부담을 가중시키고 있다. 이러한 학업 문제는 학생 자신뿐만 아니라 그들의 부모가 지니는 기대와 결부되어 많은 고민과 갈등을 유발하고 있다.

우리나라 학생이 학업에 대한 많은 정신적 부담감과 압박감을 느끼고 있다는 것은 여러 연구에 나타나 있다. 고등학생을 대상으로 청소년의 스트레스에 대해서 연구한 황정규(1998)에 따르면, 청소년에게는 학업성적에 대한 스트레스가 가장 큰 것으로 나타나고 있다. 특히 시험에 실패했거나 성적의 부진 및 저하로 야단맞을 때 청소년은 스트레스를 가장 많이 받는다고 보고하고 있다. 조명한, 김경동, 강현두(1993)의 연구에서도 한국 청소년의 주된 고민이 학업 문제로 나타났다. 이 조사에서는 1,600여 명의 청소년에게 그들의 주된 고민이나 걱정거리를 2개씩 선택하라고 하였다. 그 결과, 학교 공부와 성적에 관한 고민을 꼽은 학생이 57.1%로서 학업 문제가 많은 학생의 가장 큰 고민이었다.

학업 문제는 단순히 학업성적의 하락이나 장애로 국한되지 않을 수 있다. 학업 문제와 부적응을 보이는 내담자와 학생을 만나게 되면 다음과 같은 사항을 유의하여 살펴보아야 한다.

첫째, 학습 부적응을 보이는 학생은 전반적인 학교생활을 통해 많은 어려움과 고통을 겪는다. 이러한 학생은 존중이나 수용을 받지 못하고 또래나 다른 교사에게서 따돌림을 받는 경우가 많다. 차별과 편견은 아동의 잠재력을 실현하는 데 장애 요소가 될 수 있다.

둘째, 일상적으로 부딪히는 문제를 해결하는 경우에도 더 많은 좌절을 느끼며, 신체적 · 심리적으로 힘든 상황에서 참을성이 적고 과잉 반응할 수 있다.

셋째, 학업성취뿐만 아니라 자아개념, 성취동기 등 정서적인 부분에서도 여러 가지 부적응과 문제를 지니고 있기 때문에 학습상담에서도 정서적인 문제를 심도 있게 탐색하여야 한다.

그러므로 학습 부적응을 보이는 학생과의 상담에서도 인지적 · 정서적 · 행동적 영역을 포괄하여 문제의 근원을 구체적이고 심도 있게 찾는 노력을 해야 하고 다양한 수준에서 적절한 개입 접근을 수립하여 실시함으로써 효과 검증을 해야 한다.

2. 학습과 학습자를 보는 관점

같은 교실에서 같은 교사에게 똑같이 배웠어도 혹은 같은 부모에게서 자란 쌍생아의 경우에도 시험 점수와 성적에는 큰 차이가 있을 수 있다. 이와 같이 다른 성과를 보이는 학습과 학습자에 대해 교사와 상담자가 보이는 관점은 이후 교육과 상담 과정에 반영될 수 있다(황정규, 1999).

첫 번째는 '우수한 학습자(good learner)와 열등한 학습자(poor learner)가 있다'는 관점이다. 이는 아직도 우리 주위에서 흔히 볼 수 있는 생각으로, 애초에 공부를 잘하도록 되어 있는 학생과 공부를 못하도록 되어 있는 학생이 따로 있으며, 그들은 선천적으로 혹은 적어도 어릴 때부터 다르다는 입장이다. "될성부른 나무는 떡잎부터 알아본다."라는 우리의 속담이 이런 생각을 적절히 표현하고 있다. 그 저변에 깔려 있는 가정은 학습능력이란 비교적 고정적이며, 그렇기에 시험 점수를 예언할 수 있고, 이런 예언은 대개 그 개인의 지능이나 적성을 통해 가능하다는 생각이다. 실제 지능과 교과목 학업성적의 상관계수는 높아서 평균 성적과 지능 간 상관은 약 +.6, 각 적성과 그에 관련된 학과목 성적 간 상관도 약 +.3~+.8 범위에 분포되고 있다. 또한 우수한 학습자는 복잡하고 어렵고 추상적인 문제를 잘 배우고, 열등한 학습자는 단순하고 구체적이고 쉬운 문제밖에 배우지 못한다는 생각이 지배적이다.

이 입장에서는 학습능력을 개인이 지니고 있는 비교적 안정되고 항구적이며 변하지 않는 특성으로 본다. 이 같은 안정된 행동이나 능력은 개인의 일생을 통하여 별로 변화되지 않으며, 이것이 학교에서나 그 이후 개인의 생애의 성패를 결정한다는 것이다. 실제 종합적인 연구 결과에서는 초등학교 3학년 때의 학업성적과 고등학교 2학년 때의 학업성적의 상관이 +.85라고 보고되고 있다(황정규, 1999).

만약 이 관점이 절대적으로 옳다면 학교는 아무것도 할 일이 없으며, 학생들의 성적이 나빠도 학교나 교사에게는 아무런 잘못이 없는 셈이 된다. 이 같은 학습자관에서 학교가 해야 할 일은 무능력자를 가려내고 우수한 자는 격려해 주는 것밖에 없다. 그러므로 학습이나 교육보다는 분화, 차이, 변별, 등급에 강조를 두는 관점을 취하게 될 것이다.

두 번째 학습자관은 '빨리 배우는 학습자(fast learner)와 느리게 배우는 학습자(slow learner)가 있다'는 관점이다. 첫 번째 학습자관이 지금까지 대부분의 교사나 부모의 머리를 지배한 것이라면, 이 두 번째 학습자관은 최근 들어 새롭게 자리 잡고 있으며 아직은 그에 대한 회의적인 시각이 없지 않은 것이라고 할 수 있다. "똑같은 과제를 주었더니 저 애는 빨리 해치우는데, 얘는 퍽 늦단 말이야."라는 교사의 말이 바로 이 학습자관을 보여 주는 예라고 하겠다. 이 같은 생각은 이미 Carroll(1963)에 의해 제안된 바 있다. 그는 모든 학습자는 학습 속도에서만 서로 다를 뿐이며, 그 속도는 적성과 지능에 의해 예언할 수 있다고 했다. 이 학습자관은 만약 학생에게 필요한 만큼의 시간과 도움을 주면 대부분의 학생이 교과목에서 높은 학업성취를 유지할 수 있다고 가정한다.

요컨대, Carroll(1963)에 따르면 생각이란 학습자는 빨리 학습하느냐 느리게 학습하느냐가 다를 뿐이며, 가르치는 방법과 공부시간을 개개인의 수준과 필요에 적절히 맞춰 주기만 하면 누구나 비슷한 성적을 올릴 수 있다. 이 같은 조건 아래에서는 개인의 지능이나 적성이 학습자의 학업성적을 예언할 수 없게 된다. 그러나 모든 조건을 각 학생에게 맞춰 줄 수 없는 상황이라면 이야기는 달라진다. 그렇다면 역시 성적은 지능이나 적성에 의해 결정될 수밖에 없는 것이다.

연구 결과에 따르면 빨리 배우는 학습속진아와 느리게 배우는 학습지진아의 소요시간 비는 1:5 정도다(즉, 같은 내용을 배우는 데 있어서 학습지진아는 학습속진아에 비해 5배의 시간이 필요하다). 만약 지진아에게 더 많은 시간을 준다면 대부분의 지진아도 속진아와 유사한 수준의 학업성취를 이룰 수 있다. 이 같은 학습자관은 교육 실제에 혁신적인 변혁을 가져온 것이기는 하지만, 학습의 '수준'을 학습의 '속도'로 바꾸어 개념화했다는 것일 뿐 여전히 속진아와 지진아라는 것을 항구적 특성으로 보고 있다는 점에서 첫 번째 관점과 크게 다르지 않다.

세 번째 학습자관은 '유리하고 적절한 학습 조건을 제공하면 대부분의 학습자가 학습능력, 학습 속도, 다음 학습을 위한 동기 등에서 거의 비슷하게 된다'는 생각이다. 이 학습자관은 근본적으로 위의 두 학습자관에 대한 저항에서 출발한다. 즉, 우수아나 열등아, 속진아나 지진아가 따로 있다는 생각에 대한 저항이다. 실제로 학생 간의 학습능력, 학습 속도, 학습동기 등은 '부적절한 학습 조건에서는 점점 더 큰 차이가 나지만 적절한 학습 조건에서는 비슷해진다'는 사실이 여러 연구에서 밝혀지기도 했다. 이는 곧 학생들의 학습능력, 학습 속도 등에 근원적 차이가 있는 것이 아니며, 가르치고 공부하는 학습 조건이 적절하지 못하기 때문에 학생 간에 성적 차이가 생기게 됨을 의미한다.

앞의 두 번째 관점에서는 속진아와 지진아의 학습 속도는 1:5 정도라고 하였다. 그러나 적절한 학습전략을 사용하여 계열화된 학습과제를 하나하나 차례로 학습해 나가도록 하고, 피드백과 교정을 하며 개별화된 학습 조건을 제공하면 그들 간의 학습 속도가 차츰 비슷해지는 것이 많은 연구에서 밝혀지면서, 속진아와 지진아의 학습 속도 차이가 그렇게 크지 않다는 사실도 드러나게 되었다.

이 학습자관에서는 지금까지의 우수 학습자와 열등 학습자 혹은 속진 학습자와 지진 학습자의 차이는 적절한 학교 조건과 학습 조건의 제공에 의해 사라질 수 있다고 본다. 즉, 적절한 학습 조건만 주어지면 모든 학습자가 학교나 교사가 가르치려고 하는 것은 무엇이든지 거의 학습할 수 있다는 것이다.

이러한 학습자를 바라보는 관점에서 학업 문제를 이해하고자 할 때는 그것을 학습자의 내부 문제로 귀인하는 고정적인 입장이 아니라 환경과 학습자 간의 적응과 부적응으로 인식하고 '변화 가능한 과업'으로 보는 역동적인 접근이 필요하다.

3. 학습부진에 대한 탐색

학업 문제 중에서 가장 두드러진 것은 학교 학습에 대한 부적응이다. 이는 교과학습에 어려움을 겪고 있으며 자존감도 낮고 주의가 산만하며 학교생활에 재미를 느끼지 못하고, 경우에 따라서는 친구가 없고 의욕도 없으며 실패에 대한 두려움이 많은 학생에게서 발견할 수 있다. 학습부진아라고 지칭되는 학생이 바로 그들이다. 얼마 전까지만 해도 이런 학생이 학교에서 받는 차등적 대우란 대개 학급에서 담임교사로부터 멀리 떨어진 곳에 앉히기, 직접적인 지도나 도전감이 드는 새로운 작업을 주지 않기, 질문에 손들어도 시키지 않기, 질문에 대답할 여유를 주지 않고 정답을 먼저 말해 주기, 칭찬 덜 하기, 야단 많이 치기, 이야기시켜 놓고 중간에 끊기, 눈 맞춤을 덜 하기, 얼굴을 찌푸리며 쳐다보기 등 이루 헤아릴 수 없다.

그러나 요사이 국가 혹은 지역 수준에서 그들에 대한 관심이 상당히 높아지고 있다. 앞에서 제시한 변화 가능한 주체로서의 학습자 관점을 지향하며 학습상담을 촉진하기 위한 학습부진에 대한 다양한 탐색, 유형 및 특성, 그리고 재개념화를 정리하면 다음과 같다(김동일, 이대식, 신종호, 2009).

1) 학습부진에 대한 탐색적 접근

학습부진은 개인이 특정한 영역에서 제대로 하지 못하거나 기대했던 것보다 잘하지 못할 때 통상적으로 쓰이는 포괄적 용어(umbrella term)다. 그러나 실제로 그 정의를 정확하게 합의하기란 쉽지 않다. 학습부진이라는 용어만큼 여러 집단에서 다양한 의미를 지니는 것도 없다. 교사는 대체로 학습부진을 학급에서 진도를 제대로 따라오지 못하는 아동을 지칭한다고 생각한다. 학부모는 자녀가 그들의 기대보다 성적이 떨어지거나 형제에 비해서 잘하지 못하면 부진하다고 본다. 정신과 의사는 정서적인 문제(우울, 불안)로 성적이 떨어지는 경우를 학습부진으로 분류하기도 하며, 교육 전문가는 지능이나 적성 수준이 매우 뛰어나지만 학업성취는 매우 낮을 때만 학습부진이라고 일컫기도 한다.

이렇게 명확하게 구분하기는 어렵지만 용어의 의미를 좀 더 정교하게 사용하기 위해 학습부진을 좁게 해석하여 다른 유사 개념과 변별적으로 사용하는 경우도 있다. 이러한 유사 개념을 정리하면 다음과 같다.

(1) 학습지진

학습지진(slow learn)은 지능으로 대표되는 지적 능력의 저하로 인하여 학업성취가 뒤떨어지는 상태를 말한다. 학습지진아는 경계선급 경도장애를 보이며, 따라서 학습능력도 평균 수준에 미치지 못하게 된다. 지능 수준은 하위 3~25% 가량이며, 지능지수는 약 75~90 정도에 속하게 된다.

(2) 학업 저성취

학업 저성취(low achievement)는 학습부진과 자주 혼용되는 개념으로서, 일반적으로 성취 수준을 집단별로 구분하면 하위집단에 속하는 경우를 말한다. 이 개념은 잠재적인 능력 수준이나 지적 능력은 고려하지 않고 결과로서 나타난 학업성취 수준을 이야기한다. 흔히 학업 저성취아는 하위 5~20%의 성취 수준을 보이는 아동을 지칭할 때 사용된다.

(3) 학업지체

학업지체(academic retardation)는 국가적으로 혹은 지역적으로 규정된 학년, 학기의 학습목표를 달성하지 못하여 뒤처지는 상태를 말한다. 학업지체아는 특히 학업에서의 발달과업을 적절히 성취하지 못하여 지체된 것으로 다른 아동에 비하여 누적된 결손을 보이게 된다.

(4) 학습부진

학습부진(underachievement)은 학업 영역에서 나타나는 학업성취 수준이 학생이 지닌 잠재적인 능력(지적 능력 수준)에 미치지 못하고 현격하게 뒤떨어지는 상태를 말한다. 이는 소위 불일치 준거(discrepancy criteria)에 의하여 설명되는 능력-성취의 편차다. 불일치로서의 학습부진은 학년 수준의 편차(deviation from grade or age level), 기대 학령 공식(expectancy formulas), 회귀 공식(regression), 표준 점수 차이(difference between standard scores) 등의 조작적 정의가 이루어진다(김동일, 1998b).

1 기대되는 학년과 성취된 학년의 차이

학습부진은 대체로 학업성취 검사의 점수에 근거한 학년 수준과 아동 자신의 기대되는 학년 간의 차이로 간단히 정의된다. 예를 들면, 5학년으로 기대되는 학생이 학업성취 검사 결과 3학년 수준이었다면 그 학생의 학력 수준은 두 학년이 뒤처진다고 할 수 있다. 편차의 기준을 가진 정의의 경우는 항상 어느 정도의 편차를 심각한 차이로 볼 것인가에 대한 규준을 정하고 있다. 이 경우 한 가지 문제는 차이가 같아도 학년에 따라 의미가 다를 수 있다는 점이다. 초등학교 4학년에서의 2년 차이와 중학교 2학년에서의 2년 차이는 상당히 다르다. 따라서 이런 점을 고려하여 초등학교 저학년은 1년, 초등학교 고학년은 1.5년, 중등학교 이상은 2년과 같이 편차의 규준을 달리하는 경우도 있다.

여기서는 기대되는 학년을 아동의 현재 학년으로 볼 것인지 혹은 아동의 실제 학년이 아닌 '기대되는 학년'을 구하여 능력-학업성취 편차에 적용할 것인지에 따라 약간 다른 공식이 사용된다. 이러한 기대치 공식은 다음과 같이 나타낼 수 있다(김동일, 1998b).

ㄱ. $CA-5$(학년 기대치는 실제 학년)

ㄴ. $[\frac{(2MA+CA)}{3}]-5$

ㄷ. $\frac{(YIS\times IQ)}{100}$

[CA = 실제 연령; MA = 정신연령; YIS = 재학기간(연); IQ = 지능지수]

② 회귀 공식

기댓값을 구하는 좀 더 정교한 방법은 회귀 공식을 사용하는 것이다. 이 공식에서는 두 측정값 사이의 관계가 완전 상관이 아닐 때 생기는 중간값으로의 회귀 현상과 측정의 표준 오차가 고려된다. 그리고 회귀 공식을 잘 사용하기 위해서는 그 식에 들어가는 두 검사 사이의 상관에 대해 잘 알고 있어야 한다. 이를 간단한 공식으로 표현하면 다음과 같다.

$$EY = R_{xy}[\frac{S_y}{S_x(X-mX)}] + mY$$

[X=특정한 학생의 지능지수; mX=평균 지능지수; Sx=지능의 표준편차; Rxy=지능과 성취의 상관계수; EY=특정한 지능지수에서 기대되는 성취지수; mY=평균 성취지수; Sy=성취의 표준편차]

그리하여 이 공식에서 나온 기대되는 성취지수와 실제의 성취지수 간에 기준치(예: 2 측정의 표준오차) 이상의 차이가 있으면 불일치한다고 본다. 이러한 접근에는 상당히 복잡한 변환과정이 필요하다.

③ 표준 점수의 차이

학습부진을 정의하는 또 하나의 방법은 각 검사의 표준 점수를 비교하는 것이다. 여기서 유의미한 차이에 대한 규준이 설정되는데, 예를 들면 학업성취 검사 점수와 능력검사(주로 지능검사) 점수 사이의 차이를 1～2 표준편차 정도로 정하는 것이다. 이 방법은 지능지수의 학업성취로의 회귀를 설명해 주지 못하며, 기대 공식과 같이 능력과 학업성취 사이의 완전 상관이 있고, 검사의 표준 점수 분포도 동일하다는 실현하기 어려운 가정을 전제하고 있다.

(5) 학습장애

학습장애(learning disability)는 특수교육의 한 영역으로서 다음과 같이 정의될 수 있다.

> 학습장애는 정신지체, 정서장애, 환경 및 문화적 결핍과는 관계없이 듣기, 말하기, 쓰기, 읽기 및 산수 능력을 습득하거나 활용하는 데서 심한 어려움을 한 분야 이상에서 보이는 장애다. 이 장애는 개인에 내재하는 지각장애, 지각-운동장애, 신경체계의 역기능 및 뇌손상과 같은 기본적인 정보처리 과정에서의 장애로 인하여 나타난다. 일반적으로 학습장애는 개인 내 차이, 즉 개인의 능력 발달에서 분야별 불균형이 나타나는 특징이 있다. 학습장애는 발달적 학습장애와 학업적 학습장애로 나누기도 한다. 전자는 학생이 교과를 학습하기 전에 갖추어야 할 신체적 기능(주의집중력, 기억력, 인지기능, 사고기능, 구어기능)을 포함하고, 후자는 학교에서 습득하는 학습기능(읽기, 쓰기, 셈하기, 작문)을 포함한다(서울대학교 교육연구소, 1994b).

학습장애 학생은 특수교육 대상자로 판별되어 정치(placement)된 학생을 지칭한다. 그들은 개인 내적인 결손으로 추정되는 원인으로 학습에 여러 가지 부적응을 보이며, 이로 인하여 특수교육 서비스에 의뢰되어 진단을 받고 실제로 관련 서비스를 받아야 한다. 학습장애라는 용어에는 이러한 진단과 특수교육 서비스가 포함되어 있다고 볼 수 있다.

2) 학습부진의 유형 및 특성

기존 문헌에서는 학습부진아(underachiever)와 대비하여 학습과진아(overachiever)의 개념을 설정하기도 한다(김동일, 1999). '일반아동'은 기대 수준에 적절한 성취검사의 수행을 보인 아동이며, '과진아'는 적성평가에 의한 예상보다 높은 성취 수준을 보인 아동이다. 그러나 어떤 학생을 과진아로 평가하는 것은 성취 수준과 관련된 동기를 연구하려는 목적을 제외하고는 그리 큰 관심의 대상이 되지 않는다. 반면에 학습부진아에 대한 연구는 개인이 소유한 재능과 능력을 개발하고 촉진하려는 교육의 목적에 기반을 두고 그 중요성이 강조되고 있다.

(1) 학습부진의 유형

학습부진을 더 체계적으로 탐색하기 위하여 다음과 같이 여러 차원으로 나누어 유형화할 수 있다(김동일, 1999).

1 적성(지능)과 성취 간의 불일치

- 미확인: 적성 및 성취 검사 점수가 똑같이 낮고 측정되지 않는 능력을 숨기고 있는 경우 혹은 평균 정도의 성취 수준 때문에 높은 성취 가능성이 숨겨지는 경우
- 높은 적성검사 점수와 낮은 성취검사 점수를 받은 경우
- 적성검사 점수와 관계없이, 높은 표준화 성취검사 점수를 받았음에도 학교에서의 성적이 낮은 경우

2 지속기간

- 일시적/상황적: 학습부진 행동이 일시적인 기간(부모의 이혼, 질병, 전학, 교사와의 갈등 등)에 의해 나타남
- 만성적: 장기간에 걸쳐 학습부진이 나타남

③ 범위

- 특정 교과 및 기능 결핍: 수학이나 미술과 같은 과목 혹은 신체 발달 영역에서 뛰어난 성취 잠재력을 가진 학생이 흥미나 동기의 부족으로 적절한 수행 수준이 나타나지 않는 경우다. 이와 같은 경우는 교사가 그리 심각하게 생각하지 않게 된다.
- 기초 학습기능 부진: 읽기, 철자와 같은 언어 관련 과목 등 전체 교육과정에서 기초가 되는 교과목의 성취는 학업에서의 성공 여부에 매우 중요한 것으로 간주된다.
- 전반적 학습부진: 평가된 적성보다 낮은 수행 수준을 보이며 전반적으로 모든 교과목에서 낮은 성취를 보이는 경우다.

④ 자신과 타인에 대한 학습부진의 영향

- 경미한 경우: 부정적인 영향이 나타나지 않는다. 대부분의 학습부진 아동의 정서적 적응과 사회 행동은 정상적이다.
- 심각한 경우: 성공 경험의 부족은 낮은 자기존중감과 자기비판적인 태도를 발전시키고, 개인의 건전한 성장을 방해하는 대처행동을 유발하여 사회적으로 파괴적인 모습을 띠게 한다.

⑤ 내외 귀인

- 내적: 학습부진의 원인이 개인 내적인 문제인 경우다. 건강상의 문제나 성격적인 부적응, 중추신경계 결손, 뇌손상 등이 대표적이다.
- 외적: 명백한 외적 환경의 영향이 원인이 되는 경우다. 잦은 이사, 가족 구조의 변화, 교사와의 관계, 친구관계, 사회적 변화 등이 대표적이다.

(2) 학습부진의 특성

일반적으로 학습부진은 진단명(diagnosis)이 아니며 주관적인 판단이 개입되는 경우가 많다. 또한 학습부진 자체가 연구나 지도의 대상이 되는 것은 아니다.

학습부진은 그것을 유발하는 여러 가지 원인의 결과적인 증상이며 신호다. 이는 아동이 가지고 있는 잠재력을 모두 발현하는 데 방해가 되는 요인이 무엇인가를 체계적으로 탐색해야 한다는 것을 의미한다.

20세기 중반부터 학습부진 문제는 교육학 연구에서 자주 등장하는 주제로 떠올랐다. Gallagher와 Rogge(1966)에 따르면 초기에는 학습부진아에 대한 기술 연구들이 주종을 이루었는데 그 특징으로 낮은 자아개념과 부적응 패턴이 거론되었다. 많은 연구가 가정에서의 심리적 환경이 학습부진에 중요한 역할을 한다고 보고하였다. 한편으로 학습부진 아동의 사회적 · 정서적 부적응 문제에서 상담의 중요성을 강조하였으나, 그 효과에 대한 명확한 결과를 얻지 못하였다.

학습부진은 각기 독특한 요인의 조합으로 이루어져 있다. 그 요인들은 아동의 생활과 복잡하게 상호 연관되어 있다. Strang(1960)은 부모, 교사, 또래에 의한 부적응 요인을 다음과 같이 제시하였다.

① 부모의 지나친 압력
② 부모의 무관심과 방치
③ 삶에 대한 기본적 태도를 개발할 수 있는 기회의 부족
④ 재정적 한계
⑤ 사고와 공부 방법에 대한 지도의 부재
⑥ 폭넓고 도전적인 교육과정의 부재

Hildreth(1962)는 고등학생의 학습부진 원인을 다음과 같이 열거하였다.

① 성취하려는 노력이 부족함
② 교육과정과 수업이 수준에 맞지 않음
③ 초등학교 때부터 노력하지 않았던 학생들이 고등학교 진학 후 갑자기 적응하기에는 어려움
④ 청소년기에 권위에 대한 반항적 태도가 나타남

⑤ 자신들이 가지고 있는 흥미와 학교 교육과정에서 요구하는 흥미 간에 갈등을 일으킴

Taylor(1964)는 많은 연구 결과를 검토하여 학습과진아와 학습부진아의 일곱 가지 비교 특성을 열거하였다.

① 학업불안: 학습과진아는 불안이 덜하고 목표 달성에 대한 내적인 통제력과 긴장감이 있는 반면, 학습부진아는 불안을 가지고 있다.
② 자존감: 학습과진아는 자신을 수용하고 낙관적이며 자기 신뢰감과 적절감을 가진 반면, 학습부진아는 자기비판적이고 부적절감을 가지고 있다.
③ 성인과의 관계: 학습과진아는 부모 및 교사와 비교적 원만한 관계를 유지하는 반면, 학습부진아는 추종, 회피, 맹목적 반항 혹은 부모에 대한 적대감을 가지고 방어적으로 행동한다.
④ 대인관계: 학습부진아는 거절감이나 고립감을 느끼기 쉽고 무관심하고 타인에 대해 비판적인 반면, 학습과진아는 상대적으로 대인관계에서 적응적이다.
⑤ 독립과 의존 간의 갈등: 학습과진아는 스스로 공부하는 습관으로 인해 학습과 생활에서 비교적 독립적인 모습을 보이는 반면, 학습 부진아는 낮은 성취 극복을 위한 의존감과 학습 책임에 대한 회피로 인해 독립과 의존 간의 갈등을 더 겪는다.
⑥ 활동 패턴: 학습과진아는 학업 지향적인 반면, 학습부진아는 사회 지향적이다.
⑦ 목표 설정: 학습과진아는 현실적이고 성공적인 반면, 학습부진아는 목표에 대해 비현실적이고 계속적인 실패를 겪는다.

기존의 많은 연구는 학습부진아의 특성을 기술하는 데 치중되었다. 때로는 그러한 특성이 낮은 학업수행의 원인으로 간주되기도 한다. 즉, 학습부진아는 반

사회적 성격, 낮은 포부 수준, 빈약한 가족관계, 학교 활동에 대한 부정적인 태도를 가진다고 하였다. 학습부진아의 특성은 그들의 부적응, 실패, 거절에 대처하는 방식의 결과로서 성격과 행동으로 발전될 수 있다. 따라서 이러한 가능성의 면밀한 검토를 통해 자기 지각을 높이고 학습부진을 방지할 수 있는 교육적 환경을 설계할 수 있다. 부모와 교사에 의해 '부적응적'이라고 기술된 행동은 아동의 불안감, 열등감, 적대감, 죄책감, 그리고 의사결정상의 갈등에 대처하는 방식일 수 있다.

3) 학습부진의 재개념화

학습부진에 대한 진지한 탐색을 위하여 이루어져야 할 일은 학습부진의 개념을 재정립하는 것이다. 이를 위해서는 다음과 같은 필요조건이 구체화되어야 한다.

첫째, 학습부진에 대한 정의와 일반적인 지침, 판별검사의 제작, 참고자료는 국가 수준에서 정하지만, 조작적이고 실제적인 정의는 단위학교 수준에서 여러 사정을 고려하여 결정하여야 한다. 그리고 이러한 단위학교 수준의 조작적 정의는 공개되고 지속적으로 향상되어야 한다. 학습부진에 대한 교육 현장의 혼란은 일차적으로 개념적(conceptual) 수준의 정의와 조작적(operational) 수준의 정의를 구분하지 않았기 때문이며, 교육 주체들은 합의된 개념적 수준의 정의를 조작적 수준의 정의로 이해하고 그것을 무리하게 적용하려는 양상을 드러내면서 문제가 발생하는 것이다.

둘째, 학습부진의 정의에서는 '정상적 지능 수준'을 가정하는 기대-성취의 불일치보다 일정 수준 이하의 저성취(low achievement)가 강조되어야 한다. 공교육에서는 공적인 책무성을 지니고 일정한 성취 수준 이하의 학생들이 학업에서 소외되지 않도록 돌보아야 한다. 그러므로 어느 학년에서든 하위 5~20% 정도의 학생들은 교육과정상의 과업(학업)에서 곤란을 겪기 때문에 그들에 대해 특별한 관심을 가져야 한다. 학습부진이란 학년이 올라가면서 변화하는 것으로,

한번 정해지면 고착되는 현상이 아니다. 이는 학습부진 집단이 '없어져야 할 문제아'가 아니라 과거에도 있었고 현재에도 존재하며 미래에도 지속적으로 존재하게 될 '체계적 도움이 요구되는 보충학습 대상자'라는 점을 강조하는 것이다.

셋째, 학습부진 교육은 각 교육 주체(교사, 학부모, 학생 자신)의 동의를 바탕으로 이루어져야 하지만 (담임)교사의 판단이 가장 중요한 근거가 되어야 한다. 이를 위하여 학습부진 보충학습은 일정한 대상자(하위 5~20% 정도의 저성취 집단) 중에서 특히 교사가 권고하는 학생을 중심으로 이루어지는 '선택'형 체제여야 한다. 그런데 학교별, 지역별로 경제적인 지원이나 성취 수준이 다르기 때문에 각 학교에서 실제로 진행할 수 있는 인원을 일률적으로 정하는 것이 어려워진다. 예를 들면, 과학고등학교에서는 학습부진 관련 서비스를 하지 않아도 무방할 것이다. 따라서 해마다 학습부진아 수가 늘어났다가 줄어들었다는 이유로 교사를 '거짓말쟁이'로 만드는 통계치에 대한 생각도 바뀌어야 한다.

넷째, 학습부진 교육은 단위학교에서 '과외'로 하는 활동인 만큼, 책임 지우기나 채찍 위주의 감독보다는 수범 사례의 발굴과 우수 교사에 대한 격려가 강조되어야 한다. 그렇게 할 때 많은 훌륭한 교사가 학습부진아를 맡게 되어 그들에게 놀랄 만한 변화를 일으키게 된다.

다섯째, 학습부진 교육은 특수교육(특수학급 및 학습도움교실)과 연계 서비스가 구축되어야 한다. 이는 통합교육 차원에서 특수교사가 일반교사를 지원하거나 협력적 자문을 제공할 수 있는 장이 되어야 한다는 것이다. 또한 특수학급이나 학습도움교실로 의뢰하기 전에 의무적으로 적어도 8주 이상 학습부진 교육을 받도록 하는 의뢰 전단계(pre-referral) 체제로 전환되어야 한다. 이는 대상 아동에 대하여 보다 체계적인 정보를 얻을 수 있고, 아무런 사전 중재 없이 그대로 특수교육 서비스로 의뢰되어 정치됨으로써 나타나는 불필요한 낙인 효과를 줄일 수 있게 된다. 현재의 교육발전 5개년계획에서 학습부진 영역과 특수교육 영역이 같은 정책목표하에 묶인 것은 여러 면에서 시사하는 바가 크다고 하겠다.

끝으로 학습부진과 학습장애를 개념적으로 구분해야 한다. 학습부진은 매우 낮은 성취 수준으로 나타나는 '증상'이며 원인을 진단하고 중재를 계획해야 할 시발점이다. 이에 비하여 학습장애란 앞서 언급한 바와 같이 일종의 진단명이며 특수교육 대상이 된다. 결과적으로 학습부진이라는 면에서는 같지만 학습장애에는 좀 더 부가적인 단서가 붙는다고 할 수 있다.

학업부진에 영향을 주는 변인은 너무 다양하기 때문에 체계적으로 정리하는 것도 쉽지 않다(김동일, 1998a). 이는 학생의 특성, 교수방법, 교재, 교사의 행동, 교실환경을 포함하는 복잡한 과정으로, 이러한 복잡성을 정리하기 위해서 Carroll(1963)은 학습을 위해 필요한 주요 변인으로 '시간'을 강조하는 학교학습 모형(model of school learning)을 제안하였다. 이 모형에서 학습(L)은 학습을 위해 필요한 시간의 양(T_n)과 관련해서 학생이 실제로 투입한 학습시간의 양(T_a)에 대한 함수관계로 제시된다. 그리고 학습 정도는 T_a와 T_n 사이의 비율로 볼 수 있다.

$$L = f(\frac{T_a}{T_n})$$

이 모형은 다음과 같은 다섯 가지 요소를 포함한다.

① 적성: 최적의 수업 조건에서 학습하기 위해 필요한 시간의 양
② 능력: 일반지능에 관련된 이해의 정도
③ 지속성: 학생이 학습 활동에 능동적으로 몰두하는 시간의 양
④ 학습 기회: 학습을 위해 할당된 시간
⑤ 교수의 질

이들 요인을 포함하는 학교학습 모형을 다시 제시하면 다음과 같다.

$$L = f\left[\frac{(\text{학습 기회} + \text{지속성})}{(\text{적성} + \text{능력} + \text{교수의 질})}\right]$$

이 모형에서 시간은 고정되어 있지 않으며 학생 사이의 개인차를 강조한다.

적당한 시간과 적절한 교수가 주어진다면 대부분의 학생이 완전학습을 할 수 있다고 기대된다. Carroll의 모델을 확장해서 Bloom(1968)은 학습이 학생의 특성보다 교육체제와 더 관계가 있다고 제시했다. Bloom 모델의 세 가지 기본 변인은 학생 특성, 교수, 그리고 학습성과다. 학생 특성은 인지적인 투입 변인(미래의 학습과제를 위해 필요한 기본적인 학습 기술의 숙달 등)과 정서적인 투입 변인(학습을 위한 동기, 학교 상황 이외의 가족적 또는 사회적 요소 등)을 포함한다. 교수의 질은 중요한 교수 변인이며, 개인의 요구와 일치하기 위한 교수의 적합성과 함수관계에 있다. Bloom은 교수의 질을 결정하는 주요 요인으로 단서, 참여, 강화, 피드백, 교정을 예시하였다. 학습성과는 성취의 형태와 수준, 학습 속도, 정서적인 결과에 의해 평가된다.

이러한 학습모형은 부진 현상을 설명하고 더 나아가 학습부진과 학습장애를 구분하기 위한 시사점을 제공할 수 있다. 이 모형은 일반적 저성취를 특징으로 하는 학습부진을 설명한다. 그러나 학습장애아는 학습부진아보다 더욱 부진한 학습자로서 진단되고 다루어져야 할 부가적인 문제를 지니고 있다. 특히 발달지체, 유전적 변인, 미소뇌기능장애, 생화학적 이상, 신경심리학적 변인, 생리학적 불균형, 뇌손상, 언어적 결함, 시지각 이상, 청지각 문제, 협응능력 결함, 심리언어적 결함, 인지적 결함, 기억 문제, 주의집중 장애와 같이 학습을 심각하게 저해하는 부가적 진단이 있게 된다. 이런 저해요인은 위 모형에서 T_n에 추가되어($+\alpha$) 학습에 필요한 시간을 급격히 증가시킨다. Kavale과 Forness(1995)는 저해 요인이 하나 혹은 복수로 나타나 T_a에 비해서 T_n이 상대적으로 지나치게 증가된 학습자를 정상적인 학습과정에서 학습이 이루어지기 어려운 '이탈된 학습자(disassociated learner)'로 규정하였다. 그러므로 학습장애는 진단되거나 추정된 여러 문제로 인하여 학습부진 집단 중에서 매우 낮은 성취를 보이는(학습시간이 많이 필요한) 특수교육 대상이라고 볼 수 있다.

4. 학습상담의 목적

학습상담의 구체적인 절차를 알아보기 전에 학습상담의 목적이 무엇인지에 대해 먼저 살펴보아야 한다. 학습상담은 학습자가 초등학생인가 혹은 중고등학생인가 등 대상에 따라 그 내용이 달라질 수밖에 없다.

1) 초등학생 대상 학습상담의 목적

초등학교 시기는 Piaget의 인지 발달 단계 중 구체적 조작기에 해당되며, Freud의 심리성적 발달 단계에서는 잠복기 그리고 Erikson의 심리사회적 발달 단계에서는 근면성 대 열등감의 단계에 속한다. 이 시기의 학생들은 눈에 보이는 구체적 사실에 기초하여 논리적인 문제해결 방법을 배워 나갈 수 있고, 학교생활을 시작하면서 구체적으로 자신이 할 수 있는 과제와 없는 과제가 무엇인지 알아 간다. 이런 과정을 거쳐 자신의 능력에 대한 확신을 가지게 되면 근면성이 형성되고, 실패가 누적되면 열등감을 경험하게 된다.

김혜숙(1983)에 따르면 초등학생의 발달과업인 근면성을 달성하기 위해서는 해야 할 일을 꾸준히 참으면서 끝까지 해낼 수 있는 인내력을 키우도록 해 주는 것이 중요하다. 그러므로 초등학생이 해야 할 가장 대표적인 일을 '학습 영역'으로 보았다. 이전에도 다양한 학습이 이루어졌지만, 이제 공식적인 교육기관에 속해서 학습을 하기 시작하고 학습에서의 성공 여부가 성취감 획득에 결정적 역할을 하게 되는 시기가 되었다는 것이다. 이와 관련하여 초등학생 시기에 구체적으로 달성되어야 할 목표는 다음과 같다.

- 학교 과제에서의 성공 경험과 성취감
- 규칙적인 학습 습관의 형성
- 효율적인 학습방법의 습득

• 놀이와 학습의 조화

따라서 이 시기 학생들에 대한 학습상담은 학생에게 학교에서 해야 할 과제를 잘 알려 주고, 아울러 학생 스스로 그것을 해결하고 성취감을 경험할 수 있도록 바람직한 학습 습관을 길러 주는 데 목표를 두어야 한다. 상담자가 직접 학생에게 개입하여 그 과제를 잘 수행할 수 있도록 할 수도 있으나, 부모를 통해 이와 같은 상담 목표가 잘 달성될 수 있도록 부모교육 혹은 부모상담을 상담 장면에서 실시하는 방식도 가능하다.

한편 학교에서 학습의 경험이 본격적으로 시작되면서 학습과 관련된 장애, 즉 학습장애, 정신지체, 주의력결핍 과잉행동장애(ADHD) 등을 가지고 있는 아동의 경우 본격적으로 그와 같은 문제 때문에 어려움을 경험하게 된다. 이전의 발달 단계에서도 분명 문제 증상이 어느 정도 나타나지만, 교과 내용을 본격적으로 배우고 규칙이 분명하게 설정되어 있는 학교생활이 시작되면 그 문제 증상이 더욱 본격적으로 드러날 수밖에 없기 때문이다. 따라서 상담 장면에서는 이와 같은 문제 증상에 대한 정확한 진단, 효과적 개입전략 등을 제시해야만 한다. 이런 장애는 조기에 발견될 경우 그 피해를 최소화할 수 있다.

초등학생 학습상담의 목적

• 초등학교 아동이 학습과 관련된 과제를 잘 이해하고 수행할 수 있도록 한다. 무엇보다 바람직한 학습과 관련된 습관을 형성할 수 있도록 한다.
• 이와 같은 과정을 효과적으로 지도해 주도록 하기 위해 부모에 대한 적절한 교육 및 훈련이 이루어질 수 있도록 한다.
• 조기에 진단하고 개입할 경우 이차적 문제 발생을 예방할 수 있는 학습 관련 장애를 감별하여 적절한 치료 및 교육을 받을 수 있도록 한다.

2) 중고등학생 대상 학습상담의 목적

초등학교 때와 비교하여, 중학교 이후의 학교생활에서 학습은 평가 기준이 더욱 분명해지고, 그 결과도 각 과목의 점수를 알게 되는 것에서 그치지 않고 상대적인 등수에 이르기까지 정확하게 알 수 있게 된다. 그 결과, 교과 내용의 습득이라는 학습의 본래 목적 외에 무한 경쟁 체제 안에서 우위를 점해야 한다는 부담감이 생기게 된다. 이런 경쟁은 '대학입시'라는 최종 목표점을 지날 때까지 지속되어야 한다는 점에서 학습에 대한 스트레스는 학년이 올라갈수록 점차 가중될 수밖에 없다. 이와 같은 스트레스는 학습수행을 해야 하는 학생은 물론, 학습수행의 가장 큰 조력자라고 할 수 있는 부모에게도 크게 영향을 미친다. 더군다나 이 시기에는 사춘기 변화가 본격적으로 나타난다. 사춘기에 접어든 학생은 학생대로 자신의 발달 변화에 적응해 나가야 하며, 부모는 자녀의 변화를 적절히 인지하고 그에 맞는 자녀지도를 해야 한다. 그러면서 학습을 수행하고 이를 지도하는 자녀와 부모 간의 관계도 이전과는 다른 양상을 보이게 될 것이다. 따라서 이 시기의 학생 및 그 학부모를 대상으로 한 학습상담의 목적을 구체적으로 알기 위해서는 먼저 해당 학생들의 변화를 이해하고 그러한 발달적 변화가 학습수행에 미치는 영향을 알아야 한다.

(1) 발달적 변화

첫째, 이 시기 학생들은 인지적 측면에서는 Piaget의 발달 단계 중 구체적 조작기에서 형식적 조작기로 넘어가는 시기에 해당된다. 형식적 조작기의 가장 큰 특징은 눈에 보이지 않는 추상적 개념을 다룰 수 있게 되는 것이다. 그러나 이런 능력을 갖추게 되는 것이 긍정적 영향만 있는 것은 아니다. 현재뿐 아니라 미래에 대한 시간 조망을 갖게 되면서 미래에 대한 기대와 불안감 등으로 막연히 시간을 보내는 때가 많아지며, 이상주의적인 원칙을 가지고 성인의 의견에 대해 비판적인 시각으로 잘 따지지만 아직 현실판단 능력이나 문제해결 능력은 부족한 편이다. 한편 이와 같은 인지적 발달 자체가 늦어지는 경우에는 자신의 행동이 미래 혹은 다른 사람에게 미치는 영향을 충분히 고려하지 못해 충동적이거나 감정에 치우친 행동을 할 수도 있다.

둘째, 형식적 조작능력의 발달로 청소년기의 자기중심적 특징도 나타난다. 이는 아동기의 자기중심성과는 차이가 있다. 아동기의 자기중심성이 다른 사람이 자신과 다른 관점을 가질 수 있다는 것을 잘 모르기 때문에 생기는 것이라면, 청소년기의 자기중심성은 자신의 생각과 감정 자체에 대해 조망할 수 있는 능력이 생기기 때문에 나타나는 것이라고 할 수 있다. 이와 같은 특징 때문에 이 시기의 학생들은 자신이 마치 '상상 속의 청중' 앞에 서 있는 것처럼 지각해서 다른 사람의 시선이나 평가에 대해 매우 예민해지는 한편, 자신은 특별한 존재여서 위험한 행동을 해도 다른 사람과 같이 나쁜 결과를 당하지는 않을 것이라는 '개인적 우화'에 빠져 행동하는 경우도 종종 있다.

셋째, Erikson의 발달이론에 따르면 청소년기는 자아정체감을 형성하는 단계에 해당된다. 즉, '나는 누구이고 무엇을 하며 살아가야 하는가?'에 대한 고민을 치열하게 하는 시기이며, 이에 대한 확신이 없을 때 정체감 혼미를 경험하게 된다. Strang(1960)은 자아개념을 네 가지 종류, 즉 전반적 자아개념, 일시적 자아개념, 사회적 자아개념, 이상적 자아개념으로 나눈 바 있다. 전반적 자아개념이라는 것은 자신의 능력, 신분, 역할에 대한 전반적 인식을 말하고, 일시적인 자아개념이란 특정한 시기나 사건을 전후하여 자신에 대해 갖게 되는 인식을 의미한다. 사회적 자아개념이란 다른 사람이 자신을 어떻게 보는가에 따라 자신을 평가하는 것이고, 이상적 자아개념이란 그렇게 되었으면 하고 바라는 상이다. 청소년기는 이와 같이 다양한 종류의 자아개념이 형성되고 변화를 거듭하는 시기라고 할 수 있다.

넷째, 또래관계의 중요성 증가와 부모로부터의 독립을 추구하는 시기다. 이 시기의 청소년은 독립성을 추구하지만 내적 자아 구조가 아직 굳건한 상태는 아니다. 그러나 부모로부터 독립하고자 하는 욕구가 있기 때문에 일상생활에서의 스트레스와 위기 상황에 직면했을 때 부모로부터 조언을 구하려 하기보다는 또래 간에 정보를 공유하고 지지를 받으려는 경향이 커진다. 즉, 아동기에 비해 또래 집단이 미치는 영향력이 더욱 커지며 부모의 영향력은 감소하는 시기라고 할 수 있다.

(2) 학습수행에 미치는 영향

첫째, 추상적 사고능력이 발달한다. 이러한 능력이 긍정적으로 작용할 경우 추상적인 학습 내용을 이해할 뿐 아니라 공부의 목적과 자신의 장래 희망을 적극적으로 연결할 수 있게 하는 등의 영향을 준다. 하지만 부정적으로 작용하는 경우 부모에게 공부를 해야 하는 이유에 대해 의문을 제기하거나 막연한 미래에 대한 불안감에 빠지는 경우도 생기게 된다.

둘째, 청소년기의 자기중심성으로 인해 다른 사람의 시선에 대해 매우 예민해진다. 따라서 이 시기에 다른 사람 앞에서 성적 등으로 비교당하여 야단을 맞거나 놀림을 당하는 일은 매우 큰 상처로 남을 수 있다. 특정 과목에서 이와 같은 경험을 하거나 다른 학생과 비교하여 현저하게 낮은 성적을 받은 경우 아예 그 과목을 포기해 버리는 행동을 할 수도 있다.

셋째, 이 시기에는 다양한 형태의 자아개념이 형성될 수 있다. 그런데 적절한 학업성취를 이루지 못했을 때는 부정적 자아개념이 형성되기 쉽고, 이는 더 나아가 자신의 꿈과 미래에 대한 불안과 부정적 정서로 이어지기 쉽다.

넷째, 준거 집단이 부모가 아닌 또래가 되면서 학습을 수행하도록 하려는 부모의 영향력 역시 감소된다. 이전 시기에 스스로 공부하는 습관이 길러지지 않았거나 공부를 해야 할 필요성에 대한 생각을 갖지 못했다면, 같이 어울리는 또래 집단의 가치가 무엇인가에 따라 공부의 의미가 달라지고 학습수행 정도도 차이를 보이게 된다.

중고등학생의 학습상담의 목적

• 이전 시기와 달리 공부의 목적에 대해 스스로 어떤 의미를 부여할 수 있을지 같이 탐색하고, 특히 자신의 진로에 대한 생각과 연결 지을 수 있도록 해 준다.

- 자신의 학습 능력에 대해 전반적으로 부정적 개념을 가지고 학습된 무기력감에 빠져 있을 가능성이 높으므로, 학습 관련 요인 중 학습전략 등과 같이 변화시킬 수 있는 영역에 대한 지식을 습득하게 함으로써 학습에 대한 긍정적 관점을 취하도록 한다.
- 이 시기 학생들이 경험하는 발달 변화에 대해 부모가 더 잘 이해하고 그에 맞는 부모-자녀 관계를 형성할 수 있도록 조력함으로써 학습 수행과정에 부모가 적절한 지지를 제공할 수 있도록 한다.

제2장
학업 관련 문제

학습목표

1. 학업에서의 호소 문제 유형과 학습 문제를 분류할 수 있는 분석 틀에 대하여 이해할 수 있다.
2. 학업 부적응을 야기하는 정신지체, 학습장애, 주의력결핍 과잉행동장애의 특징과 정의를 적절하게 서술할 수 있다.

이 장의 구성

학업 관련 문제

학업 문제의 분류	학업 부적응과 관련 장애
• 학업 호소 문제 • 학습 문제의 분류	• 정신지체 • 학습장애 • 주의력결핍 과잉행동장애

1. 학업 문제의 분류

1) 학업 호소 문제

학습과 관련된 문제는 몇 가지 유형으로 나누어 볼 수 있다. 가장 흔히 호소하는 첫 번째 유형의 학습 문제는 성적 저하로 인한 걱정과 스트레스다. 학생이나 부모는 성적 변화에 매우 민감하다. 매월 또는 매 학기 치르는 시험 때마다 시험 성적에 신경을 곤두세우게 되며, 특히 성적이 떨어지거나 기대 이하의 결과가 나왔을 때 심한 좌절감과 불안을 경험하게 된다. 더구나 성적 저하에 대해서 부모나 교사로부터 꾸중과 질책을 받게 되면 심리적 충격은 더욱 커진다. 학생에게 학업성적은 매우 중요한 심리적 의미를 지닌다. 학업성적은 부모, 교사, 친구로부터 자신의 가치를 인정받는 주요한 근거가 된다. 따라서 학업성적의 저하를 그들로부터 자신이 인정받지 못하고 자신의 가치가 떨어지는 것으로 받아들여 심한 좌절감과 열등감을 갖게 되고, 이것이 정서적 문제로 확대될 수 있다.

두 번째 유형의 학습 문제는 시험불안이다. 많은 학생이 시험, 특히 중요한 시험을 볼 때 매우 심한 불안을 느낀다. 어떤 학생은 시험이 다가오면 불안하고 초조하여 주의집중이 되지 않고 잠을 정상적으로 자지 못하며 두통과 소화불량 등 여러 가지 신체 증상이 나타나기도 한다. 또한 심한 시험불안을 지니는 학생은 시험을 볼 때 긴장이 심하여 손, 팔, 어깨가 굳어져 답안 작성에 어려움을 겪을 뿐더러, 심리적 불안과 혼란이 심하여 시험지를 대하면 글자가 잘 보이지 않거나 주의집중력과 기억력이 일시적으로 급격히 저하되어 이전에 공부한 내용을 제대로 활용하지 못하기도 한다. 이러한 시험불안은 성적에 대한 지나친 집착과 성적 저하에 대한 두려움과 관련이 있다.

세 번째 유형의 학습 문제는 학업능률의 저하다. 학업에 대한 동기도 높으며 실제로 많은 시간을 투여하며 열심히 공부하는데도 학업성적이 오르지 않거나 부진한 것을 호소하는 학생이 많다. 이러한 문제를 지닌 학생은 스스로 좌절감에 휩싸이게 되며, 부모 역시 안타까움과 실망감을 느끼게 된다. 이렇게 학업 능률이 저하되는 학생의 문제는 그 원인에 따라 다시 몇 가지 유형으로 나누어 볼 수 있다. 첫째, 학업 능률이 오르지 않는 학생 중에는 주의집중의 곤란을 호소하는 학생이 많다. 매일 여러 시간씩 책상에 앉아 책을 붙잡고 있지만 주의집중이 되지 않아 학업 능률이 오르지 않게 된다. 주의집중력은 신체적 또는 정서적 상태에 따라 매우 예민하게 영향을 받는 지적 영역이다. 특히 학업에 대한 심리적 부담으로 인한 불안감이나 학업 외의 가족관계나 교우관계에 갈등이 있어 정서적으로 불안정하게 되면 주의집중력이 떨어지게 되고 기억력에도 영향을 받게 된다. 둘째, 공부방법이 효율적이지 못한 학생이 있다. 많은 시간을 공부하지만 조직적이고 체계적으로 학습 내용을 소화하고 정리하지 못하여 노력에 비해 학업성적이 저조한 학생이 있다. 수업시간에 교사가 강조하는 점에 주의를 기울이지 못하거나 내용의 중요도를 구분하지 못하여 비효율적인 노트 정리를 하는 등 학습 내용을 효과적으로 소화하지 못하는 경우가 이에 해당한다. 뿐만 아니라 친구들과 공부방법이나 시험에 관한 정보를 교환하는 데에 무관심하거나 미숙한 학생의 경우에도 효과적인 학업 능률을 기대하기 어렵다. 셋째, 학업 능률이 오르지 않는 학생 중에는 잘못된 공부 습관을 지닌 학생이 있다. 주로 밤에 공부하고 낮의 학교 수업시간에는 졸거나 주의집중을 하지 못하는 학생도 있고, 라디오나 음악을 틀어 놓고 공부하기 때문에 충분히 주의집중을 하지 못하고 쉽게 주의가 산만해지는 학생도 있다. 마지막으로 학생의 지능 수준이 저조한 경우다. 학업성적은 지능과 노력의 상호작용에 의해 결정된다. 아무리 노력을 해도 지능 수준이 현저하게 저조한 학생의 경우에는 노력에 부응하는 학업성적이 나타나지 않게 된다. 그러나 부모는 이러한 점을 무시하고 학생에게 공부에 대한 압력을 가하거나 과외지도 등의 보충수업을 시키게 되지만 학업성적이 오르지 않게 되고, 이에 학생과 부모는 모두 심리적 좌절감에 빠지게 된다.

네 번째 유형의 학업 문제는 공부에 대한 회의와 동기 저하다. 위에서 열거한 학업 문제를 지닌 학생이 학업에 대한 동기는 있으나 심리적 부담과 학업 능률성에 문제가 있다면, 이 유형에 속하는 학생은 학업에 대한 동기가 부족한 학생이다. 이런 학생은 공부가 하기 싫고 무의미한 것이라 느끼면서 이에 소홀하게 된다. 이 유형의 학업 문제는 종종 학생 자신보다는 부모나 교사에게 문제시되는 경우가 많다. 이 학생들은 공부보다는 다른 놀이나 활동에 많은 시간을 보내고, 결국 성적이 저하되기 마련이다. 그들 중에는 과도한 공부 압력에 대한 반발이나 불건전한 활동의 탐닉으로 인하여 공부에 무관심한 학생도 있지만, 문학, 취미, 예술, 종교 활동 등에 더 큰 가치를 부여하여 상대적으로 공부를 소홀히 하는 학생도 있다. 후자의 경우는 부모나 교사의 가치관과 학생의 가치관이 다름으로써 제기되는 학업 문제가 될 수 있다. 이러한 문제를 지닌 학생은 학업 문제뿐만 아니라 사아징체감 및 가치관의 문제가 복합적으로 관련되어 있는 경우가 대부분이다.

마지막 유형은 학업과 관련하여 나타나는 다양한 파생 문제다. 즉, 학업에 대한 과도한 몰두나 집착으로 인하여 교우관계에 지나치게 소홀하거나 교우관계를 제대로 맺지 못함으로써 생기는 따돌림과 소외 현상, 성적에 대한 지나친 경쟁으로 인한 교우관계에서의 갈등과 질투, 성적이 부진한 학생에 대한 무시와 놀림, 공부와 학업성적으로 인한 부모와 자녀의 갈등 등 여러 가지 청소년 문제가 학업과 관련하여 파생될 수 있다.

2) 학업 문제의 분류

청소년대화의 광장(현 한국청소년상담원)에서는 1994년부터 청소년 문제를 더욱 체계적으로 이해하고 분류하는 데 필요한 기틀을 만드는 작업을 수행하였다. 김창대, 이정윤, 이영선, 남상인(1994)의 청소년 문제유형 분류체계에 대한 기초연구에서는 호소 문제를 중심으로 한 제1축의 문제 영역을 추출하였다. 먼저 청소년 자신, 교사, 학부모가 지각하는 호소 문제를 수집하여 청소년의 고민과 문제를 그 특성에 따라 주 영역과 세부 영역으로 구분하였다. 전체 22개의 주 영역과 165개의 세부 영역이 제안되었는데, 이 가운데 두 번째 영역인 공부 및 성격 영역이 학업 문제와 관련된 것이다. 〈표 2-1〉은 청소년의 학업 관련 문제를 열두 가지 세부 영역으로 분류한 것이다.

표 2-1 학업의 호소 문제 유형(김창대 외, 1994)

1. 시험불안(시험에 따른 불안감과 압박감, 스트레스 등을 갖는 경우)
   예) 대학 입시가 무섭다. 떨어지면 이 세상이 끝날 것 같다. 시험에 대한 압박감에 싸여 있다. 고입시험으로 인한 압박감을 느낀다. 고입시험을 못 보면 고등학교에 갔을 때 차별당한다고 한다. 시험시간에 문제를 다 못 풀까 봐 중압감을 많이 느낀다(청소년). 시험 때만 되면 너무 경쟁적이고 예민해진다. 시험이 걱정되어 잠을 못 잔다. 시험 칠 때마다 아플 때가 많다. 시험기간을 두려워한다(부모).
2. 공부 자체에 대한 회의와 의문(공부의 필요성에 대한 근본적인 의문과 회의를 갖는 경우)
   예) 공부를 왜 해야 하는지 몰라서 고민한다. 왜 공부하는지 잘 모르겠다(청소년). 공부를 책임감, 의무감으로 한다(부모).
3. 집중력 부족(주의산만, 잡념 등으로 인해 집중력이 부족해서 공부나 성적에 영향을 주는 경우)
   예) 공부를 하려 해도 집중이 되지 않는다. 정신이 산만해서 공부 집중도가 떨어진다. 공부할 때 잡생각이 많이 나서 공부가 잘 안 된다(청소년).
4. 성적 저하 및 저조로 인한 걱정과 스트레스(성적이 떨어지거나 오르지 않아서 걱정과 스트레스를 겪는 경우)
   예) 중학교와 비교해서 성적이 많이 떨어졌다. 성적이 떨어지면 내가 장래에 뭐가 될까 걱정하게 된다. 성적이 자꾸 떨어져 걱정이다(청소년). 성적이 떨어졌을 때 지나치게 자신감을 잃는다. 성적이 오르지 않아 불안해한다(부모).
5. 공부방법 문제(효과적으로 공부하는 방법을 모르거나 부적절한 방법으로 공부함으로써 공부나 성적에 영향이 있는 경우)
   예) 공부를 해야 하는데 어디서 어떻게 해야 할지 모르겠다. 공부를 하겠다고 마음은 먹지만 무엇부터 해야 할지 모르겠다. 공부하는 방법을 몰라서 방황한다(청소년). 체계적으로 공부하지 않는다(부모).
6. 공부에 대한 반감(공부하는 것 자체를 싫어해서 공부를 하지 않는 경우, 공부에 대한 근본적인 의문은 별로 없이 공부하는 것 자체에 대한 반감과 반발심을 갖는 경우)
   예) 공부가 하기 싫다. 모든 일이 대학입시를 위해서만 이루어진다. 공부한다는 것에 대해서 모두 반감을 가지고 있다(청소년). 시험은 왜 치러야 하는가 하며 지겨워한다(부모). 공부, 공부 하라는 소리에 싫증을 많이 낸다(교사).
7. 노력은 했는데 성적이 안 오름(나름대로 공부를 하려고 하고 또 실제로 했음에도 뚜렷한 원인을 알지 못한 채 결과가 좋지 않아 고민하는 경우)
   예) 노력을 해도 성적이 오르지 않는다. 내가 한 만큼 성적이 안 나온다. 열심히 한다고 하는데 성적이 떨어진다(청소년).

8. 능력 부족(실제 능력, 즉 지능이나 기억력이 낮거나 부족하여 공부나 성적에 영향을 받는 경우).
   예) 머리가 나쁜 것 같다. 성적이 떨어질 때면 내 머리를 의심하게 된다. 기억력이 나쁘다(청소년).
9. 공부 습관 미 형성(공부를 하고자 하는 마음은 있는데 단지 그것이 체계적인 습관으로 형성되지 않은 경우)
   예) 공부하는 버릇이 안 들었다. 공부하는 것을 자꾸 미룬다. 계획을 짜 놓고 실천을 안 하게 된다. 공부 계획을 제대로 실천하지 못한다(청소년). 당일치기를 한다. 오랫동안 책상 앞에 앉아 있지를 못한다. 학교 외에는 집에서 공부하는 시간이 없다(부모).
10. 공부에 대한 동기 부족(공부를 하고자 하는 마음이 부족한 경우. 공부에 대한 반감이나 반발심과 같은 부정적인 감정이 없고 단지 공부하려는 마음이 형성되어 있지 않은 경우)
   예) 밤에 공부만 하면 잠이 온다(청소년). 건성으로 공부한다. 공부는 안 하고 놀기만 한다(부모).
11. 성적에 대한 집착(공부의 질적인 면에 치중하기보다는 양적인 결과, 즉 점수와 등수에 얽매여서 그로 인해 경쟁심을 느끼고 심지어는 죽고 싶다는 생각까지 하는 경우)
   예) 성적, 등수가 자꾸 떨어지니까 다른 사람과 비교한다. 성적 때문에 어떤 때는 죽고 싶다는 생각이 든다(청소년). 자신에 대한 평가를 성적순에 둔다(부모). 점수에 너무 얽매인다(교사).
12. 성적으로 인한 관계에서의 문제(위에서 언급된 공부 및 성적에 대한 문제로 인해 친구나 부모, 교사와의 관계에서 문제를 겪는 경우)
   예) • 친구와의 관계: 성적에 치우치다 보니 친구들을 잃어 항상 외톨이인 친구가 있다. 자기 외에 다른 아이들이 공부를 하지 못하게 방해한다(부모).
   • 부모와의 관계: 어머니나 선생님이 공부하라고 해서 고민이다. 성적이 올랐어도 부모님이 바라는 만큼 하지 못해서 자신 있게 못 보여 드린다. 성적이 나빠 부모님께 혼날까 봐 고민이다. 학교 성적이 나빠 부모님께 꾸중을 들어 공부가 싫어진다(청소년).
   • 교사와의 관계: 성적이 부진하여 선생님께 듣는 꾸중이나 체벌이 두렵다(청소년).

학업 호소 문제뿐만 아니라 학습 부적응의 원인을 하나의 분류 틀 속에 통합하여 제시한 접근도 있다(황매향, 2009). 특히 원인 중심의 유형화는 개념적으로 원인별로 분류하고, 호소 내용 중심의 유형화는 호소 내용의 유사성별로 분류하기에 실제 내담자를 만날 때 이 두 가지를 동시에 고려해야 해야 한다. 변인의 경우 내담자의 개인 내적 변인과 환경 변인으로 분류하고, 이를 다시 변화 가능한 변인과 변화시키기 어려운 변인으로 분류 · 개념화하여 개인-환경, 변화-불

변이라는 두 개의 축으로 나눠 볼 수 있다. 상담자는 다양한 변인을 고려하여 내담자의 문제를 이해하고, 주로 1사분면의 요인에 집중하고 나아가 2사분면 요인의 변화를 강조하여 내담자의 변화를 조력할 것이다. 특히 3사분면 요인의 경우는 내담자의 학습부진을 이해하는 데 도움이 될 수 있지만 개입전략에 포함시킬 수 있는 부분은 거의 없으므로 학업 문제를 분류하는 요인에 포함시키기 어렵다.

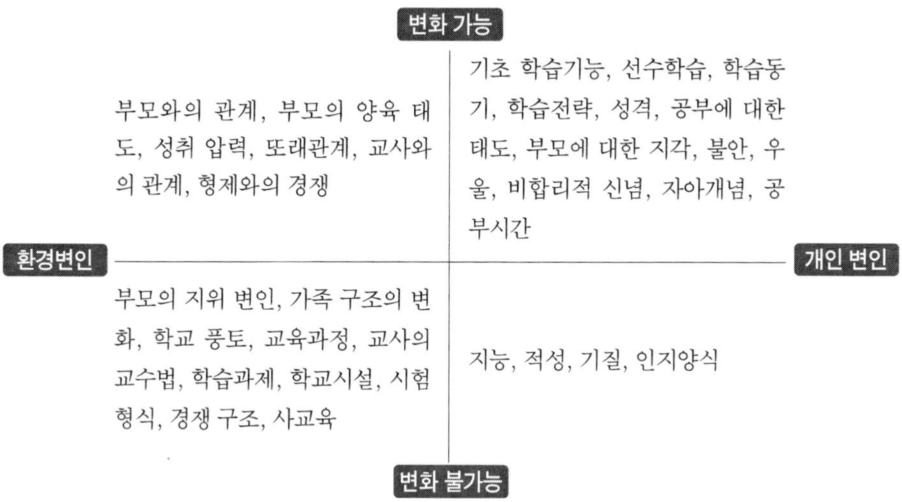

[그림 2-1] 학습 요인 분류의 예

1, 2, 4분면에 제시된 학습부진 요인을 통합적 상담이론의 문제 파악 단계에 맞춰 범주로 분류해 보고자 한다. 문제의 원인을 다면적으로 평가하는 한 가지 방법은 문제의 특성을 인지, 정서, 행동, 환경으로 분류하는 통합적 접근이다. 학습부진의 경우는 여기에 학업성취를 이룰 수 있는 능력을 얼마나 가지고 있는가라는 요인이 추가로 포함될 수 있다. 요컨대, 학습부진의 요인은 능력, 인지, 정서, 행동, 환경의 다섯 가지로 범주화해 볼 수 있다.

- 능력 요인: 지능, 기초 학습기능, 선수학습, 적성, 인지양식
- 인지적 요인: 공부에 대한 태도 · 동기, 부모의 기대에 대한 지각, 공부와 관

런된 비합리적 신념

- 정서적 요인: 우울(학습된 무기력), 불안, 성취 압력으로 인한 스트레스
- 행동적 요인: 학습전략, 공부시간
- 환경적 요인: 물리적 환경, 심리적 환경(부모와의 관계, 또래 관계, 교사와의 관계, 형제 경쟁)

상담을 통해 변화시키기 어려운 문제를 배경 요인으로, 상담을 통해 변화시킬 수 있는 문제를 변화 가능 요인으로 일차적으로 분류하면 위계적 문제 유형 분류는 [그림 2-2]와 같이 제시할 수 있다.

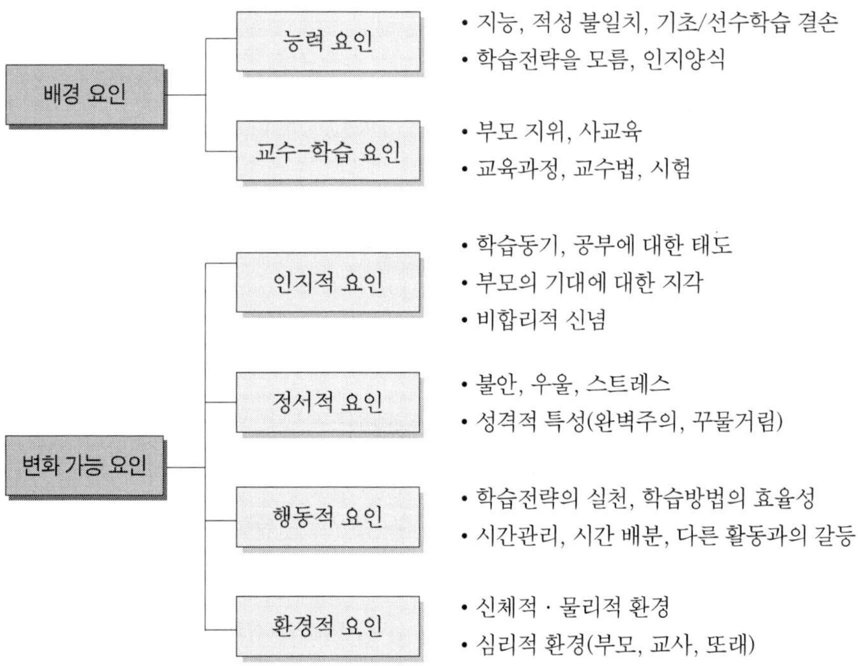

[그림 2-2] 위계적 학업 문제 유형 분류(황매향, 2009)

2. 학업 부적응과 관련 장애

학령기 아동 및 청소년의 약 10～15%는 학업에 심한 지장을 줄 수 있는 정신적 · 심리적 장애를 지니고 있다. 이에 대하여 다양한 진단과 분류 체계가 있지만 대표적으로 다음 세 가지를 살펴볼 수 있다. 첫째, 정신지체로 진단된 아동은 학업과 일상생활 적응에서 어려움을 보인다. 둘째, 다양한 심리 장애와 기능 장애로 인해 기초 학습 능력과 정보처리 능력에서 지체를 보이는 학습장애 아동은 특별한 지도와 이해가 필요하다. 셋째, 주의력결핍 과잉행동장애 아동은 충동적이고 주의가 산만하여 학업에서 어려움을 겪는다.

1) 정신지체

정신지체(mental retardation)라고 하면 대부분의 사람은 지적 기능이 매우 낮아서 학업성취 수준이 매우 낮고 학습이 불가능하다고 생각할 수 있다. 하지만 정신지체의 75～90% 정도는 경도 정신지체로 지적 기능이 낮더라도 대부분의 일상적인 학습과 생활 기능을 할 수 있다(Field & Sanchez, 1999). 다음 정의와 같이 정신지체를 이해하기 위해서는 지적 기능과 적응행동에 주목해야 한다. 지적 기능만 낮거나 적응적 행동에만 문제가 있는 것이 아니며 지적 기능에서는 지능검사 결과가 대체로 70 이하일 때 정신지체인 것으로 간주한다. 그러나 여기서 지능지수의 범위는 정확히 70 이하로 결정하는 것이 아니며, 50～55에서 70～75일 때 경도 정신지체 혹은 지적장애라고 볼 수 있다. 적응행동 기술은 일상생활에서 독립적으로 기능할 수 있는 능력의 정도를 말한다. 적응행동 기술의 결함은 주로 사회성, 의사소통 능력, 자기 주도적 능력, 자조기술, 지역사회 활용, 보건, 안전, 직업과 여가 영역에서의 어려움으로 나타난다. 정신지체의 정의에 근거해서 정신지체 학생을 판별할 때에는 지적 능력과 적응행동 기술을 독립적으로 측정하고 관찰해서 종합적인 판단을 내려야 한다.

(1) 정신지체 정의

첫째, 미국정신지체협회(American Association on Mental Retardation: AAMR)의 정의에 따르면 정신지체는 평균 이하의 지적 능력(보통 IQ 70 이하)과 적응행동(열 가지 적응기술 영역은 의사소통, 자기 관리, 가정생활, 사회성 기술, 지역사회 활용, 자기 주도, 건강과 안전, 기능적 교과, 여가, 직업이다)의 결함이 동시에 나타나는 장애로 18세 이전에 나타난다(AAMR, 2002). 이 정의를 적용하기 위해서는 다음과 같은 다섯 가지 가정이 전제되어야 한다. ① 현재 기능에서의 제한은 나이가 같은 또래 및 문화의 전형적인 지역사회 환경의 맥락 내에서 고려되어야 한다. ② 타당한 진단으로 문화적 · 언어적 다양성과 함께 의사소통, 감각, 운동기능, 행동 요소에서의 차이점을 고려해야 한다. ③ 개인 내적으로 제한점과 더불어 강점도 가지고 있을 수 있다는 것을 고려해야 한다. ④ 개인의 제한성을 기술하는 주된 목적은 개인에게 필요한 지원이 무엇인지를 파악하기 위한 것임을 알아야 한다. ⑤ 개별화된 적절한 지원이 장기간 주어지면 정신지체인의 생활기능은 일반적으로 향상된다.

둘째, 미국장애인교육법(IDEA)의 정의에 따르면 정신지체는 현저하게 나타나는 평균 이하의 지적 기능과 함께 적응행동의 제한성을 보이는 것으로서 발달시기에 나타나 교육적 성취에 부정적 영향을 미친다(Individuals with Disabilities Education Act of 1997).

셋째, 우리나라의 장애인 등에 대한 특수교육법의 정의에 따르면 정신지체는 지적 기능과 적응행동상의 어려움이 함께 존재하여 교육적 성취에 어려움이 있는 것이다.

(2) 정신지체의 특성

일반적으로 정신지체는 지적 기능에 제한이 있기 때문에 배울 수 없다거나, 정신지체아동은 일반아동과 함께 교육받을 수 없다는 생각을 한다. 그러나 앞서도 언급했듯이 정신지체 혹은 지적장애의 75~90%는 경도 정신지체로 기본적인 학습능력을 가지고 있으며, 사회성이나 자조 기술도 적절하게 교육받는다면 사회에서 독립적으로 살 수 있는 능력이 충분히 있다. 정신지체의 인지적, 사회·정서적, 행동적 특성을 제시하면 다음과 같다.

1 인지적 특성

정신지체 아동은 인지적 능력과 학습 특성에서 낮은 기억력, 느린 학습 속도, 주의집중의 문제, 배운 내용을 다른 영역에 적용할 수 있는 일반화 능력의 부족, 동기에서의 결함을 보인다(Heward, 2009; Turnbull, Turnbull, Wehmeyer, & Park, 2003; Wehmeyer et al., 2003).

- **인지적 능력과 학업성취:** 정신지체 아동은 대체로 주의력이 부족하고 기억력의 결함, 관찰이나 모방을 통하여 배우는 모방학습이나 우발학습의 능력이 부족하다(Heward, 2009). 초인지에서도 낮은 능력을 보이기 때문에 공부를 할 때 자신만의 학습전략을 사용한다거나 추상적 사고나 고차원적 사고 능력을 사용하는 데 어려움을 보인다(Thomas & Patton, 1990).
- **언어능력:** 정신지체아동은 언어 발달이 지체되거나 또는 일반아동이 보이는 전형적인 발달 패턴을 보이지 않는다. 발달적 관점에 따르면 지체를 보인다는 의미는 경도 정신지체 아동의 언어 발달이나 인지 발달이 어린 일반아동의 발달과 비슷한 발달 형태를 보인다는 것을 전제한다. 따라서 이런 경우 언어를 습득하는 속도가 늦고 기능 수준이 낮을지라도 발달의 순서와 단계는 일반아동과 유사하다고 보는 것이다(Zigler, 1999). 그러나 차이 혹은 결핍의 입장에서는 정신지체 아동의 인지 발달 패턴이 일반아동의 발달 패턴과는 질적으로 다르다고 본다. Piaget의 인지 발달 이론에 따르면, 인지 발달은 아동이 주위 환경과 상호작용함으로써 이루어지는 것이다. 따라서 교육자의 역할은 아동이 주변 환경과 상호작용할 수 있도록 해 주고 발달 단계에 따라 적절한 교재와 기회를 제공해 주는 것이다.

2 사회 · 정서적 특성

정신지체 아동은 일반적으로 인지적 능력과 더불어 사회성 기술이 낮은 것으로 보고된다. 일반아동에 비해 또래나 교사와 긍정적 관계를 맺고 유지하는 능력이 떨어지거나 사회적 관계를 형성하는 데 방해가 되는 문제행동을 보이는 경우가 많다(Beirne-Smith, Patton, & Kim, 2006). 따라서 또래에게서 거부를 당하거나 고립되는 아동은 결국 학교에서 다른 학생과 상호작용하면서 사회적 경험을 쌓거나 경험을 통해 배우는 기회가 적어지게 되고, 또래의 거부로 인해 부정적 정서를 갖게 될 가능성이 높으며, 다른 사람과 상호작용하는 법을 몰라 친구를 사귀는 데 어려움이 있을 수 있다(Murray & Greenberg, 2006). 그러나 정신지체 학생의 낮은 지적 능력에 비해 사회 · 정서적 특성은 긍정적으로 기술되는 경우도 있다. 또한 일반학교에 배치된 정신지체 학생이 특수학교에 있는 정신지체 학생에 비해 사회성이 더 좋았다는 연구 결과를 볼 수 있다(Zion & Jenvey, 2006). 따라서 정신지체 아동이 어릴 적부터 일반아동과 상호작용 기회를 많이 갖고 대화 시작하기, 차례 지키기 등의 다양한 사회성 기술을 연습하고 습득할 수 있도록 도와주면 그들의 사회성 발달에 도움이 될 것이다.

3 행동적 특성

경도 정신지체 아동의 경우 주의산만, 과잉행동, 불안장애, 외상후 스트레스 장애, 성격장애 등을 포함하는 매우 다양한 행동적 특성을 보일 수 있다. 이러한 부적절한 행동 특성은 장애로 인해 나타나기도 하지만 약물로 인한 영향 혹은 건강 관련 문제로 인해 나타나기도 한다(Beirne-Smith, Patton, & Kim, 2006). 따라서 사회 · 정서적 특성과 함께 행동적 특성으로 인해 정신지체 학생을 일반교육 프로그램에 통합시키기 위한 결정에서 어려움이 예상된다. 또한 행동적 특성으로 인해 학업에서 어려움을 보일 수 있으므로, 정신지체 학생이 가질 수 있는 행동 문제에 대해 적절한 중재와 관리 기법을 교육 · 훈련할 필요가 있다(Gumpel, 1994).

이상에서 살펴본 정신지체 학생의 특성에 맞는 지도방법에 대해서는 다음에서 제시하고 있다.

2) 학습장애

외현적으로 매우 저조한 지적 능력, 정서적 부적응, 열악한 환경 영향 등과 같은 두드러진 학습 저해 요인이 없는 경우에도 심각한 학습 곤란을 보이는 학생을 위하여 무엇을 어떻게 하여야 할 것인지 난감할 때가 종종 있다. 이러한 학습 곤란 아동에게는 일반학생에게 실시하는 교육방법을 사용하는 것이 적절하지 않고 좀 더 적응적으로 설계된 교육 방법과 상담이 필요하다.

이와 같이 특수한 교육적 요구가 있는 일군의 학생에 대하여 특별한 장애의 한 유형으로 진단하고 인식하게 된 것은 최근의 경향이다. 바로 '학습장애(learning disorder)'라는 분류에 해당되는 학생을 위하여 체계적인 조력체제가 다양하게 조직되고 활용되어야 할 것이다. 학습장애 개념은 미국에서 촉발되었는데, 이러한 역사적 배경은 현재의 우리에게 여러 가지 시사점을 준다. 미국에서의 학습장애 영역의 발달과정은 서로 구분되는 몇 개의 시기로 나뉘어 설명되는 경우가 많다(Hallahan & Kauffman, 1976; Kavale & Forness, 1985; Lerner, 1993; Mercer, 1991; Torgesen, 1991). 각 시기를 구분하는 정확한 연도나 기준에는 다소 차이가 있으나, 학습장애 영역의 발달과정을 바라보는 관점에서는 큰 차이가 없다. 학습장애와 유사한 기능장애에 관한 의학적인 연구에서 학습장애 연구의 근원을 찾고 있고, 학습장애라는 명칭이 사용되기 시작한 시점과 미 연방정부의 특수교육법에서 학습장애를 정의한 시점으로 시기를 구분하는 경우가 대부분이다. 여기서는 여러 학자의 견해를 참조하여 4개의 특징적인 과정으로 규정한다(김동일, 이대식, 신종호, 2009).

제1기는 1800~1930년대의 기간으로, 뇌의 기능과 기능장애에 관한 과학적인 연구가 시작되어 이후 임상적 연구의 기초가 되었다. 특히 이 시기에는 뇌의 각 부위와 언어장애(실어증, 단어맹)와 관련하여 학습 · 인지 기능의 저하에 대한 체계적인 연구가 시작되었다.

제2기는 1930~1960년대의 기간으로, 뇌기능 장애에 관한 과학적 연구 결과가 학습을 하지 못하는 아동에 관한 임상 연구에 적용되고 그들에 대한 진단 및 치료법이 개발되기 시작했다. 뇌손상을 입은 아동과 성인을 중심으로 그들의 기능적인 특성(지각장애, 행동장애, 개념 형성 곤란 등)을 기술하며, 더 나아가 확실한 뇌손상이 아닌 '미소뇌기능장애(minimal brain dysfunction)'라는 용어를 사용하여 중추신경계의 경미한 손상 등으로 학습이나 행동에 장애가 발생한다는 주장도 제기되었다.

제3기는 1960~1980년대의 기간으로, 학습장애라는 용어의 등장과 미 연방 특수교육법의 제정(전장애아교육법, PL 94-42) 등에 힘입어 학습장애아에 대한 학교 프로그램이 급속하게 발달하였다. 1963년 Kirk가 학부모와 전문가들의 모임에서 '학습장애'라는 용어를 처음 제안하면서부터 이 용어는 즉시 전폭적인 지지를 받았고 지금까지도 널리 통용되고 있다. 학습장애라는 용어는 학생의 특정한 학습 결손 영역을 지칭하지 않으면서 다양한 종류의 학습 곤란을 포괄하는 광범위한 개념이며, 의학적인 질환보다는 교육 문제에 초점을 두고 있어 학부형이나 교사, 학생이 이해하기에 용이하였다. 더불어 이 시기에는 학습장애 프로그램의 개발을 위하여 여러 이론이 도입되고 진단기법이 발달하였으며, 치료법도 다양하게 개발되면서 학습장애 영역에서 가장 큰 발전을 이루었다.

제4기는 1980년대 이후부터 지금까지에 이르는 기간으로, 그동안 학습장애 프로그램의 확장을 통해 새롭게 확인된 학습장애의 특성이나 여러 가지 서비스의 문제점, 그리고 지금까지 축적되어 온 연구를 바탕으로 하여 새로운 방향 잡기를 모색하고 있다. 학습장애에 관한 다양한 정의가 도출되었지만, 학습장애아 규정에 관한 문제는 여전히 남아 있다. 선행 연구들이 밝힌 한 가지 사실은 학습장애는 어떤 한 특성으로 간단히 정의할 수 있는 단순한 장애가 아니라는 것이다. 즉, 학습장애아는 결코 동질적인 집단이 아니다. 읽기장애아가 있는가 하면 산수장애아가 있고, 과잉행동을 수반하는 학습장애아가 있는가 하면 조용한 학습장애아도 있다. 정상아 집단보다 더 큰 다양성이 학습장애아 집단에서 발견되어 오고 있다(Poplin, 1984). 이러한 학습장애의 다양성을 포괄하기 위해 그것을 진단하고 하위 분류체계를 구축하는 것이 지금까지 학습장애 전문가의 주된 관심사가 되어 왔다(Adelman & Tayler, 1985). 그리고 실제로 표준화된 여러 가지 검사 도구가 나와 있기는 하지만 좀 더 신뢰도와 타당도가 높고 교육과 밀접히 관련된 검사 도구의 개발이 여전히 요구되고 있다.

국내의 학습장애 정의는 장애인 등에 대한 특수교육법(2008)과 국내 전문학회(한국특수교육학회, 2008)의 제안을 중심으로 살펴보고자 한다.

- 장애인 등에 대한 특수교육법(2008): 학습장애는 개인 내적 요인으로 인하여 듣기, 말하기, 주의집중, 지각, 기억, 문제 해결 등의 학습기능이나 읽기, 쓰기, 수학 등 학업성취 영역에서 현저하게 어려움이 있는 것을 말한다.
- 한국특수교육학회(2008): 학습장애란 개인 내적 원인으로 인하여 일생 동안 발달적 학습(듣기, 말하기, 주의집중, 지각, 기억, 문제 해결 등)이나 학업적 학습(읽기, 쓰기, 수학 등) 영역 중 하나 이상에서 심각한 어려움을 겪는 것을 말한다. 이 장애는 다른 장애 조건(감각장애, 정신지체, 정서장애 등)이나 환경 실조(문화적 요인, 경제적 요인, 교수적 요인 등)와 함께 나타날 수 있으나 이러한 조건이 직접적인 원인이 되어 나타난 것은 아니다(〈부록〉 참조).

3) 주의력결핍 과잉행동장애

주의력결핍 과잉행동장애(attention deficit hyperactivity disorder: ADHD) 아동의 특징은 짧은 주의집중력, 충동적 행동, 산만함, 과잉행동 등으로 학습장애 아동과 유사한 특성을 가진다. 실제로 학습장애 아동 가운데 25%는 주의력결핍 과잉행동장애를 같이 가지고 있는 것으로 보고되고 있다(Barkley, 1990). 주의력결핍 과잉행동장애에 대한 초기 연구는 역사적으로 학습장애 연구와 밀접한 관련을 가지고 이루어졌으며, 두 영역의 초기 연구에 중요한 공헌을 한 Werner와 Strauss는 학습장애와 마찬가지로 주의력결핍 과잉행동장애가 뇌손상에서 비롯된다고 주장하였다(Wodrich, 1994). 하지만 최근 발표된 뇌영상 촬영 연구는 주의력결핍 과잉행동장애가 뇌손상과 직접적인 관련이 없다고 보고하고 있다(Faraone & Biederman, 1994).

주의력결핍 과잉행동장애 아동은 일반적으로 주의력결핍 및 과잉행동의 문제뿐만 아니라 좌절에 대한 참을성의 부족, 자극적인 놀이를 제외한 과제에 대한 낮은 수행동기, 과제수행 시 지속성의 부족, 자신의 행동에 따른 결과의 예측을 잘 하지 못함, 실수를 통해 새로운 행동을 학습하는 능력의 부족 등과 같은 행동 특성을 보인다. 대부분 이러한 문제는 성인기까지 계속되며, 성인기에 이르러서는 직장의 업무수행과 관련해 요구되는 계획, 조직, 수행, 관리 등과 같은 수행행동에 문제를 보이기도 한다(Blum & Mercugliano, 1997).

주의력결핍 과잉행동장애는 학습장애 이외에도 다른 장애와 함께 나타나는 것으로 밝혀지고 있다. 임상적으로 의뢰된 주의력결핍 과잉행동장애 아동의 30~50%가량은 반항성행동장애(oppositional defiant disorders)와 일탈행동장애(conduct disorders)를 가지고 있으며, 주의력결핍 과잉행동장애를 가지고 있는 성인의 경우에는 우울이나 불안과 같은 기분장애(mood disorders)를 수반하는 것으로 보고되고 있다(APA, 1994).

『정신장애의 진단 및 통계 편람, 제4판(Disagnotic and Statistical Manual of Mental Disorders, 4th ed.: DSM-IV)』에 따르면, 주의력결핍 과잉행동장애는 두드러지게 나타나는 행동 특성에 따라 부주의형(ADHD predominantly inattentive type), 과잉행동형(ADHD predominantly hyperactive-impulsive type), 혼합형(ADHD combined type)으로 분류된다(APA, 1994). 주의력결핍 과잉행동장애의 진단은 일반적으로 DSM-IV에 나타난 진단 준거, 아동의 행동 특성에 대한 부모와의 면접, 필요시 아동과의 직접 면접, 다양한 상황에서의 아동 행동 관찰, 표준화된 평정척도를 통해 얻은 아동 행동 특성에 관한 자료를 종합적으로 고려하여 임상 전문가(주로 소아정신과 의사)가 장애 판정을 한다. 주의력결핍 과잉행동장애 아동의 상담을 위해 상담자가 숙지하고 있어야 할 전문지식의 하나로 DSM-IV의 주의력결핍 과잉행동장애 진단 준거를 제시하면 〈표 2-2〉와 같다.

표 2-2 주의력결핍 과잉행동장애 진단 준거(APA, 1994)

Ⅰ. 부주의행동 증상

1. 자주 세부사항에 대해 주의를 기울이지 않거나 부주의한 실수를 범한다.
2. 자주 주의를 유지하는 데 어려움을 경험한다.
3. 자주 다른 사람의 이야기를 경청하지 않는다.
4. 자주 지시에 따라 행동하지 않거나 과제 완성에 어려움을 겪는다.
5. 자주 과제나 행동을 조직적으로 수행하는 데 어려움을 겪는다.
6. 자주 계속적인 정신 노력을 요하는 일을 회피하거나 싫어한다.
7. 자주 물건을 잃어버린다.
8. 자주 쉽게 산만해진다.
9. 자주 무엇인가를 잊어버린다.

Ⅱ. 과잉/충동행동 증상

1. 자주 몸을 가만히 있지 못하고 움직인다.
2. 앉아 있어야 할 상황에서 자주 자리에서 일어난다.
3. 부적절한 상황에서 자주 주위를 뛰어다니거나 지나치게 기어오르려 한다.
4. 조용하게 과제나 놀이에 몰두하는 데 자주 어려움을 겪는다.
5. 자주 계속적으로 바삐 움직인다.
6. 자주 지나치게 말을 많이 한다.
7. 문제가 완전히 제시되기 전에 자주 답을 불쑥 말한다.
8. 자주 자신의 차례를 기다리지 못한다.
9. 자주 다른 사람의 일을 중간에서 가로막는다.

Ⅲ. 주의력결핍 과잉행동장애의 분류

1. 부주의형: I 에 나타난 부주의행동 증상 9개 중 6개 이상의 행동을 보인 경우
2. 과잉행동형: II 에 나타난 과잉/충동행동 증상 9개 중 6개 이상의 행동을 보인 경우
3. 혼합형: 위의 1과 2 모두에 해당하는 경우

Ⅳ. 추가적 진단 준거: 위의 Ⅰ과 Ⅱ의 행동 증상들이

1. 최소 6개월 이상 지속되어야 한다.
2. 발달 수준에 비추어 볼 때 부적응적, 불규칙적 특성을 가지고 있어야 한다.
3. 아동이 7세가 되기 이전에 나타나야 한다.
4. 아동이 생활하는 여러 환경이나 상황에서 나타나야 한다.
5. 전반적 발달장애(pervasive developmental disorders), 정신병 또는 다른 정신장애로 인해 발생하는 것이 아니어야 한다.

부 록

한국특수교육학회 특수교육 대상자(학습장애) 개념 및 선별기준(2008)

1. 개념

1) 정의

학습장애란 개인 내적 원인으로 인하여 일생 동안 발달적 학습(듣기, 말하기, 주의집중, 지각, 기억, 문제 해결 등)이나 학업적 학습(읽기, 쓰기, 수학 등) 영역 중 하나 이상에서 심각한 어려움을 겪는 것을 말한다. 이 장애는 다른 장애 조건(감각장애, 정신지체, 정서장애 등)이나 환경 실조(문화적 요인, 경제적 요인, 교수적 요인 등)와 함께 나타날 수 있으나 이러한 조건이 직접적인 원인이 되어 나타난 것은 아니다.

2) 분류: 학습장애 발현 시점에 따라 다음 두 가지 유형으로 분류

(1) 발달적 학습장애(developmental learning disabilities): 학령전기 아동 중 학습과 관련된 기본적 심리과정에 현저한 어려움을 보이는 아동으로 구어장애, 주의집중장애, 지각장애, 기억장애, 사고장애로 나뉨
(2) 학업적 학습장애(academic learning disabilities): 학령기 이후 학업과 관련된 영역에서 현저한 어려움을 보이는 경우로 읽기장애, 쓰기장애, 수학장애로 나뉨
(3) 기타: 비언어성 학습장애(nonverbal learning disabilities): 언어능력에는 강점을 보이나 공간지각 능력, 운동능력, 사회성 기술과 같은 비언어적 능력에서 결함을 보임

3) 출현율

(1) 국립특수교육원 실태조사(2001): 6~21세 초등학교 학령아동 408만 9,429명 중 특수교육 요구아동 출현율은 11만 639명으로 2.71%이고, 그중 학습장애 출현율은 4만 7,771명으로 1.17%임. 전체 특수교육 대상자의 43.2%로 나타남
(2) 교육인적자원부 자료(2006): 특수교육 대상학생 6만 2,903명 중 학습장애 출현율은 6,733명으로 10.80%임. 학습장애 학생의 6,131명은 특수학급에서 교육적 지원을 받고 있고 607명은 일반학급에서 지원을 받고 있는 것으로 나타남

4) 특성

(1) 학업적 특성

① 구어장애

- 음운론, 형태론, 통사론, 의미론, 화용론의 결함을 보임
- 구조적인 문제 없이 발음에 문제를 보임
- 짧은 문장과 제한된 어휘를 사용하여 말하거나 단어의 의미 및 문장을 이해하는 데 어려움을 보임
- 대화 상황에 맞게 적절하게 반응하는 데 어려움을 보임
- 읽기장애와 동시에 나타나기도 하고, 읽기에 문제가 없는데도 수학장애를 보이기도 함

(2) 심리적 특성

① 주의집중장애

- 주의집중 시간이 짧고 작은 자극에도 산만해짐
- 한 가지 주제에 몰입하는 선택적 주의집중에 어려움이 있음

② 기억장애

- 정보를 기억하는 데 어려움을 겪음
- 특히 단기기억과 작동기억에 어려움을 겪음

③ 문제해결장애

- 문제해결 전략이나 학습전략을 인식하고 활용하는 데 어려움을 보임

④ 초인지전략장애

- 과제를 효과적으로 수행하기 위해 필요한 전략을 인식, 계획, 수행 및 평가하는 데 어려움을 보임

⑤ 지각장애

- 감각으로부터 의미를 끌어내는 활동에 어려움을 보임
- 청각 자극, 시각 자극, 촉각 자극을 변별, 조직 및 해석하는 데 어려움을 보임

(3) 사회 · 정서적 특성

① 사회성 장애

- 사회적 상황이나 자극에 대한 적절한 해석 및 대처 능력의 결여가 나타남

② 낮은 자아개념

- 낮은 자기효능감 및 낮은 자아개념을 지님

③ 학습동기 결여

- 불합리한 귀인 및 학습된 무기력이 나타남
- 외적 통제 소재가 강하게 나타남

2. 진단 · 평가

1) 판별 기준

다음 두 가지 기준에서 한 가지를 충족한 경우 학습장애로 판별함

(1) 개인의 표준화 학력검사 또는 표준화 발달검사의 결과가 동일 학년 집단이나 연령 집단에 비해 -2 표준편차 이하에 속한 경우, 또는 -2~-1 표준편차 사이에 속하면서 전문가에 의해 학습상의 문제가 심각하다고 판정되는 경우

(2) 개인 내적 요인으로 인하여 듣기, 말하기, 주의집중, 지각, 기억, 문제 해결 등의 기본적 심리과정이나 읽기, 쓰기, 수학 등 학업성취 영역에서 현저하게 어려움이 나타나고, 이러한 문제가 6개월 정도의 집중적인 교육에도 불구하고 해결되지 않는 경우

2) 판별 도구

평가 도구명		저 자	출판사/ 출판 연도	특 징
지능검사	K-WPPSI	박혜원 곽금주 박광배	특수교육/ 1996	만 3세 0개월부터 만 7세 3개월까지 아동을 대상으로 함
	K-WISC Ⅲ	곽금주 박혜원 김청택	특수교육/ 2001	6세 0개월에서 16세 11개월까지 아동을 대상으로 함
개별 학력검사	기초학습 기능검사	박경숙 윤점룡 박효정	한국교육 개발원/ 1989	아동의 학습 수준이 정상과 어느 정도 떨어지는가를 알아보거나, 학습 집단 배치에서 어느 정도 수준의 집단에 들어가야 하는가를 결정하기 위해서 사용함
	KISE 기초학력 검사도구 (BAAT)	박경숙 김계옥 송영준 정동영 정인숙	국립특수 교육원/ 2005	학습, 특히 국어와 수학에서 부진을 나타내는 아동을 선별 또는 진단하고 이들이 부진을 나타내는 영역과 수준을 파악하기 위해 사용함
	기초학습기능 수행평가 (BASA: 읽기검사)	김동일	학지사/ 2008	읽기능력을 진단하고, 형성평가로 활용이 가능하며, 읽기능력을 직접 측정할 수 있음

	기초학습기능 수행평가 (BASA: 수학검사)	김동일	학지사/ 2007	학습부진 아동이나 특수교육 대상자의 수학 수행수준을 진단, 평가할 수 있음
	기초학습기능 수행평가 (BASA: 쓰기검사)	김동일	학지사/ 2008	학습부진 아동이나 특수교육 대상자의 쓰기표현능력을 진단하고, 형성평가로 활용이 가능하며, 쓰기능력을 직접 측정할 수 있음
평정척도	KISE 학습장애 선별척도	정대영 정동영	국립특수 교육원/ 1996	교육현장에서 학습부진으로 여겨짐으로써 교육적 조치를 받지 못하는 학습장애 학생들을 간단히 선별해 낼 수 있음

제3장
학습 관련 요인

학습목표

1. 학습과 관련된 인지적 영역의 주요 요인을 이해할 수 있다.
2. 학습과 관련된 정의적 영역의 주요 요인을 이해할 수 있다.
3. 학습과 관련된 환경적 영역의 주요 요인을 이해할 수 있다.

이 장의 구성

학습 관련 요인

인지적 영역	정의적 영역	환경적 영역
• 두뇌의 기능 • 지능 • 과목별 선행학습 수준 • 학습전략	• 동기 • 자아개념 • 흥미 • 불안	• 가정 • 학교

1. 인지적 영역

1) 두뇌의 기능

뇌와 학습이 어떤 관련이 있는지에 대한 연구는 방법상의 어려움이 있음에도 많은 학자가 관심을 기울여 온 영역이다.

인간의 뇌는 시냅스의 형성을 통해 만들어지고 발달한다. 여기서 시냅스란 신경세포(혹은 뉴런)를 연결하는 지점을 의미하며, 학습을 비롯하여 새로운 정보를 받아들일 때 시냅스가 각성 혹은 억제되어 결과적으로 신경세포에 그 정보가 전달되도록 한다. 시냅스는 출생 시 상당 부분이 형성되어 있지만, 출생 이후에도 지속적으로 추가 혹은 소멸의 과정을 거치며, 이 과정에 교육, 가족관계, 중요한 삶의 사건 등이 영향을 미치게 된다.

물론 발달단계에서 일정한 시기에 특정한 경험을 하지 않으면 이후 같은 경험을 해도 같은 정도의 영향을 미치지 않을 수는 있다. 그런 영역으로 언어발달의 예를 흔히 든다. 어릴 때 자주 듣거나 사용하지 않은 음소에 대해서는 그 경계를 구별할 수 있는 능력을 상실한다는 것이다(Kuhl, 1993). 그러나 다른 능력 모두가 그렇지는 않은데, 예를 들어 고등인지기능을 담당하는 대뇌피질 영역에서는 다른 영역보다 시냅스가 좀 더 천천히 소실되고 또 형성된다(Huttenlocher & Dabholkar, 1997). 또한 두뇌의 일부가 손상이 된 경우에도 시간이 걸리기는 하지만 학습을 통해 기능을 회복하거나 다른 방식으로 이를 수행할 수 있도록 뇌의 구조가 재조직되는 것을 동물 대상 실험을 통해서도 볼 수 있다(Kolb, 1995).

이상과 같이 뇌에 대한 연구는 학습과 관련해서도 출생 시부터 타고난 학습능력 외에 학습 경험에 의해 변화될 수 있는 가능성, 그리고 특정한 학습에 결정적 시기가 없는 것은 아니지만 뇌의 적응적 능력에 대한 가능성 등을 보여 주고 있다. 이후 뇌에 대한 연구가 더 진행되면 개인별로 어떤 부분의 발달이 더 많이

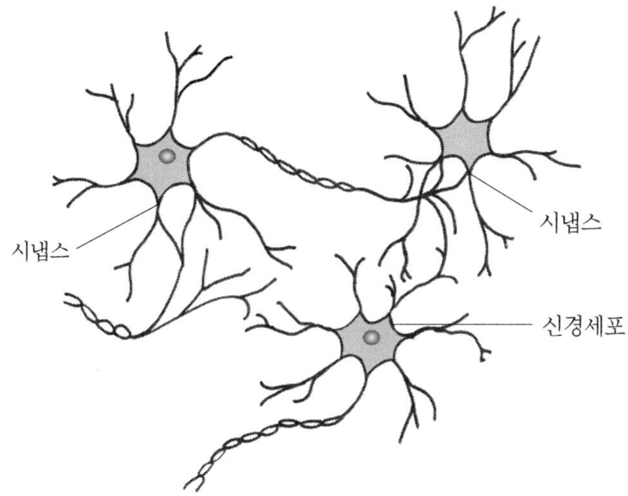

[그림 3-1] 인간 두뇌의 뉴런과 시냅스

이루어지고 있고, 어떤 경험을 할 때 그러한 발달을 더욱 촉진시킬 수 있는지에 대해 알게 될 것이다. 그러나 현재까지의 연구결과를 통해서도 학습과 관련된 교육적 혹은 상담적 개입이 뇌의 발달과 구조 변화에 상당 부분 영향을 끼칠 수 있음을 알 수 있다.

2) 지능

학업성취에 대해 다룰 때, 지능은 가장 비중 있게 다루어져 온 요인이다. 많은 경험적 연구에 따르면 지능이 학업성취를 설명하는 비율은 15~36% 정도다. 이와 같은 비율은 상대적으로는 높지만 그동안 지능이 학업성취에 대해 가장 중요한 변인으로 다루어져 온 것과 견주어 보면 그만큼 높은 비율은 아니라고 볼 수도 있다. 이러한 이유로 지능을 이해하고, 상담 및 교육을 위해 활용할 때도 신중한 태도가 필요하다. 즉, 지능이 그 비중 이상으로 학업성취의 모든 것을 결정하는 것처럼 인식되어서는 안 되며, 그렇다고 지능이 주는 영향력이 완전히 무시되어서도 안 된다.

학습상담에서 가장 보편적으로 지능을 활용하는 방안은 우선 학습자의 영역별 인지적 발달 정도를 진단하여 각 개인의 능력에 맞게 학습방안을 마련하도록 하는 것이다.

이를 위해 선행되어야 할 것은 지능에 대한 객관적이고 정확한 측정이다. 1916년에 개발된 스탠퍼드-비네 검사는 가장 잘 알려진 지능검사로 Binet의 지능 개념을 기반으로 하였다. Binet는 지능 지수를 정신연령과 생활연령의 비율(정신연령/생활연령×100)로 나타낼 수 있다고 보았다. 예컨대, 10세 아동의 정신연령이 12세라면 이 아동의 지능지수는 120이 된다. 그러나 이와 같은 방식으로 지능지수를 산출할 경우 20세 이상인 사람은 지능지수가 100 이하일 수밖에 없다는 점, 상대적인 의미보다는 절대적인 의미가 강조되어 마치 지능지수가 고정된 것 같은 인상을 준다는 점 등 문제점이 지적되어 이후 여러 단계를 거쳐 개정되었다. 1937년에 개정된 검사만 하더라도, 비율로 계산된 지능지수를 사용하지 않고 연령별로 평균을 100, 표준편차를 16으로 한 표준 점수를 사용하였다. 우리나라에서는 1970년에 이 검사를 고려대학교에서 받아들여 한국판으로 표준화하고 고대-비네 검사로 명명하였다.

스탠퍼드-비네 검사와 함께 가장 많이 사용되고 있는 지능검사는 David Wechsler에 의해 개발된 웩슬러 지능검사다. 우리나라에는 1963년에 도입되었고, 1992년에 표준화된 개정판 K-WAIS(Korean-Wechsler Adult Intelligence Scale; 임상심리학회 편)가 만들어졌다. 스탠퍼드-비네 검사가 언어능력 측정에 지나치게 비중을 둔 것에 비해 이 검사는 비언어적 지능도 측정할 수 있도록 소검사들을 보완하였다. 또한 언어성 지능지수와 동작성 지능지수를 각기 따로 구할 수 있고, 11개의 소검사 점수들의 프로파일 비교를 통해 지적 발달 영역의 차이를 비롯하여 집중력, 조직화 능력, 사회적 판단력, 언어력, 시각-운동 협응력 등도 알 수 있다.

한편, 지능의 객관적인 측정 결과 못지않게 지능에 대한 학습자의 주관적인 인식도 학습 태도에 많은 영향을 준다(Dweck, 1999; Dweck & Leggett, 1988). 즉, 지능이 학습자의 노력 여부에 따라 변할 수 있다고 생각하는 관점(증진론적 관점)을 가지고 있는가 혹은 지능은 고정적인 것이어서 학습자가 노력을 해도 변화시킬 수 없다는 관점(실체론적 관점)을 가지고 있는가에 따라 학습에 대한 태도는 달라질 수 있는데, 전자의 관점보다는 후자의 관점을 가질 때 학습자는 훨씬 더 적극적인 학습 태도를 가질 수 있다.

3) 과목별 선행학습 수준

각 과목별 선행학습 수준은 지능지수나 개인의 학업능력과는 별도로 학업성취에 영향을 주는 요인이다. 특히 수학과 같이 교과의 위계적 구성 정도가 높은 과목의 경우, 이전 학년 과목의 내용을 잘 모른다면 이후의 학습은 제대로 이루어지기 어려울 것이다. 또한 교과의 위계적 구성 정도가 상대적으로 높지 않은 교과목이라 하더라도, 상급학교로 갈수록 교과내용이 더욱 방대해지고 추상적 개념도 많이 등장하기 때문에 이전 학년에서의 선행 지식의 중요성이 높아질 수밖에 없다.

선행학습 수준을 파악하기 위해 표준화된 학업성취 검사 등을 사용할 수 있다. 지능검사를 함께 실시한다면 학습 문제에 영향을 주는 요인이 일반적인 지적 능력 문제가 주된 이유인지, 특정 교과의 선행학습 결손이 더 주된 이유인지 파악하는 데 도움이 된다. 또한 학습자의 선행학습 수준을 파악하기 위해 반드시 표준화된 검사를 사용해야 하는 것은 아니다. 교과의 내용을 기반으로 학년별로 문제를 추출하여 어느 부분에서 결손이 발생했는지를 알아볼 수도 있다. 선행학습의 결손 부분을 정확히 파악하여 학습을 익히도록 하는 것은 현재 학습 진로에 대한 이해를 높이는 데 도움이 될 뿐 아니라 이후의 결손 누적을 예방할 수 있는 방법이기도 하다.

4) 학습전략

학습전략이란 공부하는 방법이나 기술을 의미한다. 이것은 지능이나 선행학습 수준과는 별도로 학습자가 공부할 내용을 효과적으로 다루고 파악하여 자기 것으로 만드는 방법을 얼마나 잘 알고 또 사용하고 있는가를 의미한다.

김계현(2001)은 학습전략이란 학습 또는 정보를 효율적으로 기억하는 데 필요하거나 도움이 되는 여러 종류의 기능과 능력, 방법을 의미한다고 하였다. Dansereau(1985)는 학습전략이란 정보의 획득, 저장, 활용을 촉진시킬 수 있는 과정 또는 단계의 집합이라고 하였다. 또한 Weinstein과 Mayer(1986)는 학습전략을 학습자의 학습과정에 영향을 미치는 행동양식과 사고체계로서, 학습자가 새로운 정보를 획득 · 기억 · 재생하는 방식에 영향을 미치는 인간의 정보처리 활동이라고 정의하였다.

학습전략은 그 활동, 단계 및 수준에 따라 여러 종류가 있다. Dansereau(1978)는 학습전략을 학습 내용을 익히는 데 직접 영향을 주는 '주전략'과 학습 분위기 조성에 영향을 주는 '보조전략'으로 구별하였다. 주전략에는 다시 학습 내용을 이해하고 기억하는 데 도움이 되는 이해전략과 파지전략, 이전에 기억해 둔 학습 내용을 필요한 순간에 다시 꺼내서 활용하는 것과 관련된 회상전략과 사용전략이 있으며, 보조전략에는 목표 계획과 설계 전략, 주의집중 전략, 자기 점검과 진단 전략이 있다고 보았다. McKeachie(1986)는 학습전략을 인지적 학습전략, 상위인지 학습전략, 자원관리 전략으로 구분하였다. 그리고 인지적 학습전략은 시연, 정교화, 조직화 전략으로, 초인지 학습전략은 계획하기, 조절하기 전략으로, 자원관리 전략은 시간관리, 공부환경 관리, 노력관리, 타인의 조력추구 전략 등으로 더 세분하였다. 또한 Weinstein과 Mayer(1986)는 인지적 학습전략인 시연, 정교화, 조직화 전략을 그 수준에 따라 더 세분하여 기초적 시연전략, 복잡한 시연전략, 기초적 정교화전략, 복잡한 정교화전략, 기초적 조직화전략, 복잡한 조직화전략 등으로 나누었다. 그리고 이외의 학습전략은 이해 모니터링 전략, 정의적 전략, 동기적 전략 등으로 구별하였다.

일반적으로 학년이 올라가거나 교과의 난이도가 높아질수록 학습전략의 필요성도 더 많아진다고 볼 수 있다(Mayer, 1987; Moely, Olson, Halwes, & Flavell, 1969). 그러나 간혹 학습자 중에는 학습전략을 이미 알고 있어도 학습에 동기 또는 흥미가 낮아서 학습 내용을 더 깊이 이해하려는 전략적 시도를 하지 않는 경우도 있다. 따라서 학습상담을 할 때는 학습자의 학습전략에 대한 이해 및 활용 정도를 잘 진단하여 적절한 상황에서 사용할 수 있도록 격려하는 한편, 학습전략의 사용에 영향을 주는 동기나 흥미와 같은 요인도 고려할 필요가 있다.

2. 정의적 영역

1) 동기

동기란 목표를 이루어 가기 위한 물리적 혹은 정신적 활동이라고 볼 수 있다. 동기는 학습 과정과도 밀접한 관련이 있다. 즉, 학습에 있어서 동기는 어떤 내용을 선택하고, 언제 공부를 하고, 어떤 방법으로 공부하는지 등 그 과정 전반에 영향을 준다(Schunk, 1991). 또한 학습에 대한 동기는 학습전략의 사용에도 영향을 준다. 즉, 학습에 대한 동기가 높은 학생은 어려운 내용이 나오더라도 더욱 집중하여 읽고 이해하려고 하며, 모르는 것을 알기 위해 적극적으로 학습전략을 사용하지만(Zimmerman & Martinez-Pons, 1992), 동기가 별로 없는 학생은 집중하려고 하지 않으며, 책상에 앉아 있더라도 건성으로 책을 읽거나 모르는 것도 그냥 넘어가 버리는 등의 행동을 보일 것이다.

동기는 의지(will 또는 volition)와 구별되기도 하고 그것을 포괄하는 개념으로 사용되기도 한다. 동기와 의지를 구별하는 관점에서는 동기는 특정한 행동을 시작할 수 있게 하는 힘으로, 의지는 여러 가지 방해 요소에도 불구하고 지속적으로 그것을 실천할 수 있는 힘으로 본다(Ach, 1910). 그러나 이 장에서는 동기를 의지를 포함한 포괄적 개념으로 보았다. 그리고 이 절에서는 학습과 관련된 동기를 유발하고 지속시킬 수 있는 것이 무엇인지 네 가지 주요 이론을 중심으로 살펴보고자 한다.

(1) 정신분석적 관점

정신분석이론의 창시자인 Freud는 동기를 심리적 에너지로 보았다. 겉으로 보이는 행동은 사실상 인간 내면의 심리적 에너지에서 비롯된다는 것이다. 성장 과정에서 기본적인 욕구가 얼마나 잘 충족되는가에 따라 이런 에너지의 흐름은 발달 단계를 잘 거쳐 갈 수도 있고 특정한 욕구에 고착되기도 한다고 보는 것이다. 예를 들어, 어릴 때부터 부모의 관심을 적절히 받지 못한 아동이 있다면 그의 욕구는 어디선가는 채워져야만 한다. 결국 학령기에 도달해 학교에 다니게 되었을 때 수업시간에 산만한 행동을 하거나 주의를 끄는 행동을 해서라도 교사나 또래에게서 관심을 얻으려 할 수 있다.

이와 같이 정신분석이론은 심리적 고착이 학습과정 전반에 미칠 수 있는 영향을 설명하는 이론적 기반을 제공한다.

(2) 행동주의적 관점

행동주의적 관점은 크게 고전적 조건화 이론과 조작적 조건화 이론으로 구분할 수 있다. Pavlov(1927)는 고전적 조건화 이론에서 행동의 동기를 불러일으키지 않는 대상을 행동의 동기를 쉽게 불러일으키는 대상과 지속적으로 같이 제시하면 결국 그 대상에 대한 동기를 불러일으킬 수 있다고 주장하였다. 이를 증명해 보이기 위해 Pavlov는 개 실험을 실시하여 그 결과를 보여 주었다. 먹이를 보면서 자연스럽게 침을 흘리는 개에게 종소리를 같이 들려주자, 처음에는 종소리에 전혀 반응을 보이지 않았던 개가 나중에는 먹이는 주지 않고 종소리만 들려주어도 침을 흘리게 되었다는 실험 결과를 통해 고전적 조건화 과정을 보여 준 것이다. 이와 같은 고전적 조건화 이론에 따른다면 결국 학습에 대한 동기는 학습 경험이 얼마나 자주 긍정적인 경험과 연결되었는지에 따라 달라지게 된다.

Skinner(1938)는 조작적 조건화 이론에서 특정한 행동을 우연히 했는데 결과적으로 보상을 받게 되면 그 행동은 계속하게 되고, 반대로 아무런 보상을 받지 못하거나 벌을 받는다면 그 행동은 더 이상 하지 않게 될 것이라고 보았다. 학습에도 마찬가지 원리가 적용될 수 있다. 예를 들어, 숙제를 하거나 시험공부를 열심히 해서 교사의 칭찬을 받거나 좋은 성적을 얻게 되면 학습에 대한 동기는 증가될 가능성이 높다. 그러나 공부를 했는데도 좋은 성적을 얻지 못하거나 같이 놀지 못한 친구들과 사이가 멀어지는 결과를 경험했다면 이후 학습에 대한 동기는 감소될 가능성이 높다.

이와 같이 관점의 차이가 있기는 하지만 행동주의적 관점에서는 관련된 환경적 요인과 그 결과에 개입하여 학습에 대한 동기를 증가 혹은 감소시킬 수 있다고 본다. 이런 행동주의적 접근방법은 학습동기와 관련하여 상담적 개입을 하고자 할 때 매우 보편적인 방법 중 하나다. 그러나 학습에 대한 동기를 높이는 환경적 요인, 보상과 벌 등은 개개인이 처한 환경이나 상황에 따라 차이가 있다. 따라서 실제로 이와 같은 방법을 사용할 때는 개개인의 상황을 체계적 진단을 통하여 정확하게 파악한 다음 적용해야만 그 효과를 얻을 수 있다.

(3) 인지적 관점

Festinger(1957)는 인지 부조화 이론을 통해 사람은 자신의 신념, 태도, 의견 그리고 행동 사이에 일관성 있는 관계를 유지하려는 경향이 있다고 보았다. 그래서 불일치로 인해 긴장이 발생하여 이를 줄이려는 방향으로 행동을 하게 되는데, 이것이 바로 행동에 대한 동기를 불러일으킨다고 보았다. 예를 들어, 처음에는 공부할 때 별로 모르는 것이 없으리라고 생각해서 대강 공부하려고 했던 학생이 공부를 할수록 자신이 모르는 것이 많다는 것을 알게 되면 긴장감을 경험하고 이 상태를 해결하기 위해 보다 열심히 책을 보게 될 수 있다. 인지 부조화 이론에서는 학습동기가 외적인 보상이나 벌 등에 영향을 받는다고 보기보다, 적절한 수준에서 지적 자극과 긴장감을 주게 되면 그것을 해결하기 위한 동기가 인간의 내부에서 형성된다고 보는 것이다.

Deci와 Ryan(1985)은 인간은 스스로 결정하려고 하는 성향, 즉 자기결정성이 동기에 영향을 미친다고 보았다. 따라서 학생들은 스스로 가치를 둔 목표라고 생각할 때 이를 실현하려는 동기가 더욱 높아진다는 것이다. 자기결정성의 정도에 따라 동기는 무동기(amotivation), 외적 조절(extrinsic motivation), 부과된 조절(introjected regulation), 확인된 조절(identified regulation), 통합된 조절(integrated regulation), 내적 동기(intrinsic motivation) 등의 유형으로 나타날 수 있다는 것이다([그림 3-2] 참조). 무동기가 특정 행동에 대해 무가치하게 생각하고 전혀 관심을 갖지 않는 상태라면, 반대 극단에는 그 행동 자체만으로도 흥미와 즐거움을 가지는 내적 동기가 존재한다. 그리고 그 사이에는 외적 상황에 따라 어쩔 수 없이 그 행동을 하려고 하는 외적 조절, 처벌과 같은 상황을 피하려는 동기가 강한 부과된 조절, 개인적인 의미를 상당히 부여한 확인된 조절, 그리고 자신이 가치를 둔 중요한 일로 받아들이는 통합된 조절의 동기 상태가 존재한다는 것이다. 따라서 학습동기의 증진을 위해서는 학습목표를 설정하고 또 스스로 그 목표에 대해 의미부여를 하는 과정 등이 필요하다고 본다.

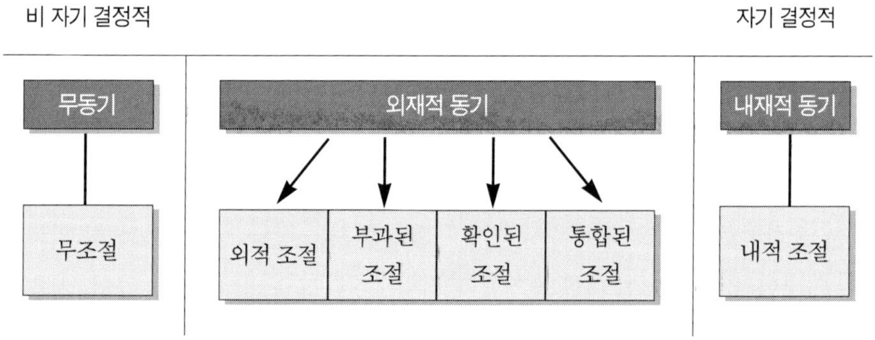

[그림 3-2] 자기결정성 정도에 따른 동기 유형(Ryan & Deci, 2000)

(4) 인본주의적 관점

Rogers(1963)는 내담자중심 이론을 통해서 인간에게는 자기실현 경향성이 있어 인간은 그것을 위해 살아간다고 보았다. 자기실현 경향성에는 개인적 성장, 자율성,외적 통제로부터의 자유 등이 포함된다. 이런 자기실현 경향성이 잘 발현되려면 그 사람에 대한 무조건적 존중의 환경이 필요하다. 여기서 무조건적 존중이란 그 사람의 행동 자체나 행동의 결과가 어떠하든지에 상관없이 존재 자체로서 가치를 인정하고 수용하는 태도를 의미한다. 반대로 조건적인 존중은 긴장감을 유발하고 자신을 방어하기 위해 지각과 경험을 스스로 왜곡시키도록 만든다.

따라서 인본주의적 관점에서는 인간의 학습에 대한 동기도 자기실현 경향성 안에 존재하는 것으로 보기 때문에 그것이 잘 발현될 수 있는 무조건적 존중의 환경을 만들어 주는 것이 가장 중요한 상담적 개입 방안이라고 여기는 것이다. 즉, 학습에 대한 동기를 높이려면 상담자나 교사가 학습자 스스로 공부의 목적을 잘 생각해 볼 수 있도록 하고, 그에 맞게 학습자료나 학습방법을 잘 활용할 수 있도록 도와주는 접근을 하는 것이 바람직하다고 본다. 이와 같은 인본주의적 관점은 그 목표나 방법론에 있어서 상당히 모호한 측면이 있기는 하지만, 학습동기를 향상시키기 위해 상담자나 교사가 어떤 태도를 취하는 것이 필요한지에 대한 방향성을 제시해 주고 있다.

2) 자아개념

자아개념(self-concept)이란 자기 자신에 대한 포괄적 평가이면서 동시에 자신에 대한 전체적인 느낌이라고 할 수 있다. 이것은 특정한 영역에 대해 자신이 잘할 수 있다는 신념, 즉 자기 자신의 존재 자체에 대한 생각, 태도, 느낌을 의미한다. 더 구체적으로 살펴보면, '나는 나 자신이 좋은가?' '나는 학생으로서 나 자신이 어떻다고 생각하는가?' '나의 장단점은 무엇인가?'와 같은 내용을 포함하고 있다.

개개인이 자기 자신에 대해 가지고 있는 자아개념은 자신의 행동에도 영향을 줄 수밖에 없다. 긍정적인 자아개념을 가지고 있는 사람은 어떤 일을 하더라도 자신을 긍정적으로 보기 때문에 성공할 것이라는 기대를 가지고, 또 그렇기에 실제로 성공할 가능성이 높다. 반대로 부정적인 자아개념을 가지고 있다면 쉽게 불안해하고 일이 잘못되었을 때 자책감을 갖거나 좌절감에 빠질 가능성이 높게 된다.

학습과 관련된 자아개념을 학업 자아개념이라 할 수 있다(송인섭, 1989). 송인섭(1989)은 학업 자아개념을 능력 자아개념과 성취 자아개념으로 구분하고, 능력 자아개념은 학업을 성취할 수 있다는 느낌의 정도이며, 성취 자아개념은 실제 학업과 관련해서 성공 혹은 실패라고 느끼는 지각이라고 하였다. 학업 자아개념은 각 교과목에 대한 학업 수행과정에서 스스로에 대해 갖게 되는 자아상이라고도 볼 수 있다. 특정한 과목에 대해 내가 잘하는 사람인지 못하는 사람인지의 느낌일 수도 있지만, 학습 전체와 관련된 자아상이 될 수도 있다. 학업 자아개념은 학습과 관련된 다양한 성공 경험 혹은 실패 경험에 의해 형성되지만, 일단 형성된 후에는 학업에서의 실패나 스트레스에 대처하는 태도 등에 영향을 주기 때문에 나중에는 지능지수보다 학업성적을 예언할 수 있는 더 강력한 요인이 될 수 있다고 본다.

이 때문에 상담자 혹은 교사는 학업성취의 결과에 관심을 가질 뿐 아니라 학습자가 그 결과와 관련하여 자기 자신을 어떻게 지각하고 있는지, 즉 그 결과가 학습자의 자아개념에 미치는 영향을 염두에 두어야 한다. 부모 혹은 학생 스스로가 지나치게 높은 학습성취 수준을 목표로 하고 있어 결과에 대한 상대적 좌절감이 큰 것은 아닌지, 학업성취 결과를 놓고 과도하게 실망하고 학습 능력이 없다고 지레 실망해 버리는 것은 아닌지 세심하게 관찰하고 적절한 정서적 지원을 해 주어야 한다.

3) 흥미

흥미는 일반적으로 정서적 요인, 즉 특정한 활동을 하는 동안 경험할 수 있는 즐거움 혹은 긍정적 정서의 다른 표현으로 여겨져 왔다. 그러나 흥미의 정의를 좀 더 복합적인 의미로 보아야 한다는 관점도 있다.

Krapp, Hidi와 Renninger(1992)는 흥미에 대한 그동안의 연구를 살펴본 결과 [그림 3-3]과 같이 세 가지 관점으로 그 개념을 나눌 수 있다고 하였다.

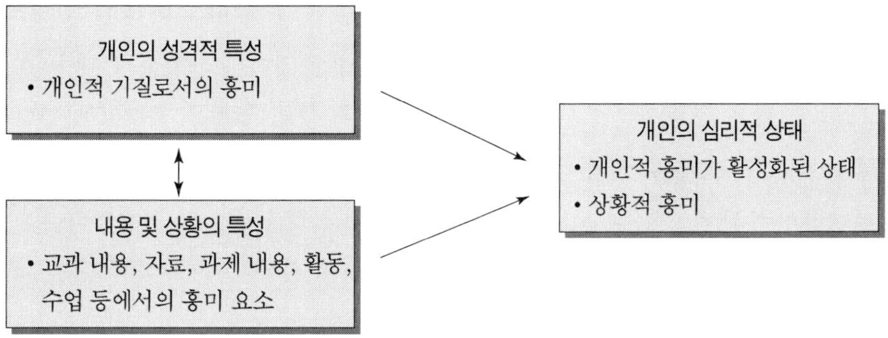

[그림 3-3] 흥미에 대한 세 가지 관점(Krapp, Hidi, & Renninger, 1992)

흥미에 대한 세 가지 개념 중 첫째는 흥미를 개인의 기질적 특성의 하나로 보는 관점이다. 이는 개인의 상당히 오랜 시간 동안 지속되는 특정한 과목이나 주제에 대한 관심 영역을 의미한다. 예를 들어, 진로검사 등에서 많이 활용되는 여러 활동 영역에 대한 관심분류도 이에 기초하고 있다. 즉, 흥미 영역을 실제적 흥미, 탐구적 흥미, 예술적 흥미, 사회적 흥미, 기업적 흥미, 관습적 흥미 등으로 나누고 그에 따라 진로에 대한 의사결정을 할 수 있다고 보는 것은 이와 같은 특정 영역에 대한 개인의 관심을 상당 시간 지속이 되는 성격적 특성으로 보았기 때문이다. 흥미를 이와 같은 개념으로 본다면 흥미는 쉽게 변할 수 있는 것이 아니므로 학습에 대한 상담을 할 때는 학생이 기질적으로 가지고 있는 흥미 영역을 잘 발견할 수 있도록 하는 것에 초점을 두게 될 것이다.

두 번째 관점은 흥미를 교과 내용, 학습방법 등과 같은 상황적 · 환경적 특성에 의해 생기는 것으로 파악하는 관점이다. 예를 들어, 특정한 교과 주제에 관심을 보이는지, 가르칠 때 어떤 매체를 활용한 수업에 더 관심을 보이는지 등과 같은 맥락에서 흥미를 보는 것이다. 이와 같은 개념으로 흥미를 본다면 상황적 · 환경적 특성의 변화를 통해 학생이 흥미를 느끼도록 하는 방법을 개발하는 것이 무엇보다 중요하다. 반면 개인의 성격이나 기질 등은 고려할 필요를 느끼지 않게 된다.

세 번째 관점은 흥미를 개인적 성향이 특정한 맥락과의 상호작용을 통해 흥미를 느끼는 심리적 상태로 활성화되는 것이라고 보는 관점이다. 이와 같은 의미에서의 홍미가 활성화되려면 그 주제나 활동에 대해 얼마나 가치를 부여하는지 그리고 관련된 선행지식을 얼마나 가지고 있는지 등이 영향을 준다고 보았다. Renninger(1990, 1992)는 선행지식과 활동에 대한 가치부여가 홍미에 어떤 영향을 주는지에 대한 이론적 모델([그림 3-4] 참조)에서 학습자가 학습 주제나 활동에 대해 높은 수준의 가치 부여를 하고 동시에 그에 관한 선행지식의 수준이 높아야 홍미(4사분면)가 생길 수 있고, 가치 부여 수준은 높지만 선행지식 수준이 낮으면 그 학습 주제나 활동에 대해서는 일시적인 매력(1사분면)을 느끼는 정도에 그친다고 보았다. Renninger의 모델에 따르면 홍미는 정서적인 측면보다 오히려 선행지식의 수준이라든가 가치 부여 등의 정서적 측면이 더 강한 개념으로 볼 수도 있다. 물론 선행지식 수준이 홍미에 반드시 필요한 것인지에 대해서는 다른 의견도 존재한다. Tobias(1994)는 선행지식 수준이 높지 않아도 홍미로 발전되는 것이 가능하다고 보았는데, 특히 연령이 낮을 때는 더욱 가능성이 높다고 보았다. 이와 같이 홍미를 개인의 성향과 특정한 맥락의 상호작용적 관점으로 보게 되면, 홍미는 쉽게 변할 수 있는 것은 아니지만 전혀 변할 수 없는 것도 아니

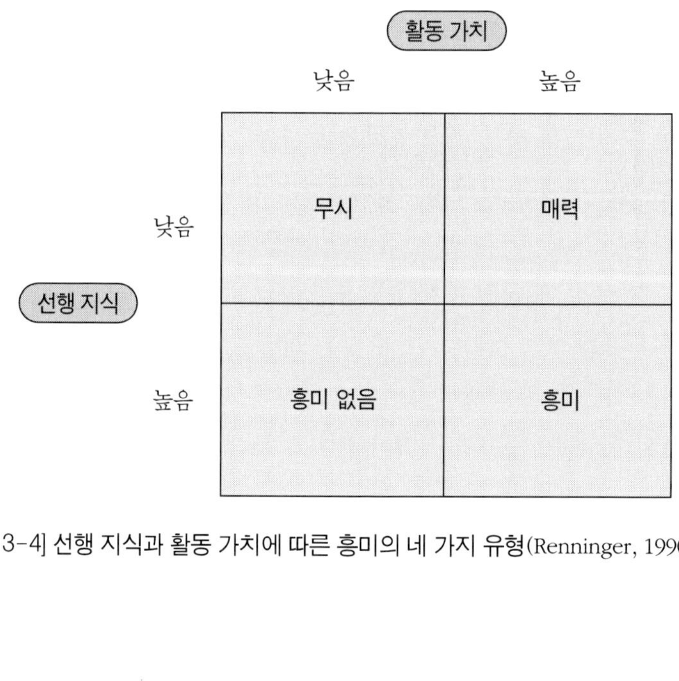

[그림 3-4] 선행 지식과 활동 가치에 따른 흥미의 네 가지 유형(Renninger, 1990, 1992)

어서 이는 선행지식의 수준을 높이고 관련된 학습내용 등에 대해 가치 부여를 하는 활동을 통해 학습자가 홍미를 가지고 또 그 수준을 더욱 높이도록 하는 개념으로 볼 수 있다.

이와 관련하여 Hidi와 Renninger(2006)의 흥미 발달단계에 대해 함께 살펴볼 필요가 있다. Hidi와 Renninger는 흥미가 상황에 대한 일시적 매력 혹은 가벼운 흥미에서 시작되었다 하더라도 필요한 지원을 얻게 되면 보다 높은 수준의 흥미로 발전될 수 있다고 보고 이 과정을 〈표 3-1〉과 같이 4단계로 제시하였다.

이상에서 살펴본 바에 따르면 흥미는 개인적 측면과 환경적 측면 그리고 정서적 측면과 인지적 측면을 모두 포함하는 복합적 개념이다. 따라서 학습상담 영역에서 흥미를 다루고자 할 때는 개인의 기질적 흥미 영역을 고려하되, 흥미를 환경적으로 촉발시킬 수 있는 조건의 조성, 일정 정도의 선행지식의 축적 지원,

표 3-1 흥미의 네 가지 발달 단계(Hidi & Renninger, 2006)

	1단계 상황적 흥미의 촉발	2단계 상황적 흥미의 유지	3단계 개인적 흥미의 등장	4단계 개인적 흥미로 자리 잡음
정의	정서적 · 인지적 과정으로 인한 단기간의 변화에서 야기한 심리적 상태	관심이 촉발된 이후의 심리적 상태: 집중과 관심을 유지하는 단계	내용에 대한 지속적인 관심이 나타나 흥미가 개인의 성향이 되는 초기 단계	시간이 지나도 특정한 주제에 대해 지속적인 흥미를 보임
필요한 지원의 유형	퍼즐, 모둠 활동, 컴퓨터 등 흥미를 유발할 수 있는 환경적 조건	협동학습과 일대일 학습 등 개인적으로 학습 내용을 의미 있게 받아들일 수 있도록 교육적 환경을 조성함	또래나 전문가 등의 지원이 있기는 하지만 스스로도 흥미를 갖게 되는 초기 단계	상당한 정도로 자발적 흥미를 보이며, 외적인 지원도 이를 유지하는 데 도움이 됨
특징	관심의 집중과 정서적 반응, 초기에는 부정적인 정서반응이 나올 수도 있음	관심의 집중과 정서적 반응, 만일 부정적인 정서가 있다면 개인적 흥미로 발전되기 전에 바뀌어야 함	긍정적인 관심과 내용 관련 지식의 축적이 이루어지며 호기심 어린 질문을 하게 되는 초기 단계	긍정적 감정, 지식의 증가 및 축적, 자기조절 및 자기성찰의 증가

적절한 형태의 교육방법 지원 등을 통해 흥미를 촉발하고 촉진하는 개입방법에 대해서도 관심을 기울여야 한다.

4) 불안

일반적으로 학습 상황과 관련된 대표적인 부정적 정서는 시험불안이라고 볼 수 있다. 시험불안에는 필기시험뿐 아니라 수업시간의 발표라든가 과제 제출 등 평가가 이루어지는 모든 상황에서 생길 수 있는 불안이 포함된다.

불안은 기질적 특성과 관련이 깊은 특성불안과 특수한 상황에서의 불안인 상태불안으로 구별할 수 있는데(Spielberger, 1972), 시험불안은 상태불안에 해당된다. 물론 기질적으로 특성불안이 높은 경우는 상태불안 역시 높을 가능성이 있다. 그러나 특성불안이 그다지 높지 않은 사람이라 하더라도 시험에 대해 부정적인 경험을 한 적이 있거나, 시험 준비를 제대로 하지 못했거나, 학업에 대한 자기효능감 등이 낮다면 시험불안이 매우 높을 수 있다.

시험불안에는 인지적 요소인 걱정 요인과 정서적 요인인 감정 요인이 함께 있으나(Liebert & Morris, 1967), 이 중 보다 지속적인 영향을 미치는 것은 인지적 요소인 걱정 요인이다. 시험불안에 대한 더 자세한 내용은 7장에서 다룬다.

3. 환경적 영역

1) 가정

부모가 자녀의 학습 환경이나 학습에 대해 보이는 관심은 자녀의 학업성취와 밀접한 관련을 가지고 있다. Eccles, Wigfield와 Schiefele(1998)는 자녀의 학습과 관련된 부모의 태도를 여섯 가지 항목으로 세분하였다. 그 여섯 가지 항목은 ① 자녀의 학업수행에 대한 귀인, ② 과제 난이도에 대한 인식, ③ 자녀의 능력에 대한 기대와 확신, ④ 학업에 대한 가치 부여, ⑤ 실제적인 성취 수준, 그리고 ⑥ 성공하는 데는 장해물이 있으므로 이를 극복하기 위한 전략이 필요하다는 신념이다. 각각의 항목에 대한 부모의 태도는 자녀의 학업에 중요한 영향을 준다는 것이다.

부모가 자녀에게 관심을 보일 뿐 아니라 어떤 방법으로 그것을 표현하는가 하는 것도 매우 중요하다. 부모의 학업성취에 대한 압력이 지나치게 높거나 비현실적인 기대를 가지고 있을 때에는 오히려 부정적 영향을 주는 경우가 많기 때문이다(이재희, 2000; Sarason, Davidson, Lighthall, Waite, & Ruebush, 1960). Sarason(1960) 등은 부모가 자녀에게 지나친 기대를 하는 것은 자녀로 하여금 자신의 능력을 부정적으로 인지하고 부모의 자녀에 대한 부정적 평가를 내면화하여 평가를 받는 상황 등에서 심한 불안을 경험하게 만든다고 보았다. 반면, 부모가 온정적이고 지지적인 가정환경을 조성하고, 호기심과 탐구하는 자세를 격려하고 적절한 학습 자료를 제공하게 되면 자녀의 지적 발달이 더욱 활발해질 수 있다고 보았다(Meece, 1997). 또한 학습과 관련된 내용을 결정할 때 일방적으로 지시를 하는 방법보다는 의사결정과정에 자녀가 참여할 수 있도록 하고, 선택의 권한을 갖도록 하는 것이 학습동기 향상에 긍정적인 영향을 준다고 한다(Ryan & Deci, 1996).

2) 학교

(1) 교사

학습에 영향을 미치는 중요한 변인으로 교사를 빼놓을 수 없다. 교사의 학생에 대한 신념(Brookover, Beady, Flood, Schweitzer, & Wisenbaker, 1979; Edmonds, 1979), 교사로서의 효능감(Goddard, Hoy, & Woolfolk-Hoy, 2000; Woolfolk, & Hoy, 1990), 그리고 교사가 학생에게 자신의 신념을 나타내는 방법(Rosenshine & Stevens, 1986) 등은 모두 학생의 학습 과정 및 결과에 큰 영향을 미치는 요인이다. 특히 교사가 학생에게 학업수행의 결과에 대해 어떤 방법으로 상호작용을

표 3-2 교사의 피드백(Rosenshine & Stevens, 1986)

유형	정의	예시
수행 피드백	과제를 얼마나 정확하게 했는지, 그리고 제대로 하기 위해서는 어떻게 수정해야 하는지 등에 대한 피드백을 제공한다.	"맞았어." "첫 번째 부분은 잘했는데, 그 다음까지 계속 써야 한단다."
동기 피드백	잘하고 있는지에 대한 정보를 제공하고, 다른 학습자와의 비교나 설득이 포함될 수도 있다.	"네가 잘해 낼 줄 알았단다."
귀인 피드백	학생의 수행을 하나 또는 그 이상의 다른 속성으로 귀인한다.	"열심히 하더니 좋은 성적을 얻었구나."
전략 피드백	학생이 사용한 전략이 효과적이었는지에 대해 피드백을 제공하고, 아울러 과제를 하기 위해 어떤 전략을 사용해야 할지를 알려 준다.	"이런 순서로 한 것은 아주 잘했구나."

어떻게 하는가에 따라 같은 결과라 하더라도 학생은 스스로의 학습 능력에 대해 긍정적으로 생각하게 될 수도 있고, 반대로 부정적이거나 노력해도 소용없는 것으로 생각하게 될 수도 있다. 이와 관련하여 Rosenshine과 Stevens(1986)는 교사의 긍정적인 피드백 유형을 '수행 피드백' '동기 피드백' '귀인 피드백' '전략 피드백' 등 네 가지로 구분하여 〈표 3-2〉와 같이 제시하였다. 즉, 막연하게 피드백을 하는 것보다 다음과 같이 구체적인 방향과 내용을 담은 피드백이 효과적이라는 것이다.

'수행 피드백'은 과제가 얼마나 정확하게 잘 수행되었는지에 대해 피드백을 주는 것으로, 잘못된 부분이 있다면 다음에는 어떤 방법으로 다르게 해야 되는지를 정확히 짚어 주는 것이 중요하다. '동기 피드백'은 답의 정확성에 대해 피드백을 주기보다는 학생의 의욕이나 자기 효능감을 증진시키는 방식으로 피드백을 주는 것이다. '귀인 피드백'은 학생의 학업수행 결과를 한 가지 혹은 그 이상의 귀인과 연결시키는 것이다. '전략 피드백'은 전략을 얼마나 잘 적용했고, 학업수행을 증진시키려면 전략을 어떻게 사용할 수 있는지 등에 대해 피드백을 주는 것이다.

(2) 학급

학급의 중요한 환경으로는 우선 물리적 환경을 들 수 있다. 교실의 넓이나 구조, 온도, 책상의 크기나 형태도 학습에 영향을 줄 수 있다. 그러나 더 중요한 것은 사회적 환경이다. 경쟁을 강조하는 분위기인지 혹은 협동을 강조하는 분위기인지, 학업성적에 대한 상대적 평가의 의미를 강조하는지 혹은 절대적 평가의 의미를 더 중시하는지, 학업에 대한 자율권을 어느 정도 허용하는지 등 학업과 관련된 학교의 정책적 방향은 학교의 문화와 조직을 결정하고 학생들은 결국 그 영향을 받을 수밖에 없다.

Maehr와 Midgley(1991, 1996)는 그중에서도 특히 학생들에게 학습과 관련된 주요한 결정을 할 때 학생들의 자율권을 얼마나 허용하는가 하는 것은 학생들의 학습 동기를 향상시키고 자발적으로 학습전략을 사용하도록 하는 데 상당한 영향을 끼친다고 본다. 이는 자발적인 참여과정을 통해 책임감과 독립성을 키울 수 있다고 보았기 때문이다. 우리나라의 학급환경을 고려할 때 이와 같은 학급 분위기 조성은 결코 쉽지 않다. 눈앞에 도달해야 하는 목표, 즉 입시 부담이 가중되는 상급학교로 진학할수록 이런 경향은 더욱 높아지는 것이 현실이다. 그러나 그럴수록 학생들에게 학습동기 향상과 자발적 학습참여가 가능한 학급 분위기에서 멀어질 수 있다는 것을 염두에 두어야 한다.

제4장

학습상담을 위한 진단 및 평가

학습목표

1. 학습상담의 다양한 원인을 이해하고 평가할 수 있다.
2. 학습 문제별 진단 및 평가에 필요한 도구를 선정하고 활용할 수 있다.
3. 심리검사 활용상의 지침을 이해할 수 있다.

이 장의 구성

학습상담을 위한 진단 및 평가

학습상담의 주요 호소 문제 유형	학습 문제의 원인 평가	진단 및 평가의 절차	일반적인 심리검사 활용 지침
• 학업 부담 • 학업불안 • 학업 동기 및 방법 • 자기 이해와 자신감	• 학습자 평가 • 가족 평가 • 환경 및 문화적 맥락평가	• 초기 면접 • 검사 선정	• 필요성 관련 지침 • 선정 관련 지침 • 실시 관련 지침 • 해석 관련 지침 • 활용 관련 지침

학습상담에서 진단 및 평가는 학습 문제의 원인 분석 및 상담목표 설정의 근거가 된다. 진단 및 평가를 통해 학습과 관련된 내담자의 특성을 객관적으로 파악하게 되면 내담자가 겪고 있는 학습 문제의 원인과 현재 상태, 상담의 방향과 목표를 구체화할 수 있기 때문이다. 이 장에서는 학습상담의 주요 호소 문제, 학습 문제 원인 평가 영역, 학습 문제 진단을 위한 면접 절차, 학습상담에서 활용 가능한 표준화된 심리검사의 종류 등을 다룬다. 다음 내용은 신을진과 김형수(2007)에서 일부 발췌하여 정리한 것이다.

1. 학습상담의 주요 호소 문제 유형

일반적으로 학습상담은 성적 저하를 계기로 시작된다. 또한 학습상담은 성적 저하가 막 시작된 초기 단계보다는 그것이 반복되거나 만성화된 이후에 시작되는 경우가 더 많다. 따라서 학습상담의 호소 문제는 학습에 국한되지 않고 다양하게 전개될 수 있다.

문제는 내담자의 다양한 호소 문제를 체계 없이 경청하다 보면 문제를 진단하고 개입 방향을 설정하는 데 어려움을 겪는다는 것이다. 김태성, 김형수, 이영선, 박정민과 임은미(2001)는 학습과 관련된 청소년의 고민을 크게 학업 부담, 학업불안, 학업 동기 및 방법, 자기 이해와 자신감 문제 등으로 구분한 바 있다. 학습 문제의 진단과 평가에 앞서 내담자의 호소 문제를 다음과 같이 유형화하면 내담자의 학업 문제를 진단하고 학습상담의 목표와 방향을 설정하는 데 도움이 될 수 있다.

1) 학업 부담

학업 부담은 학교나 교사에 대한 불안이나 불만으로 인해 공부에 집중하지 못하는 것, 능력 이상의 학습으로 인한 신체적 · 심리적 소진, 공부 자체에 대한 회의나 반감 등으로 구분된다. 학업 부담의 하위 영역별 내용 및 호소 문제는 〈표 4-1〉과 같다.

표 4-1 학업 부담의 하위 유형 정의 및 호소 문제

유형	정의	호소 문제
등교 부담	학교 가는 것에 대한 공포증이나 학교생활에서의 부적응으로 인하여 신체적 · 정서적 고통을 겪는 현상	• 학교 얘기만 나오면 스트레스를 느낀다. • 학교생활이 편안하지 않고 부자연스럽다. • 학교에 갈 생각만 하면 우울해진다. • 학교에 갈 때가 되면 두통, 복통 또는 구토가 생긴 적이 있다.
수업 부담	교사에 대한 불만족이나 수업방식에 대한 불만족으로 인하여 수업에 집중하지 못하는 현상	• 들으나 마나라는 생각이 드는 수업이 있다. • 선생님이 나를 잘 이해해 주시는 것 같지 않다. • 선생님이 나에게 일부러 성적을 나쁘게 주는 것 같다. • 선생님이 유능하지 않아 수업을 제대로 하지 못한다.
학업 소진	보통의 또래에 비해 뒤처지는 능력으로 같은 수준을 유지하려다 보니 과도한 학습을 하게 됨으로써 나타나는 정신적 스트레스와 신체적 피로가 심해져 나타나는 현상	• 공부량이 많아서 잠잘 시간도 부족하다. • 공부에 너무 많은 에너지가 소진된다. • 공부하느라 지친다. • 공부 때문에 편하게 푹 쉰 적이 없다. • 늘 밤늦게까지 공부해도 해야 할 공부량이 너무 많다.
학업 무의미	공부 자체에 대한 의문이나 회의, 공부에 대한 반감을 나타내는 현상	• 공부를 왜 해야 하는지조차 모르겠다. • 공부 때문에 짜증이 많이 난다. • 예측할 수 없는 미래에 대해 계획을 세우는 것은 부질없는 짓이라는 생각이 든다. • 예고 없는 퀴즈, 과중한 과제물, 끝없는 시험공부가 지겹다.

2) 학업불안

학업불안은 자신의 공부방법에 대한 회의, 자신의 시험 결과가 다른 사람에게 알려질 것에 대한 불안, 시험에 대한 과도한 긴장과 초조 등을 포함한다. 학업불안의 하위 영역별 내용 및 호소 문제는 〈표 4-2〉와 같다.

표 4-2 학업불안의 하위 유형 정의 및 호소 문제

유형	정의	호소 문제
방법불안	매번 공부시간이 초과되거나 공부하지 않은 데서만 시험이 나오는 등 자신의 공부하는 방법에 대하여 스스로 회의와 불안감을 느끼는 현상	• 공부하지 않은 데서만 시험이 나와서 화가 난다. • 내가 공부하는 방식이 마음에 들지 않아 화가 난다. • 남들과 똑같은 양을 공부할 때 시간이 더 많이 걸린다. • 공부량이 너무 많아서 벅차다.
결과불안	학업 평가나 시험 결과에 대한 지나친 걱정. 즉, 남들에게 자신의 성적이나 결과물에 대해 창피해하며 적극 감추려고 하는 현상	• 시험 결과를 감추게 된다. • 시험 점수를 알리는 것이 정말 싫다. • 나의 시험 점수를 남이 알까 봐 불안하고 초조하다.
시험불안	시험에 대한 긴장과 고민이 증가하여 시험시간에 임하기 이전부터 정서적으로 초조함이나 불안을 크게 느끼며, 그로 인하여 신체적 고통까지도 불러오는 현상	• 시험을 치는 순간에도 성적이 떨어질까 봐 불안하다. • 문제를 푸는 순간에도 걱정으로 애를 태우게 된다. • 시험 때만 되면 두통이 자주 나타나고 소화불량에도 잘 걸린다. • 시험 때만 되면 초조하고 심하게 불안해진다. • 시험 점수를 알기 전까지는 좀처럼 마음이 놓이지 않는다. • 시험 때만 되면 안정이 안 돼 공부 장소를 자꾸 바꾸게 된다. • 시험공부를 아무리 많이 했어도 시험시간만 되면 초조해진다.

3) 학업 동기 및 방법

학업 동기 및 방법은 공부 이외의 분야에 대한 관심으로 인해 공부에 집중하지 못하는 문제, 무계획적으로 공부하거나 비효율적인 방법으로 공부하는 등의 문제를 포함한다. 학업 동기 및 방법의 하위 영역별 내용 및 호소 문제는 〈표 4-3〉과 같다.

표 4-3 학업 동기 및 방법의 하위 유형 정의 및 호소 문제

유형	정의	호소 문제
학업 외 관심	공부를 제외한 다른 분야의 일에 더 관심을 가지고 있기 때문에 학업에 집중하지 못하는 현상	• 공부가 아닌 다른 분야에 관심이 더 많다. • 공부보다는 다른 것을 하면 더 잘할 수 있을 것 같다.
학업 무계획	공부방법에 있어서 계획 없이 마음 내키는 대로 하거나 계획이 있어도 자신의 통제력(공부하고자 하는 노력)이 부족해 행동 실천을 잘 하지 못하는 현상	• 내일 시험이 있더라도 재미있는 일이 있으면 공부보다는 그것을 먼저 하게 된다. • 나의 공부방법이 좋지 않다는 것은 알지만 늘 그 방법대로 하게 된다. • 사전에 준비 없이 곧바로 시험공부를 시작하는 편이다.
학업 비효율	학업에 충실하려고 노력은 하지만 그 방법이 효과적이지 못해 노력에 비해 좋지 않은 결과를 얻는 현상	• 공부를 하다 보면 진도는 많이 나가지 못했는데 시간은 이미 많이 지나가 있다. • 책상에 오래 앉아 있기가 힘들다. • 학교에서 현재 배우고 있는 내용을 잘 못 알아듣겠다. • 무엇을 먼저 공부해야 할지 모르겠다.

4) 자기 이해와 자신감

자기 이해와 자신감은 공부와 관련된 자신의 특성을 이해하지 못하거나 교우관계 및 학교 적응과 관련된 자신감 부족, 낮은 학업 자아개념 등으로 구분된다. 자기 이해와 자신감의 하위 영역별 내용 및 호소 문제는 〈표 4-4〉와 같다.

표 4-4 자기 이해와 자신감의 하위 유형 정의 및 호소 문제

유형	정의	호소 문제
자기 이해 부족	자신이 무슨 공부를 잘하고, 앞으로 무슨 공부를 더 하고 싶고, 또 하게 되면 어떠한 공부를 잘할 수 있는지 잘 알지 못하는 현상	• 내가 무슨 공부를 잘하는지 모르겠다. • 내가 무슨 공부를 하고 싶은지 모르겠다. • 내가 무슨 공부를 하면 잘할 수 있을지 모르겠다.
자신감 부족 (교우관계)	또래 사이에서 쉽게 적응하지 못하고, 늘 그 속에서 위축되며, 함께 공부할 친구가 없는 상태	• 학교 친구들과의 관계가 별로 좋지 않고 피상적이다. • 친구들 사이에서 인기가 없어서 앞에 나서기가 힘들다. • 새 학년이 될 때마다 학교환경에 적응하기가 무척 힘들다.
자신감 부족 (학교 적응)	학교 내에서 동화되지 못해 생기는 긴장이나 나를 위한 학업 공간이 아닌 것 같다는 위축 현상을 보이는 상태	• 나는 학교생활에서 선생님이 나에게 무엇을 바라시는지 잘 모르겠다. • 같이 공부하는 데 도움을 주고받을 친구가 없다. • 누구를 기준으로 가르치는지 수업 내용을 못 알아듣겠고 날 위한 수업이 아닌 것 같다.
학업 자아개념	공부를 해야겠다는 마음은 서는데 남들이 모두 나보다 더 잘할 것 같다는 생각으로 인해 자신감이 없거나, 잘하는 친구 또는 어려운 과목과 같은 난관에 부딪히기만 하면 포기해 버리는 현상	• 공부를 하기는 해야겠는데 자신이 없다. • 공부 잘하는 학생에게는 운이 많이 따르는 것 같은데 나에게는 그런 것도 없는 것 같다. • 시험을 다 보기도 전에 다른 과목을 쉽게 포기하게 된다. • 주변 친구 모두가 나보다 공부를 잘하는 것 같다. • 어려운 일이 생기면 세웠던 계획을 종종 포기해 버리곤 한다.

2. 학습 문제의 원인 평가

학업과 관련된 호소 문제는 다양한 원인에서 기인한다. Silver, Hagin과 Duane(1989)은 학습 문제의 원인을 학습자 개인, 가족, 환경 및 문화적 맥락으

로 구분하여 평가할 것을 권장하였는데, 이 틀에 맞추어 학습 문제의 원인을 구분하여 평가하면 다음과 같다(신을진, 김형수, 2007, 재인용).

먼저 학습자 개인의 영역은 다시 신체적 원인, 인지적 원인, 정의적 원인으로 구분된다. 신체적 원인에는 시각, 청각 등 학습에 필요한 감각기관의 결함, 지구력과 집중력의 기초가 되는 체력의 부족 등이 포함된다. 신체적 질병으로 인한 약물 복용 여부와 약물의 기능도 학습에 영향을 미칠 수 있다.

둘째, 인지적 원인에는 낮은 지능, 낮은 정보처리 속도 및 정확도, 비효율적인 공부방법 등이 포함된다. 아울러 내담자의 지적 능력에 적합하지 않은 학습량과 난이도, 효과적인 학습전략 습득 및 적용의 어려움 등도 학습 문제의 인지적 원인에 해당한다.

셋째, 정의적 원인에는 낮은 학습동기 및 학업 자아개념, 높은 불안 등이 포함된다. 특히 우울, 불안, 스트레스 등과 관련된 심리적 문제가 과도하여 신경증적 문제를 동반하는 경우에도 학습 문제가 나타나게 되므로, 정신건강에 대한 평가도 학습상담 과정에 포함된다.

표 4-5 학습 문제 원인 평가의 세 영역

구분	평가 내용	
학습자 평가	신체	• 시각이나 청각 등 감각기관의 결함 • 신체적 질병 • 의학적 목적에 의해 사용된 약물치료가 학습능력에 미치는 영향
	인지	• 학습자의 일반적인 지적 능력 • 학습전략에 대한 일반적 지식 활용 수준
	정서	• 학습동기, 자아개념, 불안 • 학습자의 정신건강 정도
가족 평가	• 부모의 양육 태도, 학습에 대한 기대 • 형제 특성 • 가족의 심리적 · 물리적 환경	
환경 및 문화적 맥락 평가	• 교우 및 교사와의 관계 • 학교 특성 및 문화 • 지역사회 특성 및 문화	

넷째, 가족 영역은 내담자의 부모, 형제 관계의 평가를 의미한다. 부모의 바람직하지 못한 양육 태도, 학습에 대한 부모의 비현실적 기대, 형제간의 지나친 경쟁, 가족 내 생활 및 학습 환경 등이 내담자의 학습 문제에 미치는 영향을 평가하는 것이다.

마지막으로 환경 및 문화적 맥락 영역은 학교나 지역사회의 특성을 평가하는 것이다. 내담자가 맺고 있는 친구관계, 교사와의 관계, 재학 중인 학교 및 학원의 특성, 학습과 관련된 지역사회의 문화 등이 포함될 수 있다.

3. 진단 및 평가의 절차

학습 문제를 진단하고 평가하는 과정은 크게 초기 면접, 검사 선정, 검사 실시, 검사 결과 해석의 단계를 거친다. 각 과정에는 학생은 물론 학부모도 참여시켜야 한다.

1) 초기 면접

초기 면접의 단계에는 내담자와 신뢰 있는 관계를 형성하면서 동시에 내담자의 진단 및 평가에 필요한 객관적 자료를 수집해야 한다. 학습상담을 목적으로 내방한 내담자라 하더라도 낯선 사람에게 자신의 성적을 비롯한 학습 관련 정보를 공개하는 것에 흔히 부정적 반응을 보이기 쉽다. 그래서 상담자는 내담자의 이러한 불편감을 공감하면서도 적극적으로 진단과 평가에 필요한 정보를 탐색해야 한다.

초기 면접에서 상담자의 과제는 우선 호소 문제를 유형화하는 것이다. 학습과 관련된 내담자의 호소 문제를 공감적으로 경청하면서 상담자는 앞에서 살펴본 문제 유형의 분류 틀에 근거해 내담자의 호소 문제를 유형화해야 한다. 그다음은 학습 문제 원인 평가에 필요한 자료를 수집하는 것이다. 상담자는 다음에 제시된 질문을 적절히 활용해서 학습자 평가, 가족 평가, 환경 및 문화적 맥락 평가에 필요한 자료를 함께 수집해야 한다. 마지막은 내담자의 학습사를 탐색하는 것이다. 내담자의 현재 및 과거 주요 시점의 성적 변화, 현재의 공부 형태 및 방법에 대한 탐색을 통해 내담자의 학습 문제를 더욱 명확히 이해할 수 있다.

- 학습상담을 시작하는 데 영향을 미친 계기나 사건은 무엇인가?
- 학습과 관련된 주요 호소 문제는 무엇인가?
- 학습상담을 통해 변화하기를 기대하는 모습은 무엇인가?
- 학습에 영향을 미칠 만한 신체적 질병이나 체질적 특성이 있는가? 있다면 어떤 의학적 조치를 취하고 있는가? 치료를 위해 복용 중인 약물이 학습에 영향을 미치는가?
- 현재의 과목별 성적과 석차는 어떠한가?
- 성적과 석차의 변화 추이는 어떠했는가?
- 현재 어떤 방법으로 공부하고 있는가? (학원, 과외, 학습지 등)
- 공부방법의 변화 추이는 어떠했는가?
- 자녀의 성적과 관련된 부모의 바람은 무엇인가?
- 자녀의 공부와 관련해 부모는 어떠한 도움을 주고 있는가?
- 형제들의 학습 태도나 성적은 어떠한가?
- 학교나 교사에 대한 학생의 태도는 어떠한가?
- 교우관계는 어떠한가?
- 학교나 지역사회의 학습 분위기는 어떠한가?

이러한 정보를 접수 면접지에 포함하여 면접 전에 작성하도록 할 경우 초기 면접의 시간을 단축하고 상담의 효율을 높일 수 있다. 또 학생이나 학부모 한쪽의 보고에만 의존하기보다 각각의 보고를 종합적으로 반영하는 것이 좋다.

표 4-6 학습 문제 원인에 대한 가설 검증을 위한 평가 도구

구분	유형	추론할 수 있는 일	평가 도구
언제부터	초4, 중1, 고1	• 교과가 갑자기 어려워져서	• 교과별 학업수준 평가
	어릴 때부터	• 기질(두뇌기능) 문제 • 가정교육 환경 부적절	• 기초학습기술 평가 • 지능검사 • 부모 양육태도 검사
	특정 시기	• 가정에서의 일 • 친구관계 변화	• 최근 가정사 및 친구관계 변화 점검
어떤 식으로	계속적 하락	• 과제의 어려움 • 가정 양육방식 • 기질(두뇌기능) 문제 • 낮은 동기 및 자존감 • 우울, 불안 등 정신건강상의 문제 • 학습전략 문제	• 학업 자아개념 평가 • 부모 양육태도 검사 • 지능검사 • 학습동기 검사 • 다면적 인성검사 • 기질 및 성격 검사 • 학습전략 검사
	급격한 하락	• 가정이나 친구관계의 주요 사건 • 발달적인 변화	• 생활사건 변화 검토 • 발달적 변화에 대한 이해 • 환경변화 검토
	과목별 하락	• 과목의 흥미 변화 • 시험불안	• 흥미 및 진로 탐색 • 시험불안 검사
성적과 관련된 정서 및 행동	열심히 하지만 성적이 안 좋음	• 기질(두뇌기능) 문제 • 가정에서의 압력 • 발달상의 적응	• 지능검사 • 문장완성검사 • 기질 및 성격 검사
	공부에 대한 불안	• 과중한 압력 • 실패에 대한 두려움	• 학습전략 검사 • 다면적 인성검사
	주의집중 문제	• 기질(두뇌기능) 문제 • 공부환경 문제 • 학습전략 문제	• 지능검사 • 주의력장애 진단검사 • 아동 충동성 검사 • 가정 및 학교 상황 질문지 • 학습전략 검사
	공부 무의미	• 공부에 대한 압력 • 부모-자녀 갈등 • 불확실한 진로	• 문장완성검사 • 동적 가족화 검사 • 진로탐색 검사

상담자는 또한 초기 면접 과정에서 내담자 학습 문제의 원인에 대한 가설을 설정하고, 다음 단계에서 어떤 평가 도구를 통해 그것을 검증할지에 대한 판단을 해야 한다. 〈표 4-6〉은 평가 도구 선정에 도움이 될 수 있는 정보를 정리한 것이다.

2) 검사 선정

상담자는 초기 면접을 통해 내담자의 호소 문제를 경청하고 학습사를 탐색하는 과정에서 학습 문제의 원인에 대한 가설을 설정할 수 있다. 학습상담에서 심리검사는 상담자의 가설을 지지하거나 기각하는 근거의 하나로 활용된다. 심리검사는 학습 문제의 심각성(현재), 원인(과거), 개입방법(미래) 등에 대한 객관적 자료를 제시해 준다. 학습상담자는 심리검사의 종류 및 활용법에 대한 폭넓은 지식을 가지고 있을 때 자신의 가설 검증에 도움이 되는 검사를 더 잘 선정할 수 있을 것이다.

(1) 인지적 영역의 심리검사 종류

학업성취에 영향을 주는 요인으로 인지적 측면에서 우선 고려되었던 것은 학습자의 지적 능력, 즉 지능이다. 학습상담에서 지능의 평가는 주로 학습자의 인지적 능력을 진단하고 평가하는 것인데, 이를 가장 대표하는 검사가 바로 지능검사다. 이 외에도 학습자의 인지적 능력을 측정하는 검사에는 학습 가능성을 평가하는 학업성취검사, 기초학습기능검사, 학습부진아용 배치 · 진단검사 등이 있다.

이후 인지심리학의 영향으로 학습자의 역할과 학습과정에 대한 관점의 전환이 이루어졌다. 인지심리학에서는 학습자의 지적 능력 못지않게 '학습전략'의 사용을 중시하였다(Dansereau, 1985; Jones, 1983; McKeachie, Pintrich, Lin, & Smith, 1991). 그리고 학습전략을 통한 학습과정에 대한 개입이 증가되었다. 그리하여 우리나라의 학습상담 영역에서도 학습전략을 다루는 인지적 접근방식이

표 4-7 인지적 영역의 주요 검사 목록

검사명(개발자)	검사 목적/대상	검사 구성 및 활용
한국 웩슬러 아동 지능검사 [K-WISC-III](특수교육)	• 지능 및 언어 이해, 지각 조직, 주의집중, 처리 속도에 대한 정보 제공 • 5~15세	• 언어성 소검사 6개, 동작성 소검사 7개 • 언어성 소검사는 상식, 공통성, 산수, 어휘, 이해, 숫자로 구성 • 동작성 소검사는 빠진 곳 찾기, 기호 쓰기, 차례 맞추기, 토막 짜기, 모양 맞추기, 동형 찾기, 미로로 구성
한국 웩슬러 지능검사[K-WAIS](한국가이던스)	• 지능에 대한 정보 제공 • 중학생 이상	• 언어성 소검사 6개, 동작성 소검사 5개 • 언어성 소검사는 기본 지식, 숫자 외우기, 어휘, 산수, 이해, 공통성으로 구성 • 동작성 소검사는 빠진 곳 찾기, 차례 맞추기, 토막 짜기, 모양 맞추기, 바꿔 쓰기로 구성
카우프만 아동용 지능검사[K-ABC](학지사)	• 지능 및 인지처리 과정, 습득도에 대한 정보 제공 • 2세 6개월~12세 5개월	• 인지처리과정 척도 10개, 습득도 척도 6개 • 인저처리과정 척도는 마법의 창, 얼굴 기억, 손동작, 그림 통합, 수회생, 삼각형, 단어배열, 시각유추, 위치기억, 사진순서로 구성 • 습득도 척도는 표현어휘, 인물과 장소, 산수, 수수께끼, 문자해독, 문장이해로 구성
기초학습기능검사(한국교육개발원)	• 읽기, 쓰기, 산수 등 기초 학습기능 숙달에 대한 정보 제공 • 유치원~초등학교 6학년	• 읽기, 쓰기, 산수를 포함한 5개 영역 • 학습부진 아동의 진단 및 배치 목적으로 학습부진 아동이 정상과 어느 정도 떨어져 있는지 혹은 어느 수준의 집단에 배치할 것인지에 대한 정보 제공 • 교수-학습용으로 특정 학습부진 아동에게 적절한 개별화 교수안을 작성하는 데 도움
학습부진아 판별검사(현주 외)	• 최저 학업성취 기준 미달자 선별 및 프로그램 개발 • 초등학교 3, 4학년 학생에 한정	• 국어(읽기, 쓰기 각 2종), 수학(1부, 2부 각 2종) • 읽기검사는 표기해독의 원리, 단어이해의 기본원리, 내용이해의 기본원리, 평가 및 감상의 기본 원리의 4개 세부 영역별로 구성 • 쓰기검사는 3학년은 6개 세부 영역(글씨쓰기의 원리, 낱말 및 문장 쓰기의 기본원리, 내용선정의 기본원리, 표현 및 내용전달의 기본원리, 고쳐 쓰기의 기본원리), 4학년은 내용 선정 원리를 제외한 5개 세부 영역

검사명(개발자)	검사 목적/대상	검사 구성 및 활용
		• 수학검사는 교육과정에 제시된 5개 하위 영역(수, 연산, 도형, 측도, 관계)을 중심으로, 1부(3, 4학년 공통적으로 2개 소검사[수와 연산]), 2부(3학년은 3개 소검사[도형, 측도, 관계], 4학년은 곱셈 · 나눗셈 연산)를 포함
학습부진아용 배치 · 진단검사(김수동 외)	• 학습부진 진단 • 초등학생	• 국어 기초 학습기능의 배치 · 진단검사, 수학교과의 배치 · 진단검사 • 학습부진아 선별 자체보다 학습부진아 프로그램과 연계하여 사용할 수 있는 교사용 참고자료
자기조절학습검사(양명희)	• 학습자의 자기조절 학습능력 측정 • 중고등학생	• 인지전략(시연, 정교화, 조직화), 상위인지전략(계획, 점검, 조절) • 20분 내외로 간단히 실시 가능. 자기조절 학습 수준을 점검하고 교육이 필요한 전략을 확인하여 지도하는 자료로 활용할 수 있음
ALSA 청소년학습전략검사(학지사)	• 학습자의 자기조절 학습능력을 측정 • 초 · 중고등학생	• 학습동기, 자기효능감, 학습기술(인지 · 상위인지 전략), 학습시간 · 환경관리(자원관리 전략) • 자기조절 학습의 하위 능력을 측정하고, 도움이 필요한 영역에 해당하는 학습전략 프로그램을 연결하여 활용할 수 있음
MLST 학습전략검사(한국가이던스)	• 학습자의 자기조절 학습능력 측정 • 중고등학생	• 성격적 차원, 정서적 차원, 동기적 차원, 행동적 차원 • 4개 차원, 즉 성격적 차원(효능감, 자신감, 실천력), 정서적 차원(우울, 짜증, 불안), 동기적 차원(학습동기, 경쟁동기, 회피동기), 행동적 차원(시간관리, 공부환경, 수업태도, 노트 필기, 집중전략, 책읽기, 기억전략, 시험준비)에 대한 평가 및 개입 방법 제시

학습 문제에 대한 주된 개입방법으로 고려되어 왔다(김계현, 2001). 이와 관련하여 학습자의 학습전략 활용 수준을 측정하기 위한 각종 심리검사 척도가 개발되었다. 이러한 학습전략 검사에는 자기조절학습검사, ALSA 청소년학습전략검사, MLST 학습전략검사 등이 있다.

(2) 정서적 영역의 심리검사 종류

교수-학습 일반 모형에서 제시되고 있는 바와 같이, 학습자의 학업성취도는 학습자의 인지적 특성과 함께 동기, 불안, 자아개념을 포함한 정의적 특성에도 큰 영향을 미친다. 실제 학습 상황에서 많은 학습자는 학습전략을 알고 있어도 잘 활용하지 못하고 있다. 이는 학습자의 정의적 특성을 고려해야만 이해될 수 있다. 학습상담에서 중요하게 고려되는 동기와 그 외 정의적 특성을 평가하는 검사로는 학업성취동기, 학습흥미, 귀인척도, 시험불안, 자아개념 검사 등을 들 수 있다. 이들 검사는 객관형 검사다. 저조한 학업성취도가 우울, 불안, 대인관계에서 오는 이차적 문제인지를 밝힐 수 있는 표준화된 심리검사로는 다면적 인성검사, 기질 및 성격 검사가 있다. 그리고 HTP, SCT, TAT와 같은 투사검사도 유용하게 활용될 수 있다.

표 4-8 정서적 영역의 주요 검사 목록

검사명(개발자)	검사 목적/대상	검사 구성 및 활용
청소년용 다면적 인성검사[MMPI-A](마음사랑)	• 성격, 심리적 증상, 행동상의 문제 평가 • 중1～고3	• 5개의 타당도 척도와 10개의 임상 척도 • 타당도 척도는 무응답, 부인, 비전형, 방어성, 무선반응 비일관성 평가를 통한 피검자 반응의 신뢰도 평가 • 임상 척도는 건강염려증, 우울증, 히스테리, 반사회성, 남성성-여성성, 편집증, 강박증, 정신분열증, 경조증, 내향성 등 심리적 건강 상태 평가
청소년용 기질 및 성격 검사[JTCI](마음사랑)	• 기질 및 성격 평가 • 12세～18세	• 4개의 기질 척도와 3개의 성격 척도 • 기질 척도는 자극추구, 위험회피, 사회적 민감성, 인내력 등 선천적 성향 평가 • 성격 척도는 자율성, 연대감, 자기 초월 등에 대한 후천적 발달 정도 평가
학업성취동기 점검 목록	• 학업성취 동기 점검 • 초 · 중고등학생	• 학업성취 동기 • 20분 이내로 간단히 실시할 수 있으며 학업성취 동기와 관련된 목록을 살펴보고 개입이 필요한 항목을 파악할 수 있음

검사명(개발자)	검사 목적/대상	검사 구성 및 활용
학습흥미검사(조붕환, 임경희)	• 학습흥미 점검 • 초 · 중고등학생	• 학습유형과 교과별 학습흥미 점검 • 학습유형에서는 창의형, 사고형, 탐구형, 활동형의 네 가지 하위요인, 그리고 교과별 학습흥미에서는 국어, 수학, 사회, 과학, 체육, 음악, 미술, 실과 흥미의 여덟 가지 하위 요인으로 학습 흥미를 측정하고 학습 유형과 과목에 따라 개입이 필요한 항목을 파악할 수 있음
아동용 귀인양식 검사(정은주, 손진훈 표준화)	• 귀인양식 검사 • 초등학생	• 통제 가능과 통제 불가능 • 학습에 대한 귀인양식을 확인하여 동기 수준을 확인할 수 있으며, 학습행동을 유발하는 데 필요한 귀인 사고를 파악하여 교육시킬 수 있음
시험불안도 측정(최진승 표준화)	• 시험불안 측정 • 중고등학생	• 인지적 요인과 정서적 요인 • 불안의 인지적 요인인 걱정과 정서적 요인인 정동을 평가하여 시험불안을 다스리도록 돕기 위한 개입 항목을 파악할 수 있음
자아개념척도(김용래)	• 학업 자아개념 측정 • 초 · 중등학생	• 학업 자아개념과 비학업 자아개념 • 학교일반, 학업능력, 수업, 학업성취, 교과 영역에서 자아개념을 측정하고 개입이 필요한 항목을 파악할 수 있음
투사검사[HTP, SCT, TAT]	• 학습에 영향을 미치는 학습자의 정의적 특성에 대한 수준 확인 • 초 · 중등학생	• HTP는 집-나무-사람을 학습자가 직접 그린 것을 검사 해석에 활용하며, 문장완성검사인 SCT는 학습자가 완성한 문장을 검사 해석에 활용하고, TAT는 제시된 그림에 대한 학습자의 상황 해석에 기초해 검사 해석을 함 • 저조한 학업성취도가 우울이나 불안 혹은 대인관계에서의 어려움과 같은 이차적 요인에 기인하는지를 확인

(3) 기타 영역의 심리검사 종류

인지와 정서 영역 이외에 학습상담에서 자주 진단 및 평가되는 영역으로는 집중력 영역과 진로 영역이 있다. 집중력의 경우 학습의 효율을 결정하는 중요한 능력이기 때문에, 내담자가 노력한 만큼 성적이 안 나오는 문제나 주의집중 곤란을 호소하는 경우 검사를 활용할 수 있다.

진로 영역은 공부는 물론 학습상담에 대한 동기를 높이는 데도 기여한다. 내담자의 진로 성숙도 정도와 직업 흥미 유형을 파악하여 진로교육과 함께 학습상담을 병행하는 것이 필요한 경우 진로 영역의 검사를 활용할 수 있다.

표 4-9 기타 영역의 주요 검사 목록

검사명(개발자)	검사 목적/대상	검사 구성 및 활용
주의집중능력검사(한국집중력센터)	• 주의집중 능력에 대한 객관적 평가 • 7~15세	• 시각주의력, 청각주의력, 청각집중력, 지속적 집중력, 선택적 집중력, 정보처리속도 • 각 하위 영역별 상대적 능력 및 문제점 평가
아동 충동성 검사 K-MFFT(한국가이던스)	• 충동성 및 사려성 정도 평가 • 7~12세	• 수행 속도, 정확도 • 사려성을 요구하는 과제를 수행하는 동안 얼마나 정확하면서도 빠르게 문제를 해결할 수 있는지 평가
주의력장애 진단검사 ADS(아이큐빅)	• 단순 과제에 대한 주의력 평가 • 5~15세	• 시각 주의력, 청각 주의력 • 시각, 청각 각각의 자극에 대한 부주의, 충동성, 반응속도, 반응 일관성 정도 평가
홀랜드 진로탐색검사(한국가이던스)	• 직업 성격 유형 측정 • 중고등학생	• 실제, 탐구, 예술, 사회, 기업, 관습형의 구분 • 직업성격유형 찾기, 활동, 성격, 유능감, 가치, 직업, 능력 평정으로 직업 성격 유형 측정
스트롱 진로탐색검사(한국심리검사연구소)	• 진로 성숙도와 흥미 유형 측정 • 중고등학생	• 기본 흥미 척도와 개인 특성 척도로 구분 • 기본 흥미 척도는 현장, 탐구, 예술, 사회, 진취, 사무형으로 구분 • 개인 특성 척도는 업무 유형, 학습 유형, 리더십 유형, 모험심 유형으로 구분

4. 일반적인 심리검사 활용 지침

1) 심리검사 필요 여부 판단과정에서의 지침

첫째, 검사를 하려는 목적을 분명히 하라. 학습상담에서 심리검사를 실시하려는 목적은 다양하다. 다른 학생과의 차이점을 비교하고 자신과 타인에 대한 이해를 촉진하기 위해 검사를 활용하기도 하고, 구체적인 문제 영역을 밝히기 위한 목적으로 검사를 활용하기도 한다. 또한 상담 초기에 상담자와 학생 간에 라포를 형성하고 학생의 마음을 열게 하기 위한 목적으로 심리검사를 활용할 수도 있다.

둘째, 학생을 실습 대상으로 삼지 말라. 학생에게 불필요한 검사임에도 교사 자신의 전문성을 높이기 위해 학생을 실습 대상으로 삼는 경우가 있다. 심리검사와 관련된 교사의 전문성 향상을 위해 이러한 수련이 필요한 경우도 있으나 검사에 대한 슈퍼비전을 받을 기회가 있는지 확인한 후 실습해야 한다.

셋째, 자신이 실시와 해석을 할 수 있는 전문성을 가지고 있는지 돌아보라. 검사자는 실시하는 검사에 대한 이론적 지식과 경험적 지식을 충분히 습득했는지 돌아보아야 한다. 특정 검사와 관련된 전문성이 부족할 때에는 다른 전문가에게 의뢰해야 하며, 적절한 전문가를 의뢰할 수 있는 네트워크를 구축하는 것도 교사의 전문성임을 기억해야 한다.

2) 심리검사 선정과정에서의 지침

첫째, 검사를 실시하려는 목적에 맞는 검사를 선정하라. 이것저것 궁금한 것은 모두 밝혀 보겠다는 마음으로 검사를 선정해서는 안 된다. 내담자는 검사를 통해 자신의 고유 영역을 개방하게 되어 있고, 상담자는 그 영역을 침범하게 되어 있기 때문이다. 따라서 전문가인 상담자는 학생의 영역을 침범한 것에 대한 책임을 동시에 져야 함을 기억해야 한다. 또한 같은 영역의 검사에 대해서도 검사의 목적에 맞게 종류를 선택해야 한다. 예컨대, 지능검사의 경우 일반적인 지능 수준을 알기 위해서는 집단 지능검사로 충분하지만, 신경학적 기능, 개인 내의 다양한 인지기능에 대한 보다 풍부한 정보를 얻기 위해서는 개인 지능검사를 상위 전문가에게 의뢰해야 한다.

둘째, 검사의 신뢰도 정보를 점검하라. 검사의 신뢰도는 대체로 .80 이상이 되는지 확인해야 한다. 신뢰도가 .70 이상만 되어도 현실적으로 큰 무리가 없는 경우도 많지만, 신뢰도가 그에 미치지 못할 경우라도 전혀 실시할 수 없다는 것은 아니다. 다만 그 결과를 해석할 때 매우 유의해야 한다.

셋째, 검사의 타당화 과정에 대한 정보를 점검하라. 검사의 타당화 작업이 얼마나 다양한 방식으로 엄밀하게 수행되었는지 점검해야 한다.

넷째, 검사 규준이 있는지 확인하라. 검사 규준이 없이는 검사 결과의 의미를 해석하기가 어렵다. 일반적으로 검사 결과는 규준 집단과 비교해서 개별 학생의 위치를 파악해야 하는 것이 일반적이다. 검사의 규준이 없다고 해서 검사를 절대 실시하지 못하는 것은 아니지만 결과를 매우 조심해서 해석해야 함을 염두에 두어야 한다.

다섯째, 검사의 규준 제작에 사용된 집단이 적절한지 검토하라. 중고등학생이 피검자인데 고등학생을 대상으로 규준이 제작된 경우라면 검사를 사용할 수 없다. 검사를 선정할 때는 항상 검사 대상자가 속한 집단이 검사의 규준에 포함되어 있는지를 확인해야 한다.

여섯째, 검사의 실용성을 고려하라. 검사를 선정할 때는 검사의 시행과 채점이 간편한지, 시행시간이 충분한지, 비용이 적정한지 등 검사의 실용성을 고려해야 한다. 검사의 실용성을 검토하여 가능하면 시행과 채점이 간편하고 시행시간도 적절하며 검사지 비용도 지나치게 부담되지 않는 검사를 선정하는 것이 좋다.

3) 심리검사 실시과정에서의 지침

첫째, 검사자와 피검자 간의 라포 형성에 유의하라. 검사자는 심리검사를 실시하기 전에 검사에 대한 학생의 동기를 높이는 일에 주력해야 한다. 이때 피검사자에게 심리검사의 필요성과 검사를 통해 얻을 수 있는 이익에 대해서 설명하는 것이 도움이 된다. 또한 검사의 목적과 검사가 어떻게 진행될 것인지 등 검사를 하면서 하게 될 경험 등을 학생에게 알려 주고, 학생이나 부모의 동의를 얻어야 한다. 마지막으로 검사자가 피검사자와 라포를 형성하는 것은 중요하나, 라포 형성을 한다고 해서 검사 요강에서 정한 표준 절차를 위배해서는 안 된다.

둘째, 검사 요강에서 정한 표준적인 절차를 따르라. 검사자는 검사를 실시하는 표준 절차를 미리 숙지하고 있어야 한다. 검사 요강을 읽어 가면서 검사를 실시해서는 안 된다.

4) 심리검사 결과 해석에서의 지침

첫째, 검사 결과에 대해 학생이 어떻게 기대하고 있는지 먼저 탐색하라. 검사 결과의 해석에 앞서 내담자가 검사 결과에 대해 어떤 기대를 가지고 있는지를 탐색하는 것은 스스로의 기대와 검사 결과가 어느 정도 일치하는지 혹은 일치하지 않는지, 일치하지 않는다면 어떤 이유에서인지 등 검사 결과에 기초한 다양한 구체적 탐색을 가능하게 해 준다.

둘째, 검사 결과는 하나의 잠정적인 결과임을 인식하고 학생에게 알려 주라. 단시간의 심리검사가 내담자에 관한 모든 것을 알려 주리라는 생각은 비현실적이며 경직된 사고방식이다. 심리검사에서 완벽한 신뢰성과 타당성란 기대하기 어려우며, 검사 결과를 맹신하거나 절대적인 것으로 인식해서는 안 된다는 점을 분명히 해야 한다.

셋째, 한두 개의 숫자, 한두 개의 유형 정보만 알려 주고는 결과를 해석했다고 생각하지 말라. 학습양식 검사 혹은 지능검사에서 유형이나 지능지수만을 알려주는 것은 도움이 되지 않으며 특정 적성 점수가 높다는 사실만 제공하는 것도 도움이 되지 않는다. 검사 해석을 할 때는 검사 결과에 대해 내담자가 스스로 어떻게 생각하는지를 구체적으로 탐색해야 한다.

넷째, 심리검사는 학생에 대한 여러 가지 이해방법(면담, 관찰) 중 하나일 뿐임을 명심하라. 학생에 대한 평가는 심리검사뿐 아니라 평소의 관찰 결과를 종합적으로 고려해서 최종 결론을 내려야 한다.

다섯째, 심리검사 결과가 평소의 행동 관찰 결과와 다를 때, 이러한 차이를 보이는 이유에 대해 궁금해하고 탐색하라. 간혹 부모의 보고나 관찰 내용이 심리검사 결과와 일치하지 않는 경우가 있는데, 이때 검사결과가 틀렸다고 단정짓기보다는 그러한 차이가 나타난 이유에 대한 가설을 설정하고 탐색해야 한다.

5) 심리검사 결과 활용에서의 지침

첫째, 학생과의 대화를 여는 도구로 사용하라. 검사는 진단과 평가 도구로도 많이 사용되지만 학생과의 대화를 여는 도구로도 사용될 수 있다. 임상심리 전문가가 아닌 이상, 개인적으로는 대화를 여는 도구로 사용하는 경우가 더 많다.

둘째, 학생의 특성을 명명해 버리는 데 사용하지 말라. 검사의 목적은 '차이점의 발견'과 '이해'다. 그러므로 사람을 특정 유형 중 하나로 몰아넣는 데 사용해서는 안 된다. 지능검사의 경우, 지능지수를 근거로 하여 한 학생을 저능아라든지 천재라든지 하는 꼬리표를 붙이는 것은 지능지수의 측정 오차가 크다는 사실을 미루어 보아 위험하므로 절대 피해야 한다.

셋째, 심리검사 결과를 최종 결정을 내리기 위해 사용하지 말라. 진로 및 적성검사에서 특정 영역의 적성이 뛰어난 것으로 드러났다고 해서 그쪽으로 진로를 선택하라고 할 수 없다. 진로는 심리적 특성에 의해서만 결정되는 것이 아니라 부모의 기대, 환경적 조건 등에 의해서도 좌우되기 때문이다. 심리검사는 학생 이해를 위한 다양한 방법 중 하나일 뿐이며 절대적일 수 없다는 점을 명심해야 한다.

제5장 학습전략

학습목표

1. 학습부진의 유형을 구분하고 특성을 이해할 수 있다.
2. 학습전략 프로그램의 종류와 프로그램 구성의 공통 요소를 이해할 수 있다.
3. 학습전략 프로그램의 실제 주요 내용을 파악하고 프로그램 효과를 확인함으로써 적용에 도움이 되는 시사점을 이해할 수 있다.

이 장의 구성

학습전략

학습부진과 학습전략	학습전략 프로그램 분류	학습전략 프로그램 실제	학습전략 프로그램 효과
• 학습부진아에 대한 이해 • 학습부진과 학습 전략	• 학습전략 프로그램의 종류 • 프로그램의 공통 요소	• 학습전략 프로그램 회기별 주요 내용 • 기억조성전략 프로그램	• 메타분석 연구결과 제시 • 학습전략 프로그램 효과 소개

1. 학습부진과 학습전략

1) 학습부진아에 대한 이해

학습부진아에 대해서 부모나 교사, 상담자, 부진아 자신들이 말하는 내용을 종합해 보면, 이러한 학생은 ① 게으르고 동기가 결여된 채 뚜렷한 목적의식이 결여되어 보이며, ② '다음번'을 기약하면서 끝까지 미루는 경향이 있으며, ③ '조금 더 노력했으면' 공부를 더 잘할 수 있었을 것이라는 투의 변명이나, ④ 자기 합리화를 잘 한다는 공통점이 있다. 하지만 그들은 평범한 성취 패턴을 제외하고는 느긋하고 적응을 잘하고 친절하며 심한 불안, 우울 또는 정신적 장애에 시달리지 않는다. 그들은 학교에서뿐 아니라 삶의 전반적인 영역에서 그저 자신의 평범한 수행에 만족하는 것으로 보인다. 그러나 이런 성격 패턴에 대한 고유한 가족 특성은 거의 발견되지 않고 있다(Hartley, 1985). 이러한 점은 학습부진아가 저조한 학습행동을 의도적으로 지속할지 모른다는 생각을 갖게 한다. 즉, 학습부진아는 무의식적이라 하더라도 저조한 학습행동을 하는 동기와 주도성이 있는 것처럼 보인다는 것이다. 학습부진아와 대화를 하다 보면 그들이 성취 수준을 외적인 이유 때문에 일어나는 어떤 것이라고 지각하는 것을 볼 수 있다. 하지만 실제로는 자신의 학습부진을 지속시키는 선택을 스스로 하는 경우가 많다. 그리고 그러한 수행에 대해 변명 내지는 자기 합리화를 한다. 예를 들면, 성적이 나쁜 이유에 대해서는 "공부를 했지만 성적이 안 좋았다." 혹은 "모든 학생이 다 점수가 좋지 않다. 그래서 나도 낮은 성적을 받았다."고 대답한다. 표면상으로는 대답이 된 듯하다. 그러나 실제로는 그렇지 않다. 이러한 답변은 단지 그 시험에서 학급의 전반적인 성적 프로파일에 관해 설명한 것일 뿐, 왜 이 특정한 학생이 그 시험을 망쳤는지에 대한 대답은 되지 않는다. 학습부진아는 자신의 동기 부족 문제를 스스로 이해하거나 통제할 수 없는 것으로 여기며, 주변 사람도 이러한 생각에 동의하도록 만들려고 한다. 그리고 자신들이 무엇을 하고 있으며, 왜 그것을 하고 있는지 의식하지 못하는 경향이 있다. 겉으로 드러나는 이러한 양상을 더 체계적으로 이해하기 위해서는 학습부진에 대한 개념 이해가 이루어져야 한다.

개념 정립의 과정 측면에서 학습부진은 학습자가 기대에 못 미치는 수행을 보이는 경우를 지칭할 때 통상적으로 쓰이는 포괄적인 용어이지만, 다른 유사 개념과 변별적으로 사용되는 구체적인 개념 정의가 제시되고 있다. 학습부진과 구분되는 유사 개념에는 학습지진, 학업 저성취, 학업지체, 학습장애 등이 있다. 우선 학습지진은 지능으로 대표되는 지적 능력의 저하로 인하여 학업성취가 뒤떨어지는 경우를 지칭하며, 학업 저성취는 성취 수준을 집단별로 구분하면 하위 집단에 속하는 경우를 지칭한다. 그리고 학업지체는 국가적으로 혹은 지역적으로 규정된 학년, 학기의 학습목표를 달성하지 못하여 뒤처지는 경우를 일컫는다. 학습장애의 경우는 정신지체, 정서장애, 환경 및 문화적 결핍에는 관계없이 듣기, 말하기, 쓰기, 읽기 및 산수 능력을 습득하거나 활용하는 데 심한 어려움을 한 분야 이상에서 보이는 경우를 지칭하며, 학습자 개인에 내재하는 지각장애, 지각-운동장애, 신경체계의 역기능 및 뇌손상과 같은 기본적인 정보처리 과정의 장애로 인하여 나타나는 것으로 정의된다. 학습부진을 이러한 개념과 구분하여 제시한다면 학업 영역에서 나타나는 학업성취 수준이 학생이 지닌 잠재적인 능력에 미치지 못하고 현격하게 뒤떨어지는 상태를 가리킨다. 즉, 능력-성취의 편차에 기초한 불일치 준거를 따르는 것이다. 불일치로서의 학습부진에 대한 조작적 정의는 학년 수준의 편차, 기대 학령 공식, 회귀 공식, 표준 점수 차이 등에 따르는데, 이에 대한 구체적인 설명은 1장에 제시되어 있다.

학습부진아의 유형 및 특성에 대한 개념적 구분은 학습자 개인이 소유한 재능과 능력을 개발하고 촉진하려는 교육의 목적에 기반을 둔다. 그러므로 그 특성에 대한 이해는 결국 상담 및 교육적 중재를 위한 기반을 찾는 것에 초점이 맞춰진다. 따라서 학습부진아의 유형과 특성은 다음 몇 가지 질문에 대한 정보와 관련이 있다. 첫째, 학습부진아의 유형은 어떻게 구분되는가? 둘째, 학습부진은 얼마나 지속되며 무엇의 영향을 받는가? 셋째, 학습부진은 구체적으로 어떤 영역에서 문제를 나타내는가?

우선 첫 번째 질문의 경우, 학습부진아 가운데 성취 가능성이 측정되지 않은 채 자신의 능력을 숨기고 있는 학생이 있다. 대체로 적성과 표준화 성취도 검사 점수가 모두 낮은 학습자 가운데 자신의 능력을 숨기고 있는 경우도 있으며, 보통 정도의 성취도 수준을 유지함으로써 보다 높은 성취 가능성이 간과되는 경우도 있다. 그리고 주된 관심의 대상이 되는 유형으로는 적성(지능) 혹은 표준화 성취도 검사에서 높은 점수를 획득함에도 불구하고 학교성적이 낮은 경우다. 상담 및 중재의 관점에서 능력이 숨겨진 학습자를 밝히기 위해서는 지속적인 식별 노력이 필요하다고 하겠다.

두 번째 질문의 경우, 학습부진 상태의 지속이 사회·정서적 문제로 인해 발생하는 경우는 일시적일 수 있으나 장기간에 걸쳐 유지될 수도 있다. 사회·정서적 문제의 경우는 정서적 안정을 돕는 것이 상담의 첫 번째 목표가 될 수 있으며, 사회적 환경 조성을 위한 노력이 수반되어야 할 것이다. 세 번째 질문의 경우, 학습부진은 특정 교과에서만 나타나거나, 기초 학습기능이 부진하거나, 전반적으로 부진한 경우로 구분할 수 있다. 특정 교과에서의 부진은 동기나 흥미 부족으로 인해 잠재성이 제한되는 경우를 고려할 수 있으므로 상담자나 교사가 학습자의 동기나 흥미를 북돋우려는 노력이 요구된다. 기초 학습기능이 부진한 경우는 이를 소급하여 익히면서 현재 학습을 어느 정도 병행할 수 있도록 하는 교육보조가 필요하다. 위의 두 경우와는 달리, 전반적 학습부진의 경우는 더 광범위한 도움이 요구될 것이다.

학습부진아를 고려할 때는 학습자가 지니고 있는 잠재력을 최대한 발휘하는 데 방해가 되는 원인과 관련 요인을 체계적으로 밝히는 것이 중요하다. 학습부진은 개념상 결과적 증상 혹은 신호이며 학습부진 여부에 대해서는 주관적인 판단이 작용하는 경우가 많기에 더욱 그러하다. 대체로 학습부진아가 일상에서 보이는 심리적 특성으로는 낮은 자아개념과 부적응 패턴이 보고되고 있다. 환경적 측면에서는 지지적인 가정과 학교환경이 중요하다. 그리고 일상생활에서 보고되는 그들의 특성은 〈표 5-1〉과 같다.

표 5-1 학습부진아의 일상생활에서의 특성

1. 상대적으로 만족하는 성취 패턴 이후에 최근 일관된 부진 패턴을 보인다.
2. 가정과 학교에서 자신에게 부과된 개인적인 책임(집안일, 공부와 숙제 완수)을 지속적으로 미룬다.
3. 자신의 책무를 제대로 이행하지 못한다.
4. 자신의 장기적인 대부분의 책무(교과목, 음악 레슨, 어떤 활동을 매일 연습하는 것 등)에 대하여 오랫동안 점진적으로 혹은 급격하게 관심이 감소한다.
5. 과제를 수행할 때 어떤 어려움이나 좌절의 첫 번째 신호에 쉽게 포기하거나 흥미가 줄어드는 경향이 있다.
6. 선택적으로 기억한다. 예를 들어, 책임져야 할 것(집안일, 숙제, 교과서, 할당된 일, 시험자료)에 대해서는 잘 망각한다. 하지만 다른 부분(취미, 스포츠 통계, 친구와의 활동 등)은 기억한다.
7. 앞으로는 학습수행을 향상시키고 가사를 제대로 수행하겠다는 분명한 언어적 약속을 잘 한다.
8. 주의가 산만한 편이다. 특히 숙제나 집안일을 할 때 잘 나타난다.
9. 부진한 수행에 대해 많은 변명을 한다.
10. 일반적으로 부모, 교사, 친구, 심지어 학습부진아 자신이 주목할 만한 게으름과 동기 결여가 보인다.
11. 명백한 정신장애라는 진단적 전조(불안, 우울, 망상, 환각, 공포, 감정의 기복, 사고장애 등)가 거의 없다.
12. 시험과 성적표 받는 시간을 제외하고 부진한 수행에 관해 거의 걱정하는 모습이 보이지 않는다.
13. 대체로 부모, 형제, 친구, 동료, 교사와의 관계가 좋은 편이다.
14. 자아와 미래에 관한 성찰이 결핍되어 있다.
15. 자신에 대해 편안함이나 만족감을 느끼며, 보통 자신의 인생을 순항하는 것으로 묘사하기도 한다.
16. 자신보다는 타인에 대해 좀 더 많은 책임감을 가진다. 자신의 숙제는 잊어버릴지라도 선생님이나 친구의 심부름은 기억한다.
17. 진짜 문제행동, 심각한 반사회적 행동이나 비행행동은 거의 보이지 않기도 한다.
18. 학습장애나 주의력결핍장애에 대해 측정할 만한 증거가 없다.
19. 학업수행에 관해 과대평가하는 경향(학교 공부가 어떠냐고 물어보면 잘 되어 간다고 대답할 것이다)이 있다.
20. 개인적인 책임(학업, 집안일)에 대해 자각할 필요가 있다.
21. 상당한 보상이나 처벌에도 아랑곳하지 않고, 평범한 성취 패턴에 의미 있는 변화가 일어나지 않는다.
22. 언어 사용에 있어서 소극적인 목소리, 모호함, 일반론적 이야기, 다른 독특한 언어적 특성을 보인다.

〈표 5-1〉에서는 학습부진아의 사회적 · 정서적 부적응 문제도 포함하고 있다. 이러한 학습부진아의 양상은 개입에서 상담적 접근의 중요성을 강조하는 계기가 되고 있다. 이러한 양상에 대한 원인적 측면으로서 앞서 사회 · 정서적 요인으로 언급된 것을 재정리하여 제시하면 〈표 5-2〉와 같다. 이들 요인은 학습부진아에 대한 개별적 접근에서도 고려되며, 일부는 부모교육 또는 집단적인 학습전략 프로그램에서도 고려될 수 있는 것들이다.

표 5-2 학습부진의 사회·정서적 요인

부모, 교사, 또래 요인 (Strang, 1951)	고등학생의 학습부진 원인 (Hildreth, 1966)
• 부모의 지나친 압력 • 부모의 무관심과 방치 • 삶에 대한 기본적 태도를 개발할 수 있는 기회의 부족 • 재정적 한계 • 사고와 공부방법에 대한 지도의 부재 • 폭넓고 도전적인 교육과정의 부재	• 성취하려는 노력의 부족 • 수준에 맞지 않는 교육과정과 수업 • 초등학교 때부터 노력하지 않았던 학생이 고등학교 진학 후 갑자기 적응하기에는 어려움이 있음 • 청소년기에 권위에 대한 반항적 태도가 나타남 • 자신들이 가지고 있는 흥미와 학교 교육과정에서 요구하는 흥미가 갈등을 일으킴

학습부진아의 부적응적 태도 가운데 반사회적 성격, 낮은 포부 수준, 빈약한 가족관계, 학교 활동에 대한 부정적인 양상은 학습 활동에 부정적 영향을 줄 수 있다. 학습부진아의 특성은 그들의 부적응, 실패, 거절에 대처하는 방식의 결과로서 성격과 행동으로 발전될 수 있다. 따라서 이러한 가능성의 면밀한 검토를 통해 자기 지각을 하고 학습부진을 방지할 수 있는 교육적 환경을 설계할 수도 있다. 학습부진아에 대한 상담적 접근 가운데 상담자가 주의할 것은 ① 학습부진아가 스스로 책임지도록 하며, ② 상담자의 지시가 수용되지 않는 것으로 인한 좌절감과 역전이를 잘 견뎌야 한다는 점이다. 이러한 지침은 집단적으로 학습전략 프로그램을 적용하는 순간에도 고려되어야 한다. 주요한 고려사항을 단

계적으로 제시하면 다음과 같다. ① 함께 동의한 목표를 세운다. ② 세부적인 절차를 정리한다. ③ 특별한 문제 영역에 초점을 맞추고 각 영역에서 변명을 분리시킨다. ④ 각각의 변명에 대해서 자연적인 부정적 체험을 하게 만든다. ⑤ 각각 부딪히는 장벽과 장해물에 대해 해결책을 요구한다. ⑥ 행동을 정한다. ⑦ 정한 행동을 따라 한다. ⑧ 각 경우에서 하나의 다른 변명을 가지고 ③~⑦번을 반복해 본다. ⑨ 비지시적인 접근으로 옮겨 간다.

2) 학습부진과 학습전략

우리나라의 경우 학업 관련 문제는 개인적 차원에서나 사회적 차원에서 모두 중요하고 그로 인한 사회적 영향과 파급이 크다. 학생, 교사, 학부모가 지각하고 있는 학업 관련 문제에 대해 김창대, 이정윤, 이영선과 남상인(1994)이 조사한 결과를 보면, 22개 영역으로 범주화된 여러 청소년 문제 중 학업 문제를 직접적으로 표출하고 있는 것은 공부 및 성적 영역으로 결국 이는 학습부진과 관련된 것으로 나타났다. 따라서 학습 문제 또는 학습부진에 관심을 가진 연구자들은 이를 극복할 수 있는 대안적 방법을 강구하였으며 하나의 해답으로서 학습전략, 즉 학습하는 방법의 학습(learn to learn)을 제시하였다. 그리고 학습전략이 학습 문제에 적절한 대처방법이 될 수 있는지에 대한 다양한 연구가 진행되어 왔다.

학습의 효율성을 극대화하기 위해 연구를 진행해 온 여러 학습 이론가는 효율적인 교수-학습과 관련된 요인 중 학생의 인지적 과제, 즉 사고의 중요성을 제시하고 있다(Woolfolk, 2001). 연구 결과, 인지적 능력과 학습기술 습득의 관련성은 인지적 능력이 초기 과제 수행이나 나중의 실제 적용 장면 모두에서 높은 상관을 지닌다는 것이다. 이후 Ackerman(1989)은 과제수행에서 요구하는 인지적 정보처리 능력이 학습자의 실제 수행에 미치는 영향을 3단계 모델을 통해 설명하면서, 과제의 규칙과 목표의 이해와 적절한 전략 활용 등과 관련된 인지적 능력의 중요성과 역할을 설명하였다.

이와 같은 학습에 있어 인지적 능력의 중요성에 대한 연구 결과와 함께, 1970

년대에 들어서는 학습 문제에 대한 교육 및 심리학적 접근에 있어서 중요한 전환점을 이룬 인지심리학과 그 핵심을 이루는 정보처리 모델이 발달하였다. 이들은 학습과정에서 학습자의 전반적인 기억의 모델, 정보의 조직과 분류에 대한 정보를 제공해 주며 정보처리를 용이하게 하는 교수방법과 학습방법은 무엇인가, 어떻게 기억을 향상시킬 것인가 하는 질문에 실마리를 제공해 왔다.

그 가운데 전략의 측면에서 학습부진을 설명하고 있는 전략결손 모형(Swanson, 1989)이나 능숙한 전략사용자 모델 등이 그동안 주목을 받았다. 전략결손 모형은 학습부진 및 학습장애의 발달 요인으로 인지 및 초인지 전략의 결손, 즉 학습전략의 결손에 초점을 둔 것이다. Pressley(1986)에 의해 개발된 능숙한 전략사용자 모델(good strategy user model)은 능숙한 사고를 하는 학습자가 지니고 있는 다양한 전략과 전략의 활용시기 등을 판단할 수 있는 상위인지 지식, 그리고 전략과 상위인지 과정을 통합해서 사용할 수 있는 광범위한 지식 기반에 대해 설명하고 있다.

정보처리 관점에 대한 활발한 인지심리학 연구 동향과 더불어, 미국 고등국방연구계획국(Defense Advanced Research Project Agency: DARPA)이 학업성취 향상을 위한 훈련 프로그램 개발에 재정적 지원을 하면서 인지전략, 정보처리 전략을 학습전략의 중심 개념으로 보는 연구가 진행되어 오고 있다(김혜숙, 1983). 서울대학교 교육연구소(1995)의 『교육학 용어사전』에서도 역시 학습전략이라는 용어가 사용된 것은 교수-학습 과정에서 학습자가 수행하는 역할에 대한 새로운 관점, 즉 인지심리학적 학습이론의 대두와 함께 사용되기 시작하면서부터라고 설명하고 있다. 학습전략의 개념은 정보처리 관점에서의 인지전략의 개념에서 출발하였고, 최근에는 학습자의 동기 같은 정의적 측면을 고려하며, 인지전략을 조정 · 통제하는 상위인지 전략의 개념으로까지 발전하였다(이원이, 2002).

이러한 맥락을 좇아 국내외에서 다양한 종류의 학습전략의 효과를 검증하는 개별 연구가 이루어졌다. 외국의 경우, Swanson(1990) 등은 학습장애 학생을 대상으로 한 실험처치 연구 180개를 종합하여 교수 영역, 피험자 특성, 처치 변인, 방법적 처치과정, 사례의 특성 등에 따른 효과 크기를 분석하였다. 교수처치의 전체 평균 효과 크기는 긍정적이었으며 매우 높은 크기(ES=0.70)를 나타내었다. 효과의 크기는 특히 직접교수와 전략교수를 더한 복합 모델이 다른 모델에 비해 더 효과 크기가 큰 것으로 나타났다.

2. 학습전략 프로그램 분류

학습상담 프로그램은 대개 몇 가지 요소로 구성되어 있다. 첫째, 학습자의 학업적응과 관련된 인지적, 정서적, 행동적 요소를 점검하게 된다. 둘째, 교육적 방법을 통해 이러한 요소를 적응적으로 조절하고 활용하는 방법을 학습자에게 전달한다. 셋째, 이를 연습하여 익히는 일련의 과정을 거치게 된다.

프로그램을 통해 교육되는 내용 가운데 인지적 요소는 학습전략의 중심이 된다. 학습전략은 학습자가 글로 쓰인 교재와 교사가 제시해 주는 것에 대한 자기 이해력을 높이기 위해 사용하는 인지적 활동을 말한다. 학습전략의 분류는 학자마다 다양하지만, 여기서는 McKeachie(1986)의 분류에 따른 학습전략을 제시하겠다. 이를 채택한 이유는 그것이 모든 다양한 영역의 학습전략을 포함하고 있으며, 3개의 대범주와 각 대범주별로 3개 정도의 소범주로 적당하게 분류되어 있고, 분류된 각 전략은 상호 배타적이기 때문이다. McKeachie(1986)의 학습전략 분류는 크게 인지전략, 상위인지전략, 자원관리 전략으로 나뉜다. 여기서 인지 · 상위인지 전략이란 학습자가 정보를 처리, 통제, 조절하는 데 관련된 전략이다. 그리고 자원관리 전략은 학습자가 학습과 관련된 인적 · 물적 자원을 관리하는 것과 관련된 전략이다. 우선 인지전략에는 시연, 정교화, 조직화 전략이 포함된다. 상위인지 전략에는 계획, 점검, 조정 전략이 포함된다. 그리고 자원관리 전략에는 시간, 공부환경, 노력, 타인의 조력 등 자원에 대한 관리전략이 포함된다.

표 5-3 학습전략 분류(McKeachie, Pintrich, Lin, & Smith, 1991)

1. 인지적 전략
   1) 시연전략: 암송, 따라 읽음, 복사, 자구적 노트 정리, 밑줄 치기
   2) 정교화 전략: 매개단어법, 심상, 장소법, 의역, 요약, 유추생성, 생성적 노트 정리, 질문-대답
   3) 조직화 전략: 결집, 기억조성법, 핵심 아이디어 선택, 개요화, 망상화, 다이어그램화

2. 상위인지 전략
   1) 계획전략: 목표 설정, 대충 훑어봄, 질문 생성
   2) 점검전략: 자기검사, 시험
   3) 조정전략: 독서 속도 조절, 재독서, 복습, 수검

3. 자원관리 전략
   1) 시간관리: 시간표 작성, 목표 설정
   2) 공부환경 관리: 장소 정리, 조용한 장소, 조직적 장소
   3) 노력관리: 노력에 대한 귀인, 기분, 스스로에게 이야기하기, 끈기 가짐, 자기 강화
   4) 타인의 조력: 교사로부터의 조력 추구, 동료로부터의 조력 추구, 동료/집단 학습, 개인지도

1) 학습전략 프로그램의 종류

학습전략 프로그램은 위에서 언급한 학습전략을 직접 훈련시키거나 학습전략을 교과 내용과 접목시켜 구체화시킨 공부방법 또는 학습기술의 형태로 구성된다. 국내에서 개발된 학습전략 프로그램의 종류를 구체적으로 살펴보면 〈표 5-4〉와 같다.

그리고 참고로 국외 학습전략 프로그램 가운데 몇 가지 구성 내용을 살펴보면 〈표 5-5〉와 같다. 이러한 국내외 학습전략 프로그램은 다소 차이를 보이지만 몇 가지 공통적인 요소를 지니고 있다. 그러한 요소는 학습자의 학습행동과 관련이 있는 인지적, 정의적, 행동적 측면을 포함한다.

표 5-4 국내 학습전략 프로그램(김동일, 2004, 재인용).

프로그램	개발자	대상	내 용
학습전략 개발 프로그램	김영채 (1992)	고등학생	1. 학습 태도의 개발: 시간관리 전략, 정신집중 전략 2. 단편적인 사실 기억: 페그워드법, 장소법, 의미화기법, 매개법, 연쇄화기법 3. 주제문의 이해: 시각적 심상전략, 의역전략, 질문생성 전략, 추론전략, 핵심 아이디어의 발견전략 4. 장과 단행본의 이해: 그래픽 자료의 활용전략, 독서전략 5. 요점과 노트정리 전략 6. 시험전략 7. 논리적 사고: 합리적 사고능력의 개발전략 8. 창의적 사고: 적극적인 문제해결 능력의 개발
초등학교 학습부진아용 교수-학습자료 개발, 학습동기/전략 프로그램	한국교육과정평가원 연구보고 CRC 99-2	초등 4, 5, 6학년 학습부진아	1. 학습동기 강화방안 - 자기존중감 기르기 - 귀인방향 바꾸기 - 자기조절 학습능력 기르기 2. 학습관리 전략 - 학습시간 관리 및 습관개선 전략 - 학습환경 관리전략 3. 일반학습 수행전략 - 주의집중 전략 - 기억전략 - 정교화전략 - 시험치기 전략 4. 과제특수 학습전략 - 효과적인 독서전략 - 수학문제 해결전략
자기조절 학습상담 훈련 프로그램	윤영화 (2002)	중고등 학생	1. 신뢰감 형성 및 자기평가 2. 목표설정 계획: 시간관리, 일과표 작성, 학습계획 수립 3. 환경구조화: 자기진단, 학습집중력 향상요인, 방해 요인 찾기

프로그램	개발자	대상	내 용
			4. 시연 및 기억, 복습하기: 기억법, 정교화 및 조직화, 낭송하기 5. 조직화와 변형: 자기독서 방법 점검, 시간전환, 질문, 암송, 복습 6. 기록 유지와 점검: 자기 경청, 노트 작성 7. 정보 찾기: 시험 전 준비, 시험 보는 방법, 시험결과 귀인 분석 8. 자기 결론화 및 프로그램 평가: 자기 격려, 자성예언
어휘학습전략 프로그램	박연정 (2004)	고등학생	1. 기억전략 - 합성화전략, 의미지도 그리기, 모둠 및 분류화, 연상전략, 심상전략, 신체 반응과 감각 사용하기 2. 인지전략 - 반복하기, 노트하기, 자료활용 전략 3. 보상전략 - 추측하기, 몸짓사용 전략, 신조어 사용전략, 동의어 사용전략, 도움 청하기 4. 상위인지 전략 - 주의집중 전략, 목표수립 전략, 학습평가 5. 정의적 전략 - 불안감 낮추기, 자기칭찬 전략 6. 사회적 전략 - 질문전략, 타인과 협동하기
자기 주도적 학습전략 훈련	김정진 (2003)	초등학생	1. 기억전략 - 연관 지어 모둠 짓기, 문맥에서 어휘 익히기, 영상, 소리 이용하기, 행동화하기, 복습하기 2. 인지전략 - 반복 연습하기, 생활에서 연습하기, 규칙 인식하기, 연역적 사고하기, 어휘 분석하기, 요약·노트하기

프로그램	개발자	대상	내 용
			3. 보상전략 - 추측하기, 모국어나 몸짓 이용하기, 동의어, 신조어 만들기, 회피 및 대략추측으로 대화 유지하기 4. 상위인지 전략 - 배경지식 이용하기, 선별적 주의집중하기, 목표 설정, 계획 세우기, 자기 감시, 평가하기 5. 정의적 전략 - 긴장 완화하기, 자기 격려하기, 감정 점검하기 6. 사회적 전략 - 질문, 요청하기, 협동하기, 타인과 감정이입
자기조절 학습전략 훈련	오원석 (2004)	초등 고학년	1. 자기평가 2. 조직과 변환 3. 목표와 계획 설정 4. 정보탐색 5. 기록 유지 및 검토 6. 환경조직 7. 자기 강화 및 처벌 8. 시연 및 기억 9-11. 사회적 도움 구하기 (동료, 교사, 성인) 12-14. 기록물 복습 (시험지, 노트 등)
자기조절 학습 전략 훈련 프로그램	이춘자 (2003)	중고등 학생	1. 학습환경 만들기 2. 학습목표 세우기 3. 학습계획 세우기 4 .학습정보 구하기 5. 학습내용 조직하기 6. 외우기와 기억하기 7. 도움받기 8. 복습하기 9. 평가하기 10. 칭찬하기 11. 처벌하기

표 5-5 국외 학습전략 프로그램(김동일, 2004, 재인용).

프로그램	개발자	내 용
SQ3R	Robinson (1946)	1. 조사 2. 질문 3. 읽기 4. 숙고 5. 복습
PQ4R	Tomas & Roinson (1972)	1. 예습 2. 질문 3. 읽기 4. 숙고 5. 암송 6. 복습

프로그램	개발자	내 용
인지학습 전략	Weinstein & Mayer (1986)	1. 기본 과제의 암송전략 - 순서화된 명칭의 목록을 반복적으로 외우는 전략 2. 복잡한 과제의 암송전략 - 중요한 부분에 밑줄을 긋거나 색칠하기 3. 기본 과제의 정교화전략 - 단어 짝짓기 학습에서 심상이나 문장화로 기억하는 전략, 기억할 단어를 문장으로 꾸며 보든지 시에서 표현된 장면을 영상으로 꾸며 보기 4. 복잡한 과제의 정교화전략 - 외부로부터 받아들인 정보를 이미 알고 있는 지식과 관련지어 학습하는 전략 5. 기본 과제의 조직화전략 - 산문이나 목록에서 학습해야 할 사항을 순서적으로 배열하거나 유목화하는 전략 6. 복잡한 과제의 조직화전략 - 학습 내용의 개요를 작성하거나 상위 개념과 하위 개념을 구분해 위계 구조를 만들어 보는 전략 7. 이해점검 전략 - 학습하고 있는 내용을 잘 이해하고 있는지 점검 8. 정의적, 동기적 전략 - 학습과정에 주의를 고취시킨다든지 시험불안을 극복하게 하는 전략
학습기능 프로그램	텍사스 주 공립학교	1. 조직화기능 2. 공부 · 독서 체제 3. 객관형 시험준비와 시험치기 4. 논술형 시험준비와 시험치기 5. 목표설정 6. 어휘력 증대 7. 경청기능 8. 기억과 집중 기법 9. 기본 독서기능 10. 노트 정리 11. 비판적 사고/문제해결 12. 연구보고서 작성 13. 속독
학습전략 프로그램	Robinson (1970)	1. 읽기 6. 보고서 작성 2. 시험 7. 동기촉진 3. 노트 정리 8. 학습자세 4. 기억 9. 주의집중 5. 외국어 공부

프로그램	개발자	내 용
학습방법	Mangnum (1994)	1. 정보 찾기 2. 조직화하기 3 .해석하기 4. 기억하기 5. 시험치기 6. 스캔하기 7. 공부전략
자기조절 학습전략	Zimmerman & Martinez-Pons (1990)	1. 자기평가 2. 조직화 및 변형화 3. 목표 설정 및 계획 4. 정보추구 5. 기록 및 점검 6. 환경의 구조화 7. 자기 보상 8. 시연 및 기억화 9. 사회적 도움 추구(동료, 교사, 주위 어른) 10. 검토(과제, 노트 정리, 학습지) 11. 기타(다른 사람에 의해 주도되는 학습)
Dalhousie 생활연구소 학습 프로그램	Jackson & Van Zoost (1974)	1. 노트 정리 2. 시간계획 3. 읽기 4. 시험 5. 작문 6. 동기촉진 7. 주의집중
학교적응 프로그램	Robyak & Sherrard (1978)	학습기술 모듈 학교적응 및 생활적응 모듈 1. 시간계획 2. 학습환경 개선 3. 주의집중 4. 시험 관련 기술 5. 주장훈련 6. 긴장이완 7. 생화학적 정보송환 훈련 8. 인생설계, 직업탐구
학습전략 프로그램	Tobias (1994)	1. 거시적 전략: 복습, 노트 정리, 이해관리 등 2. 미시적 전략

2) 프로그램의 공통 요소

학습전략 프로그램은 학습자에게 적절한 정보처리 전략을 훈련시킴으로써 효과적인 학습방법을 배우게 하고, 학습에 능동적으로 참여하게 하여 학습자의 학업성취를 높이는 것을 목적으로 한다(문선모, 1994). 모든 연령의 학습자와 포괄적인 학습 영역을 취급하는 총괄적인 학습전략 분류는 존재하지 않기 때문에 학습전략 프로그램의 내용 구성 요소 역시 프로그램 개발자의 주관에 따라 다양하게 나타난다. 하지만 황희숙(1999)은 학습전략 훈련 프로그램의 구성 요인의 중요성을 강조하면서, 인지적 전략, 자기규제 전략, 귀인훈련 등의 단일 요인으로 구성된 학습전략 프로그램보다 인지전략, 동기, 자기규제 전략 등을 모두 포괄하는 복합적 학습전략 프로그램이 학업성취에 긍정적인 영향을 미칠 수 있다고 하였다.

(1) 학습동기와 자기효능감

동기란 인간의 행동을 일으키는 근원적인 힘(Weiner, 2002)으로서 행동을 시작하게 하고 지속시키며 방향 짓게 하는 힘을 말한다(Atkinson & Shiffrin, 1968). 학습동기는 학업의 성취를 위한 동인과 그 충족을 위한 노력 또는 활동의 활성화와 지속의 정도다(김영채, 1991). 자기효능감은 어떤 결과를 이루기 위해 필요한 행동을 조직하고 수행할 수 있는 개인의 능력에 대한 판단이며(Bandura, 1986), 과제수행에 필요한 동기, 인지적 원천, 행동의 방향을 이끌 수 있는 개인의 능력에 대한 판단이다.

최근에 여러 연구자는 학습전략 훈련에서 자기효능감, 성공에 대한 기대 등의 동기 요인의 중요성을 강조하고 있다. 그 이유는 전략에 관한 지식이나 사용방법을 알고 있어도 자신의 노력이 수행에 영향을 미친다는 신념과 기대가 없는 한 전략을 융통성 있게 적용하거나 학습 상황에 일반화시킬 수 없기 때문이다(황희숙, 1999).

국내외 학습전략 프로그램을 개괄한 결과, 여러 프로그램이 학습동기와 학업적 자기효능감 향상을 위한 구성 요소를 포함하고 있음을 알 수 있다. 먼저 김영진(1998)의 효율적인 학습상담법에서는 학업성취 동기 향상 프로그램을 통하여 자신의 학업성취 동기를 점검하고, 학습동기를 촉진하는 요소와 방해하는 요소를 찾은 후 학습책임 분담표를 작성하게 함으로써 학생들의 학습동기를 향상시키고자 한다. 한국교육과정평가원에서는 초등학교 학습부진아용 학습동기/전략 프로그램에 자기존중감 기르기, 귀인방향 바꾸기, 자기조절 학습능력 기르기 등 학습동기와 자기효능감을 향상시키는 활동을 포함시켰다. 또한 김정진(2003)의 자기 주도적 학습전략 훈련에서는 긴장 완화하기, 자기 격려하기, 감정 점검하기 등을 통해 자기효능감을 향상시키고자 한다. 심혜경(2003)은 초등학생을 대상으로 한 자기조절 학습훈련 프로그램에서 학습동기와 학습 태도를 개발하기 위한 학습동기 향상전략을 사용하고 있다. 박태임(1994)은 학습습관 향상 프로그램 초반에 학습동기 촉발 회기를 운영함으로써 학습 습관을 향상시키는 데 학습동기가 중요한 요소임을 말해 주고 있다.

Weinstein과 Mayer(1986)의 『인지학습 전략(Cognitive Learning Strategies)』에서는 학습과정에 주의를 고취시킨다든지 시험불안을 극복하게 하는 전략 등을 사용함으로써 학습동기 및 자기효능감을 향상시키고자 하였다. Jackson과 Van Zoost(1974)의 달하우지(Dalhousie) 생활연구소 학습 프로그램에서도 학습동기를 촉진하는 내용이 포함되어 있다. 이 밖에도 많은 국내외 학습전략 프로그램에서 학습동기 및 자기효능감을 향상시키기 위한 활동을 전개하고 있는데, 이로써 학습동기와 자기효능감이 학습전략 프로그램의 중요한 구성 요소임을 알 수 있다.

(2) 인지 · 상위인지 전략

인지 · 상위인지 전략이란 학습자가 정보를 처리, 통제, 조절하는 데 관련된 전략으로서 국내외에서 운영되는 학습전략 프로그램의 많은 부분을 차지하고 있다.

김영채(1992)는 학습전략 개발 프로그램에서 구체적이고 다양한 인지 · 상위인지 전략을 제시하였다. 단편적인 사실을 기억하는 방법으로 페그워드법, 장소법, 의미화기법 등을 제시하였고, 주제문을 이해하는 방법으로 시각적 심상전략, 질문생성 전략, 핵심 아이디어의 발견전략 등을 제시하였다. 또한 장과 단행본의 이해법, 요점과 노트 정리 전략, 시험전략, 논리적 · 창의적 사고법 등 학생이 실제적으로 사용할 수 있는 구체적인 인지 · 상위인지 전략을 프로그램 속에 포함시켰다. 김영진(1998)의 효율적인 학습상담법에서는 독서능력 향상, 기억력 증진, 노트 작성법 등을 통하여 인지 · 상위인지 전략을 향상시키고자 하였다. 독서능력 향상 프로그램에서는 시각 전환하기, 개관하기, 질문하기, 읽기와 암송하기 등의 활동을 통해 학생의 인지 · 상위인지 전략 능력을 향상시키고자 하였고, 기억력 증진 프로그램에서는 범주화, 낭송하기와 시간간격을 둔 복습, 기억법(페그법, 체인법, 키워드법) 등의 활동을 통해 학생의 인지 · 상위인지 전략 능력을 향상시키고자 하였다. 또한 수업 시작 전, 수업 중, 수업이 끝난 후 노트 정리방법을 구체적으로 제시하였다. 삼성생활문화센터 상담실에서 운영하는 신나는 공부방법 프로그램에서도 공부계획법, 공부준비 방법, 암기법, 예습과 복습, 노트 정리 등 다양한 인지 · 상위인지 전략이 포함되어 있다.

Weinstein과 Mayer(1986)의 『인지학습 전략』에서는 암송, 정교화전략, 조직화전략, 이해점검 전략 등을 학습함으로써 학습자의 인지 · 상위인지 전략 능력을 향상시키고자 하였다. 텍사스 주 공립학교에서 운영되고 있는 학습기능 프로그램도 조직화 기능, 목표설정, 노트 정리, 비판적 사고, 문제해결 등 다양한 인지 · 상위인지 학습전략으로 구성되어 있다. 그리고 Mangnum(1994)의 『학습방법(Learnig to study)』에서도 정보 찾기, 조직화하기, 해석하기, 기억하기, 시험치기 등 다양한 인지 · 상위인지 전략을 포함하고 있다. 이처럼 인지 · 상위인지 전략은 국내외에서 운영되고 있는 많은 학습전략 프로그램에서 상당한 비중을 차지하고 있는 중요 구성 요소임을 알 수 있다.

(3) 자원관리 전략

자원관리 전략은 학습자가 학업을 수행하는 노력을 시작하고 지속할 수 있게 해 주는 학습 지지적 전략이다(황애경, 2003). 시간 및 학습환경 관리, 노력조절, 동료학습, 도움요청 등의 자원관리 전략 역시 학습전략 프로그램에서 빼놓을 수 없는 중요 요소다. 김영채(1992)의 학습전략 개발 프로그램에서는 시간관리 전략, 정신집중 전략 등을 제공하여 학생의 학습 태도 향상을 도모하고 있다. 또한 원새연과 윤정륜(1994)은 학습태도 개발 프로그램에서 학생들에게 시간관리전략과 정신집중 전략을 제공함으로써 자원관리 능력을 향상시키고자 했다. 김정진(2003)은 초등학생을 대상으로 하는 자기 주도적 학습전략 훈련에서 질문, 요청하기, 협동하기, 타인과 감정이입 등의 활동을 통한 사회적 전략을 포함시켰다. 오원석(2004) 또한 동료나 교사, 성인에게 사회적 도움을 구하는 회기를 프로그램 후반부에 투입함으로써 학습전략 프로그램에서 자원관리 전략을 중요 요소로 간주하였다.

Zimmerman와 Martinez-Pons(1990)의 자기조절 학습전략에서는 동료, 교사 등 사회적 도움을 강조하였다. Dansereau(1978, 1985)가 제시하고 있는 학습전략은 학습 환경의 중요성을 고려하고 있으며, 궁극적으로 외부 환경에 능동적으로 적응할 수 있는 힘을 기르도록 교정학습을 병행하는 것이 중요함을 강조하고 있다. 이처럼 국내외에서 운영되고 있는 많은 학습전략 프로그램은 시간 및 학습환경 관리, 노력조절, 동료학습, 도움요청 등의 자원관리 전략을 중요한 요소로 생각하고 있음을 볼 수 있다.

이상의 내용을 정리해 보면, 학습전략 프로그램의 구성 요소는 대상이나 접근 방법 혹은 목적에 따라 다소 차이를 보일 수 있으나 여러 프로그램에서 공통적인 구성 요소의 빈도를 기준으로 봤을 때 우선 학습동기와 자기효능감 영역에서 동기와 효능감의 요소가 부각되었다. 인지 · 상위인지 영역에서는 읽기, 노트 정리, 기억하기, 시험치기 등의 요소가 주를 이루었다. 그리고 자원관리 영역에서는 시간 및 학습환경 관리가 중심을 이루었다.

3. 학습전략 프로그램 실제

이 절에서는 앞서 살펴본 학습전략 프로그램의 공통적 구성 요소인 동기, 효능감, 읽기, 노트 정리, 기억하기, 시험치기, 시간 및 학습환경 관리의 8개 요소를 프로그램 구성에 반영한 실례를 소개하고자 한다. 〈표 5-6〉은 공통적인 8개 요소를 반영한 프로그램의 주요 내용이다. 김동일(2005b)의 자료 내용이 일부 인용되었고, 기억조성 전략의 경우 같은 연구의 프로그램 활동집에서 발췌·정리되었다.

표 5-6 학습전략 전체 구성

구분		
1회기	들어가기	들어가기
2회기	동기 및 집중력 높이기 전략	동기 향상
		동기 향상
		집중력 높이기
3회기	암기전략	암기전략 1
		암기전략 2
		암기전략 3
4회기	읽기전략	읽기 5단계
		훑어보기
		중심 내용 파악하기
5회기	노트필기 전략	노트필기 전략
6회기	자원관리 전략	시간 및 장소 관리전략
7회기	시험치기 전략	시험 전·중·후 시험치기 전략
8회기	마무리	마무리/다짐하기

1) 학습전략 프로그램 회기별 주요 내용

효율적인 공부방법에 대한 학습이 이루어지기 위해서는 프로그램 내용이 패턴화되어야 한다. 즉, 프로그램 회기 내 전달과정이 규칙적이어야 하며, 매 회기에 반복적으로 되풀이되어야 한다는 의미다. 이것은 학생으로 하여금 회기 활동의 구조를 예측하고 자기 활동을 조절할 수 있도록 유도한다. 따라서 여기서 제시될 학습전략 프로그램에서는 공부방법에 대한 교육과 연습이 반복적으로 이루어지도록 구성되어 있다.

구체적으로 프로그램의 회기 구조를 설명하면 다음과 같다. 우선 각 회기는 크게 네 단계로 이루어져 있다. 1단계는 들어가기다. 이 단계에서는 회기별 프로그램 내용에 대한 안내를 하게 된다. 구체적으로 학생과의 라포 형성과 프로그램 목표 안내가 포함된다. 2단계에서는 자기 진단 또는 몸풀기 활동을 하게 된다. 이 단계에서는 간이 검사의 형태로 회기별 주제에 대한 학생의 상태를 자기 점검 형식으로 파악하게 된다. 혹은 몸풀기 활동을 통해 집단원 간의 응집력을 높이고 프로그램의 흥미를 유발하게 된다. 검사 실시를 하는 경우, 검사의 타당도보다는 동기 유발 및 관여를 높이는 과정으로서 그 의의를 지닌다. 3단계에서는 본 활동을 진행하게 된다. 그것은 참가자의 관여 수준과 연령에 따라 선택하여 활동을 실시할 수 있도록 공부방법의 하위 주제별로 두세 가지 활동으로 구성되어 있다. 마지막 4단계는 각 회기를 마무리하는 단계다. 이 단계에서는 회기 활동을 정리하고 다음 회기 준비를 돕는 안내를 포함한다.

이상의 내용은 회기 구조에 대한 것이다. 이 프로그램의 경우 회기 구조뿐만 아니라 각 회기의 4단계 역시 반복적인 형태를 지니도록 구성되어 있다. 즉, 회기별 각 단계의 활동 역시 다시 네 단계로 구성되어 있다. 그리고 각 단계는 활동목적, 준비물, 지시사항, 지도요령으로 구성되어 있다. 〈표 5-7〉은 회기별 주요 내용을 정리한 것이다.

표 5-7 학습전략 프로그램 1~8회기 주요 내용

<table>
<tr><th>회기</th><th>1</th><th>회기명</th><th>들어가기</th><th>대상</th><th>초등학생(○)/중고등학생(○)</th></tr>
<tr><td>목표</td><td colspan="5">▶ 자기를 소개하면서 서로를 이해할 수 있다.
▶ 개략적인 프로그램의 소개로 프로그램에 대한 기대감을 가질 수 있고 참여동기를 공고히 할 수 있다.
▶ 자신의 긍정적인 경험을 나눔으로써 괜찮은 나임을 발견하여 자존감을 향상시킬 수 있다.
▶ 프로그램이 실행되면서 지켜 나가야 할 규칙을 함께 정해 봄으로써 집단에 대한 관심과 책임감을 높일 수 있다.</td></tr>
<tr><td>주요 내용</td><td colspan="5">1. 진행자 및 참가자 소개
• 별칭 지어 자기소개하기
2. 사전검사 실시
3. 프로그램 소개
• 만화 컷을 이용한 프로그램 소개
4. 우리의 약속
5. 정리 및 소감 나누기</td></tr>
<tr><td>준비사항</td><td colspan="5">이름표, 종이와 매직, 워크북, 보충자료, 동영상 상영 장비, 참가자 배포용 파일(필요할 경우)</td></tr>
<tr><td>활동 내용</td><td colspan="5">I. 들어가기 [5분]
II. 진행자 소개 [10분]
• 환영인사 및 포트폴리오 만들기 설명
III. 참가자 소개 및 별칭 짓기 [30분]
1) 소개말 [5분]
2) 별칭 짓기 [5분]
- 별칭을 지어 보고, 시간이 남을 때 즐겁게 하는 일, 프로그램 참여동기, 기대 등을 서로 나눈다. 그리고 전체에게 짝을 소개한다.
3) 발표하기 [10분]
4) 별칭 외우기 [10분]
- 별칭 외우는 게임을 통해 친밀감을 갖도록 한다.
IV. 사전검사 실시 [20분]
1) 질문지를 나누어 주고 체크하게 한다.
2) 4개 검사 중 선택하여 실시할 수 있다.
V. 프로그램 소개 [10분]
- 프로그램 소개
- 만화 컷 제작해서 전체 회기를 하나씩 보여 주며 설명해 준다.
VI. 우리의 약속 [10분]
• 프로그램에 참여하면서 지킬 규칙을 정해 본다.
예) 다른 친구의 말을 비난하지 않는다. 다른 친구의 말을 경청한다.
VII. 정리 및 소감 나누기 [10분]</td></tr>
</table>

<table>
<tr><th>회기</th><th>2</th><th>회기명</th><th>동기전략</th><th>대상</th><th>초등학생(○)/중고등학생(○)</th></tr>
<tr><td>목표</td><td colspan="5">▶ 공부와 관련된 나의 마음을 이해한다.
▶ 내가 공부하는 이유를 파악한다.
▶ 공부하는 것이 즐겁다고 생각하는 법을 이해하고 적용한다.
▶ 스스로 집중력을 조절할 수 있다.</td></tr>
<tr><td>주요 내용</td><td colspan="5">1. 몸풀기 게임
• 당신의 이웃을 사랑하십니까?
• 왜냐하면 & 가라사대 게임
2. 학습동기 간략검사: 공부에 대한 마음 점검
3. 귀인성향 분석 및 노력귀인 학습
4. 내외 동기: 내외 동기의 차이를 이해하고 내적 동기를 높이기
5. 정리 및 소감 나누기</td></tr>
<tr><td>준비사항</td><td colspan="5">테이프(들어가기 배경음악), 이름표, 필기도구</td></tr>
<tr><td>활동 내용</td><td colspan="5">I. 들어가기 [5분]
II. 몸풀기 게임 [10분]
당신의 이웃을 사랑하십니까?/왜냐하면 & 가라사대 게임 중 택 1
III. 활동
1) 학습동기 간략검사: 공부에 대한 우리의 마음을 점검해 봅시다. [5분]
2) 성적이 떨어지는 이유는 무엇일까요? [35분]
- 공부에 대한 의미 생각해 보기
- 어찌 내게 이런 일이…
- 이럴 때 속으로 어떤 생각을 하나요?
3) 내 · 외 동기: 내가 공부하는 이유 찾기 [25분]
- 내적 동기, 외적 동기란?
- 나를 공부하게 만드는 내적 동기
IV. 정리 및 소감 나누기 [10분]</td></tr>
</table>

회기	3	회기명	기억전략	대상	초등학생(○)/중고등학생(○)
목표	▶ 검사를 통해 기억력 수준을 간단히 확인하고 참가자에게 수업 내용에 집중하여 학습 내용을 정리해 내는 수준에 대해 잠시 생각해 볼 기회를 준다. ▶ 학습 내용을 암기하는 방법을 소개하고 참가자에게 암기방법을 습득하도록 한다.				
주요 내용	들어가기 1. 몸풀기 게임 • 사진암기 게임 2. 기억력 수준 점검하기 3. 효과적인 암기방법 배우기 • 소개 • 암기전략 1 첫 글자로 기억하기 • 암기전략 2 문장 만들어 기억하기 • 암기전략 3 노래가사로 만들어 외우기 4. 소감 나누기 및 정리				
준비사항	사진판 2개, 스트레스 빙고게임 전지, 접착 테이프, 검사지, 문항을 적은 OHP 자료, 소개자료, 활동지				
활동 내용	Ⅰ. 들어가기 [5분] Ⅱ. 몸풀기 게임 [20분] • 사진암기 게임 - 흥미 있는 암기법을 통해 회기에 대한 호기심 및 동기를 높인다. Ⅲ. 활동 1) 기억력수준 검사 [10분] - 검사를 통해 기억력 수준을 간단히 확인하고 잠시 생각해 볼 기회를 제공한다. 2) 효과적인 암기방법 배우기 [60분] - 학습 내용을 암기하는 방법을 소개하고, 암기방법을 배워 익히도록 한다. 암기전략 1) 첫 글자로 기억하기 - 기억해야 할 단어들의 첫 글자를 따서 의미 있는 약자를 만들어 외우도록 한다. 암기전략 2) 문장 만들어 기억하기 - 기억해야 할 단어들의 첫 글자를 이용해서 문장을 만들어 외우도록 한다. 암기전략 3) 노래가사로 만들어 외우기 - 기억해야 할 단어들의 첫 글자를 이용해서 노래가사를 만들어 외우도록 한다. Ⅳ. 소감 나누기 및 정리 [10분] • 이번 회기 활동을 한 후 각자의 느낌을 돌아가면서 얘기하도록 한다. • 다음 회기까지 해 올 과제에 대해서 얘기한다.				

<table>
<tr><th>회기</th><th>4</th><th>회기명</th><th>읽기전략</th><th>대상</th><th>초등학생(○)/중고등학생(○)</th></tr>
<tr><td>목표</td><td colspan="5">▶ 효과적인 읽기의 5단계를 알아본다.
▶ 훑어보기 과정을 이해한다.
▶ 중심 내용 찾기방법을 익힘으로써 효과적인 읽기능력을 습득한다.</td></tr>
<tr><td>주요 내용</td><td colspan="5">들어가기
1. 몸풀기 게임
• 나 뭐 달라진 것 없어요?/숨은 그림 및 다른 그림 찾기 게임
2. 읽기 및 중심내용 파악 수준 점검하기
3. 읽기의 중요성 깨닫기
4. 효과적인 읽기 5단계 알아보기
5. 훑어보기
6. 글의 중심내용 파악하기
7. 소감 나누기 및 정리</td></tr>
<tr><td>준비사항</td><td colspan="5">게임상황 설명표, 활동지, 필기도구, 읽기수준 검사지</td></tr>
<tr><td>활동 내용</td><td colspan="5">Ⅰ. 들어가기 [5분]
Ⅱ. 몸풀기 게임 [15분]
• 나 뭐 달라진 것 없어요?
- 다른 참가자에 대한 관찰력을 증진시키고 참가자 간의 신뢰를 발전시킨다.
• 숨은 그림 및 다른 그림 찾기
- 참가자의 이해력과 집중력을 증진시킨다.
- 나와 집단의 사고력을 발달시킨다.
Ⅲ. 활동
1) 읽기 및 중심내용 파악 수준 검사 실시 [10분]
- 검사를 통해 읽기 및 중심내용 파악 수준을 간단히 확인하고, 참가자로 하여금 자신의 읽기능력 수준에 대해서 잠시 생각해 볼 기회를 제공한다.
2) 읽기전략 익히기 [40분]
- 읽기의 중요성 깨닫기
- 다양한 읽기전략 익히기
- 효과적인 읽기 5단계 알아보기
- 훑어보기
- 글의 중심내용 파악하기
Ⅳ. 소감 나누기 및 정리 [10분]
• 이번 회기 활동을 한 후 각자의 느낌을 돌아가면서 얘기하도록 한다.
• 다음 회기까지 해 올 과제에 대해서 얘기한다.</td></tr>
</table>

<table>
<tr><th>회기</th><th>5</th><th>회기명</th><th>노트필기 전략</th><th>대상</th><th>초등학생(○)/중고등학생(○)</th></tr>
<tr><td>목표</td><td colspan="5">▶ 수업 내용에 대해 노트 정리하는 수준을 점검해 본다.
▶ 노트 필기의 중요성에 대해서 학습한다.
▶ 수업 내용 중에 중요한 내용을 찾는 방법을 배우고 그 방법들을 적용해 볼 수 있다.</td></tr>
<tr><td>주요 내용</td><td colspan="5">들어가기
1. 몸풀기 게임
• '만약 ~라면' 게임
• 역사적 인물 찾기 게임
2. 노트 필기 수준 점검하기
3. 노트 필기의 중요싱 알아보기
4. 노트 필기의 방법 익히기
• 소개
• 노트필기 전략 1 중요 내용 찾기
• 노트필기 전략 2 요점 정리형
• 노트필기 전략 3 I 모양 노트하기
• 노트필기 전략 4 지도모양 만들기
5. 소감 나누기 및 정리</td></tr>
<tr><td>준비사항</td><td colspan="5">다양한 색의 풍선(참가자 수에 맞춰 충분히 준비), 유성펜, 활동지, 검사지(문항을 적은 OHP 자료 활용 가능), 간단한 선물, 용지, 필기도구, 접착 테이프, 역사적 인물표</td></tr>
<tr><td>활동 내용</td><td colspan="5">Ⅰ. 들어가기 [8분]
Ⅱ. 몸풀기 게임(택1) [15분]
• '만약 …라면' 게임
• 역사적 인물 찾기 게임
Ⅲ. 활동
1) 노트 필기 수준 점검하기 [20분]
- 검사를 통해 참가자의 노트 필기 수준을 확인하고 잠시 생각해 볼 기회를 제공한다.
2) 노트 필기의 중요성 알아보기 [5분]
- 노트 필기의 중요성에 대해서 학습하도록 한다.
3) 노트 필기는 어떻게 하는 것일까 [50분]
- 소개
- 노트필기 전략 1 중요 내용 찾기
- 노트필기 전략 2 요점 정리형
- 노트필기 전략 3 I 모양 노트하기
- 노트필기 전략 4 지도모양 만들기
Ⅳ. 소감 나누기 및 정리 [10분]
• 이번 회기 활동을 한 후 각자의 느낌을 돌아가면서 얘기하도록 한다.
• 다음 회기까지 해 올 과제에 대해서 얘기한다.</td></tr>
</table>

<table>
<tr><td>회기</td><td>6</td><td>회기명</td><td>자원관리 전략</td><td>대상</td><td>초등학생(○)/중고등학생(○)</td></tr>
<tr><td>목표</td><td colspan="5">▶ 나의 시간 사용 수준과 공부 분위기 조성 수준을 파악할 수 있다.
▶ 나의 생활을 분석해 봄으로써 잘하고 있는 부분과 개선해야 할 부분을 판별할 수 있다.
▶ 나의 시간 사용 수준에 따라 공부계획을 세울 수 있다.
▶ 나의 공부 분위기 조성 수준에 따라 공부 분위기 조성을 위한 구체적인 활동계획을 세울 수 있다.</td></tr>
<tr><td>주요 내용</td><td colspan="5">1. 몸풀기 게임
• 암호풀기 게임/쇼핑바구니 채우기 게임
2. 시간 및 공부환경 관리 수준 점검 검사
3. 인생의 갈림길… 어디로?
• 나의 지금 습관이 미래에 미칠 영향을 적어 보고 시간관리 훈련 참여의 동기를 고취하기
4. 나의 하루를 분석해 보니…
• 일일 시간사용 행태를 원모양의 그래프와 항목별로 구분한 막대그래프로 나타내기
5. 공부 계획 세우기
• '활동지 6. 시간계획표 활용의 장점과 TIPs'를 통해 시간 활용의 장점을 익히기
• '오늘 할 일' 계획 세우기를 통해 우선순위 및 소요시간 정하기를 연습하기
6. 오, 나는 지금 어디에?
• 공부 분위기 관련 문장완성검사
• 나의 공부방 그리기
7. 자, 이제부터 내가 할 일은?
• 공부 분위기 관련 신기한 경매
• 신기한 경매 결과에 따른 실천 목록 만들기
8. 정리 및 소감 나누기
※ 7회기 진행을 위해 가장 최근 학교에서 치른 시험지(채점된 것)나 그것이 없으면 채점한 문제집을 반드시 준비하도록 지시한다.</td></tr>
<tr><td>준비사항</td><td colspan="5">테이프(들어가기 배경음악), 이름표, 보충자료, 필기도구, 색연필</td></tr>
<tr><td>활동 내용</td><td colspan="5">Ⅰ. 들어가기 [2분]
Ⅱ. 몸풀기 게임(택1) [10분]
• 암호풀기 게임
• 쇼핑바구니 채우기 게임
Ⅲ. 활동
1) 시간 및 공부환경 관리 수준 점검 검사 [10분]
2) 인생의 갈림길… 어디로? [10분]
- 지금 습관이 미래에 미칠 영향 탐색하기
3) 나의 하루를 분석해 보니… [20분]
- 일일 시간 사용 점검: 원그래프, 막대그래프/느낀 점/나누기
4) 공부계획 세우기 [15분]
5) 오, 나는 지금 어디에? [10분]
- 공부 분위기 관련 문장완성검사
- 나의 공부방 그리기
6) 자, 이제부터 내가 할 일은? [15분]
- 공부 분위기 관련 신기한 경매
- 신기한 경매 결과에 따른 실천 목록 만들기
Ⅳ. 정리 및 소감 나누기 [3분]</td></tr>
</table>

회기	7	회기명	시험치기 전략	대상	초등학생(○)/중고등학생(○)
목표	▶ 나의 시험관리 전략 활용 수준을 파악한다. ▶ 시험준비 전략 세우기를 연습해 본다. ▶ 시험준비만큼이나 시험 때의 자세가 중요함을 알도록 한다. ▶ 시험준비만큼이나 시험 때의 자세와 시험 이후의 관리법을 익힌다.				
주요 내용	1. 몸풀기 게임 - 신나는 퍼즐 맞추기 - 최상급으로 표현하기 2. 시험치기 능력 검사 3. 쉬어가는 이야기를 읽고 느낀 점 나누기 - 목표 설정의 중요함을 느끼고 시험전략에서 구체적 목표 설정의 중요성을 숙지한다. 4. 시험계획 세우기 - 시험계획 세우기 - 예상 문제지 만들기 5. 자, 이제부터 시험을 칩니다! - 시험 칠 때는 이렇게… - 시험 친 후에도 반드시 정리하세요~ 6. 정리 및 소감 나누기				
준비사항	테이프(들어가기 배경음악), 이름표, 보충자료, 필기도구, 가장 최근 학교에서 치른 시험지				
활동 내용	Ⅰ. 들어가기 [2분] Ⅱ. 몸풀기 게임(택1) [10분] • 신나는 퍼즐 맞추기 • 최상급으로 표현하기 Ⅲ. 활동 1) 시험치기 능력 검사 [10분] 2) 시험계획 세우기 [10분] 3) 예상문제지 만들기 [15분] 4) 자, 이제부터 시험을 칩니다! [30분] - 시험 칠 때는 이렇게… - 시험 친 후에도 반드시 정리하세요~ Ⅳ. 정리 및 소감 나누기 [3분]				

<table>
<tr><th>회기</th><th>8</th><th>회기명</th><th>마무리</th><th>대상</th><th>초등학생(○)/중고등학생(○)</th></tr>
<tr><td>목표</td><td colspan="5">▶ 진로에 대해 생각해 보고 공부에 대한 다짐을 한다.
▶ 프로그램을 통해 새로 알게 된 것과 얻은 것을 정리한다.
▶ 스스로를 격려하고 지지하는 내용의 편지 쓰기를 통해 실천 동기를 높인다.</td></tr>
<tr><td>주요 내용</td><td colspan="5">1. 몸풀기 게임
- 세탁기 엉킨 옷 풀기
- 집단 조각하기
2. 진로탐색을 통한 동기화
3. 프로그램 내용 회상 및 다짐
4. 나에게 격려의 편지 쓰기</td></tr>
<tr><td>준비사항</td><td colspan="5">테이프(들어가기 배경음악), 이름표, 필기도구</td></tr>
<tr><td>활동 내용</td><td colspan="5">I. 들어가기 [3분]
II. 몸풀기 게임(택 1) [13분]
• 세탁기 엉킨 옷 풀기
• 집단 조각하기
III. 활동
1) 진로탐색을 통한 동기화: 나는 이런 사람이 될 거야! [20분]
2) 프로그램 내용 회상 및 다짐: 배운 것, 실천 가능한 정도 [20분]
- 회기별 내용 요약, 가장 실천하기 어려운 것에서부터 실천하기 쉬운 것 척도화
- 조별 토론
3) 나에게 격려의 편지 쓰기 [25분]
IV. 정리 및 소감 나누기 [6분]</td></tr>
</table>

학습전략 프로그램의 활용도를 높이기 위해서는 심리교육 프로그램 운영 경험이 적은 상담자 혹은 교사도 프로그램 운영을 쉽게 할 수 있도록 상세한 운영 안내를 해 주어야 한다. 반면 프로그램 운영자는 시간 할당 및 운영 유창성을 발휘하기 위해 사전에 프로그램의 내용을 잘 숙지해야 한다. 그리고 운영할 프로

그램을 미리 선택하고 참가자에게 적합하도록 융통성 있게 내용을 조정하는 과정을 거쳐야 한다.

2) 기억조성 전략 프로그램

다음에서는 학습전략 프로그램의 세부 프로그램 가운데 기억조성 전략 프로그램의 내용 일부를 구체적으로 소개한 것이다.

(1) 활동목적

학습 내용을 암기하는 방법을 소개하고, 참가자로 하여금 암기방법을 습득하도록 한다.

(2) 준비물

소개자료, 활동지

(3) 지시사항

- 우리는 공부할 때 중요한 내용을 기억해야 합니다. 그래서 여러분이 공부한 내용을 잘 기억할 수 있도록 도와주는 암기방법에 대해서 배워 봅시다.
- 암기를 해야 할 내용이 많을 때 무턱대고 외워서 잘 기억도 되지 않고 잊어버리는 기억이 있을 것입니다. 이럴 때 우리는 암기해야 될 내용의 첫 글자를 가지고 재밌는 문장을 만들면 오랫동안 기억할 수 있습니다.
- 또 다른 방법으로는 자기 주변 사람이나 사물과 연관시켜 말이 되도록 문장을 만들면 기억이 더 잘될 수 있습니다.
- 자, 그럼 지금부터 효과적인 암기방법에 대해서 알아봅시다.

1. 첫 글자로 기억하기

2. 문장 만들어 기억하기
3. 노래 가사로 만들어 외우기

(4) 지도요령

- 효과적인 암기방법 각각에 대해서 설명한다.
- 그중 몇 가지를 연습해 봄으로써 참가자에게 암기방법을 익히도록 한다.

① 암기전략 1: 첫 글자로 기억하기

- 기억해야 할 단어들에서 첫 글자를 따낸다.
- 첫 글자들을 묶어 본다. 순서가 중요할 때는 그대로 사용하고, 그렇지 않은 경우에는 첫 글자의 순서를 바꾸어 의미 있는 약자를 만든다.
- 첫 글자 외우기에 대해서 간략히 설명한 후 시연해 보도록 한다.

😊 여러분을 암기대장으로 만들기 위한 첫 번째 방법은 바로 '첫 글자로 기억하기, 문장으로 만들어서 기억하기'예요. 이렇게 외워야 할 내용을 여러분 나름대로 첫 글자를 모으거나 한 문장으로 구조화시키는 방법을 '약어법' '약문법'이라고 해요. 그럼 지금부터 약어법과 약문법에 대해서 알아볼까요?

활동지 1 첫 글자로 기억하기

연습문제 1. 다음은 조선시대 1~14대 왕입니다. 앞서 배운 첫 글자로 기억하는 방법을 이용하여 다음을 외워 보세요.

태조 정종 태종 세종 문종 단종 세조
예종 성종 연산군 중종 인조 명종 선조

태정태세 문단세 예성연중 인명선

😊 여기서 잠깐!!
위의 예처럼 외워야 할 첫 글자가 많을 경우 3/4조의 가락이나 리듬을 붙여 기억합시다. 이러~ ~ㅎ게 (지도자는 위의 예를 가지고 시연해 본다.)

😊 이렇게 앞 글자를 따서 외우는 방법은 단어들의 순서나 차례 등을 암기하기에 좋은 방법이에요. 그리고 앞 글자만으로 분명하게 구별되지 않을 때는 단어들의 두 번째 글자를 이용한다든지 여러분 나름대로 융통성 있게 결합시킬 수 있겠지요?

예 1 무지개의 일곱 가지 색깔을 순서대로 외울 때, '빨주노초파남보'로 외우는 것. 이때 앞 글자만으로는 분명하게 구별되지 않는다면 두 번째 글자를 이용한다든지 나름대로 융통성을 발휘하도록 한다.

예 2 외울 내용의 개수가 10개가 넘거나 매끄럽게 이야기로 잘 안 만들어지는 경우에는, 그것을 노래 가사로 만들어서 노래를 부르면서 외우면 금방 외울 수 있다. 물론 노래는 학생들이 잘 알고 있고 친숙한 노래라야 효과가 있을 것이다. 화학의 원소 주기율표를 학생들이 잘 알고 있는 '태극기' 노래에 맞춰서 원소 이름 앞 글자를 따서 노래를 하며 외우도록 한다. '수헬리베 붕탄질, 산프네나 마알, 규인황염 아르곤 칼륨, 칼슘 원소…' 이런 방법을 사용할 시 주의할 점은 앞 글자만 보고도 무슨 원소인지 알 수 있도록 원소 이름을 먼저 외워 두는 것이 필요하다는 것이다.

② 암기전략 2: 문장 만들어 기억하기

- 기억해야 할 단어에서 첫 글자들을 딴다.
- 첫 글자들 사이에 조사나 다른 단어들을 집어넣어 의미 있고 재미있는 문장을 만들게 한다.
- 지도자는 예를 설명해 주고, 참가자들과 함께 연습해 본다.

😊 자, 약어법을 알아보았으니 이제 약문법을 볼까요. 약문법은 기억해야 할 단어들에서 첫 글자들을 따서 문장으로 만들어 외우는 방법이에요. 우선은 기억해야 할 단어들에서 첫 글자들을 따야겠지요. 그다음에는 첫 글자들 사이

에 조사 모음이나 다른 단어를 집어넣는 거예요. 이러한 과정을 통해 의미 있고 재미있는 문장을 만들고, 가능하다면 문장을 기초로 해서 심상을 형성해 보세요.

☺ 이렇게 암기해야 할 단어의 첫 글자를 가지고 재미있는 문장을 만들어 외운다면 여러분은 그 내용을 오랫동안 기억할 수 있을 거예요. 첫 글자들을 가지고 문장을 만들 때 주변 사람이나 사물과 연관시켜서 말이 되도록 문장을 만들면 더욱 재미있고 기억에 오래 남을 수 있겠지요? 그리고 자신만이 알 수 있는 문장도 만들어 보세요.

활동지 2 문장 만들어 기억하기(1)

예 1 신라왕의 변천 순서: 거서간, 차차웅, 이사금, 마립간

거참(차) 이마에 사마귀가 나다니.

예 2 후기 인상파 미술가: 마네, 모네, 세잔느, 고흐

마네가 모내기를 하다가 술을 세 잔 마시고 고추를 먹더니 호호 하더라.

예 3 법의 5단계: 헌법, 법률, 명령, 조례, 규칙

헌법의 글씨는 명조체를 규칙으로 한다.

예 4 바흐: 'G선상의 아리아' 작곡

바지

예 5 삼천판은 우심방과 우심실에 있다. 이천판은 좌심방과 좌심실에 있다.

삼촌은 오른쪽 방에, 이모는 왼쪽 방에서 방실 웃는다.

이러한 예를 약문법이 적용되기 전의 형태로 학생들에게 제시해 주고 외워 보게 한다. 그 후에 스스로 약문법의 방법을 사용하여 외워 보게 하고, 마지막에 교사가 약문법이 적용된 형태를 가르쳐 준다. 학생들에게 어느 방법이 가장 쉬울지 말해 보게 하고, 교사가 제시한 약문법보다 자신이 만들어 낸 약문법이 암기하기 더 쉽게 느껴지는 경우 그것을 발표하는 시간을 가져 보게 한다. 이러한

활동을 통해 학생들은 약문법을 활용하는 방법을 알게 될 것이며, 다른 개념도 약문법을 통해 외워 보고 싶다는 생각을 가질 수 있게 될 것이다.

활동지 3 문장 만들어 기억하기(2)

약어법과 약문법을 활용해 볼까요?

이 학습지에는 여러분이 외워야 할 여러 가지 개념이 쓰여 있어요. 이 개념들은 여러분이 이미 알고 있는 것일 수도 있고, 여러분이 외우기 힘들어할 만큼 길고 낯선 것일 수도 있어요. 그것들을 무작정 외우려고 하지 말고 약어법과 약문법을 통해 어떻게 하면 조금 더 쉽게 외울 수 있을지 생각해 봅시다.

1. 무지개의 일곱 색깔은 빨강색, 주황색, 노랑색, 초록색, 파랑색, 남색, 보라색입니다.
   ☞ ______________________________(약어법을 활용하여)

2. 화학의 원소 주기율표는 수소, 헬륨, 리튬, 베릴륨, 붕소, 탄소, 질소, 산소, 플루오르, 네온, 나트륨, 마그네슘, 알루미늄, 규소, 인, 황, 염소, 아르곤, 칼륨, 칼슘의 순서입니다.
   ☞ ______________________________(약어법을 활용하여)
   (힌트: 약어법을 활용한 후, '태극기' 노래의 멜로디에 맞춰 불러 보세요!)

3. 신라왕의 변천 순서는 거서간, 차차웅, 이사금, 마립간입니다.
   ☞ ______________________________(약문법을 활용하여)

4. 후기 인상파 미술가에는 마네, 모네, 세잔느, 고흐 등이 있습니다.
   ☞ ______________________________(약문법을 활용하여)

5. 법의 5단계는 헌법, 법률, 명령, 조례, 규칙입니다.
   ☞ ______________________________(약문법을 활용하여)

6. 바흐는 'G선상의 아리아'를 작곡하였습니다.
   ☞ ______________________________(약문법을 활용하여)

7. 삼천판은 우심방과 우심실에 있으며, 이천판은 좌심방과 좌심실에 있습니다.
   ☞ ______________________________(약문법을 활용하여)

※ 다 만든 후에는 각자 만든 이야기를 발표해 봅시다.

이상으로 기억조성전략 프로그램 가운데 암기전략을 다루는 두 가지 내용을 소개하였다. 프로그램의 주요 활동을 마치고 마무리를 할 때는 프로그램의 활동 목적과 유용성을 정리하여 주는 것이 바람직하다. 그리고 프로그램 참가자의 소감을 서로 나눌 수 있도록 한다. 학습자가 프로그램을 통해 학습한 내용을 일상생활에서 일반화할 수 있도록 돕기 위해 과제를 제공할 수 있는데, 그 내용은 프로그램에서 학습한 원리를 그대로 적용할 수 있는 것을 포함하도록 한다.

4. 학습전략 프로그램 효과

앞서 학습전략 프로그램에 대한 국외 연구에 대해서는 간략히 소개하였다. 학습전략 프로그램의 효과에 대해서는 국내에서도 많은 개별 연구자에 의해서 지속적으로 연구가 진행되고 있다. 이 절에서는 그중 메타분석으로 학습전략 효과를 통합하여 제시하고 있는 몇몇 연구 결과를 제시한 후, 개별 연구에서 제시된 학습전략 프로그램의 효과를 함께 소개하겠다.

학습전략 프로그램의 효과를 통합적으로 밝히기 위해서 연구자들은 메타분석 방법을 활용한다. 메타분석은 이전의 다양한 연구(즉, 실험설계, 준실험설계, 종단측정 연구와 같은 단일실험 연구와 교차상관 연구)의 결과를 활용할 수 있게 해 주는 통계적 기법이다. 전통적인 질적 문헌 연구에 비해서, 메타분석은 연구의 종합을 고유한 의미에서의 명백한 과학적 활동이 되게 해 준다. 다시 말해서, 메타분석가는 일반적인 과학적 연구에서 요구되는 것과 유사한 단계, 즉 문제 제기, 자료 수집, 자료 평가, 분석 및 해석 그리고 출판의 과정을 밟아 가게 된다. 이러한 메타분석 방법을 활용하여 학습전략 프로그램의 효과를 밝힌 연구 중 오성삼과 구병두(1999)는 국내 학위논문 가운데 학업성취와 관련된 논문을 수집하여 한국형 학업성취 관련 변인을 탐색하고 그 효과를 분석하였다. 그 결과 교수-학습 변인(d=.69), 학생 변인군(d=.47), 교사 변인군(d=.42), 가정 변인군(d=.33), 학교 관련 변인군(d=.25)의 순서로 효과 크기가 나타났으며, 교수-학습 변인군 가운데 학습전략 방법은 .50 정도의 효과가 있는 것으로 나타났다.

학습전략에 대한 좀 더 체계적인 상위분석은 이원이(2002), 김동일, 신을진, 황애경(2002), 그리고 김형수, 김동일, 황애경(2006) 등에 의해서 이루어졌다고 할 수 있다. 이 연구들은 학습전략 전반에 대한 성과 연구를 실시하였다. 앞의 두 연구는 학습전략을 McKeachie의 이론에 근거하여 인지전략, 상위인지 전략, 자원관리 전략, 통합전략으로 분류하고 적용 영역별, 학교급별로 효과 크기를 분석하였다. 그 결과 학습전략 프로그램의 평균 효과 크기가 이원이의 연구에서는 .43, 김동일 등의 연구에서는 .53 정도로 중간 정도의 효과 크기를 보이는 것으로 나타났다. 적용 영역, 즉 인지전략의 활용을 통해 나타난 효과를 영역별로 보면 학업성취에 적용했을 때의 효과 크기는 .87로 가장 높았으며, 통합전략을 인지능력에 적용했을 때는 .77로 비교적 높은 효과 크기를 나타내었다. 두 연구 모두 인지전략과 상위인지 전략이 학업 성취나 전략 사용 면에 미치는 영향이 크다는 결과를 제시하였다.

김형수 등(2006)의 연구는 국내의 학위논문을 대상으로 한 앞의 두 연구의 제한점, 즉 학위논문에 제한된 분석이라는 점과 효과 크기 계산에서 독립성 가정의 문제나 사례 수에 따른 효과 크기 교정의 문제 등을 보완하였다. 이 연구에서는 국내에서 1990년부터 2006년까지 인지전략을 다룬 학술지 논문 49편을 대상으로 총 96개의 효과 크기를 구하였다. 그리고 이들을 종합하는 전체 평균 효과 크기를 구하고, 학업 수준 및 학교급을 중심으로 세부 전략(주의집중 전략, 시연 전략, 정교화 전략, 조직화 전략, 상위인지 전략, 정의적 전략, 통합전략)과 적용 영역(학업성취, 전략 사용, 인지적 능력, 정의적 능력)별로 평균 효과 크기를 구하였다. 연구를 통해 제시된 결과는 다음과 같다.

첫째, 이 연구에서 분석한 96개의 개별 효과 크기의 전체 평균 효과 크기는 .99로서 인지전략의 효과가 매우 큰 것으로 나타났다. 이 효과의 크기는 인지전략 개입을 받은 학생 집단의 평균 점수가 인지전략 개입을 받지 않은 학생집단의 약 83%보다 더 상위에 있다는 것을 의미한다.

둘째, 구체적인 전략별로는 주의집중, 정교화 전략, 상위인지 전략, 정의적 전략, 그리고 여러 전략을 함께 사용한 통합적 전략 등이 95%의 신뢰 범위 내에서 .95~1.16의 유의한 효과 크기를 나타냈으며, 조직화전략은 .46의 중간 정도 효과 크기를 나타냈다. 전반적으로는 인지전략의 세부 전략이 매우 효과가 있는 것으로 나타났다. 단, 주의집중 전략은 사례 수가 적다는 점에서 효과 크기 해석에 제한이 있으며, 정의적 전략은 평균 효과 크기의 표준편차가 커서 95% 신뢰 범위 내의 하한 값과 상한 값의 폭이 크게 나타났다.

셋째, 적용 영역별로는 학업성취, 전략 사용, 인지적 능력, 정의적 능력에 걸쳐 95%의 신뢰 범위에서 .85~1.72의 유의한 효과 크기를 나타냄으로써 인지전략이 4개 적용 영역에서 매우 효과가 있는 것으로 나타냈다. 특히 전략 사용 영역에서 1.72로 매우 높은 효과 크기를 나타냈다.

넷째, 인지전략의 적용 효과를 학업 수준별로 나눠 본 결과 일반학생은 .84, 학습장애 학생은 1.46으로 나타나 두 경우 모두 효과 크기가 컸다. 특히 학습장애 아동에게 적용한 경우에 인지전략의 효과가 두드러지는 것으로 나타났다. 구체적인 세부 전략별로는 학습장애 학생에게 적용한 사례 수가 적거나 없어서 타당한 비교가 어려운 주의집중, 조직화, 정의적 전략을 제외한 나머지 정교화, 상위인지, 통합 전략 영역에서 모두 학습장애 학생 쪽의 인지전략 적용 효과가 더 큰 것으로 나타났다. 적용 영역별로는, 학습장애 학생 쪽의 인지전략 적용 효과가 4개 영역 모두에서 더 크게 나타났다.

다섯째, 인지전략을 학교급별로 살펴보면 95%의 신뢰 범위에서 .71~1.38의 유의한 효과 크기를 나타냈다. 중학교의 경우 인지전략의 적용 효과가 .71로 다소 낮기는 하였으나, 전반적으로는 모든 학년에서 인지전략의 적용 효과가 큰 것으로 나타났다. 특히 고등학교에 인지전략을 적용한 경우 1.38로 매우 큰 효과 크기를 나타냈다.

세부 전략별로는 초등학교 고학년의 경우 조직화전략을 제외한 나머지 전략에서 1.22 이상의 높은 효과 크기를 나타났으며, 중학교의 경우는 통합전략, 주의집중 전략이 각각 1.08과 .99로 높은 효과 크기를 나타냈다. 그리고 고등학교의 경우는 상위인지 전략이 1.65로 매우 큰 효과 크기를 나타냈으며, 대학교의 경우는 통합전략이 1.06으로 높은 효과 크기를 나타냈다.

이 연구 내에서 분류한 인지전략 가운데 학교급에 따라서 적용되지 않은 전략이 있었다. 그러나 분석 결과 상위인지 전략은 적용된 모든 학교급에서 대체로 높은 효과 크기를 나타냈으며, 통합전략 역시 적용된 모든 학교급에서 매우 높은 효과 크기를 나타냄으로써 전략 사용 시 통합적인 사용이 매우 바람직할 것이라는 시사점을 제공하고 있다. 〈표 5-8〉은 연구의 분석에 사용된 개별 연구들의 자세한 내용 및 교정된 효과 크기를 제시한 것이다.

표 5-8 개별 연구물의 특징 및 효과 크기(김형수, 김동일, 황애경, 2006, 재인용).

저 자	인지전략	적용 영역	학교급	학업 수준	연구 대상 수	효과 크기	주요 검사 도구
강경심, 이종송(1999)	정교화전략	인지적 능력	중학생	일반학생	80명	-.07	기억검사(영어, 무의미 철자, 글재료 구성)
강호감, 하정원, 김남일(1996)	조직화전략	학업성취	초등 고학년	일반학생	146명	.29	자연과 학업성취도, 창의성검사(서울대학교 교육연구소, 1965 제작), 개념도 평가방법(Novak, 1984)
		인지적 능력		일반학생		.40	
강병재(2001)	상위인지 전략	인지적 능력	초등 고학년	일반학생	120명	1.48	인지능력수준검사, 파지 및 전이 검사
강병재(2003)	정교화전략	정의적 능력	초등 고학년	일반학생	54명	.60	과학적 태도검사(한국교육개발원, 1986 등 활용)
곽노의, 곽혜경, 강병재(2000)	상위인지 전략	정의적 능력	초등 고학년	일반학생	88명	.53	자아효능감검사(김아영, 1997 등의 검사 활용), 교과태도검사(김연봉, 1994)
길현정, 백성혜(1997)	상위인지 전략	인지적 능력	중학생	일반학생	157명	.70	개념검사(김영애, 1992), 자기조절검사(Pintrich & De Groot, 1990)

저 자	인지전략명	적용 영역	학교급	학업 수준	연구 대상 수	효과 크기	주요 검사 도구
김애경(1996)	상위인지 전략	전략 사용	초등 고학년	일반학생	86명	.82	지능검사, 영역특정 메타 인지검사(Kreutzer et al., 1975), 귀인양식검사 (Nowicki & Strichland, 1973)
		인지적 능력		일반학생		1.36	
		정의적 능력		일반학생		.61	
김용권, 신상순, 이석희(2003)	상위인지 전략	학업성취	초등 고학년	일반학생	79명	1.04	학업성취도검사, 과학적 흥미도검사(한국교육개발원)
		정의적 능력		일반학생		.09	
김유미(1998)	조직화전략	인지적 능력	초등 고학년	일반학생	161명	.83	사전-사후 파지검사
김유미(1996)	상위인지 전략	인지적 능력	초등 고학년	일반학생	78명	.63	상위인지검사(Raphael et al., 1989)
김종석(1997)	정교화전략	인지적 능력	초등 고학년	일반학생	.86		국어학력진단검사, 독해력검사(강재희, 1997)
나동진, 이재송, 장택수(1994)	상위인지 전략	학업성취	고등학생	일반학생	32명	.91	학습전략 사용 및 동기적 개념 측정도구(Eccles et al., 1983 등과 Pintrich & De Groot, 1990 활용 제작)
		전략 사용		일반학생		2.27	
		정의적 능력		일반학생		1.97	
노태희, 김창민, 권현숙(1999)	정교화전략	인지적 능력	중학생	일반학생	111명	.33	도형찾기 퍼즐, 개념검사
노태희, 장신호, 임희준(1998)	상위인지 전략	학업성취	초등 고학년	일반학생	56명	.55	학업성취도검사, 학습전략검사(Pintrich & De Groot, 1990), 과학적 태도 및 지연교과에 대한 태도검사, 탐구력사고검사(Cronin & Padilla, 1986)
		인지적 능력		일반학생		.23	
		정의적 능력		일반학생		1.12	
문병상(2000)	상위인지 전략	인지적 능력	초등 고학년	일반학생	-	2.12	수학문장제 해결능력 검사
		전략 사용		일반학생		1.13	자기효능감검사 (Bandura, 1989)

저 자	인지전략명	적용 영역	학교급	학업 수준	연구 대상 수	효과 크기	주요 검사 도구
문선모, 박정영(1999)	주의집중 전략	인지적 능력	중학생	일반학생	40명	.90	교재이해검사
	조직화전략	인지적 능력		일반학생		.65	
문선모, 배한권(1995)	통합전략	인지적 능력	초등 고학년	일반학생	74명	.55	자유회상검사, 요약문 작성검사, 교재이해검사
문선모, 이한기(1998)	상위인지 전략	인지적 능력	고등학생	일반학생	–	.32	교재이해검사
문선모, 조현숙(1993)	정교화전략	학업성취	초등 고학년	일반학생	160명	2.47	영어단어회상
박분희(1996)	정의적 전략	인지적 능력	초등 고학년	일반학생	164명	–.45	독해검사(Gagne, 1985와 한국교육개발원, 1994 등 활용 제작)
	통합전략	인지적 능력		일반학생		1.46	
박용한, 최병연(2003)	상위인지 전략	인지적 능력	중학생	일반학생	90명	2.5	독해력검사, 초인지검사(Jacobs & Paris, 1987)
		전략 사용		일반학생		5.47	
박진희, 장남기(1998)	정의적 전략	학업성취	고등학생	일반학생	313명	.77	자아개념검사(McKay & Fanning, 1995)
		정의적 능력		일반학생		.68	
박천환, 박한숙(2003)	정의적 전략	학업성취	초등 고학년	일반학생	75명	.86	사회과 학업성취도검사, 자아개념검사(오만록, 1986 등 활용 제작)
		정의적 능력		일반학생		1.00	
배정아, 박현숙(2001)	통합전략	인지적 능력	초등 고학년	학습장애	20명	4.15	사전–사후검사(수학문장제검사)
변홍규, 류호상(1995)	통합전략	학업성취	중학생	학습장애	30명	1.96	부수학습자료, 파지검사자료
심혜경, 정종신(2003)	상위인지 전략	전략 사용	초등 고학년	학습장애	30명	1.38	자기조절학습전략검사(정미경, 2001), 독해력검사(정미경, 2001)
		인지능력		학습장애		.91	
신동로, 박현진, 주호수(1998)	조직화전략	학업성취	초등 고학년	일반학생	112명	–.13	직후개념검사, 지연개념검사, 개념태도검사
신미경, 고영신, 채영재(2000)	상위인지 전략	인지적 능력	초등 고학년	일반학생	151명	.33	개념검사(백남훈, 1994), 초인지적 자기조정검사(김기화 역, 1991)

저 자	인지전략명	적용 영역	학교급	학업 수준	연구 대상 수	효과 크기	주요 검사 도구
이경남(2000)	상위인지 전략	전략 사용	초등 고학년	일반학생	82명	3.76	읽기수행검사(서울시 교육과학연구원, 1999), 읽기 초인지검사도구(Brown et al., 1996 번안)
		인지적 능력		일반학생		2.33	
이명경(2000)	정교화전략	전략 사용	중학생	학습장애	48명	1.41	자기효능감검사(Pintrich & De Groot, 1990), 중심내용파악검사(한국교육개발원, 1988 등 활용 제작)
		정의적 능력		학습장애		.85	
이신동(2002)	상위인지 능력	학업성취	초등 저학년	일반학생	36명	.94	학업성취검사, 수학과 학습태도검사(한국교육개발원, 1991)
		정의적 능력		일반학생		1.53	
이은숙(1997)	정교화전략	인지적 능력	초등 고학년	일반학생	80명	-.20	사전 및 직후 검사(자체 제작)
	조직화전략	인지적 능력		일반학생		.51	
이정이, 허명(1995)	조직화전략	학업성취	중학생	일반학생	108명	.16	학업성취도검사, 과학 수업태도검사(윤찬섭, 1986 등 활용 제작)
		정의적 능력		일반학생		.21	
이종삼(1995)	통합전략	학업성취	중학생	학습장애	40명	1.76	수학성취검사(자체 제작), 자기효능감검사(Schunk & Cox, 1986)
		전략 사용		학습장애		.24	
		정의적 능력		학습장애		.46	
이종삼(1996)	상위인지 전략	학업성취	중학생	학습장애	99명	.88	수학성취도검사, 자기조정학습전략검사(Zimmerman & Martinez-Pons, 1986 등 활용 제작), 충동성검사(Dickerman, 1990), 자기효능감검사(Pintrich & zDeGroot, 1990 활용 제작)
		정의적 능력		학습장애		.34	
	정의적 전략	학업성취		학습장애		.59	
		정의적 능력		학습장애		.47	
전성연, 김영상(2001)	상위인지 전략	학업성취	중학생	일반학생	117명	.95	학습몰두검사, 학업성취검사, 사회효능감검사
		정의적 능력		일반학생		.25	

저 자	인지전략명	적용 영역	학교급	학업 수준	연구 대상 수	효과 크기	주요 검사 도구
정근영, 박현숙(2001)	정교화전략	인지적 능력	초등 고학년	학습장애	20명	1.93	읽기이해력검사, 인지적 도식화전략검사
정영란, 이영주(2001)	조직화전략	학업성취	중학생	일반학생	–	.34	학업성취도검사, 학습성향검사(Biggs, 1987), 논리적 사고력검사(이대화학교재연구소)
최병연(1999)	상위인지 전략	전략 사용	고등학생	학습장애	–	4.27	독해력검사, 초인지검사, 자기효능감검사(Pintrich & De Groot, 1990)
		인지적 능력		학습장애		.73	
		정의적 능력		학습장애		2.42	
최세민(2002)	통합전략	인지적 능력	중학생	학습장애	27명	1.83	지능검사, 자기효능감검사(최병연, 1999), 수학문장제검사(한국교육개발원, 1989 등 활용)
		정의적 능력		학습장애		1.12	
최세민(2001)	통합전략	인지적 능력	중학생	학습장애	–	1.49	귀인검사(박현수, 1994), 불안검사(이혜평, 1990), 무기력검사(이용호, 1980), 수학문장제검사(한국교육개발원, 1989 등)
		정의적 능력		학습장애		1.27	
최철용(1996)	조직화전략	인지적 능력	고등학생	일반학생	60명	.49	구조지식검사, 과제성취도검사
한상철(1997)	통합전략	전략 사용	대학생	일반학생	221명	1.14	교재이해검사, 인지전략 및 초인지검사(김영채, 1991 등 재구성), 동기요인검사(McKeachie, 1986 재구성)
		인지적 능력		일반학생		1.36	
		정의적 능력		일반학생		1.31	
한옥동, 박혜숙(1997)	상위인지 전략	학업성취	중학생	일반학생	86명	.09	학업성취도검사(학교정기고사 이용)
		정의적 능력		일반학생		.80	
황병원(1998)	조직화전략	학업성취	중학생	일반학생	195명	.40	성취도검사
황희숙(1999)	통합전략	학업성취	대학생	일반학생	20명	.74	자기규제검사(Pintrich, 1991), 자아효능감검사, 귀인검사(박영신, 1995)
		전략 사용		일반학생		.78	
		정의적 능력		일반학생		1.04	

제 2 부
학습상담의 실제

제6장
학습상담의 절차

학습목표

1. 학습상담의 일반적 절차에 대해 이해할 수 있다.
2. 학습상담의 절차를 초등학생과 중고등학생의 학습상담에 어떻게 적용할 수 있을지를 상담 사례를 통해 이해할 수 있다.

이 장의 구성

학습상담의 절차

학습상담의 절차	상담 사례에 대한 적용 예
• 상담관계 형성과 상담 구조화 • 학습 문제의 진단 • 상담목표의 설정 • 개입전략 설정 및 개입 • 사례관리	• 초등학생의 경우 • 중고등학생의 경우

1. 학습상담의 절차

학습상담의 일반적인 절차는 상담관계 형성과 상담 구조화, 학습 문제의 진단, 상담목표의 설정, 개입전략 설정 및 개입, 사례관리라고 볼 수 있다. 우선 단계별 특징을 살펴보고, 초등학생과 중고등학생을 대상으로 상담할 때 대상별로 어떤 점을 유념해야 하는지도 함께 살펴볼 것이다.

1) 상담관계 형성과 상담 구조화

학습상담도 다른 상담과 마찬가지로 상담자와 관계를 형성하는 것이 가장 중요하고도 선행되어야 한다. 상담자는 학습 문제로 인해 힘들었던 학생에 대한 공감적 이해는 물론, 자녀의 학습 문제로 인해 심적 고통을 경험하고 있는 부모에 대한 공감적 이해를 통해 상담에 참여한 부모와 학생 모두가 마음을 열 수 있도록 해야 한다.

아동 및 청소년의 경우 자발적으로 상담을 하러 오는 경우가 거의 없고, 특히 학습 문제는 그럴 가능성이 더욱 높다. 자발성이 거의 없는 상태에서 상담에 참여하게 되면 상담 자체에 대한 저항이나 불만이 클 수밖에 없다. 상담이 자신을 위해서 하는 것이 아니라 부모나 교사 때문에 하는 것이 되기 때문이다. 따라서 상담 초기에 이런 상황에 대한 불만을 수용해 주고, 부모나 교사가 아닌 자신에게 필요한 도움을 받을 수 있는 것으로 상담에 대한 인식을 전환시켜 주어야 한다.

아울러 부모와의 관계 형성도 매우 중요하다. 부모는 '자녀의 학습 문제 개선'이라는 분명한 목표가 있는 경우가 많다. 그러나 일반적으로 학습에 대한 부모의 기대는 과도한 수준인 경우가 많아, 목표가 현실적인 것이 되도록 조정할 필요가 있다.

상담의 시작 단계에서는 상담관계 형성뿐 아니라 상담에 대한 구조화도 필요하다. 상담 구조화란 앞으로 상담을 어떻게 진행할 것이며, 내담자와 상담자는 어떤 역할을 해야 하는지 등을 내담자에게 알려 주는 것이다. 구체적으로는 상담에 대한 구조화, 상담관계에 대한 구조화, 비밀보장에 대한 구조화 등이 포함된다.

- 상담에 대한 구조화: 상담시간, 빈도, 총 상담 횟수, 연락방법, 상담 장소, 상담 비용 등에 관한 지침.
- 상담관계에 대한 구조화: 상담자의 역할, 내담자의 역할, 관계의 성격 등에 관한 지침.
- 비밀보장에 대한 구조화: 내담자가 말한 내용에 대하여는 제3자에게 알리지 않는 것을 원칙으로 한다는 것, 예외 사항.

(1) 초등학생 대상

이 시기의 아동이 상담 장면에서 상담자와 얼마나 친밀한 관계를 형성할 수 있는가 하는 것은 평상시에 부모와 어떤 상호작용을 경험해 왔는지에 따라 상당한 차이를 보인다. 부모와의 상호작용 특성에 따라 상담자를 권위적인 인물로 생각하고 경계를 하며 말을 잘 하지 않을 수도 있고, 친근하게 다가와 자신의 이야기를 잘 꺼내 놓을 수도 있다. 이와 같은 차이가 있기는 하지만, 궁극적으로 상담자가 아동과 친밀한 상담관계를 형성할 수 있어야 상담의 효과를 기대해 볼 수 있다. 아동과 친밀한 상담관계를 형성하기 위해서는 다음과 같은 점에 유의하여야 한다.

① 아동이 말문을 여는 데 부담을 느끼지 않도록 편안한 대화 분위기를 형성해 주어야 한다. 이 시기의 특성상 아동은 자신의 감정이나 생각을 표현하는 것을 아직 힘들어할 수 있으며, 특히 상담자가 친밀한 어른으로 지각되기 전까지는 이야기 자체를 별로 하지 않을 수도 있다. 그렇더라도 평가하는 말이나 다그치는 말을 하는 것은 매우 위험하며, 자칫 아동이 마음의 문을 완전히 닫아 버릴 수 있다. 불분명하거나 적절하지 않은 말처럼 들리더

라도 진지하게 경청해 주는 태도가 필요하다.

② 아동과 쉽게 공감대를 형성할 수 있는 대화 주제를 알고 있어야 한다. 아동이 많이 사용하는 쉬운 단어와 용어를 같이 사용하고, 아동이 익숙하게 보는 TV나 게임 등의 캐릭터에 대해 이해하고 있다가 적절한 시점에 그에 대한 관심을 보여 주는 것도 대화를 부드럽게 이끌어 가는 데 도움이 된다.

③ 아직 말을 통해 자신의 감정을 정확하게 전달하는 것이 힘든 시기라는 것을 감안해서 다양한 보조전략을 사용할 수 있다. 즉, 문장완성검사나 그림검사 등을 활용할 수도 있고, 미술치료나 놀이치료 등의 다양한 기법을 활용할 수도 있다. 특히 학습과 관련된 스트레스, 불안 및 우울, 공격성, 충동성 등과 같은 정서적 표현은 이와 같은 보조전략을 사용할 때 더 쉽게 표출될 수 있다.

④ 아동은 집중력이 짧다는 점을 감안해야 하며, 상담자도 짧고 간결하게 말을 한 다음 아동이 그것을 이해하는지 확인해 보아야 한다. 특히 학습과 관련된 이야기는 쉽게 지루해질 수 있으므로 아동의 집중 시간이 어느 정도인지 파악하여 그 시간 동안을 효율적으로 사용해야 한다. 예를 들어, 저학년의 경우 같은 주제로 30～40분간 계속 대화하는 것에 큰 어려움을 느낄 수 있으므로 이때는 간단한 활동이나 다양한 보조전략을 병행하는 등의 방법을 활용하여 상담에 대한 집중력을 높여 주도록 한다.

구체적으로 상담관계 형성과 상담 구조화는 다음과 같은 방법으로 할 수 있다.

① 우선 상담에 대해 어색해하고 낯설어하는 마음을 알아준다.

② 어느 정도 이야기가 진행되면 “이렇게 선생님과 같이 이야기하는 것이 어떠니?”라는 질문을 하고, 특히 학습과 관련된 이야기를 상담에서 다룰 수 있는 시점이 되면 “선생님이랑 같이 ○○가 공부할 때 어려운 점은 없는지, 힘들 땐 어떻게 해야 하는지 이야기해 보자.” 등과 같이 상담시간을 구

조화시킨다.

③ 아동에 대한 학습상담은 부모 상담과 병행되는 경우가 많다. 이 경우 부모에게 전체 상담 진행과정을 아동과 부모에게 어떻게 분배할 예정인지, 같은 회기 안에서도 아동과 부모에게 어느 정도의 시간 분배가 이루어질 것인지 등에 대해 사전에 알려 준다.

(2) 중고등학생 대상

'학습'은 학생의 당연한 의무로 여겨지는 영역이므로 이 영역에서의 실패로 인해 상담을 받게 된 학생은 오랜 시간 동안 좌절감, 불안, 수치심, 실패감, 분노감 등을 경험했을 가능성이 높다. 또한 주변의 중요한 인물, 즉 부모를 비롯하여 학교 교사 등과도 갈등을 경험하고 있을 가능성도 높다. 공부에 대한 이와 같은 부정적 생각과 감정은 누적된 것이므로 쉽사리 변화시키기는 어렵다. 상담자가 이와 같은 마음을 수용하고 공감해 줌으로써 '공부'라는 '문제'를 같이 공유할 수 있는 동맹관계를 형성할 수 있다면 해결방안을 함께 모색해 갈 수 있다. 그러나 이런 과정 없이 학습 문제에 대한 해결만을 시도한다면, 상담자는 그저 공부를 강요하는 또 다른 어른으로밖에 여겨지지 않을 것이다.

공부와 관련된 학생의 생각과 감정을 좀 더 구체적으로 제시하면 다음과 같다.

- 이대로 성적이 올라가지 않으면 나는 대학에 못 갈 거야.
- 나는 내가 하고 싶은 일은 결국 하지 못하게 될 거야.
- 아무리 해도 안 돼. 나는 머리가 나쁜가 봐.
- 아무리 노력해도 소용없어. 부모님은 나에게 더 크고 높은 걸 기대하니까.
- 공부를 꼭 잘해야만 잘 사는 건 아니잖아.
- 공부는 너무 귀찮아.
- 어른들은 공부로 사람을 차별해.

학생의 공부에 대한 생각과 감정 속에는 대부분의 경우 부정적인 감정과 함께 잘하고 싶고 인정받고 싶은 마음이 공존한다. 따라서 상담자는 부정적인 감정을 먼저 충분히 공감하고 수용해 줌으로써 공부에 대한 긍정적인 감정이나 생각이 살아날 수 있도록 해 주어야 한다.

상담관계 형성을 위해 또 고려해야 할 점은 상담 장면에 학생이 자발적으로 찾아와 '공부' 문제에 대한 상담을 받는 경우는 드물다는 것이다. 대부분은 부모 혹은 교사가 아동이 '학업성적이 너무 낮아서' '공부를 하지 않으려고 해서' '학습 태도가 안 좋아서' '공부하는 데 뭔가 문제가 있는 것 같은데 그것이 무엇인지 알아보기 위해서' 등의 이유로 상담을 받게 된다. 때문에 학생의 입장에서는 상담을 받는 것 자체에 대해 부정적인 생각을 갖기 쉽다. 상담자에 대해서도 '부모 혹은 학교 교사의 생각을 강요하는 또 다른 성인'일 뿐이라고 생각하기 쉽다. 더군다나 청소년기의 특성 중에는 자율성과 독립성을 추구하고자 하는 성향이 있어 상담에 대한 저항감이 더욱 높아질 수 있다. 상담에 관한 부정적인 학생의 생각과 감정을 구체적으로 나열해 보면 다음과 같다.

- 내가 상담까지 받아야 하는 걸 보면 내 문제가 심각한가 봐.
- 상담 선생님도 결국 엄마, 아빠와 똑같은 이야기를 할 거야. 공부 열심히 하라는 이야기 말이야.
- 상담 선생님에게 잘 이야기하면 엄마나 아빠가 나에게 공부에 대한 스트레스를 덜 주게 만들 수 있지 않을까?
- 친구들도 나와 별로 다르지 않은데 왜 나는 이렇게 상담을 받아야 하는 거지? 정말 귀찮아.

따라서 상담 자체에 대한 학생의 부정적인 생각을 상담자가 자연스러운 것으로 수용해 주는 자세가 필요하다.

학습상담에서는 학생뿐 아니라 부모와의 적절한 관계 형성도 필수적인데, 이를 위해서는 부모의 마음을 잘 이해하고 공감해 주는 것이 필요하다. 개인마다 정도의 차이는 있지만 학업성취의 결과를 마치 부모 역할의 성패를 결정하는 것처럼 여기는 가정적, 사회적 분위기에 많이 노출될수록 자녀의 학습장면에서의 실패는 부모에게 상당한 스트레스가 될 수 있다. 학습 실패와 관련한 부모의 생각과 감정을 구체적으로 살펴보면 다음과 같다.

- 어떻게 내 자식이 이렇게 공부를 못할 수가 있을까?
- 내가 무엇을 잘못해서 이런 결과가 나왔을까?
- 다른 사람이 우리 아이의 성적을 알면 비웃겠지.
- 성적을 빨리 올리지 않으면 우리 아이는 사람 구실도 못하고 살 거야.

바람직한 상담관계의 형성을 위해 상담자는 이와 같은 부모의 좌절감, 분노, 수치심 등에 대해 공감하고 이해하는 자세를 보여 주어야 한다. 물론 상담자는 부모의 자녀에 대한 과도한 기대나 부정적인 태도가 문제를 악화시키는 방향으로 작용할 수 있다는 점을 염두에 두고 있어야 하고 적절한 시점에는 이를 변화시키기 위한 개입을 해야 한다. 그러나 우선 상담 초기에는 부모의 힘든 마음을 공감하고 수용함을 전달하여 부모와 적절한 동맹관계를 형성해야 한다.

부모 역시 상담자 혹은 상담 장면에 대해 처음부터 마음을 열고 신뢰감을 갖는 것은 아니다. 특히 학습 문제의 경우 보편적으로 많은 부모가 학습 내용을 가르치는 학원과 같은 기관을 통해 해결하는 방식을 선택하기 때문에, 상담 장면에서 학습 문제를 꺼내도 해결이 가능할 것인지에 대한 의구심을 갖는 경우가 많다. 그러나 이에 대해 성급하게 '나는 학습과 관련된 문제에 대해 당신을 도울 수 있다'는 것을 증명하려고 하기보다 부모의 그와 같은 마음에 대해서 충분히 이해하는 자세를 보여 주어야 한다. 또한 상담이 진행되면서 점차적으로 상담자는 상담 장면에서 다루어 줄 수 있는 학습 문제와 그렇지 않은 학습 문제를 더욱 구체화하고, 상담자가 다룰 수 있는 학습 문제에 대해서는 전문성을 보여 줄 필요가 있다.

2) 학습 문제의 진단

학습 문제를 효과적으로 상담하려면 학습 문제의 원인을 체계적으로 진단해야 한다. 그래야 일반적인 학습부진의 문제인지, 다른 장애로 인해 생긴 학습 문제인지, 환경적 문제(예: 부모의 갈등, 가정의 경제적 문제)가 복합적으로 관련된 문제인지 등을 알 수 있고 상담자의 개입전략을 다르게 세울 수 있기 때문이다.

학습 문제의 진단을 위해 상담자는 관찰법, 면접법 그리고 각종 표준화, 비표준화 심리검사를 활용할 수 있다. 이를 통해 학습과 관련된 인지적, 정서적, 환경적 요인을 최대한 다각도로 검토하고 측정해야 한다. 결과적으로 학습 영역에서 문제가 발생되었다 하더라도 흔히 생각하는 것처럼 인지적 요인의 영향만 있기보다는 정서적 요인이나 환경적 요인의 영향 때문인 경우도 많기 때문이다.

상담자는 체계적인 진단을 위해 다양한 심리검사는 물론 관찰법과 면접법 등을 숙지해야 한다. 또한 필요하지만 상담자가 실시하기 어려운 검사가 있을 경우, 관련 기관을 소개하고 연결해 주는 것도 상담자의 주요 업무에 해당된다.

(1) 초등학생 대상

초등학생에게 학습 문제 진단이 필요한 경우는 크게 두 가지로 나누어 볼 수 있다. 첫째는 학습과 관련된 다양한 장애가 존재하는지의 여부를 조기에 감별하여 그에 맞는 교육적 개입을 받을 수 있도록 하기 위한 것이다. 학습장애, 정신지체, ADHD 등과 같은 장애가 존재하는 것으로 의심된다면 정밀 검사를 받도록 하는 것이 좋다. 관련된 심리검사에 대해서는 4장 '학습상담을 위한 진단 및 평가'에 상세하게 제시되어 있다.

둘째, 일반적인 학습 문제에 개입하기 이전에 학습 문제의 양상을 구체적으로 알아보기 위한 것이다. 아동의 경우 자신의 행동을 스스로 보고하는 데 한계가 있으므로 부모를 통한 관찰법이나 질문법을 사용하는 경우가 많다.

먼저 관찰법에는 다음과 같은 종류가 있다.

- 표본기록법: 관찰자가 관찰 대상이나 장면을 미리 정해 놓고 그 장면에서 일어나는 아동의 행동과 상황, 말을 모두 일어난 순서대로 기록하는 방법이다.
- 일화기록법: 환경이나 상황의 특별한 설정 없이 언제 어디서나 관찰하여 노트에 간단히 기록하는 방법이다.
- 사건표집법: 특정한 행동이나 사건이 일어나기를 기다렸다가 그것이 발생하면 자세히 기술하는 방법이다. 원인, 지속시간, 횟수 등을 기록한다.
- ABC 서술식 사건표집법: 이 방법은 사건이나 행동이 일어나기 전의 상황(A: antecedent event)과 사건이나 행동 그 자체(B: behavior), 그리고 사건이나 행동이 일어난 이후의 결과(C: consequence)를 순서대로 기록하는 방법이다.
- 빈도 사건표집법: 선별된 행동이나 상황이 얼마나 자주 일어나는지를 알아 보는 주제 중심의 관찰방법이다.
- 시각표집법: 특정 행동이 정해진 시간 내에 발생하는 행동 출현 빈도를 수집하는 방법이다. 관찰의 시간 단위, 간격, 관찰 횟수를 미리 설정해 두고 기록한다.

이와 같은 방법으로 학습행동, 학습 방해 행동, 산만한 행동 등을 관찰하고 기록해 놓으면 구체적인 목표 설정과 상담전략 수립에 도움이 된다.

또한 부모에게 할 수 있는 진단적 질문은 다음과 같다.

- 자녀의 학습 문제가 무엇 때문이라고 생각하는가?
- 자녀는 학습 문제가 무엇 때문이라고 보는가?
- 그런 학습 문제는 언제부터 나타나기 시작했는가?
- 지금 이 시점에 상담을 요청한 이유는 무엇인가?
- 자녀의 학습 문제에 영향을 미치는 다른 요인이 있는가? (친구관계, 가정의 경제 상황, 가족 구조의 변화, 가족 구성원의 건강 등)
- 학습 문제를 해결하기 위해 지금까지 시도한 방법은 무엇이었는가?
- 그와 같은 방법이 성공적이지 못했다면 그 이유는 무엇이라고 보는가?
- 상담을 받으러 오는 것에 대해 다른 가족은 어떻게 생각하는가?

(2) 중고등학생 대상

중고등학생의 경우는 초등학생과 달리 심각한 학습장애 여부를 감별하는 것보다는 일반적인 학업에서 노력을 해도 그 결과가 제대로 나오지 않는다거나 학습에 대한 의욕이나 동기가 부족하다는 것이 가장 보편적인 호소 문제다. 그러나 초등학생에 비해 상대적으로 오랜 기간 동안 지속된 학업성취의 실패로 이미 이차적 문제, 즉 인터넷 중독, 비행, 우울 등의 문제가 병존하는 경우도 있다.

중고등학생도 초등학생과 마찬가지로 학습 문제의 양상을 구체적으로 진단하는 방법으로 질문법, 관찰법, 심리검사 등을 사용할 수 있다. 특히 중고등학생의 경우는 자신의 문제를 어느 정도 자각하고 있고 그에 대해 답할 수 있는 정도가 되기 때문에 부모를 통한 간접적인 진단 정보뿐 아니라 직접적으로 학생에게 학습과정에서 경험하는 문제가 무엇인지를 알아보기 위한 질문을 할 수 있는데 구체적인 예를 들면 다음과 같다.

- 방과 이후의 시간은 주로 어떻게 보내는가?

- 공부는 주로 어디서 하는가?
- 오늘 공부하려고 하는 과목이 있다면 어떤 것인가?
- 가장 공부하기 어렵게 느껴지는 과목은 무엇이고, 그 이유는 무엇인가?
- 어렵지는 않지만 지겹게 느껴지는 과목은 무엇이고, 그 이유는 무엇인가?
- 공부하기가 어렵거나 싫을 때는 어떤 방법을 사용하는가?
- 스트레스가 쌓일 때는 어떻게 해결하는가?

이 외에도 상담자는 직접 언급되지 않은 사항에 대해서도 관찰을 통해 다음과 같은 사안을 알아보아야 한다.

- 문제에 의뢰된 학생이 학습 문제 해결을 위해 가지고 있는 강점과 자원이 무엇인지 살펴보아야 한다. 강점 및 자원은 상담 개입을 위해 최우선적으로 활용될 수 있는 영역이 된다.
- 가족 구조를 살펴보아야 한다. 부모 간의 체계가 지나치게 약하거나 강한 것은 아닌지, 혹은 삼각관계가 형성되어 있는 것은 아닌지 살펴보아야 한다. 예를 들어, 부부간에 갈등이 있거나 사이가 좋지 않은 경우 학습행동에 대해 서로 일관성 있는 훈육을 하기가 어렵다. 서로 자녀를 자기편으로 끌어 들이기 위한 전략을 사용하게 되기 때문이다.
- 발달 단계상 필요한 중고등학생의 독립과 개별화 과제가 가정에서 잘 수행되고 있는지 살펴보아야 한다. 이 시기의 학생들은 초등학교 때와 달리 일방적으로 부모가 제시한 훈육을 받아들이려고 하지 않는 경우가 많다. 학습 영역에서도 마찬가지다. 학원을 결정하거나 숙제를 언제부터 할 것인지를 포함한 모든 학습과정에서 부모의 결정이 아닌 자신의 의견을 표현하고 싶어 한다. 이런 자녀의 발달적 변화와 욕구를 부모가 어느 정도 이해하고 있는지 살펴보아야 한다.

3) 상담목표의 설정

학습상담의 목표는 학습 문제의 원인과 학습 문제로 인한 적응의 정도에 따라 다양하게 설정될 수 있다. 또한 학업성취도의 향상뿐만 아니라 학습으로 인한 (혹은 학습 문제의 원인이 되는) 정서적, 심리적, 환경적 어려움을 해소하는 것도 학습상담의 중요한 목표가 될 수 있다. 즉, 학습상담의 목표는 집중력 향상, 학습 습관 기르기, 학습동기 향상, 긍정적 자아개념, 자기관리 능력 향상, 대인관계 기술 습득, 정서적 안정 등 매우 다양하다.

학습상담도 목표가 명확하게 설정되는 것이 필요하다. 부모는 자녀의 '학습 문제'에 대해 많은 불만을 토로하지만 그렇다고 목표를 잘 알고 있는 것은 아니다. 아동 및 청소년 내담자의 경우도 '학습 문제'로 힘들어하기는 하지만 대처 방법을 잘 모르기 때문에 어떤 목표를 세워야 할지 막연하게 생각하기 쉽다. 그러므로 상담자는 내담자에 대한 체계적 진단 결과를 바탕으로 현실적으로 노력이 가능한 범위 안에서 구체적 상담 목표를 설정해야 한다. 또한 학습상담의 목표는 '성적 향상' 등과 같이 결과 중심적인 형태보다는 과정 중심적이고 구체적인 형태로 설정되어야 한다.

(1) 초등학생 대상

초등학생인 내담자와 함께 상담 목표를 설정하는 일은 그렇게 쉬운 일이 아니다. 특히 학습 상황과 관련하여 대부분의 초등학생은 매우 막연한 목표만을 이야기한다. 또한 부모도 자녀의 학습 문제 해결에 대한 바람은 강하지만 상담장면에서 무엇을 목표로 할지에 대해서는 역시 막막해할 수 있다. 때문에 "공부를 잘했으면 좋겠어요." "엄마가 100점 받으면 상을 주기로 했는데 그것을 받았으면 좋겠어요." 등과 같이 결과 중심적이고 막연한 목표에 머물기 쉽다. 이런 경우에 상담자는 다음과 같은 해결중심적 접근을 사용하여 목표를 더 구체적으로 설정할 수 있다(Peter & Insoo, 1998).

- 기적 질문: 기적 질문은 문제가 해결된 이후의 상태를 말해 보게 함으로써 상담에서 목표로 다룰 수 있는 것이 무엇인지를 알아보는 질문이다. 예를 들면, 다음과 같이 질문할 수 있다. "자, 선생님이 좀 이상한 질문을 해 볼게요. 한번 상상해 봐요. 상담을 마치고 집에 돌아가서 잠을 자는데 그 사이에 기적이 일어났어요. 상담을 받고 있는 문제가 해결된 거예요. 물론 잠을 자고 있었기 때문에 기적이 일어난 것을 몰랐어요. 아침에 일어나서 무엇을 보고 문제가 해결된 것을 알 수 있을까요?" 이와 같은 질문에 대해 답을 하면서 내담자는 자연스럽게 상담에서 무엇을 목표로 할지 생각해 보게 된다. 혹시 공부와 관련 없는 대답이 나올 수도 있다. 예를 들면, "친구들과 재미있게 놀아도 엄마가 아무런 말도 하지 않아요." "게임을 실컷 해요." 등과 같은 이야기를 할 수도 있다. 이런 경우에도 이 과정이 무의미한 것은 아니다. 왜냐하면 이런 답을 통해 이후 상담 개입을 할 때 내담자에게 가장 효과적인 강화물이 어떤 것인지 알 수 있게 되기 때문이다.
- 예외 질문: 예외 질문은 문제라고 생각하고 있는 행동이 일어나지 않는 상황이나 문제가 덜 심각했던 상황이 있는지를 묻는 질문으로, 그와 같은 상황이 좀 더 많아지도록 하는 것을 상담목표로 할 수 있다. 즉, "학교가 재미없어요." "공부는 지겨워요." 등과 같이 부정적 측면을 이야기하는 경우 다음과 같이 예외적인 상황을 물어볼 수 있다. "공부가 조금이라도 재미있게 생각된 적이 있었니?" "학교 가는 게 재미있다고 생각되는 때는 언제니?" 등과 같이 긍정적 학습 경험이 이루어지는 상황이 언제인지를 알아보고 그 경험을 조금 더 늘리는 것을 상담목표로 설정하는 것이다.
- 척도 질문: 척도 질문은 주관적인 생각이나 느낌을 척도화하도록 하는 질문으로, 내담자가 목표에 대해 막연하게 이야기하는 경우 사용할 수 있다. 예를 들면, "자신감을 갖고 싶어요." "칭찬 받고 싶어요." 등을 목표로 이야기하는 경우, 현재의 상태가 10점 만점에서 몇 점인지, 목표 점수가 몇 점인지, 어떻게 하면 그 점수를 받을 수 있겠는지를 질문을 통해 구체화할 수 있다.

(2) 중고등학생 대상

중고등학생의 경우도 초등학생 상담과 마찬가지로 학습상담의 목표를 구체화하는 것이 필요하다. 그러나 중고등학생은 목표를 상담자와 함께 설정해 가는 과정 자체를 잘 습득해서 혼자 학습을 할 때도 이를 적용할 수 있도록 하는 것이 가능한 시기라고 보고 다음과 같은 절차를 차근차근 밟아 갈 수 있다.

학습상담의 목표를 설정하기 위해서는 다음과 같은 절차를 밟아야 한다.

첫째, 학습 문제와 관련된 상담에 대한 부모의 기대와 학생의 기대가 무엇인지 각각 구체적으로 들어 본다. 학습과 관련하여 대부분의 부모가 보일 수 있는 문제는 자녀의 현재 학습 수준이나 연령에 비해 지나치게 높은 행동 수준을 기대한다는 것이다. 예를 들어, '일단 책상에 앉으면 자리에서 움직이지 않아야 한다'는 부모의 기대는 지금까지 책상에 앉아 숙제조차 제대로 해 본 경험이 없는 자녀에게는 매우 무리한 요구가 될 수 있다. '고등학생이 되었으면 자기가 할 일은 알아서 해야 한다'는 기대를 부모가 가지고 있는 경우, 컴퓨터를 하면서 밤을 샌 다음 아침에 간신히 눈을 뜨고 학교에 허둥지둥 가는 자녀의 모습은 이해하기 어려울 것이다. 따라서 부모의 기대가 현재 자녀의 상태를 간과한 것일 때는 그것을 상담 목표로 그대로 수용하는 것은 의미가 없다. 학생의 경우도 마찬가지다. '엄마의 잔소리를 줄여 달라'거나 '컴퓨터를 내 마음대로 하게 해 달라'거나 '학원을 다니지 않게 해 달라'는 등의 기대를 상담을 통해 이루고 싶다고 이야기한다면 이 또한 적절한 목표로 보기 어렵다. 따라서 상담 초기에 이와 같은 기대를 이야기하고 현실적이고 실현 가능한 목표로 바꾸어 주어야 한다.

둘째, 변화 가능한 형태로 재정의한다. 예를 들어, '집중력이 생겼으면 좋겠다'와 같이 쉽게 변하지 않는 기질 변화를 상담에서 기대하고 있는 경우, 그 구체적인 의미를 좀 더 탐색하여 '한번 책상에 앉으면 적어도 30분 정도는 꾸준히 앉아 있었으면 좋겠다'와 같이 실현 가능한 상담 목표로 재정의해야 한다.

셋째, 구체적이고 달성 가능한 목표를 설정하도록 해야 한다. 이를 위해서는 현재 학습 수준 및 학습행동을 구체적으로 파악해야 한다. 예를 들어, 목표를 세우기 전에 1주일 관찰 혹은 기록을 통해 현재 수준을 파악한 후 그 결과를 기반으로 현실적인 목표를 세우는 것도 한 방법이다. 목표가 추상적인 경우에는 척도화시킬 수도 있다. 예를 들어, '공부에 자신감을 가지고 싶다'는 목표는 추상적이다. 현재의 자신감 정도가 10점 만점에서 몇 점에 해당되는지, 그것을 몇 점까지 올리고 싶은지, 그 상태는 어떻게 되는 것을 의미하는지 등을 이야기하여 구체적인 목표가 되도록 할 필요가 있다.

넷째, 스스로 실천 가능한 형태로 설정한다. 예를 들어, '아이가 공부를 열심히 했으면 좋겠다'는 목표는 부모가 스스로 실천할 수 있는 형태로 되어 있지 않다. 이 목표를 실천 가능한 형태로 바꾼다면 '잔소리로 느끼지 않도록 공부에 대해 너무 자주 이야기하지 않고, 대신 약속한 시간에 대해서는 잘 지키도록 격려한다'와 같이 바꿀 수 있을 것이다. 학생의 경우도 마찬가지다. '엄마가 공부에 대한 잔소리를 하지 않게 해 달라'는 기대를 바꾸어 '엄마의 잔소리를 듣지 않기 위해 나는 하루에 적어도 수학 문제집 3장 풀기와 영어 테이프 30분 듣기를 한다'와 같이 바꿀 수 있다.

4) 개입전략 설정 및 개입

학습 문제에 대한 개입전략은 현재 호소하고 있는 학습 문제가 구체적으로 무엇인지, 그 문제가 언제부터 왜 발생하게 되었는지, 학습 문제로 인해 파생된 다른 문제는 무엇인지, 아울러 내담자가 지닌 강점과 자원은 무엇인지를 반드시 파악한 다음 그에 따른 전략적 접근을 제시해야 한다.

학습 문제에 대한 가장 보편적인 개입전략은 학습전략을 제시하는 것이다. 그러나 학습전략을 제시하는 경우에도 내담자가 이미 잘 시행하고 있는 것과 그렇지 않은 것을 파악하여 제시해 주는 것이 실천 가능성을 높일 수 있는 방안이다. 즉, 내담자의 문제 및 강점 자원을 파악한 후 그에 기초하여 목표를 설정하고 변화를 위한 개입전략을 세워야 한다.

그러나 학습전략을 제시하는 것이 의미가 없는 상황도 있고 제시하더라도 다른 전략과 병행해야 하는 경우도 있다. 예를 들어, 우울과 불안 문제가 현저한 경우, 친구 사이의 왕따 문제나 부모의 불화 등으로 인한 심리적 갈등이 현저한 경우 등에는 이를 우선하여 다루어야 한다. 또한 선수학습이 많이 부족한 경우 등에는 그에 대한 보충학습 지도를 하면서 학습전략을 가르쳐야 한다.

(1) 초등학생 대상

초등학생의 학습 문제에 대한 개입전략은 다음의 세가지 경우로 나누어 살펴볼 수 있다.

[1] 부모를 통해 개입을 하는 경우
[2] 학생에게 직접 개입을 하는 경우
[3] 다른 문제가 병존하는 경우

[1] 부모를 통해 개입을 하는 경우

Erikson(1968)은 초등학교 시기의 중요한 발달과제는 자긍심을 형성하는 것이고, 이 과제가 제대로 달성되지 못할 경우에는 열등감을 갖게 된다고 보았다. 자긍심을 형성하기 위해서는 기초적인 지식과 기술을 부지런히 습득하는 것이 필수적이다. 학습 영역에서도 본격적인 교과학습 이전에 반드시 익혀야 할 여러 기초적인 지식이나 기술이 있다. 이를 다른 말로 하면 기본적인 학습 습관이라고 할 수 있는데, 예를 들면 숙제를 제대로 하는 것, 컴퓨터를 하는 시간 혹은 TV 시청시간을 적절한 수준에서 조정하는 것, 준비물을 잘 챙겨 가는 것, 책을 읽는 것, 잘 모르는 것이 있을 때 성인에게 물어보거나 사전 등을 찾아보는 것, 수업시간에 발표를 잘 하는 것 등이다. 초등학교 시기는 이와 같은 기본적인 학습 습관이 형성되는 중요한 시기로서 '학습 습관의 미형성'이라는 학습 문제에 대한 개입은 지속적이고도 꾸준히 진행되어야 하므로 부모의 협조가 매우 중요하다. 따라서 상담자는 부모가 현재 자녀의 학습 습관이 제대로 형성되도록 하기 위해 어떤 방법을 사용하고 있는지, 그 방법은 효과적인지 검토하고, 아울러 이후 부모의 행동이 자녀의 바람직한 학습 습관의 형성을 도울 수 있도록 체계적인 개입전략을 세워야 한다. 이때 상담자가 부모에게 사용할 수 있는 개입전략으로서 행동수정의 일반적인 절차(이성진, 2000)를 기반으로 정리해 보면 다음과 같다.

첫째, 부모에게 자녀의 학습 습관 중 고칠 필요가 있다고 생각되거나 새로 익혀야 될 필요가 있다고 생각되는 행동이 무엇인지 구체적으로 적도록 한다. 한두 개 정도 중요한 것을 적을 수도 있지만, 많은 행동목록을 나열할 수도 있다. 그럴 경우는 우선순위를 정하여 순차적으로 개입 계획을 세우도록 한다.

둘째, 이렇게 우선적으로 개입할 행동이 정해지면 일정 기간 동안 자녀가 실제로 그 행동을 얼마만큼 하고 있는지 혹은 하고 있지 않은지를 관찰하고 기록하도록 한다. 이런 과정에서 원래의 목표가 수정되기도 하며 자녀에 대해 더욱 객관적인 관점을 갖게 되기도 한다. 또한 행동 변화에 영향을 줄 수 있는 환경적 상황이 무엇인지에 대해서도 평상시보다 꼼꼼하게 관찰하게 된다.

셋째, 위의 관찰 결과를 바탕으로 행동 변화에 긍정적 영향을 줄 수 있는 환경적 상황을 설정한다. 아울러 학습 습관 변화에 대한 현실적인 목표를 자녀와 함께 설정하고, 자녀에게 실천에 대한 동기부여를 할 수 있는 상벌 체계를 효과적인 형태로 정할 수 있도록 한다. 상과 벌은 매우 보편적으로 사용되고 있는 개입방안이지만, 실제로 그 효과가 나타나기 위해서는 자녀의 기대가 무엇인지, 자녀에게 상이 되는 것과 벌이 되는 것이 무엇인지를 상담 초기에 상담자가 정확히 파악하여 부모에게 이를 고려할 수 있도록 해야 한다. 부모가 일관성 있게 계획을 실천하도록 격려하는 것도 상담자가 해야 할 중요한 일이다.

넷째, 처음에 정한 목표가 달성되었는지를 정해진 기간이 되면 평가하고, 만일 달성되지 않았다면 목표가 제대로 설정되었는지, 상벌 체계는 적절했는지, 시행과정에서 잘못된 부분은 없었는지 등을 점검하고 필요한 경우 계획을 수정한다.

2 학생에게 직접 개입을 하는 경우

Piaget(1975)에 따르면 초등학교 시기는 전조작기에서 구체적 조작기로 인지발달이 이루어지는 시기다. 저학년의 경우는 자발적으로 학습전략을 다양하게 사용하지는 못하지만, 고학년으로 갈수록 이와 같은 능력은 달라질 수 있으며 (Paris & Lindauer, 1976), 이를 가르칠 수도 있다. 특히 초등학교 고학년이 되면 공부할 내용이 상당히 많아지므로 다양한 학습전략을 알고 사용하는지의 여부는 학업성취도 차이라는 결과를 가져올 수 있다. 초등학교 시기에 반드시 익혀야 할 학습전략은 다음과 같다.

첫째, 책을 효과적으로 읽고 그 내용을 자신의 것으로 만드는 방법이다. 이때 단순히 책을 읽어 내려가기만 하는 것이 아니라 내용에서 이해가 안 되는 부분이나 글의 맥락이 모호하거나 난해한 부분에 대해서는 의문을 가지고 그에 대한 답을 찾아가는 능동적인 책읽기 전략을 사용할 필요가 있다. 이를 익히는 구체적인 방법은 이 책 제5장 3절 '학습전략 프로그램 실제' 를 참조하도록 한다.

둘째, 시험 때는 평상시와 조금 다른 시험 준비 전략이 필요하다. 시험 준비 전략이란, 시험 전에 미리 시험 볼 내용을 적극적으로 이해하고 기억하여 시험을 치를 준비를 하는 방법을 의미한다. 또한 시험문제를 풀 때도 요령이 있다. 예를 들면, 문제를 풀기 전에 우선 전체적으로 훑어본다든지, 풀리지 않는 문제가 있더라도 시간을 끌지 말고 다른 문제부터 푼다든지 하는 것이다. 시험문제의 유형, 즉 선다형 문제인지 주관식 문제인지에 따라 다르게 답안을 쓰는 방법도 알아 두도록 한다.

셋째, 각 과목의 특성을 알고 과목별 학습전략에 어떤 차이가 있는지, 같은 과목이라도 영역별로 학습전략이 어떻게 다른지를 알려 주는 것이 좋다. 예를 들어, 수학을 크게 계산 영역의 문제와 문장제 문제 영역으로 구별해 본다면, 계산 영역의 경우 기초 수준에서부터 숙달할 수 있는 연습을 강조하고, 문장제 영역의 경우 개념을 정확히 알고 동시에 다양한 문제해결 경험을 강조하도록 한다.

③ 다른 문제가 병존하는 경우

초등학교 시기에는 학습에 영향을 줄 수 있는 다양한 문제를 함께 경험할 수 있다. 학업부적응과 관련된 장애로는 학습장애, 정신지체, ADHD(주의력결핍 과잉행동장애) 등이 있고 각각의 장애가 어떤 특징을 가지고 있는지에 대해서는 이

책의 제2장 2절을 참조하면 된다. 이런 문제가 병존할 경우, 이를 우선적으로 치료하는 개입전략이 필요하다. 만일 처음 상담 장면에 올 때는 이런 장애의 가능성을 생각하지 못했고, 진단결과 밝혀진 병존 장애가 상담자가 다룰 수 있는 영역 밖의 문제라면 이를 전문적으로 다룰 수 있는 다른 상담자 혹은 상담기관으로 의뢰해야 한다. 이와 같은 과정을 좀 더 구체적으로 정리해 보면 다음과 같다.

첫째, 다른 문제가 병존하는 것으로 의심될 경우 정밀한 진단절차를 밟아야 한다. 그리고 그 결과에 대한 해석을 부모에게 해 주어야 한다. 특히 학습 문제로 상담을 하러 왔기 때문에 이런 문제가 지금까지의 낮은 학업성취와 어떻게 관련이 되는지도 설명해 주어야 한다. 진단 결과를 들은 부모는 양가 감정을 경험하기가 쉬운데, 그것은 그 결과에 대해 낙담을 하면서도, 다른 한편으로는 지금까지의 노력이 왜 결실을 맺지 못했는지 알게 되기 때문이다. 그러나 결과적으로는 자녀에게 기대할 수 있는 학업성취 정도를 알게 되고, 아울러 보다 적절한 개입전략이 무엇인지도 알게 되므로 반드시 필요한 과정이라고 볼 수 있다.

둘째, 초등학생을 상담하거나 치료할 때는 일반적으로 아동만을 치료하기보다는 부모가 함께 참여하도록 하는 것이 효과적이다. 부모와의 상담시간에는 아동에 대한 이해, 아동에 대한 기대 조절, 훈육방식의 조절, 일관성 있는 상벌 체계의 형성, 부모 간의 의견 합치 등을 주로 다루게 된다. 그리고 아동을 치료하는 것이므로 언어만 사용하기보다는 놀이, 미술, 음악 등과 같은 다양한 활동을 함께 도입하는 것이 효과적이다(Tuma, 1989).

셋째, 앞에서 언급한 바와 같이 진단 결과 밝혀진 장애가 상담자가 다룰 수 있는 영역 밖의 문제라면 이를 보다 전문적으로 다룰 수 있는 상담자나 상담기관으로 의뢰해야 한다.

(2) 중고등학생 대상

중고등학생을 대상으로 할 경우도 학습 문제에 대한 개입전략은 다음의 세 가지 경우로 나누어 살펴볼 수 있다.

> 1 부모를 통해 개입을 하는 경우
> 2 학생에게 직접 개입을 하는 경우
> 3 다른 문제가 병존하는 경우

1 부모를 통해 개입을 하는 경우

중고등학생은 이 시기에 성취해야 할 '정체성 확립'이라는 발달과제(Erikson, 1968)의 해결과정에서 초등학교 시기과 달리 부모와 여러 영역에서 갈등을 보이는 경우가 많다(Smetana, Yau, Restrepo, & Braeges, 1991). 더군다나 학교생활에서 성적이 차지하는 비중이 더욱 커지면서 부모와 자녀는 성적에 따른 조건적 사랑과 그에 대한 부정적 반응이라는 악순환을 경험하게 될 가능성도 높아져, 표면적으로는 학습 문제인 것 같지만 사실상 부모와 자녀 간의 갈등이 학습 문제의 핵심인 경우가 종종 있다. 이 경우 학습 문제를 다루기 이전에 먼저 부모와 자녀 관계를 다루어야 한다.

김창대, 이정윤, 이영선과 남상인(1994)은 청소년과 부모의 관계에서 발생할 수 있는 문제를 ① 부모와의 거리감, ② 의사소통이 안 됨, ③ 지나친 관심과 개입, ④ 차별과 비교로 인한 갈등, ⑤ 부모에 대한 무서움, ⑥ 부모의 체벌, 구타, 학대, ⑦ 부모와 함께 있는 시간이 적음, ⑧ 결손가정에서의 부적응, ⑨ 문제부모로 인해 발생하는 문제, ⑩ 부모능력 부족으로 인한 열등감, ⑪ 부모에 대한 반항, ⑫ 부모에 대한 의존 등으로 분류하였다. 그러나 이 절에서는 이와 같이 부모와 청소년의 문제를 세분화하여 살펴보기보다 일반적으로 부모와 자녀 관계 갈등이 학습 문제와 밀접히 관련되어 있는 경우 어떤 상담 접근이 필요한지에 대해 알아보고자 한다.

첫째, 상담자는 학습 문제를 포함한 부모와 학생의 고민을 충분히 공감하고 수용해 주어야 한다. 만일 부모와 자녀를 함께 상담하는 것이 어렵다면, 일정 기간 동안 각 개인을 개인상담 형태로 만날 수도 있다.

둘째, 개인상담 기간 이후 부모와 자녀가 함께 하는 상담회기에서 가장 먼저 필요한 것 역시 서로를 이해하고 공감하는 시간이다. 이를 위해 상담자는 효과적인 의사소통 방법을 가르치거나 적절한 시범을 보여 주어야 한다. 이때 이야기의 주제는 반드시 학습에 대한 것일 필요는 없다. 오히려 학습을 주제로 할 경우 갈등이 심화될 수 있으므로 다른 주제 혹은 상황에 대한 이야기부터 먼저 시작할 수도 있다.

셋째, 부모와 자녀가 서로에 대한 감정을 표현하는 연습을 하고 어느 정도 마음을 열고 이야기하는 것이 시작되었다면, 이제 서로에 대해 기대하는 것 혹은 바라는 것이 무엇인지를 구체화시켜 보도록 한다. 막연한 기대나 비현실적인 기대는 자칫 서로에 대한 실망감과 분노로 이어질 수 있기 때문이다. 구체화하는 방법으로는 앞서 언급된 척도질문 등을 활용하거나, 서로 원하는 것을 목록으로 적은 다음 구체적으로 그 의미를 설명하도록 하는 등의 방법을 사용할 수 있다.

넷째, 서로에 대한 감정을 표현하고 기대를 구체화하는 연습을 했다면, 이젠 본격적으로 학습과 관련된 규칙을 합의하고 실천하도록 해야 한다. 이때 부모에게는 일정한 기준 혹은 현실적인 기대수준 범위 안에서 자녀의사를 존중하는 방법을, 그리고 자녀에게는 자신의 의견을 효과적으로 표현하여 규칙에 반영되도록 하는 방법과 실천의 책임을 함께 알려 주도록 한다.

다섯째, 필요한 경우 가족치료적 접근을 통해 가족 구조의 조정을 시도하도록 한다. 부부간의 유대관계가 약하거나 세대 간 경계가 불분명한 경우, 자녀를 자신의 편으로 만들거나 상대의 힘을 약화시키기 위해 다른 규칙과 마찬가지로 학습과 관련된 규칙도 쉽게 어기거나 변형시키도록 허용될 수 있기 때문이다(김용태, 1999).

② 학생에게 직접 개입을 하는 경우

Piaget(1975)의 이론에 따르면, 중고등학생은 형식적 조작기에 해당하는 인지발달 단계에 이른다. 이 시기에 이르면 추상적인 개념을 이해하게 되고, 가설검증을 통해 정보로 활용할 수 있게 된다. 또한 자신의 사고과정에 대한 사고, 즉 '상위인지' 능력을 가질 수 있다. 그러나 형식적 조작이 가능해지면서 지나치게 이에 의존하게 되는 한계도 있다. 예를 들면, 현실에 기초한 사고를 잘 하지 못하거나, 현실과 이상을 잘 구별하지 못하여 간단한 일에도 마음을 정하지 못하는 우유부단한 모습을 보인다.

이와 같은 특성은 학습과정에서도 나타난다. 공부를 해야 하는 필요성이나 당위를 갖고 있으면서도 실제로 자신의 노력이나 학습에 투자하는 시간이 어느 정도여야 하는지 알지 못하거나, 학습과 관련된 막연한 결심이나 생각을 구체적인 실천으로 옮기지 못하는 경우가 많다. 따라서 다음과 같이 학습에 대한 개입전략을 정리해 볼 수 있다.

첫째, 학습방법에 대한 진단검사 등 현재 상태를 객관적으로 진단할 수 있는 심리검사 등을 통해 막연한 혹은 이상적으로 생각하는 자신의 모습이 아니라 보다 현실적인 자신의 모습을 알 수 있도록 한다. 특히 학습방법 진단검사는 학습전략이라는 변화 가능한 변인으로 귀인하여 노력을 기울일 수 있게 동기부여할 수 있는 자료로 활용하도록 한다.

둘째, 보다 직접적으로 학생이 현재 어떤 방법으로 공부하고 있는지, 그리고 강・약점이 무엇인지 알아보기 위해 학생이 공부하는 과정을 상담 장면에서 재연해 보도록 하거나 공부한 자료(예, 책, 공책, 문제집 등)를 가져오도록 하여 점검해 볼 수도 있다. 중고등학생의 경우 학습전략의 많은 내용을 이미 알고 있다고 생각하기 때문에 진단검사에서 약점이 잘 드러나지 않는 경우가 있다. 그러나 문제는 알고 있어도 적절한 순간에 사용하지 않는 전략이 많다는 것인데, 학습과정을 재연할 수 있다면 더욱 직접적으로 이에 대한 개입이 가능하다.

셋째, 이 시기에 반드시 익혀야 할 학습전략은 예습하는 방법, 효율적으로 책을 읽는 방법, 책의 내용을 읽고 요약하는 방법, 외우는 방법, 이미 이해하였거나 외운 내용을 스스로 확인하는 방법, 문제 유형 등을 분석하여 시험에 나올 출제 유형을 예상해 보고 그에 대비하는 방법, 시험 준비방법 및 치르는 방법 등이다. 이에 대한 구체적인 내용은 제5장 '학습전략 프로그램 실제'를 참조하도록 한다.

넷째, 자신 있는 과목에 먼저 학습전략을 적용하고 꾸준히 공부하는 시간을 갖도록 하여 성과를 우선 경험하게 한다. 이런 과정에서 갖게 된 자신감을 기반으로 하여 취약한 과목을 어떤 방법으로 보충할지에 대한 전략을 세워 보게 하고 이를 꾸준히 실천할 수 있도록 장단기 계획을 세워 보게 한다.

다섯째, 다양한 접근방법을 통해 학습 동기나 학습의욕이 생겼다 하더라도 학습 계획을 세우고 실천하며, 실천과정의 방해요소를 극복하지 못하면 그 성과를 얻기 어렵다(신을진, 2005). 따라서 융통성 있는 계획을 세우는 방법을 잘 알고 있는지 검토한 다음, 계획을 세우고 실천하는 과정을 통해 공부하는 습관이 형성되도록 지속적으로 검토해 주어야 한다. 습관 형성을 위해서는 자신이 공부한 과목과 양 기록하기, 그에 대해 스스로가 정한 상과 벌 주기, 현재의 성과를 검토하여 이후 계획에 반영하기 등을 실시한다.

[3] 다른 문제가 병존하는 경우

중고등학교 시기도 발달과제를 성취하는 과정에서 다양한 문제가 발생될 수 있으며, 결과적으로 낮은 학업성취라는 형태로 나타날 수 있다. 때문에 학습 문제를 다룰 때는 병존하는 다른 문제 혹은 보다 시급하게 다루어야 하는 원인은 없는지 함께 살펴보아야 한다. 예를 들어, 청소년기의 우울증을 경험하고 있다면 결과적으로 학업성적의 하락으로 증상이 드러나지만 그 문제를 다루는 데 있어서는 우울증에 대한 치료가 우선적으로 이루어져야 한다. 또한 가출 등의 문제가 반복적으로 나타나고 있다면 그 원인을 살펴보고 가출이 장기화되지 않도록 조치를 취해야 한다. 그러나 이와 같은 문제가 어느 정도 해결되고 나면 앞 절에서와 같은 방법으로 학습 문제를 다루어 주어야 한다.

5) 사례관리

학습 문제는 다른 영역 문제의 원인이 되기도 하고 결과가 되기도 하는 등 매우 복합적인 성격을 가지고 있다. 때문에 학습상담을 할 때는 다른 영역과의 연관성을 염두에 두고 사례관리를 해야 한다.

(1) 초등학생 대상

초등학생 학습상담의 개입 방향은 학습과 관련된 장애가 있는 경우는 장애 여부를 정확하게 감별하고 조기에 교육 개입이 이루어질 수 있도록 하는 것, 일반적인 학습 문제인 경우는 학습 습관, 학습전략 등을 익히도록 하는 것 등이다.

그러나 상담을 하는 과정에서 예상치 못했던 다른 문제가 발견될 가능성도 있다. 예상치 못했던 건강상의 문제, 최소한의 생계 유지가 어려운 경제 상황 등이 발견될 경우 학업 문제에 대한 개입 이전에 그와 같은 문제를 우선적으로 해결해야 한다. 또한 아동의 경우 부모상담이 병행되는데 필요에 따라서는 나른 가족 구성원(형제자매, 조부모 등)을 상담에 참여시키거나(예를 들어, ADHD 아동의 경우 부모뿐 아니라 다른 가족 구성원도 아동의 특성을 이해시키고 기대 수준을 조절하는 것이 필요할 수 있다), 학교 교사와 긴밀한 협조관계를 형성하기도 한다.

(2) 중고등학생 대상

학습 문제는 다른 문제 영역과 서로 관련되어 있다. 예를 들어, 학습에 의욕을 갖고 공부하는 시간을 늘리는 것과 같은 바람직한 행동 변화가 일어날 경우에도 그로 인해 그동안 친밀한 관계를 유지하고 있던 친구와의 관계가 멀어진다거나 소외감을 경험할 수 있다. 부부간의 약화된 관계가 학습 문제가 있는 자녀를 희생양으로 하여 연결된 가족의 경우, 부부관계가 해결되지 않은 상태에서 자녀의 학습 문제가 해결되면 부부관계의 갈등이 표면으로 드러날 수도 있다. 따라서 상담자는 학습 문제 자체뿐 아니라 학습 문제가 학생 및 그 주변 사람에게 어떤 영향을 주는지 잘 관찰하고 조율해 나가야 한다.

또 많은 경우 학습 문제로 의뢰되었더라도 이후 상담 진행과정에서 더 다른 심각한 문제가 드러나기도 한다. 예컨대, 학생이 단지 집중을 잘 하지 못한다는 문제로 의뢰되었지만 심각한 우울증 혹은 ADHD 증상이 그 원인으로 진단되었다면 병원에 의뢰하여 약물치료를 우선 받도록 해야 한다. 가정 내 폭력 문제 혹은 심각한 경제적 궁핍과 같은 문제가 드러날 수도 있다. 이런 경우 상담자는 자신이 그와 같은 문제를 다룰 수 있는 지식이 있는지 검토해 보고, 그렇지 않다면 더 효과적으로 개입할 수 있는 상담기관 혹은 외부 기관에 그 사례를 의뢰하거나 협력적 관계를 구축해야 한다.

학습 문제는 대부분 오랜 시간 동안 누적되어 온 문제인 경우가 많아서 일시적인 변화가 보이더라도 문제가 재발될 확률이 높다. 따라서 바람직한 변화가 시작될 뿐 아니라 만족스러운 결과로 이어질 때까지 지속적인 연습과정이 필요하다는 것을 염두에 두고 상담 종결을 계획해야 한다.

2. 상담 사례에 대한 적용 예

1) 초등학생의 경우

(1) 사례

경호는 초등학교 2학년 남학생이다. 어릴 때부터 산만하다는 이야기를 들었으나 경호의 부모는 크면 나아지겠거니 생각하였기에 대수롭지 않게 여겨 왔다. 그러나 경호가 학교에 들어가면서 사태는 더욱 심각해졌다. 경호는 수시로 준비물을 잊고 갔으며, 수업시간에 마음대로 돌아다녀서 선생님께 혼이 나기 일쑤였다. 급기야 경호의 부모는 담임 교사에게서 경호가 ADHD가 아닌지 진단을 받아 보는 것이 좋겠다는 이야기를 듣기에 이르렀다.

(2) 상담절차의 적용

1 상담관계 형성 및 상담 구조화

경호의 부모는 '우리 아이가 정말 ADHD라면 어떻게 하나?' 하는 염려를 하면서 상담실을 찾았다. 따라서 상담자는 부모의 그와 같은 염려를 충분히 공감해 주고, 경호를 양육하는 과정에서 경험하였을 스트레스 전반에 대한 격려와 위로를 해 주어야 한다. 그리고 상담을 통해 어떤 것을 얻을 수 있는지 구체적으로 소개하면서 상담에 대한 긍정적인 기대를 가지도록 유도해야 한다. 아울러 상담 구조화를 통해 이후에 어떤 진단 절차를 밟을 것인지, 그 결과에 따라 상담이 어떻게 진행되는지, 한 회기당 소요 시간은 어느 정도인지, 몇 회기 정도 상담이 진행되는지, 비용은 어느 정도인지 등에 대해 알려 주도록 한다.

2 학습 문제의 진단

ADHD 여부를 진단하기 위해서는 지능검사, K-CBCL, 코너스 평정척도, ADS 검사 등을 실시할 수 있다. 이와 같은 심리검사뿐 아니라 경호가 양육과정에서 보여 준 행동 특징에 대해 부모 면접을 통해 충분히 자료를 확보해야 한다. 이 외에도 성격 및 정서 상태를 알아보기 위해 HTP 검사, CAT 검사, 문장완성검사 등을 추가로 실시할 수 있다. 이와 같은 종합적이고 체계적인 평가 절차를 밟은 다음, 그 결과에 대한 전반적인 검토를 통해 ADHD인지 아닌지에 대한 진단을 내리고 아울러 경호의 강점과 약점이 무엇인지 파악하여 이야기해 준다.

3 상담목표의 설정

ADHD로 진단될 경우, 경호의 상담목표는 ADHD 증상의 치료가 된다. 그러나 이와 같은 궁극적 목표에 도달하기 위해서는 하위 목표를 설정하고 순차적으로 그것을 달성해 나가는 것이 필요하다. 예를 들면, 현재보다 집중하는 시간 늘리기, 학교 준비물 챙기도록 하기, 친구과 사이좋게 놀도록 하기, 공부하는 시간 늘리기 등의 세부 목표과제를 설정해 볼 수 있다.

4 상담 개입전략 설정 및 개입

경호의 상담목표를 이루기 위해서는 우선 병원에 의뢰하여 약물치료를 해야 한다. 상담자가 직접 약물을 처방하는 것은 아니지만 약물에 대한 거부감을 최소화하고 잘 복용할 수 있도록 하기 위해 약물 복용에 대한 충분한 오리엔테이션을 제공할 수 있다. 그다음 ADHD가 어떤 특성을 지닌 장애인지 부모와 가족, 그리고 경호에게 충분히 설명해야 한다. 가장 일반적인 예로는 ADHD를 '브레이크 없는 고급 자동차'에 비유하는 것이다. ADHD가 지능 등의 결함은 없지만 자신을 통제하는 능력이 다른 사람보다 약하기 때문에 그러한 연습이 필요한 장애라는 것, 의지로 해결하기는 매우 힘든 문제라는 것 등을 충분히 설명해 주어야 한다. 그런 후에 경호가 놀이치료, 미술치료 등을 통해 정서적 우울이나 분노감 등을 표출하도록 돕고 친구들과 잘 어울리도록 사회적 기술을 지도한다. 집중력이 어느 정도 생겼을 때는 학습 상황에 잘 적응할 수 있도록 다양한 학습전략을 가르친다. 마지막으로 부모에게도 경호에 대한 기대를 현실적으로 조정하여 준비물 챙기기, 숙제 제대로 하기, 수업시간에 집중하기 등 반드시 필요한 것부터 하나씩 체계적인 상벌 체계를 통해 접근해 갈 수 있도록 한다.

5 사례관리

부모 외에도 경호에 대해 다른 가족도 잘 이해할 수 있도록 경호의 형과 누나를 상담에 참여시켜 ADHD에 대해 알도록 돕고, 경호의 할머니, 할아버지도 경호를 이해하도록 상담에 포함한다. 학교 교사에게도 경호가 ADHD로 진단받고 치료를 하고 있다는 것을 알려 주고 경호에 대해 가정과 연계하여 체계적인 상벌 체계를 적용해 주도록 협조를 요청한다.

2) 중고등학생의 경우

(1) 사례

정미는 고등학교 1학년 여학생이다. 정미는 공부에 대한 의욕이 별로 없으며, 수업시간에도 친구들과 문자를 주고받으며 교사의 설명은 귓전으로 흘려듣는 경우가 많다. 중학교 때에 비해 한층 어려워진 수업 내용과 늘어난 공부량 등에 제대로 적응하지 못했다. 영어나 수학뿐 아니라 사회와 같은 암기과목도 무척 어렵게 느껴졌다. 그래도 시험 때가 되면 정신 차려 공부해 보려 하지만 도무지 집중도 되지 않고 잘 외워지지도 않는다는 것이다. 정미는 '왜 이렇게 고생을 하면서 공부를 해야 되나?'라는 생각을 종종 하게 된다고 호소한다.

(2) 상담절차의 적용

[1] 상담관계 형성 및 상담 구조화

정미와의 상담관계 형성을 위해서는 우선 정미의 마음을 공감하고 이해해 주어야 한다. 표면적으로는 공부에 대한 부정적 감정(공부가 갑자기 어려워져서 힘든 마음, 비교적 쉬웠던 암기과목조차 어렵게 느껴졌을 때의 암담함, 친구들과 문자를 주고받으면서 수업시간의 지루함을 견뎌야 하는 마음, 시험에 대해 염려하면서도 성적이 오를 것 같지 않을 것 같은 절망감, 공부하는 의미를 찾지 못하는 마음 등)이 나타나 있으나, 심층적으로는 공부를 잘하고 싶은 마음, 교사나 친구들에게 인정받고 싶은 마음, 부모를 기쁘게 하고 싶은 마음이 감추어져 있을 가능성이 높다. 상담자의 공감은 표면적인 감정에 대한 공감부터 시작하여 점차 심층적인 수준에 이르러야 한다.

상담 구조화를 위해 상담자는 상담에서 무엇을 이야기하게 될지, 상담자가 하는 일은 무엇이고 내담자가 할 일은 무엇인지를 이야기해 주도록 한다. 예를 들면, "정미야, 정미가 공부를 잘하고 싶은 마음이 있지만 지금까지 잘 되지 않아서 마음 고생이 정말 많았구나. 상담시간은 정미가 무엇 때문에 그렇게 공부가 잘 안 되었는지를 같이 이야기해 보고 어떤 좋은 방법이 있을지 같이 찾아보는 시간이란다. 앞으로 일주일에 한 번 정도 만나서 같이 이야기하게 될 거야." 등과 같이 상담을 구조화할 수 있다. 학교 교사를 통해 의뢰되거나 부모를 통해 의뢰된 경우라면 비밀보장의 원칙에 대해서도 알려 주어야 한다.

[2] 학습 문제의 진단

정미의 사례는 발달상의 문제를 보이는 것이 아니므로 학습 문제를 좀 더 구체적으로 다룰 수 있는 검사 혹은 면접 방법을 통해 정미가 공부하는 과정에서 경험하고 있는 어려움을 진단해 보아야 한다. 예를 들면, 학습전략검사, 학습유형검사 등을 실시하여 그 결과를 활용할 수 있다. 정미의 경우 학습전략검사를 실시해 보면 책을 효과적으로 읽는 방법, 암기방법 등이 취약한 것으로 나올 가능성이 높다.

상담자는 그와 같은 결과를 통해 정미의 학습 문제가 '지능' 등과 같이 바꾸기 어려운 문제에서 비롯된 것이 아닌 학습전략의 문제인 것으로 생각하도록, 즉 전략적 오리엔테이션을 갖도록 도와주어야 한다. '지능'보다는 '학습전략'이 상대적으로 변화 가능성이 높기 때문이다. 이 외에도 상담자는 정미의 학습과 관련된 전반적인 상황을 정확하게 파악해야 한다. 하루에 공부를 얼마나 하는지, 현재 학습 수준은 어느 정도인지, 공부를 방해하는 요소는 무엇인지 등 정미가 이미 잘하고 있는 부분과 개선해야 할 부분이 무엇인지 알아보도록 한다.

3 상담목표의 설정

상담자는 정미와 함께 구체적인 상담목표를 설정해야 한다. 이때 가장 중요한 것은 현실적인 목표를 세우는 것이다. 하루에 공부하는 양이 거의 없는 상태라면 적은 시간이라도 매일 꾸준히 하도록 습관화하는 것이 목표가 될 것이다. 수학을 잘하고 싶으면서도 실제로 공부하는 시간이 거의 없다면 수학공부를 매일 조금씩이라도 하는 것이 목표가 될 수 있다.

이런 현실적인 목표 설정을 위해서는 부모 혹은 교사와 기대 수준을 조율해야 하고, 정미도 그 목표에 의미를 둘 수 있어야 한다. 스스로 정한 목표일수록 실천이 가능하지만, 이때 도전감을 줄 수 있는 수준의 목표라야 의욕을 높일 수 있음을 염두에 두어야 한다.

4 상담 개입전략 설정 및 개입

이와 같은 목표를 이루기 위해서는 우선 인지적 접근을 할 수 있다. 정미에게 필요한 학습전략을 알려 주고 그 방법을 사용하였을 때 공부가 한결 쉬워지는 경험을 상담 장면에서 같이 해 보는 것도 도움이 된다. 혹시 드러나지는 않았지만 정미가 자신에 대한 부정적 신념을 가지고 있다면 긍정적인 말을 적은 카드를 같이 만들어 보고 그것을 숙지하도록 해 본다.

그리고 행동적 접근을 할 수 있다. 시간을 실제로 어떻게 사용하는지 기록해 보게 하고, 이를 어떻게 변화시킬 수 있을지 현실적으로 실천 가능한 목표를 정하고 상담시간을 통해 체계적인 상벌 체계를 적용해 보게 해 본다.

마지막으로 정서적 접근을 할 수 있다. 예를 들어, 공부를 하고 싶은 마음과 하기 싫은 마음의 갈등을 게슈탈트의 '빈 의자 기법' 등을 활용하여 자각하고 만날 수 있도록 할 수 있다. 상담자가 어느 한쪽의 입장을 취하기보다(그럴 경우 정미는 다른 한쪽의 마음을 갖기 쉽다), 정미가 자신 안에서 갈등을 겪고 있는 두 가지 입장에 각각 충분히 몰입할 수 있도록 하는 것이 스스로 공부해야 할 이유를 찾는 데 도움이 된다. 이 외에도 놀이치료나 미술치료 등을 통해 자신에 대한 불만, 학교 상황에 대한 두려움 등 정서적 갈등 요인을 충분히 표출하도록 해 본다.

5 사례관리

정미의 경우 진로에 대한 탐색이 도움이 될 수 있다. '왜 이렇게 고생을 하면서 공부를 해야 되나?'라는 막연한 고민은 흥미와 적성을 고려한 진로에 대한 구체적인 탐색과정을 통해 구체화되고 다양한 대안을 갖게 될 때 어떤 진로를 선택할 것인지에 대한 의사결정 문제로 발전될 수 있다. 또한 상담이 진행되는 동안 부모의 불화, 가정의 경제적 문제, 친구 사이에서의 왕따 문제 등 외적인 문제가 발견될 수도 있다. 따라서 상담자는 가정 및 학교 장면에 대한 총체적인 시각을 가지고 정미의 학습 문제를 다루어야 한다.

제7장 시험불안

학습목표

1. 시험불안의 정의, 원인, 평가방법에 대해 이해할 수 있다.
2. 시험불안을 다룰 때 알아야 할 상담의 절차를 이해할 수 있다.

이 장의 구성

시험불안

시험불안에 대한 이해	시험불안에 대한 상담 실제
• 시험불안의 정의 • 시험불안의 원인 • 시험불안의 평가	• 상담관계 형성과 상담 구조화 • 시험불안의 진단 • 상담목표의 설정 • 개입전략 설정 및 개입 • 사례관리

> 고등학교 2학년 석영이는 평상시에는 잘 풀던 수학 문제도 시험시간에 풀려고 하면 눈앞이 캄캄해지면서 도무지 어떻게 풀어야 할지 막막해지는 경험을 여러 차례 하게 되었다. 큰 부담이 안 되는 시험을 볼 때는 이와 같은 증상이 많이 나타나지 않지만, 중요한 학기말 고사나 전국 모의고사 등을 볼 때는 이런 증상이 더욱 심하게 나타났다. 시험 문제가 전반적으로 어려울 때보다는 쉽게 출제된 경우에 오히려 점수가 좋지 않았는데, 그 이유는 문제가 쉽기 때문에 어딘가 함정이 있을 것이라는 생각이 들어 더 깊게 생각하다가 오히려 방향을 잘못 잡는 경우가 많았기 때문이다. 이런 일이 반복적으로 나타나다 보니, 석영이는 이제 시험 때만 되면 공부가 더 손에 잡히지 않고 이번 시험에도 또 그와 같은 경험을 반복하게 되면 어쩌나 하는 걱정과 두려움에 빠지게 되었다. 또한 석영이는 자수성가하신 아버지의 말없는 기대와 여동생보다 자신을 유독 챙겨 주시는 어머니의 적극적인 기대에서 자꾸 벗어나고 있는 것 같아 마음이 더욱 불안했다.

이 사례에서도 볼 수 있듯이, 일반적으로 시험불안 증상은 시험 결과에 대한 과도한 걱정과 염려, 주의집중 곤란, 소화불량, 과도한 심장 두근거림, 식은땀, 머릿속이 하얘지는 증상 등이다. 학교생활에서 시험은 학습이 이루어지는 모든 상황에서 분리될 수 없는 필수적인 절차라고 할 수 있다. 학생에게 시험은 자신의 실력을 평가받는 방법이고, 다른 학생과 경쟁을 하며, 나아가 입시 등의 성패를 결정하는 잣대가 되기도 한다. 따라서 대부분의 학생에게 정도의 차이는 있지만 시험으로 인한 심리적·정신적 압박감과 불안이 어느 정도는 있을 수밖에 없다.

이와 같이 불안은 보편적인 감정이기는 하지만 결코 유쾌한 정서라고 볼 수는 없다. 오히려 빨리 벗어나고 싶은 정서라고 볼 수 있다. 그래서 불안이 경험되면 이 정서에서 벗어나기 위해 뭔가를 해야 한다는 마음이 한층 높아지기도 한다. 이는 시험불안에도 적용되어, 불안에서 벗어나기 위해 더욱 빨리 시험공부를 시작하고 또 더 집중해서 공부를 하게 되는 긍정적인 효과를 줄 수도 있다.

그러나 경우에 따라 불안의 정도는 극도의 공포로 경험되어 부정적 효과가 긍정적 효과를 넘어설 수도 있다. 시험과 관련된 불안이 과도할 경우, 긴장과 두근거림, 주의집중의 어려움 등의 증상을 경험하게 되고, 결과적으로 평상시보다 실력 발휘를 하지 못하게 된다.

1. 시험불안에 대한 이해

1) 시험불안의 정의

시험불안은 학교에서 매우 많은 학생이 경험하고 있는 증상이다. 일반적으로 학생의 약 30% 정도는 시험불안의 증상으로 고생하고 있는 것으로 나타난다. 학년이 올라갈수록 기대에 미치지 못하는 성적을 얻는 경험이 많아지고, 실패의 경험은 시험불안을 더욱 가중시키기 쉽기 때문에 시험불안으로 힘들어하는 학생의 비율은 학년이 올라갈수록 점차 증가되는 경향이 있다.

Nicholls(1967)는 시험불안을 "시험 상황에서 실패를 기대하는 경향"이라고 하였다. 이는 시험불안이 특히 시험 상황과 관련된 불안이며 시험 상황에 대한 자신의 능력을 낮게 평가하는 것과 관련된다고 본 것이다. Spielberger(1972)는 불안을 특성불안과 상태불안으로 구별하고는 시험불안이 상태불안에 해당된다고 보았다. 특성불안이란 개인이 가지고 있는 불안을 일으키는 성향, 즉 기질적이고 성격적인 특성을 의미한다. 반면 상태불안은 특수한 상황에서의 긴장감, 걱정, 두려움을 의미한다. 시험불안이 상태불안에 해당된다는 것은 기질적으로 불안의 성향이 높지 않아도 이전에 시험에 대한 부정적 경험을 했거나, 제대로 시험 준비를 하지 못했거나, 자기효능감 등이 낮거나 하면 얼마든지 시험불안이 생길 수 있다는 것을 의미한다.

일반적으로 시험불안은 '감정(emotionality)'과 '걱정(worry)'의 두 가지 요인으로 구성된다고 본다(Liebert & Morris, 1967). 감정은 시험불안의 정서적 측면으로 시험에 대한 느낌 혹은 신체적 증상을 의미한다. 걱정은 시험불안의 인지적 측면으로, 공부 자체보다는 자신에 대한 부적절감과 다른 사람과의 비교의식 등이 주요 내용이다. 이를 더 구체적으로 제시하면 〈표 7-1〉과 같다.

시험불안과 관련하여 감정 측면이 걱정 측면보다 훨씬 잘 자각된다. 시험불안이 높은 사람일수록 신체적 측정을 통해 나온 수치보다 자신의 다양한 신체 반응을 더 높게 보고한다(Diffenbacher, 1980). 그러나 감정은 시험이 끝나고 나면 원래 상태로 금방 되돌아 온다. 오히려 시험불안을 지속시키고 학업에 부정적 영향을 주는 것은 걱정 요인이다. 걱정은 이전의 시험과 관련된 부정적 기억과 연결되어 있기 때문에 시험을 예상할 수 있는 상황만 되어도 불안을 촉발시킬 수 있고, 그 영향력의 범위도 훨씬 광범하다.

이상에서 살펴본 것처럼, 시험불안은 시험과 관련된 상황에서 발생되는 불안으로 시험에 대해 학습자가 경험하는 신체적, 정서적, 인지적 반응을 모두 포함한다.

표 7-1 시험불안의 정서적 측면과 인지적 측면

시험불안의 정서적 측면(감정)	시험불안의 인지적 측면(걱정)
• 지나친 긴장감, 초조감을 경험한다. • 일시적으로 기억력이 감소된다. • 극심한 공황 상태에 빠진다. • 신체적으로 각성된다. • 심장박동, 호흡, 땀, 맥박, 신체적 온도 등이 증가한다. • 소화장애 등이 나타난다.	• 시험에 대한 자신감이 부족하다고 생각한다. • 거의 항상 시험에 대해 걱정한다. • 다른 사람과 자신을 비교한다. • 시험의 결과가 부정적일 것이라고 예상한다. • 시험에 대해 준비가 부족한 부분을 지속적으로 생각한다.

2) 시험불안의 원인

시험불안이 왜 발생하는지 대해서는 이론적 접근방법에 따라 다르다. 이 절에서는 시험불안의 원인에 대해 욕구이론적 접근, 정신역동적 접근, 행동주의적 접근, 인지주의적 접근, 그리고 환경적 접근에 따라 살펴볼 것이다.

(1) 욕구이론적 접근

욕구이론적 접근은 시험불안에 대한 초기의 이론적 접근이다. Hull의 욕구이론(drive theory)에 근거하여 불안과 성취의 관계를 설명하려 한 것이며, Mandler와 Sarason(1952)이 이를 더욱 발전시켰다. 이들은 시험 상황에서는 두 가지 종류의 욕구, 즉 과제수행 욕구와 불안 욕구가 일어난다고 보았다. 전자는 시험 상황에서의 과제수행을 촉진하지만, 후자는 과제수행을 방해한다. 둘 중 어느 욕구가 발생하는가에 따라 과제수행을 촉진하기도 하고 방해하기도 한다는 것이다. 이들의 연구 결과에 따르면 시험불안이 높은 학생은 낮은 학생에 비하여 지능검사에서 낮은 점수를 받았으며, 시험 상황이 위협적으로 지각되는 경우 그 차이는 더욱 크게 벌어졌다. 즉, 욕구이론적 접근에서는 과제수행 욕구보다는 불안 욕구가 더 커졌기 때문에 과제를 수행하는 것이 어렵게 되었다고 보는 것이다.

(2) 정신역동적 접근

정신역동적 접근에서는 시험불안이 부모와의 관계 속에서 발생된다고 보았다. 부모의 양육 태도, 특히 자녀의 학업성적에 대한 부모의 과도한 기대가 시험불안을 가중시킨다는 것이다. Sarason, Davidson, Lighthall, Waite와 Ruebush(1960)는 시험불안의 발생과정에 대해 다음과 같이 설명하였다. 아동의 학업성취 결과가 부모의 기대에 미치지 못하게 되면 부모는 아동에 대해 부정적 태도를 갖게 되고, 아동은 자신에 대한 부모의 부정적 태도를 내재화하는 동시에 부모에 대한 적대감을 갖게 된다. 그러나 부모에 대해 적대감을 갖는다는 것에 대해 죄의식을 느낀 아동은 이런 적대감을 억압하면서, 부모가 자신의 마음을 알아채지 못하도록 과도하게 부모의 기대에 부응하려는 자세를 취하게 된다. 그러나 결국 부모의 기대에 부응하지 못하게 될 때 억누르고 있던 적대감, 죄의식 등이 자극되어 극심한 불안의 형태로 경험된다는 것이다.

부모가 비판적일수록 이 같은 불안은 더욱 가중될 수 있다. 이 외에도 경쟁적인 가정 분위기, 형제와의 성적 비교, 가족의 심리적 거리감 등은 시험불안을 더욱 높일 수 있다(이영식, 성종호, 손인기, 2000). 반대로 부모와 안정된 애착관계가 형성되어 있는 경우에는 스트레스 상황에서도 더 잘 적응하고 어려운 과제도 잘 해결하는 양상을 보인다(정미현, 2003; Kopp, 1984).

(3) 행동주의적 접근

시험불안은 행동주의적 접근에서 보면 조건형성이 잘못 이루어졌기 때문에 생기는 것이다. Watson과 Raynor(1920)는 실험을 통해 고전적 조건형성의 원리에 의해 공포반응이 학습될 수 있다는 것을 보여 주었다. 즉, 11개월 된 앨버트가 흰쥐에게 가까이 갈 때마다 듣기 싫은 쇳소리를 들려주었고, 이후 앨버트는 그 소리가 들리지 않아도 흰쥐를 무서워하게 되었다. 시험불안도 같은 원리에 의해 설명될 수 있다는 것이다.

즉, 우연히 시험을 제대로 치르지 못해 매우 힘들었다면, 이후 다른 시험을 보려 할 때 이전의 경험이 연상되어 시험 자체에 대한 긴장과 불안 그리고 공포까지도 가질 수 있다고 본다.

(4) 인지주의적 접근

① 인지적 간섭 모델

인지적 간섭 모델에서는 시험불안에 영향을 주는 가장 큰 요인은 결국 시험 상황에 대한 인지적 해석이라고 본다(Zeidner, 1998). 시험불안이 높은 사람은 시험불안이 낮은 사람에 비해 시험 상황은 더 위협적인 상황이라고 해석하고 동시에 자신의 능력은 더욱 평가절하 한다. 결국 제대로 시험을 보지 못할 것이라는 부정적인 내적 대화를 하면서 '걱정' 혹은 '염려'를 활성화시키는 것이다. 이런 '걱정'이나 '염려'는 작동기억 용량의 상당 부분을 차지하여 결국 시험불안이 높은 사람은 그 정보처리의 속도가 떨어지게 되는 것이다(Carver & Scheier, 1984).

Wine(1971)도 시험불안이 높은 경우 과제수행과 관련 없는 걱정, 염려, 자기 비하 등에 주의가 분산되어 시험을 치를 때 필요한 단서를 이용하는 능력이나 집중 정도가 떨어진다고 하였다. 공부하는 과정에 집중해야 할 에너지가 불안을 일으키는 생각을 줄이거나 없애는 데 우선 사용되기 때문에 정작 시험공부를 하는 데 사용될 수 있는 에너지양은 줄어들 수밖에 없다고 본다.

[2] 인지적 결핍 모델: 학습전략 및 시험전략의 부족

인지적 결핍 모델에서는 시험불안이 높은 것은 학습전략 혹은 시험전략이 부족하기 때문이라고 보았다. 즉, 시험불안이 높은 학생은 학습전략, 노트 정리, 시험 보는 방법 등에서 시험불안이 낮은 학생에 비해 상대적으로 적절한 학습전략을 습득한 정도가 낮은 것으로 나타났다. 과제가 어려울수록 적절한 전략의 사용이 더욱 필요하기 때문에, 불안이 높은 학생은 객관식 문제를 풀 때보다는 문장으로 작성하는 과제를 더 어려워할 수 있다(Naveh-Benjamin, McKeachie, & Lin, 1987).

결국 시험불안이라는 것은 학습전략이 부족하고 결과적으로 시험을 제대로 준비하지 못했다는 것을 인식한 결과라는 것이다. 따라서 시험불안이 높은 학생에게는 증상을 없애려고 하기보다 학습전략 혹은 시험전략을 익히도록 하는 것이 필요하다.

[3] 통합적 모델

Meichenbaum과 Butler(1980)는 인지적 간섭 모델과 인지적 결핍 모델을 결합하여 시험불안과 관련된 요인으로 내적 대화(internal dialogue), 행동적 활동(behavioral acts), 행동적 결과(behavioral outcomes), 인지 구조(cognitive structures)의 네 가지를 제시하였다.

먼저 내적 대화 요인은 시험불안을 가진 사람이 내적으로 진행하는 인지적 대화를 의미한다. 내적 대화의 내용은 주로 학업 수행에 대한 걱정, 다른 사람과의 비교 의식, 부정적 생각의 반추, 자기평가 절하 등이다. 이런 생각은 시험에 대한 불안을 가중시키고 학업에 대한 동기와 집중력을 감소시킨다. 둘째, 행동적 활동은 시험불안과 관련된 학습전략, 대인관계, 시험전략 등의 활동을 의미한다. 시험불안이 높은 사람은 학습전략, 시험전략 등이 좋지 않고, 스트레스 상황에서 이를 잘 풀어 나가는 데 필요한 대인관계 능력도 부족할 가능성이 높다. 셋째, 행동적 결과는 외적 결과와 내적 결과로 구분할 수 있다. 외적 결과는 자신의 행동에 대해 다른 사람이 보일 수 있는 반응, 즉 인정, 존경, 분노, 비난 등이고, 내적 결과는 자신이 경험하는 신체적, 정서적 반응이다. 시험불안이 높은 사람은 다른 사람과 자신의 반응에 대해 과도하게 예민해질 가능성이 높다. 넷째, 인지 구조는 개인의 의미체계를 말한다. 시험불안과 관련하여 개인이 시험 상황을 어떻게 해석하는지, 어떤 행동을 선택하는지, 어떤 의미를 부여하는지는 개인의 의미체계와 밀접하게 관련되어 있다.

④ 상호교류적 과정 모델

시험불안에 대한 상호교류적 과정 모델은 Spielberger와 Vagg(1995)에 의해 소개되고 Zeidner(1998)에 의해 더욱 정교화된 것이다. 이 모델은 [그림 7-1]과 같이 다양한 요인이 서로 영향을 주고받으며 시험 및 시험불안과 관련되어 있다는 것을 제시한다.

이 그림에서 제시된 요인에 대해 Zeidner(1998)는 다음과 같이 설명하였다.

첫째, 시험 상황이란 시험불안에 영향을 줄 수 있는 여러 가지 시험 상황을 의미한다. 즉, 시험 문제가 제시된 형태, 시험 내용의 모호성 혹은 복잡성, 시간의 제한, 시험에 대한 학급 분위기나 주변의 분위기가 어떠한가 등이다.

둘째, 개인적 변인은 특성 시험불안의 정도, 성취 욕구, 자기효능감, 학업능력, 학습전략 등을 포함한다.

셋째, 시험 상황에 대한 인식은 시험 상황과 개인 변인의 상호작용 방법에 따라 달라진다. 상호작용 결과에 따라 시험 상황은 위협적이거나, 도전적이거나, 무관심해도 되는 상황 등으로 인식된다.

넷째, 상태시험불안(state test anxiety)은 시험 상황에 대한 인식에 따라 달라질 수 있는 개인의 주관적 상태로서, 시험을 위협적인 상태로 느낄수록 걱정, 정서, 신체적 흥분상태가 스트레스 상태의 반응과 같아진다. 한편 기질시

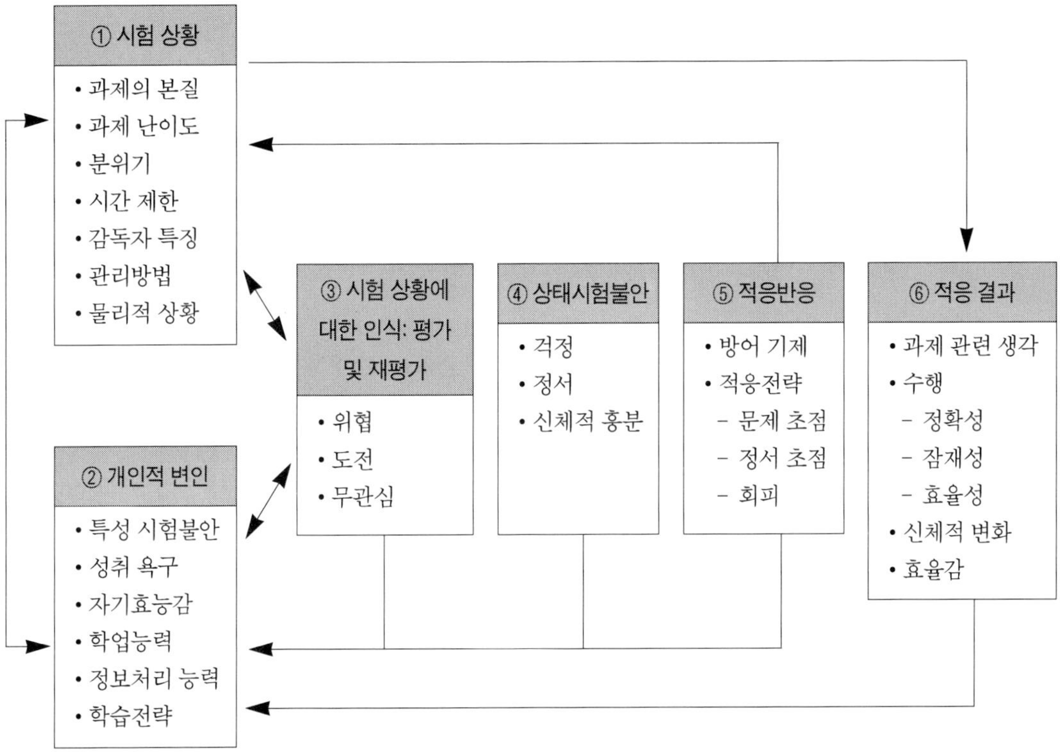

[그림 7-1] 시험불안에 대한 상호교류적 과정 모델(Zeidner, 1998)

험불안(trait test anxiety)은 비교적 지속적인 개인의 행동 성향을 의미하므로 상태시험불안에 영향을 줄 수는 있으나 상황에 따라 민감하게 변화를 보이지는 않는다. 기질시험불안이 높은 사람은 같은 시험 상황도 더 위협적으로 인식하여 더 강한 상태시험불안을 경험하게 될 것이다.

다섯째, 적응반응은 시험불안이 생겼을 때 각 개인이 발휘하게 되는 방어 및 적응전략을 의미한다. 각 개인은 시험불안을 해결할 적절한 전략을 모색하기도 하고 실천하기도 하지만, 반대로 문제를 해결하려고 하기보다 자신의 감정을 분리시키거나 회피하기도 한다.

여섯째, 적응 결과는 적응기제의 작용결과로서 긍정적일 경우 시험불안의 과도한 수준은 조절되며 생각도 긍정적이 되고, 시험공부도 효과적으로 수행하며,

아울러 신체 변화도 안정된 상태로 되며 효율감도 생기게 될 것이다.

이와 같은 상호교류적 과정 모델은 시험불안이 시험 상황 및 개인 변인의 상호작용과 더불어 그 상황에 대한 개인의 인지적 해석이 중요하다는 점을 강조하였다. 즉, 시험불안은 그 발생 자체가 문제되는 것이 아니라 적응기제의 적절성에 따라 문제가 될 수도 있고 그렇지 않을 수도 있다는 것이다.

(5) 환경적 접근

학교 또는 학급 분위기도 시험불안에 영향을 줄 수 있다. 학교 또는 학급 분위기가 평가 결과를 공개하고 그에 따른 뚜렷한 상벌체계가 있는 경우라면 학생은 시험과 관련된 불안을 훨씬 크게 지각할 것이다. 또한 학교급, 학교 규모, 교사와의 관계 등도 시험불안에 영향을 줄 수 있다(Wigfield & Eccles, 1989). 즉, 초등학교에서는 중학교로, 중학교에서는 고등학교로 진학하면서 교과의 내용이나 방법 면에서 좀 더 어렵고 낯선 상황에 처하게 될 때 시험불안은 더욱 증가하며, 학교의 규모가 커질수록 교사와 학생 간의 심리적 거리는 멀어져 시험불안이 커질 수 있다.

3) 시험불안의 평가

시험불안을 측정할 수 있는 평가 도구에 대한 개발이 본격적으로 이루어진 것은 1952년 Mandler와 Sarason의 연구부터다. 이때 개발된 것이 성인용 시험불안척도다. 아동기에 시험 결과에 대해 비판적인 부모의 양육 태도를 내면화하는 것이 시험불안의 원인이 될 수 있다는 주장을 한 Sarason은 1960년에 동료들과 함께 아동용 시험불안척도를 개발하였다. 이때까지는 시험불안 평가 도구는 시험불안을 단일한 요인으로 가정하고 있었다고 볼 수 있다.

그러나 1967년에 Liebert와 Morris는 시험불안을 걱정과 감정이라는 두 가지 요인으로 구성되어 있다고 보고, WEQ(Worry-Emotionality Questionnaire)라는 검사지를 개발하였다. 여기서 걱정은 '실패 결과에 대한 인지적인 염려'로, 감정은 '평가 압력에서 발생하는 정의적 자율반응'을 의미한다. 이 두가지 요인 중 걱정 요인이 감정 요인보다 학업성취와 더 깊은 관련이 있는 것으로 나타났다(Spielberger & Vagg, 1998). 1978년 Spielberger 등(1980)도 시험불안을 두 가지 요인으로 보는 이 관점을 받아들여 시험불안 검사지를 개발하였다. 이 검사는 이후 조수철(1989)이 한국형으로 개발하였으며, 총 20개 문항으로 구성되어 있다.

1970년대 이후 인지주의적 접근방법이 등장하면서 시험불안 연구도 그 영향을 받게 되었다. 이런 관점에 근거하여 I. Sarason은 1984년에 RTT(Reaction to Test)를 개발하였다. 이 검사지는 시험불안이 걱정, 시험방해 사고, 긴장, 신체 증상의 네 가지 요인으로 구성하였다. Liebert와 Morris의 걱정과 감정 요인을 세분한 것이다.

1997년에는 Hodapp과 Benson이 시험불안에 자신감 관련 개념을 포함해야 한다고 주장하면서 시험불안을 걱정, 정동, 인지 간섭, 자신감 부족의 네 가지 요인으로 구성하여 TAI-G(German Test Anxiety Inventory)를 개발하였다. 1992년에는 Benson과 Bandalos가 TAI와 RTT를 결합하여 RTA(Revised Test Anxiety Scale)를 개발하였는데, 이 검사지에서도 시험불안은 걱정, 시험방해 사고, 긴장, 신체 증상의 네 가지 요인으로 구별되었다. 이와 같이 시험불안의 측정 및 평가를 위한 검사는 시험불안을 크게 인지적 요인과 정서적 요인으로 나누고, 이를 점차 더 세분하여 시험불안의 구성 개념을 탐색하는 과정에 있다.

이와 같은 흐름은 1998년 Zeidner에 이르러 좀 더 구체적으로 진행되었다. 그는 시험불안을 단지 개인의 내적 요인인 인지적 요인과 정서적 요인만으로 구별할 것이 아니라 시험을 보는 상황에 따라 각기 달라지는 측면도 구별해야 한다고 주장하는 등 시험불안을 더욱 다각적 측면에서 측정해야 한다고 강조하였다. Zeidner는 시험불안을 국면에 따라 개인 반응의 영역(인지적-정의적-행동적), 반응의 맥락(이전-도중-이후), 시험의 종류(구두-논술-객관형) 등으로 분석될 수 있다고 보았다.

2. 시험불안에 대한 상담 실제

1) 상담관계 형성과 상담 구조화

(1) 상담관계 형성

시험불안이 발생하는 원인은 다양하지만 그것을 경험하는 학생의 증상은 비슷하다. 대부분 시험 발표가 나는 순간부터 시험을 치르는 순간까지 극심한 불안을 경험하고 집중이 어려우며 신체적 · 정신적 고통을 경험한다. 시험이 끝나면 원래 상태로 회복되지만 학교생활을 지속하는 한 시험은 주기적으로 반복되므로, 시험불안을 경험하고 있는 학생에게는 시험불안이 매우 고통스러운 경험이 된다.

따라서 시험불안과 관련된 상담을 시작할 때 먼저 상담자는 학생이 시험불안으로 인해 경험하고 있는 고통스러운 상황을 충분히 공감하고 이해함을 표현해 주어야 한다. 한 가지 염두에 두어야 할 것은 증상적으로 시험불안을 경험하고 있는 것이 분명한데도 이를 부인하거나 도움을 받으려 하지 않는 경우도 있다는 것이다. 이런 경우는 '조금 더 열심히 공부했더라면 좋은 성적을 받을 수 있었을 텐데.' '불안한 마음이 들지 않도록 내가 더 잘했어야 하는데.' 등과 같은 생각을 하며 시험불안을 인정하지 않으려고 하거나 그저 눌러 두려고만 하는 등의 비효율적인 대처전략을 사용하고 있을 가능성이 높다. 즉, 시험불안에 대한 이차적 불안이나 죄의식을 경험하고 있는 것이다.

이런 경우는 시험불안을 다루기 이전에 이 부분을 먼저 다루어 줄 필요가 있다.

(2) 상담 구조화

시험불안을 다루는 상담의 경우에도 상담에 대한 구조화가 필요하다. 특히 교사가 상담자 역할을 하게 될 경우, 교사는 시험불안을 다루기 위해 자신이 할 수 있는 일과 없는 일을 잘 구별해야 하며, 학생에게도 이를 알려 주어야 한다. 시험불안의 정도에 따라 교사가 다룰 수 있는 수준도 있으나 병원에 의뢰하여 약물 처방을 받거나 전문적인 상담치료가 필요한 상황도 있을 수 있기 때문이다.

상담이 진행될 경우, 상담자는 내담자에게 상담의 진행 횟수 및 간격 그리고 진행방법에 대해 미리 알려 주어야 한다. 또한 필요한 경우 부모상담을 병행할 수도 있다.

2) 시험불안의 진단

시험불안의 진단을 내린다는 것은 시험불안의 정도를 정확하게 파악할 뿐 아니라 현재 시험불안에 가장 영향을 주고 있는 요인이 무엇인지를 파악하여 우선적인 개입방법을 선택하는 과정이라고 볼 수 있다.

시험불안을 호소하는 내담자의 시험불안 정도가 어느 정도인지 알아보기 위해 사용할 수 있는 가장 쉬운 방법은 자기보고식 질문지를 사용하는 것이다. 자기보고식 질문지는 일반적으로 시험불안 요인을 2～4개로 구별하고, 요인별 문항을 통해 자신이 경험하고 있는 고통의 정도를 표시하도록 한다. 이를 통해 상담자는 내담자의 시험불안 정도와 시험불안 요인별 비중의 차이를 알 수 있다.

이때 주의할 것은 기질적 혹은 성향적 불안의 정도가 어느 정도인가 하는 것이다. 불안장애 등 일반적인 불안 성향이 높은 경우 시험불안도 높을 가능성이 있지만, 일반적인 불안 성향이 높지 않은 경우에도 시험불안은 높을 수 있다. 각각의 경우 문제에 대한 개입방법은 상당히 달라질 수 있으므로, 시험불안 정도를 진단할 때는 다른 장애의 관련성 여부도 같이 파악해야 한다. 불안 외에 우울증도 시험불안과 상당히 관련성 높은 장애이므로 반드시 함께 진단해 보아야 한다. 또한 학습전략 또는 시험전략을 내담자가 얼마나 알고 있고 사용하고 있는지에 대한 진단도 필요하다. 그래야 개입을 위해 불안감 자체에 초점을 둘 것인지, 학습전략 또는 시험전략에 대한 훈련의 실시에 초점을 둘 것인지 등을 결정할 수 있다.

진단을 위해 자기보고식 질문지와 함께 가장 많이 사용되는 방법은 면담 방법이다. 면담을 진행할 때는 시험불안 정도를 알아보기 위한 다각도의 질문을 해야 하며, 그에 따른 학생의 반응을 주의 깊게 살펴보아야 한다. 시험불안 정도를 알아보는 질문으로는 다음과 같은 것이 있다.

- 시험불안 증상을 경험한 것은 언제부터인가?
- 특정 과목에 대해서만 시험불안 증상이 있는가, 아니면 전반적으로 모든 과목에 대해 시험불안의 증상이 있는가?
- 시험불안은 시험 볼 때만 나타나는가, 아니면 준비하는 단계에서부터 영향을 주는가?
- 시험불안의 증상은 어떻게 나타나는가?
- 지금까지 시험불안에 대해 어떤 생각을 가지고 있었는가?
- 시험불안을 이겨 내기 위해 지금까지 사용해 본 방법은 무엇인가?
- 시험불안 증상에 대한 부모와 가족의 반응은 어떠한가?
- 시험 준비를 하기 위해 어느 정도의 시간을 사용하며, 준비방법은 잘 알고 있는가?

그리고 가능하다면 학생뿐 아니라 학생의 부모나 교사와도 면담을 해 보아야 한다. 이는 시험불안에 중대한 영향을 주지만 학생은 자각하지 못하는 개인적 특성 및 환경적 요인이 있을 수 있기 때문이다.

3) 상담목표의 설정

시험불안에 대한 상담목표는 시험불안으로 인한 신체 증상을 완화시키는 것, 시험불안을 지속시키거나 가중시키는 비합리적인 신념을 재구조화하는 것, 시험불안 때문에 제대로 이루지 못하고 있는 학업성취를 달성하는 것 등이다.

그러나 이 중 어느 것을 더 우선적인 목표로 할 것인지를 정하기 위해서는 다음과 같은 요인을 함께 고려해야 한다. 첫째, 내담자가 힘들어하는 영역을 먼저 고려해야 한다. 상담자가 생각하기에 시험불안을 가중시키는 문제가 무엇이든 간에 내담자가 힘들어하는 것을 우선적으로 고려하고 개입 대상으로 삼아야 한다. 예를 들어, 내담자가 시험불안으로 인한 신체 증상의 불편함을 가장 주된 호소 문제로 내세운다면, 상담자가 생각하기에 시험불안에 기여하는 더 중요한 요인이 있다 하더라도 그것을 우선적인 개입목표로 설정해야 한다. 그러나 이와 같은 문제가 어느 정도 해결이 된 다음에는 시험불안의 더 근본적 원인을 반드시 다루어야 한다.

둘째, 목표를 구체화해야 한다. 예를 들어, '불안으로 인한 신체적 증상 감소'라는 목표를 바로 세우기보다는 내담자로 하여금 그 증상이 나타나는 상황, 강도, 횟수 등에 대해 구체적으로 관찰하도록 한 다음 증상이 나타나는 상황, 강도, 횟수에 대해 구체적으로 목표설정을 하는 것이 좋다. 내담자가 현재의 상태를 잘 인지할수록 치료에 따른 변화도 잘 인지할 수 있다.

셋째, 다른 장애와의 관련이 있을 경우 무엇을 우선적으로 개입할 것인지 고려해야 한다. 예를 들어, 불안장애 혹은 우울장애 등이 있을 때에도 시험불안은 나타날 수 있다. 이와 같은 경우 시험불안의 치료는 주된 장애의 치료와 더불어 혹은 그 이후의 치료목표가 되어야 할 것이다.

넷째, 환경적 변인(즉, 가정, 학교)에서 시험불안에 영향을 주는 요인이 무엇인지 살펴보아야 한다. 특히 아동 및 청소년기는 부모, 또래, 교사 등 주변의 주된 인물의 영향력이 매우 큰 시기라고 볼 수 있으므로 개인만을 다루기보다는 환경 중 어떤 요인이 내담자의 불안에 영향을 주고 있는지를 알 수 있다면 이를 함께 다루어 주어야 한다.

4) 개입전략 설정 및 개입

시험불안에 대한 개입전략으로는 체계적 둔감법 등의 행동적 개입전략, 비합리적 신념을 변화시키기 위한 인지적 개입전략, 시험을 준비하는 방법과 치르는 방법 등과 관련된 학습전략을 익히도록 하는 학습방법 관련 전략, 이 외 게슈탈트 기법 등을 들 수 있다.

(1) 체계적 둔감법

시험불안에 대한 행동주의적 접근방법으로는 체계적 둔감법을 들 수 있다. 시험불안이 극도의 심리적 긴장 상태에서 발생한 것이므로 이완 상태와는 공존할 수 없다. 또한 마음과 몸은 함께 연결되어 있어서 마음이 긴장된다면 몸도 긴장하게 되고, 반대로 몸의 긴장이 풀어지면 마음의 긴장도 어느 정도 풀어질 수밖에 없다. 시험불안에 대해서도 이와 같은 원리를 활용하여 체계적 둔감법을 적용할 수 있다. 즉, 긴장이 발생되는 상황을 위계적으로 구성하여 긴장 발생이 가장 낮은 상황에서부터 이완된 상태를 서서히 적용하여 긴장 발생이 가장 높은 상황에까지 이완된 상태로 이끌 수 있도록 하는 방법이다.

이완을 위한 방법은 여러 가지가 있으나 Jacobson(1938)이 제시한 근육이완 훈련 절차를 간략히 제시해 보면 다음과 같다. 첫째, 편안한 자세로 앉고 눈을 감는다. 둘째, 각 부위의 근육을 수축한 다음 각 근육에서 이완감을 느낄 때까지 눈을 감은 채 상담자의 지시에 따라 숨을 복부 깊숙이 들이마시면서 근육에 일어난 긴장을 이완시키는 동작을 되풀이한다. 셋째, 심리적 이완이 충분치 않다고 느끼면 마음속으로 온몸과 마음이 편안하고 느긋해진다는 말을 하면서 근육의 수축-이완 훈련을 계속한다.

이와 같은 절차에 의해 이완된 상태에 이르면, 시험불안 상황 중 가장 낮은 긴장을 유발하는 상황부터 시작하여 점차 높은 긴장 상황을 떠올리더라도 이완된 상태가 되도록 훈련을 지속하여, 실제로 시험을 보는 상황에서도 긴장에 빠지지 않도록 연습할 수 있다.

(2) 합리적 사고

Ellis(1967)에 따르면 부적응행동은 비합리적인 신념, 기대, 가정 등을 가지고 상황에 접근하기 때문에 일어나는 것이다. 따라서 부적응행동을 고치기 위해서는 결국 왜곡된 인지체계를 바꾸는 것이 필요하다. 이는 시험불안에도 마찬가지로 적용될 수 있다. 시험불안은 시험 상황에 대한 개인의 비합리적인 신념으로 인한 것이기 때문에 내담자가 가진 비합리적인 신념을 더욱 합리적이고 적응적인 사고로 바꾸어 주는 것이 가장 우선시되어야 한다.

시험불안이 있는 내담자가 흔히 갖는 비합리적인 신념으로는 시험을 제대로 준비하지 못했다는 생각, 시험에서 또 실패할 것이라는 생각, 불안을 이겨 낼 수 없을 것이라는 생각, 시험에서 좋은 점수를 얻지 못하면 자신은 무가치한 사람이 된다는 생각, 시험 실패가 곧 인생의 실패를 의미한다는 생각 등을 들 수 있다.

이런 생각은 어느 정도 긴장감을 주어 시험에 대한 대비책을 세우는 데 도움을 주기도 하나 과도해지면 오히려 시험공부에 집중하지 못하도록 하므로 그 생각을 바꾸도록 개입해야 한다. 생각을 바꾸는 데는 사고 기록지(〈표 7-2〉 참조)를 활용해 자신의 생각을 적어 보고 합리적인 대안을 모색해 보는 방법이 효과적이며, 이 외에도 시험에 대해 걱정하는 시간을 따로 마련해 두기, 불안한 생각이

표 7-2 사고 기록지 예

상황	자동적 사고	기분(0~100점)	대안적 사고	기분 재평가

떠오르면 생각 중지를 외치기 등의 방법도 있다.

(3) 학습전략 및 시험전략 훈련

시험불안은 학습전략 혹은 시험전략 부족에서 비롯된 것으로도 볼 수 있다. 시험전략과 학습전략을 명확하게 구분하기는 어렵지만, 굳이 그 차이를 설명하자면 시험전략은 평상시의 학습전략에 과목별 및 시험 유형별로 시험에 대비할 수 있는 전략을 추가로 덧붙인 것이라고 볼 수 있다. 그러므로 학습전략을 잘 알지 못할 경우 시험전략만 익히려고 하기보다는 전반적인 학습전략을 익히도록 해야 한다.

시험전략을 세분화하면 다음과 같이 시험 준비기술, 시험 치는 기술, 심리적 대처기술로 나누어 볼 수 있다(박한숙, 2000).

- 시험 준비기술: 시험 전에 미리 시간과 내용에 대한 계획을 세우고 주변의 공부 환경을 미리 점검하여 시험 칠 내용을 검토하고 익히는 학습전략이다. 시험 범위 내 읽기과제 검토하기, 수업시간이나 스스로 정리한 노트의 복습, 자기 테스트 해 보기, 기억기법 이용하기, 친구들과 함께 공부할 기회 이용하기, 시험 준비 정도를 스스로 검사하기 등이 해당된다.
- 시험 치는 기술: 시험 문제를 풀 때 효과를 높일 수 있는 학습전략이다. 주변에 신경 쓰지 않고 집중해서 문제 풀기, 문제를 두 번 이상 꼼꼼하게 읽기, 모르는 문제가 있더라도 끈기 있게 풀기, 문제의 의미가 명확하지 않은 것은 질문하기, 쉬운 문제부터 풀어 가기 등이 해당된다.
- 심리적 대처기술: 시험시간에 지나치게 긴장해서 실수할 가능성을 줄여 주기 위한 학습전략이다. 여러 가지 이완기법 사용하기, 긍정적 사고 갖기, 시험 불안감 표출해 내기 등이 해당된다.

(4) 게슈탈트 기법

게슈탈트 접근방법에서는 시험불안이 개인이 이미 가지고 있는 극복능력과 자기 지지체계에 대한 믿음이 부족하기 때문에 생긴다고 본다. 시험불안을 가진 학생은 내적 흐름이 과부하되고 주변 환경에 대한 인식능력이 저하되어 제대로 시험 준비를 하거나 시험을 치는 것이 어려워진다는 것이다. 김정규(2003)는 불안장애에 대한 게슈탈트 치료를 비파사나(Vipasyana) 명상과 인지행동치료와 통합해 보려는 노력을 모색하였다. 또한 다음 〈표 7-3〉과 같이 게슈탈트적인 기법을 활용한 프로그램의 적용도 가능하다(배성훈, 2008; 한상량, 1999).

표 7-3 게슈탈트 기법을 활용한 시험불안 대처 프로그램(배성훈, 2008)

회기	회기별 목표	활동내용
1	프로그램에 대한 이해, 프로그램 동기 향상, 집단 내 긴장 이완, 라포 형성	• 프로그램 소개 및 참여 이유, 목표 나누기 • 프로그램 내 약속 정하기 • 사전검사
2	공부를 방해하는 자동적 사고와 감정, 신체의 연결 탐색	• 자동적 사고-감정, 신체 변화 알아차리기 • 빈 의자 기법 수행/목소리 객관화
3	그동안 해 왔던 대처방식 등 탐색 및 효과성 분석	• 그동안 해 왔던 대처방식 알아차리기 • 빈(두) 의자 기법 수행/거울기법
4	유혹의 대처방법 알기	• 자신을 유혹하는 말 찾기 • 유혹에 대처하는 법 찾기 • 빈(두) 의자 기법 수행/거울기법
5	현실적인 공부 계획방식 알기	• SMART 활용법 알기 및 연습
6	일을 미루는 상황에서의 자동적 사고, 감정 알아차리기	• 일 미루기 유형 탐색 • 일 미루기에 대한 빈(두) 의자 기법/거울기법
7	집중 유지하기	• CIR 일지 활용법 알기 및 연습
8	학습 상황에서의 자기 수용	• 자신의 못마땅한 점 받아들이기 • 역설적 수용기법 • 대처방법 세우기
9	배운 것 유기적으로 연결하기	• 빈(두) 의자 기법, 목소리 객관화, 거울기법, SMART 기법, CIR 기법의 반복 연습
10	마무리	• 각 기법의 유기적 연결 도식 세우기 • 프로그램 종료 후 느낌, 소감 나누기 • 사후검사

5) 사례관리

시험불안을 주로 호소하는 사례의 경우에도 상담을 진행하다 보면 흔히 다른 문제가 같이 있는 경우가 있다. 특히 일반적인 불안장애나 우울증 등은 병존 가능성이 매우 높다. 따라서 상담자는 시험불안을 다루기 전에 이와 같은 심리적 장애의 영향이 더 큰 사례인지 여부를 정확히 진단하고, 만일 그런 경우라면 관련 장애를 우선적으로 다룰 필요가 있다. 이 외 부모의 과도한 기대 등 가족 분위기가 내담자의 시험불안에 직접적인 영향을 주는 경우에는 부모상담 혹은 가족상담을 병행하도록 한다.

제8장
주의집중력 문제

학습목표

1. 주의집중력의 다양한 요소를 이해할 수 있다.
2. 주의집중력 향상을 위한 상담의 절차와 내용을 이해하고 실행할 수 있다.

이 장의 구성

주의집중력 문제

주의집중력에 대한 이해	주의집중력 문제에 대한 학습상담 절차
• 주의집중력의 정의 • 주의집중력 문제의 원인	• 상담관계 형성과 상담 구조화 • 학습 문제의 진단 • 상담목표의 설정 • 개입전략 설정 및 개입 • 사례관리

중학교 2학년인 진수는 공부하는 시간에 비해 성적이 잘 나오지 않아 고민이 많다. 진수는 공부를 하지 않겠다고 고집을 피우거나 공부 이외의 것에 관심을 두어 시간을 허비하지도 않는다. 공부를 잘하고 싶은 마음에 공부 걱정도 많고 실제로 공부하는 시간도 또래 친구에 비해 많은 편임에도 성적은 매번 기대에 못 미치는 수준이다.

이는 진수가 공부를 하려고 책상 앞에 앉아 있는 시간은 길지만 실제 집중을 해서 공부를 하는 시간은 얼마 되지 않기 때문이다. 진수는 공부를 하는 도중에 자신도 모르게 멍하니 딴생각에 빠져 있는 경우가 많고, 수시로 휴대폰 문자를 확인하고, 방 밖에서 나는 작은 소리에도 예민하게 반응하면서 참견하는 등 산만한 모습을 자주 보인다. 수업시간에도 교사의 설명 도중에 쉽게 딴생각에 빠지고 몸을 자주 움직여 지적을 당하기도 한다. 이렇다 보니 진수는 집에 있는 거의 모든 시간을 책상 앞에서 공부를 하며 보내지만 성적은 만족스럽지 못한 상태를 반복해서 경험하고 있다.

1. 주의집중력에 대한 이해

1) 주의집중력의 정의

집중력(concentration)은 주어진 시간 내에 과제를 완성하기 위해 의식을 모으는 능력이다. 집중력은 학교 적응의 가장 중요한 요소인 학업성취와 또래관계에서 중심 역할을 한다. 집중력이 높은 학생은 같은 시간 동안 공부를 하더라도 더 많은 내용을 정확하게 이해하고 기억할 수 있다. 또한 그들은 다른 사람의 말과 행동에 주의를 기울이고 그 이면의 생각이나 느낌을 헤아릴 수 있기 때문에 사회성과 리더십이 높다.

집중력은 다양하게 정의되지만, 일반적인 정의는 다음과 같다.

첫째, 집중력은 주어진 과제를 완성하기 위해 의식을 집중하는 능력이다. 집중력이 높은 사람은 주어진 과제를 마무리하기 위해 오랜 시간 한 가지 과제에 몰두할 수 있다. 같은 시간 동안 공부를 하더라도 집중력이 높은 사람은 더 많은 내용을 깊이 있게 파악할 수 있다. 그리고 짧은 시간 내에 더 많은 일을 완수할 수 있다. 반면 집중력이 낮은 사람은 한 가지 과제에 오랜 시간 열중하지 못하기 때문에 30분이면 끝낼 수 있는 과제를 1～2시간씩 붙들고 있는 경우가 많다. 결국 정보처리의 효율이 떨어져 자신의 능력을 마음껏 발휘하지 못하게 된다.

둘째, 집중력은 선택적으로 반응하는 능력이다. 집중력이 높은 사람은 외부의 다양한 자극 중에서 특히 더 중요한 자극을 파악하여 그것에만 선택적으로 집중할 수 있다. 그리고 중요한 자극에 주의를 집중하는 동안에는 다른 사소한 자극을 무시할 수 있다. 수업을 듣는 동안 창 밖에서 들려오는 소음, 예쁜 옷을 입고 온 친구, 칠판 한 귀퉁이에 쓰여 있는 내일의 준비물 등과 관련해 떠오르는 생각이나 느낌을 무시하고 교사의 말과 교과서에 선택적으로 집중할 수 있어야 집중력이 높다고 할 수 있다. 집중력이 낮은 사람은 사소한 자극에 쉽게 주의를 빼앗기기 때문에 중요한 자극을 놓치기가 쉽다.

셋째, 집중력은 자기통제 능력이다. 집중력이 높은 사람은 눈앞의 작은 만족보다는 미래의 큰 만족을 위해 자신의 행동을 조절할 수 있다. 숙제를 하다 흥미를 잃어 금방 책을 덮고 방에서 나오거나, 친구와 말싸움을 하던 중에 화가 나서 주먹질을 해 버리는 것은 자기통제력이 낮기 때문이다. 자기통제력이 높은 사람은 숙제를 하지 않았을 때 교사에게 받을 꾸중이나 숙제를 미뤘을 때 드는 불편한 마음을 고려하여 지루함을 참고 숙제를 끝낼 수 있다. 친구에게 화가 나도 참고 일단 그 자리를 피했다가 나중에 어떻게 할지를 생각할 수도 있다. 자기통제력, 즉 미래를 예측하여 자신의 행동을 조절할 수 있는 힘은 집중력의 근간이다.

집중력의 중요성은 집중력이 개인의 미래를 예견하는 훌륭한 도구일 뿐만 아니라 현재의 적응도를 가늠하는 지표의 역할을 하기에 더욱 강조된다. 개인은 성장하면서 다양한 역할 기대를 받게 된다. 학령기 아동의 경우 학생, 자녀, 친구, 형제 등의 역할을 수행하게 되는데, 흔히 나이가 많을수록 더 많은 역할을 수행하도록 기대되고 그 기능도 복잡해진다. 여러 가지 이유로 이러한 역할 기대와 개인의 능력 간의 불일치가 지속될 때 집중력 부족이 나타난다. 때문에 부주의하고 산만한 행동은 현재 개인에게 주어진 역할이 만족스럽지 못하거나 불편함이 있다는 신호로도 해석될 수 있다. 이를 방치하게 되면 우울, 불안, 스트레스 관련 정신과적 문제를 야기할 수 있다.

2) 주의집중력 문제의 원인

주의집중력 문제의 원인은 크게 생물학적 원인과 환경적 원인으로 나눌 수 있다. 생물학적 원인의 경우 이전 세대가 가지고 있는 산만하고 충동적인 성향이 다음 세대로 전수되어 기질이나 경향성 등의 형태로 나타나는 것을 의미한다. 생물학적 원인에 의한 주의집중 문제를 갖는 내담자는 어릴 때부터 또래에 비해 높은 에너지 수준과 많은 활동량을 드러내고 호기심이 많은 특성이 있다. 이러한 특성은 성숙과 학습을 통해 조절되는 양상을 보인다.

주의집중력에 영향을 미치는 환경적 원인에는 학습에 대한 흥미 및 동기 결여, 불안, 체계화되지 못한 환경 등이 포함된다. 학습에 대한 흥미 및 동기 결여는 교육적 · 문화적 자극이 지나치게 부족하거나 많은 것에서 기인한다. 아동 및 청소년의 흥미 및 동기 수준에 맞추어 적절하게 주어진 교육적 · 문화적 자극은 학습에 대한 유능감과 성취감을 경험하게 한다. 하지만 부모의 관심 부족이나 방임으로 인해 교육적 · 문화적 자극을 적절히 받지 못한 경우 인지능력이 불균형하게 발달되거나 덜 발달되어 학교 학습을 이해하지 못하는 결과를 낳을 수 있다. 이 경우 학습 결손이 누적되어 학년이 높아질수록 주의집중력 문제가 심화될 수 있다. 반면 과도한 조기교육이나 선행학습 등으로 아동 및 청소년의 흥미 및 동기 수준을 뛰어넘는 수준의 교육적 · 문화적 자극을 제공한 경우에도 주의집중력 문제가 종종 나타난다. 과도한 자극은 아동 및 청소년의 자율성과 주도성 발달을 촉진하기보다는 수동적 태도로 환경에 적응하게 만들어 학습 흥미 및 동기를 저하시키는 원인이 될 수 있다.

환경으로부터 가중되는 심리적 불안과 스트레스 역시 주의집중 문제의 원인이 된다. 가정과 학교 등에서 교류하는 사람과의 상호작용 속에서 좌절과 실패를 자주 경험하고 위축되어 있는 경우 쉽게 과중한 불안과 스트레스를 느끼게 되어 주의가 산만해지고 주어진 과제에 몰두하지 못하는 모습을 보이게 된다. 그들의 높은 불안과 스트레스는 사회적 상황에서의 적응력을 떨어뜨려 불안과 스트레스를 가중시키는 악순환에 놓이게 한다.

생활환경이 지나치게 비구조화되어 있는 경우에도 주의집중력 문제가 나타나게 된다. 수면 및 식사와 같은 기본적인 습관부터 공부 장소와 시간 등이 체계적으로 구조화되어 있지 않는 경우 쉽게 주의가 흐트러지고 집중시간이 줄어들게 된다. 이러한 문제는 주로 부모가 지나치게 바쁘거나 부모 역시 주의집중 문제를 가지고 있는 경우, 주어진 학습량이 학생의 현재 능력을 넘어서는 경우, 학생의 환경관리 능력이 부족한 경우 등에서 주로 나타난다.

이러한 주의집중력 문제의 환경적 원인을 인지적, 정서적, 행동적 측면으로 세분하여 설명하면 다음과 같다.

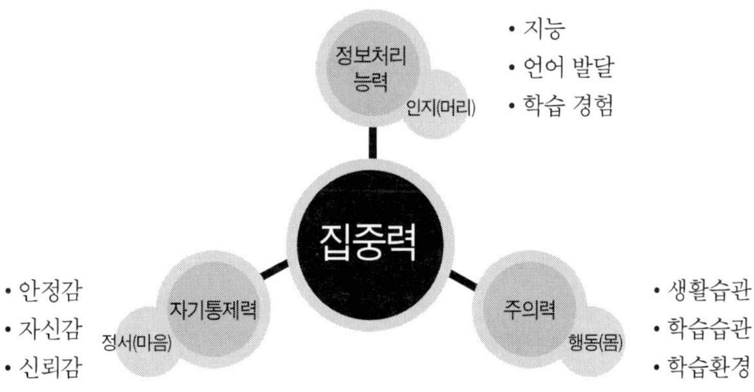

[그림 8-1] 주의집중력 문제의 환경적 원인

(1) 인지적 측면: 정보처리 능력

인지적 능력에 해당하는 정보처리 능력은 지능, 언어 발달, 학습 경험 등을 포함한다. 지능이 낮은 아동 및 청소년은 정보처리 속도 및 효율이 떨어지기 때문에 주어진 과제를 시간 내에 마무리하지 못한다. 이러한 아동 및 청소년은 학교 수업과 같은 집단학습 상황에서 교사의 설명과 교과 내용을 이해하지 못하기 때문에 쉽게 딴생각에 빠지거나 멍하니 앉아 있기 쉽다.

한편 지능이 또래 평균보다 높아 표준화된 지능검사에서 '우수' 혹은 '최우수' 수준으로 평가되는 아동 및 청소년 중에도 자신의 높은 정보처리 능력과 집중해야 할 과제의 곤란도 및 흥미 간의 간극으로 인한 집중력 부족 현상을 보일 수 있다. 특히 학교 장면에서는 평균 수준의 학생에 맞추어 교육과정이 구성되고 수업이 진행되기 때문에 빠르고 효율적인 정보처리 능력을 가진 학생은 오히려 수업에 집중하지 못하고 산만하게 행동하기 쉽다.

언어 발달 수준 역시 정보처리 능력에 영향을 미친다. 특히 어휘력이 뛰어난 아동 및 청소년은 말이나 글을 위주로 하는 정보처리 상황이 많은 학교 학습 상황에서 높은 능력을 발휘할 수 있다. 때문에 어릴 때부터 누적된 적절한 수준의 문화적 · 교육적 자극, 독서량 등이 많을수록 정보처리 능력이 높게 나타난다.

또 언어 발달 수준이 높은 아동 및 청소년은 내재적 언어를 통한 자기통제 능력이 뛰어나다. 내재적 언어는 다른 말로 속말, 혼잣말 등으로 불릴 수 있는데, 내재적 언어를 통해 내적 사고과정이 조절되어 정보를 효율적으로 처리할 수 있게 된다(Luria, 1961). 집중력이 높은 아동 및 청소년과 집중력이 낮은 아동 및 청소년의 내재적 언어의 양과 질을 평가한 연구에 따르면, 집중력이 높은 아동 및 청소년은 과제를 수행하는 동안 과제와 관련된 내재적 언어를 많이 사용하는 반면, 집중력이 낮은 아동 및 청소년은 과제와 관련 없는 내재적 언어를 많이 사용하거나 내재적 언어 자체를 사용하지 않는 특징이 있다.

집중력은 주어진 과제에 대한 호기심과 관심의 영향을 많이 받기 때문에 학습 경험의 양과 질 역시 집중력 발달에 영향을 미친다. 기존에 아동 및 청소년의 발달 단계에 적절한 정도와 수준으로 교육적 · 문화적 자극이 제공되었을 경우 아동 및 청소년은 새로운 학습 상황에서 이미 알고 있는 지식과 정보를 동원하여 깊이 있는 이해를 시도할 수 있게 된다. 또한 배경 지식과 정보가 많은 아동 및 청소년은 새로운 자극뿐만 아니라 익숙한 자극에서도 새로운 발견과 통찰을 이끌 수 있기 때문에 더 높은 집중력을 발휘하게 된다. 반면 아동 및 청소년의 호기심과 관심을 끌지 못하는 무리한 선행학습이 반복되었을 경우, 그들은 새로운 과제에 대한 흥미보다는 학습에 대한 무관심과 무기력을 보이기 쉽다.

(2) 정서적 측면: 자기통제력

자기통제력은 정서적 영역에 속하는 집중력의 한 요소다. 집중력 발달에 필수적인 요소인 자기통제력은 정서적 안정감과 자신감, 주변 환경에 대한 신뢰감에 기초한다. 불안이나 스트레스 요인이 통제 가능한 범위 내에 있어 정서적으로 안정감이 있고 자신의 능력에 대한 긍정적인 믿음이 있을 때, 아동 및 청소년은 공부 등 단조로운 자극을 접할 경우 높은 집중력을 발휘할 수 있다. 또 자신의 행동에 대한 주변 사람, 특히 부모의 반응이 예측 가능하고 신뢰할 수 있을 때 높은 집중력이 나타난다.

특히 자신의 능력에 대한 믿음이 있고 실패를 하더라도 자존감이 손상되거나 무시나 비난 등 부정적 결과가 초래되지 않을 것이라는 신뢰가 있을 때, 불안과 스트레스는 줄어들어 정서적 안정감이 형성된다. 이런 심리적 상태에서는 자신의 능력보다 다소 어려운 과제를 접할 때도 도전적이고 성취 지향적인 태도를 보이기 때문에 과제에 대한 높은 집착력과 인내력을 나타낸다.

반면 자신의 능력에 대한 믿음이 없거나 적고 실패 시의 결과에 대한 예측이 불가능한 경우, 아동 및 청소년은 한 가지 과제에 몰두하기보다는 산만하게 행동하고 어렵거나 지루한 과제를 접할 때 쉽게 포기하는 모습을 보인다. 그리고 과제를 선택할 때도 지나치게 쉽거나 어려운 것을 선택해서 비난을 피하려는 태도를 보인다. 이러한 아동 및 청소년에게 집중력을 높여 주기 위해서는 부모가 제공하는 심리적 환경을 건강하게 만들고 성공 경험을 늘려 주어야 한다.

집중력은 새롭고 신기해서 호기심을 자극하는 과제를 수행하는 상황뿐만 아니라 반복되거나 어려운 과제를 수행할 때도 발휘되어야 한다. 또 즉각적인 보상이 주어지지 않는 과제를 수행하면서도 미래의 긍정적 결과를 기대하면서 현재의 욕구를 조절할 수 있어야 한다. 이를 위해서는 자신의 욕구를 현실적 상황에 맞게 조절하는 힘이 필요하다.

많은 아동 및 청소년이 게임을 하거나 TV를 볼 때는 높은 집중력을 발휘하는 반면, 공부나 과제를 할 때는 그렇지 못하다. 게임이나 TV는 새롭고 신기한 자극이 화려한 음향 및 그래픽과 함께 지속적으로 주어지기 때문에 자기통제력을 발휘할 필요가 없다. 하지만 공부나 과제는 대부분 단순한 평면 자극의 형태로 주어지고 내용도 반복적이고 어려운 것이 많기 때문에 자신의 욕구를 조절하여 적극적으로 집중력을 끌어낼 수 있어야 한다. 그래서 게임을 할 때의 집중력은 수동적 집중력으로, 공부를 할 때의 집중력은 적극적 집중력으로 구분할 수 있다. 수동적으로 집중하는 데 익숙한 아동 및 청소년은 적극적 집중력을 잘 발휘하지 못한다.

(3) 행동적 측면: 주의력

주의력은 집중력 발달의 행동적인 요소에 속한다. 주의력은 이미 습득한 생활습관과 학습 습관의 영향을 많이 받으며 생활환경에 따라서도 다르게 나타난다. 주의력이 낮은 아동 및 청소년의 대부분은 규칙적이고 조직적으로 생활하기보다 무계획적으로 생활한다. 생활 공간이 무질서하기 때문에 분류와 정리가 잘 이루어지지 않고 그만큼 집중하기까지 오랜 시간이 걸린다. 또 무질서하게 배치되어 있는 사물로 인해 쉽게 주의가 산만해진다. 주의력이 낮은 아동 및 청소년은 수면과 식사 등 일상적으로 반복되는 중요한 일이 규칙적으로 진행되지 못하고 전체적인 시간계획 역시 무질서하다.

이러한 특징은 부모의 산만하고 무질서한 행동 패턴으로 인해 만들어진 경우가 많다. 부주의한 부모가 만들어 놓은 물리적 · 심리적 환경에 어릴 때부터 지속적으로 노출된 결과로 주의력 발달에 필요한 습관을 형성하지 못한 것이다. 혹은 부모가 일관성 있고 안정적인 양육 태도를 갖지 못하여 미래에 대한 예측과 기대에 근거해 자신의 행동을 조절하는 법을 익히지 못한 결과일 수도 있다.

그러므로 주의력 발달을 위해서는 생활 및 학습 공간, 습관 등을 체계화, 구조화, 조직화하여야 한다. 부모가 먼저 시간과 공간을 체계적으로 활용하는 모습을 보여 주고 공부방과 사물함 등을 체계적으로 정리하는 방법을 모델링하여야 하는 것이다. 아울러 가족이 함께 규칙을 만들어 일관성 있게 적용하면서 생활 습관과 공부 습관을 바꾸고 생활환경을 점검하는 노력이 필요하다. 이 외에도 노트필기 방법이나 시간관리 방법 등과 함께 효과적인 학습전략을 반복적으로 연습시키는 등의 노력을 통해, 아동이 머리로 아는 것에 그치는 것이 아니라 행동으로 실천하여 습관화할 수 있도록 인내력을 가지고 도움을 주어야 한다.

2. 주의집중력 문제에 대한 학습상담 절차

1) 상담관계 형성과 상담 구조화

주의집중력 문제를 가진 내담자와의 신뢰 있는 상담관계 형성을 위해서는 다음의 측면이 고려되어야 한다.

첫째, 그들은 낮은 주의집중력으로 인해 부모, 교사, 또래 등 주요 타자와의 상호작용 과정에서 부정적 경험이 누적되어 있기 쉽다. 주어진 과제에 지속적으로 주의를 기울이지 못하고 산만하게 행동한 탓에 부모의 잔소리와 비난, 교사의 체벌, 또래의 거부와 무시 등을 많이 받았을 수 있으며, 이로 인해 타인을 신뢰하지 못하고 경계하는 특성을 보일 수 있다. 특히 비자발적으로 상담에 참여하게 된 경우 상담자에 대한 불신과 거부가 두드러질 수 있다.

둘째, 그들은 자존감이 낮고 방어적이기 쉽다. 이 역시 주요 타자와의 부정적 상호작용 경험의 영향이다. 게다가 그들은 자신의 주의집중력이 낮은 이유에 대해 안정적인 내적 귀인을 하는 경향이 있다. 즉, 자신에게 원래부터 집중하는 능력이 없다거나 머리가 나쁘기 때문에 집중을 할 수 없다는 식의 귀인과정으로 자신에 대한 부정적인 인식을 갖게 된다. 때문에 상담을 통한 변화에 대해서도 회의적이고 부정적인 인식을 갖기 쉽다.

셋째, 그들은 상담 장면에서도 주의집중력 문제를 나타낸다. 상담자의 말에 귀 기울이지 않는다거나 상담자가 지시한 내용을 정확히 이해하지 않은 채 대충 넘어가는 등의 문제로 인해 상담 내용과 과정에 집중하지 못한다. 또 상담시간을 잘못 알고 엉뚱한 시간에 온다거나 상담자가 제시한 과제나 준비사항을 놓치는 경우가 많다. 이로 인해 주요 타자와의 관계에서와 마찬가지로 상담자를 화나게 하거나 소진된 느낌을 주는 등의 부정적 정서를 유발하기 쉽다.

이와 같은 특성으로 인해 주의집중력 문제를 가진 내담자와의 신뢰 있는 관계 형성은 세심한 계획과 노력에 의해 이루어져야 한다. 우선 상담에 대한 내담자의 부정적이고 방어적인 태도를 수용하고 공감해야 한다. 내담자 입장에서는 상담자가 지금까지 부정적 상호작용을 해 왔던 부모나 교사와 비슷한 또 다른 성인일 뿐이기 때문에 처음부터 상담자에게 쉽게 마음을 열고 도움을 청하기 힘들다. 상담자는 상담과 상담자에 대한 불편한 마음을 직접적으로 표현하고 반항하는 내담자뿐만 아니라 무기력하고 수동적인 태도로 일관하는 내담자까지 수용하고 공감해야 한다.

이를 위해서는 우선 내담자가 느끼는 상담과 상담자에 대한 불신을 상담 장면에서 다루는 것이 좋다. "엄마가 억지로 보내서 기분이 안 좋을 것 같은데 어떠니?" "선생님은 네가 집중을 잘 못해서 성적이 낮다고 생각하시는 것 같은데, 너는 네 집중력이 어느 정도인 것 같아?"와 같은 질문으로 내담자와의 대화를 시도하면서 내담자가 현재 느끼는 불편감이 충분히 공감과 지지를 받을 만하다는 것을 전달해 주어야 한다.

둘째, 인간적이면서도 전문적인 모습을 보여 준다. 주의집중력 문제를 가지고 있는 내담자 역시 공부를 잘하고 싶고 좋은 성적을 받고 싶은 동기를 가지고 있다. 다만 누적된 실패 경험으로 인해 변화에 회의적인 태도를 가지고 있을 뿐이다. 때문에 상담자가 전문적인 지식과 태도로 상담을 구조화하고 따뜻하고 공감적인 모습을 보여 줄 경우 상담을 통한 주의집중력 향상 및 성적 향상에 대한 확신을 높일 수 있다. 그리고 이러한 확신은 상담에 적극적으로 참여하게 만든다.

마지막으로 내담자의 긍정적 부분에 초점을 맞춘다. 모든 개인은 고유성과 강점을 가지고 있다. 주의집중력이 낮은 내담자 역시 마찬가지다. 주의집중력과 관련이 있든 없든 내담자가 가진 독특한 양상이나 강점이 발견되면 적극적인 관심을 기울이고 그와 관련된 이야기를 더 많이 하도록 촉진해 주어야 한다. 이를 통해 내담자는 자신에게 붙여진 부정적 꼬리표와 낙인에 덜 주목하고 자신의 고유성과 강점에 더 주목하게 된다. 또 주의집중력이 문제가 되지 않았던(혹은 주의집중력이 높았던) 시점이나 상황, 과제 등을 탐색해서 주의집중력 문제가 불변하는 '특성(trait)'이 아니라 변화 가능한 '상태(status)'라는 것을 인식시켜야 한다.

2) 학습 문제의 진단

(1) 면접을 통한 진단

① 학습 집중력 체크리스트 활용

주의집중력 문제는 다양한 원인에 의해 유발될 수 있는데 크게 인지, 정서, 행동 영역으로 구분될 수 있다. 인지적 영역에 의한 주의집중력 문제는 정보처리 능력의 부족에서 기인하는 것으로 낮은 지능, 누적된 학습 결손, 어휘력 부족, 느린 수행 등이 주요 원인이다. 이 경우 학교나 학원과 같은 집단학습 상황에서 교사의 설명이나 교재의 내용을 이해하지 못하기 때문에 쉽게 학습 태도가 흐트러지고 딴생각에 빠지게 된다.

정서적 영역에 의한 주의집중력 문제는 자기통제력 부족에서 기인하는 것으로 불안, 낮은 자존감, 타인에 대한 신뢰 부족 등이 주요 원인이다. 정서적 문제로 인한 주의집중력 문제를 가지고 있는 내담자는 현재 자신이 처한 환경(가족환경, 교실환경, 또래환경 등)이나 자신에게 주어진 역할(가족 구성원, 학생, 친구) 등이 자기통제력 밖에 있다고 지각하여 무기력하고 불안한 모습을 보이기 쉽다.

행동적 영역에 의한 주의집중력 문제는 주의력 부족에서 기인하는 것으로 학습 환경이나 습관의 영향을 받는다. 학습환경이 주의집중을 방해할 만큼 산만한 경우, 가족 및 학교 규칙이 지나치게 엄격해서 자율성이 보장되지 못하거나 반대로 규칙이 너무 느슨해서 행동 규범을 갖지 못하는 경우에 내담자는 시간과 공간을 효율적으로 사용하지 못하고 산만한 모습을 보이게 된다.

학습 집중력 체크리스트는 교사나 부모가 관찰한 내담자 모습에 근거해 작성할 경우 내담자의 주의집중력 문제가 인지, 정서, 행동 중 어떤 영역과 밀접한 관계가 있는지를 파악할 수 있다. 학습 집중력 체크리스트는 집중력 정도를 객관적으로 평가하기 위해 활용되기보다는 집중력 부족 원인을 찾기 위해 활용되어야 한다. 그러므로 아래의 점수대별 특징을 단순하게 적용해서 해석하기보다는 체크된 문항 내용을 확인하고 면담과정에서 구체적으로 탐색하는 것이 좋다. 이를 통해 집중력 부족의 원인을 파악하고 개입전략을 수립하는 것이 가능해진다.

채점 및 해석 1번부터 10번 문항은 정보처리 능력에 해당한다. 정보처리 능력은 집중력의 인지적 요소로 지능과 언어 발달 수준의 영향을 많이 받는다. 1번부터 10번 문항의 합산 점수별 해석은 다음과 같다.

- 10~19점: 정보처리 능력이 높은 편이다. 정보처리 능력 부족으로 인한 집중력 저하가 예상되지 않으며 현재의 학습 수준과 분량을 적절히 소화하고 있다. 어릴 때부터 적절한 수준의 교육적·문화적 자극을 받아 왔을 가능성이 높다.
- 20~31점: 정보처리 능력이 보통이거나 약간 부족한 편이다. 현재의 학습 수준이나 분량이 자신의 정보처리 능력에 비해 다소 벅찰 수 있다. 아이의 정보처리 능력에 맞추어 학습 수준과 분량을 낮추고 부족한 정보처리 능력을 높여 주어야 한다.
- 32~50점: 정보처리 능력이 매우 부족한 편이다. 학교나 학원의 학습 내용을 이해하지 못하고 넘어가는 경우가 많다. 현재의 정보처리 능력을 고려하

표 8-1 **학습 집중력 체크리스트**

자녀(혹은 학생)의 평소 행동 관찰을 근거로 평가해 주세요.

학습 집중력 체크리스트					
학생 이름		학년		성별	
작성자		학생과의 관계			

번호		전혀 아님	아닌 편	보통	그런 편	매우 그럼
1	쉬운 말로 여러 번 반복 설명해도 이해를 잘 못한다.	1	2	3	4	5
2	친구 이름이나 지명 등을 잘 기억하지 못한다.	1	2	3	4	5
3	알고 있는 것도 말로 잘 설명하지 못한다.	1	2	3	4	5
4	보통 아이들에 비해 상식 수준이 낮다.	1	2	3	4	5
5	책 읽는 것을 싫어한다.	1	2	3	4	5
6	공부한 것에 비해 시험 성적이 낮다.	1	2	3	4	5
7	학교나 학원에서 이미 배운 것도 다시 설명해 주어야 한다.	1	2	3	4	5
8	주변 사물이나 환경에 대한 호기심이 적다.	1	2	3	4	5
9	대화나 토론을 싫어하고 혼자 있는 시간이 많다.	1	2	3	4	5
10	자기보다 어린 아이들과 어울려 노는 것을 좋아한다.	1	2	3	4	5
	합 계					
11	감정 변화가 심하다.	1	2	3	4	5
12	다른 사람의 말에 신경을 많이 쓰고 쉽게 상처받는다.	1	2	3	4	5
13	기운이 없고 우울해 보인다.	1	2	3	4	5
14	재미있고 편안하게 놀 만한 친구가 없다.	1	2	3	4	5
15	부정적인 생각을 많이 한다.	1	2	3	4	5
16	부모나 교사에 대한 불만이 많다.	1	2	3	4	5
17	자기의 능력을 낮게 평가하고 자신 없어 한다.	1	2	3	4	5
18	사소한 일에도 잘 운다.	1	2	3	4	5
19	짜증을 많이 낸다.	1	2	3	4	5
20	겁이 많고 쉽게 불안해한다.	1	2	3	4	5
	합 계					
21	교과서, 필기구, 준비물 등 학습에 필요한 것들을 잘 잃어버린다.	1	2	3	4	5
22	한자리에서 진득이 공부하지 않고 여기저기 옮겨 다닌다.	1	2	3	4	5
23	공부방과 책상이 잘 정리되어 있지 않다.	1	2	3	4	5
24	공부 중에 자세가 자주 흐트러지고 산만해진다.	1	2	3	4	5
25	공부시간이 규칙적이지 않고 들쭉날쭉하다.	1	2	3	4	5
26	밥을 잘 안 먹으려고 한다.	1	2	3	4	5
27	잠을 충분히 자지 못하거나 불규칙하게 잔다.	1	2	3	4	5
28	알림장이나 숙제를 잘 챙기지 않는다.	1	2	3	4	5
29	탄산음료나 색소가 첨가된 과자를 많이 먹는다.	1	2	3	4	5
30	책가방에 책과 학용품이 뒤죽박죽 섞여 있다.	1	2	3	4	5
	합 계					

지 않은 채 학습시킬 경우 학습 결손이 누적되어 집중력 저하가 심화될 수 있다. 지능검사 등을 통해 아이의 객관적 정보처리 능력을 파악해서 현재의 능력과 맞지 않는 학습 활동을 중단하고 근본적인 정보처리 능력 향상을 위한 노력을 시작하는 것이 바람직하다.

11번부터 20번 문항은 자기통제력에 해당한다. 자기통제력은 집중력의 정서적 요소로 정서적 안정감, 자신감, 주변 사람에 대한 신뢰감 등의 영향을 받는다. 11번부터 20번 문항의 합산 점수별 해석은 다음과 같다.

- 10~19점: 자기통제력이 높은 편이다. 불안, 우울 등 정서적 문제로 인한 집중력 저하가 예상되지 않는다. 자기 자신과 주변 사람에 대한 믿음이 있기 때문에 감정 변화가 심하지 않고 정서적으로 안정되어 있다.
- 20~31점: 자기통제력이 보통이거나 약간 부족한 편이다. 기분이나 상황에 따라 집중력 기복이 심할 수 있고 스트레스를 받으면 집중력이 크게 낮아진다. 자신의 기분을 적절히 조절하고 다스릴 수 있도록 도와주는 것과 스트레스 관리전략을 가르치는 것이 필요하다.
- 32~50점: 자기통제력이 매우 부족한 편이다. 우울, 불안, 스트레스 등을 많이 느끼고 있으며 정서적으로 불안정할 수 있다. 자기와 주변 사람에 대해 불만이 많고 미래를 비관적으로 생각하는 경향이 있어 감정 변화도 심할 수 있다. 심리상담 등으로 정서적 안정감과 자존감을 높여 주어야 집중력이 높아질 수 있다.

21번부터 30번 문항은 주의력에 해당한다. 주의력은 집중력의 행동적 요소로 생활 및 학습 습관과 환경의 영향을 받는다. 21번부터 30번 문항의 합산 점수별 해석은 다음과 같다.

- 10~19점: 주의력이 높은 편이다. 규칙적이고 안정된 환경에서 생활하고 있

어 자연스럽게 바람직한 생활 습관과 공부 습관을 형성하고 있다.

- 20~31점: 주의력이 보통이거나 약간 부족하다. 바람직하지 못한 생활환경이나 학습 습관으로 인해 학습 능률이 떨어지고 공부한 만큼 성적이 나오지 않는 경우가 많다.
- 32~50점: 주의력이 매우 부족하다. 집중하기 매우 힘든 환경 속에서 생활과 학습을 하고 있을 가능성이 높다. 바람직하지 않는 공부 환경과 습관으로 인해 집중하는 데까지 시간이 오래 걸리고 주의가 쉽게 흐트러질 수 있다. 학습 환경 및 습관을 분석해서 단계별로 고쳐 나가야 한다.

2 일과 분석

일과 분석을 통해 내담자가 현재 어떻게 생활하고 있고 어떤 활동에 더 잘 집중하고 있는지를 분석하는 것도 도움이 된다.

일과 분석을 위해서는 우선 시간대별로 어디서(장소), 무엇(활동)을 했는지 구체적으로 적도록 해야 한다. 예를 들어, 그냥 숙제라고 적지 않고 어떤 과목, 무슨 교재, 몇 쪽의 숙제를 했는지 적도록 하는 것이다. 그리고 활동별로 집중한 정도를 평가하도록 한다. 집중 정도는 집중을 전혀 못한 상태의 경우를 0으로, 완전히 몰입해 집중한 상태의 경우를 100으로 가정하여 0에서 100 사이의 숫자로 표시하도록 할 수 있다. 마지막으로 각 활동과 집중 정도에 대한 자신의 느낌(뿌듯함, 자랑하고 싶음, 바보처럼 느껴짐, 창피함 등)을 적도록 한다.

일과 분석을 통해 가장 집중을 잘한 시간대와 가장 집중을 못한 시간대 그리고 그때의 활동 내용을 점검해 보는 것은 중요하다. 스스로 집중하지 못한 것이 시간적 특성 때문인지 혹은 그 시간에 했던 활동 때문인지를 생각해 보고, 보다 적절한 시간대에 적절한 활동을 할 수 있도록 하루 일과를 다시 계획하는 과정으로 전환할 수 있다.

그런데 주의집중력이 낮은 내담자일수록 자신의 과거 활동을 회상하고 분석하는 능력이 부족하므로, 상담 초반에는 보호자의 도움이 필요할 수도 있다. 이런 내담자일수록 일과 분석을 매 상담시간 초반에 반복적으로 하도록 상담시간

표 8-2 일과 분석표

시간		장소	활동	집중 정도	느낌
오전	6:00~7:00				
	7:00~8:00				
	8:00~9:00				
	9:00~10:00				
	10:00~11:00				
	11:00~12:00				
	12:00~1:00				
오후	1:00~2:00				
	2:00~3:00				
	3:00~4:00				
	4:00~5:00				
	5:00~6:00				
	6:00~7:00				
	7:00~8:00				
	8:00~9:00				
	9:00~10:00				
	10:00~11:00				
	11:00~12:00				
오전	12:00~1:00				

을 구조화하여 내담자의 자신의 일과에 대한 분석능력을 높여 주어야 한다.

(2) 심리검사를 통한 진단

1 지능검사

지능검사는 주의집중력 문제가 인지적 영역에서 기인하는지를 가늠하는 데 도움이 되는 심리검사 도구다. 주의집중력 문제를 진단하기 위해서 대표적인 지능검사의 하나인 K-WISC-III를 해석할 경우 다음의 과정을 따르도록 한다.

첫째, 전체 검사, 언어성 검사, 동작성 검사의 IQ 점수를 확인한다. 전체 검사의 IQ 점수가 '평균하' 미만이거나 전체 검사 IQ 점수는 '평균' 수준 이상이지만 언어성 혹은 동작성 IQ 점수 중 하나가 '평균하' 미만인 경우 정보처리 능력 부족으로 인한 집중력 문제가 예상된다. 특히 언어성 검사에서의 낮은 점수는 학교 학습에서의 이해력 부족을, 동작성 검사에서의 낮은 점수는 평가불안이나 강박적 성향, 더딘 수행 등을 예상할 수 있다.

둘째, 소검사 간의 점수 편차를 확인한다. 동일 연령의 또래 평균 10점을 기준으로 ±3점 이상의 편차를 보이는 소검사와 자신의 언어성 검사와 동작성 검사 각각의 평균점을 기준으로 ±3점 이상의 편차를 보이는 소검사를 확인하여 그와 관련된 정보처리 능력 결함 혹은 부족을 확인하여야 한다.

셋째, K-WISC-III의 4개 요인, 즉 언어적 이해(VCI), 지각적 조직화(POI), 주의집중(FDI), 처리속도(PSI) 요인 중 특히 주의집중 요인과 처리속도 요인의 점수를 확인한다. 특히 주의집중 요인과 처리속도 요인의 점수를 산출하기 위해서는 K-WISC-III의 보충검사(숫자, 동형 찾기)를 시행해야 하므로 검사 실시 전에 보충검사를 위한 시간 안배도 요구된다. 언어적 이해와 지각적 조직화 요인에 비해 상대적으로 주의집중과 처리속도 요인의 점수가 낮을 경우 집중력 부족으로 인한 정보처리의 효율이 예상된다.

넷째, Kaufman(1975)의 주의지속 요인인 산수, 숫자, 기호 쓰기와 일반적으로 주의집중력이 낮은 아동 및 청소년이 낮은 수행을 보이는 산수, 숫자, 기호 쓰기, 이해 등의 점수를 확인한다.

표 8-3 요인에 의한 지표 검사

요인 I (언어적 이해)	요인 II (지각적 조직화)	요인 III (주의집중: 산만성)	요인 IV (처리속도)
상식	빠진 곳 찾기	산수	기호 쓰기
공통성	차례 맞추기	(숫자)	(동형 찾기)
어휘	토막 짜기	–	–
이해	모양 맞추기	–	–

2 주의집중능력검사(Concentration Ability Test)

주의집중능력검사는 시각 주의력, 청각 주의력, 청각 집중력, 지속적 집중력, 선택적 집중력, 정보처리 속도 등 주의집중력의 다양한 측면을 객관적으로 평가하기 위해 한국집중력센터(2010)가 개발한 검사다. 주의집중능력검사는 초등 1학년부터 중등 3학년 연령의 개인 및 집단을 대상으로 실시 가능하며 약 30~40분의 시간이 소요된다.

주의집중능력검사는 전국 단위의 표준화 작업을 거쳐 일반 아동 및 청소년의 주의집중 능력을 연령 및 학년 규준으로 객관화하여 상대적 위치를 파악할 수 있는 점, 집중력을 다양한 측면에서 분석할 수 있는 점, 집단검사이기에 개인검사보다 경제성과 효율성이 높은 점, 학교 성적 및 태도에 대한 예언력이 높은 점 등이 강점이다.

3 실행기능검사(Executive Function Test)

실행기능이란 목표 지향적인 활동에서 상황의 모든 면을 고려하여 행동에 대한 계획을 세우고 과제의 특정 요구에 맞추어 행동을 조절하고 수정할 수 있는 능력을 가리키며, 흔히 전두엽 기능과 연관된 것으로 알려져 있다. 전두엽 기능을 평가할 수 있도록 고안된 신경심리검사에는 같은 그림 찾기검사(MFFT), 선로 잇기 검사 B형(Trail Making Test B), 위스콘신 카드분류검사, 언어유창성 및 범주유창성 검사(Verbal Fluency and Category Fluency Test) 등이 있다.

이 중 같은 그림 찾기검사는 오혜영, 김남성(2004)에 의해 표준화 작업을 거쳐 국내에서도 활용되고 있다(국내에서는 한국 아동 및 청소년 충동성검사로 번역되었다). MFFT를 개발한 Kagan(1965)은 "충동성은 불확실하고 모호한 자극 상황에서 여러 가지 선택 대안 중 특정한 정보를 선택해야 할 경우에 부정확하고 빨리 반응하는 경향"이라고 보고 반응 정확성(response accuracy)과 반응 속도(response tempo)의 측면에서 조작적으로 정의하였다. 이에 MFFT에서는 정답 여부와 상관없이 첫 반응이 나올 때까지의 반응시간과 오답 수를 기준으로 하여 충동적-사려적 차원을 구분한다. 즉, 첫 반응시간이 짧고 오답 수가 많을수록 그 아동 및 청소년은 충동적인 아동 및 청소년으로 분류된다. 반응시간과 오답률을 기준으로 총 11개 유형을 나누고 있으며, 반응시간 95% 이상, 오답률 95% 이상의 경우 극단적인 충동성 문제를 나타내므로 주의력결핍 과잉행동장애(ADHD) 진단을 고려하도록 하고 있다.

④ 연속수행검사(CPT): ADS

ADS(ADHD Diagnostic System)는 홍강의, 신민섭, 조성준(1999)에 의해 개발된 한국판 연속수행검사(Continuous Performance Test)로 5～15세 아동 및 청소년을 대상으로 하여 규준 산출과 신뢰도, 타당도를 검증하는 표준화 과정을 거쳤다. ADS는 일정한 패턴에 따라 연속적으로 제시되는 매우 단순한 시청각 자극에 대한 피검자의 반응을 분석하여 부주의, 충동성, 반응시간, 반응시간 표준편차 등의 결과를 T점수와 백분위 점수로 제시한다.

ADS는 ADHD의 진단 및 약물치료의 효과를 평가하는 데 주로 사용되고 있으나, 일반적인 주의집중 문제를 평가하는 데는 한계가 있다. 규준 집단의 수가 지나치게 적어(만 연령에 따라 64～112명 사이) 특정 연령 집단에서는 ADHD 아동의 프로파일과 일반아동의 프로파일 간 차이가 그다지 크지 않게 나타나는 점, 컴퓨터 게임 등에 많이 노출된 아동 및 청소년의 경우 오히려 우수한 수행을 보이기도 한다는 점 등의 문제도 함께 지적되고 있다.

3) 상담목표의 설정

학습상담의 목표는 단순히 성적 향상에 그치지 않는다. 학령기 아동 및 청소년이 학습 문제를 갖는다는 것은 학교뿐만 아니라 생활 전반에 문제가 있음을 의미한다. 따라서 학습상담의 궁극적 목표는 학습을 포함한 생활 전반의 적응능력 향상에 있다.

주의집중력 향상을 위한 상담목표는 크게 장기 목표, 중기 목표, 단기 목표로 구분할 수 있다. 장기 목표에는 학습을 포함한 생활 전반의 적응능력 향상을 포함해 진로계획에 부합하는 수준의 학업성취를 이루는 것이 포함될 수 있다.

중기 목표에는 주의집중력 향상을 통해 6~12개월에 도달하고자 하는 학업성취 수준이 포함된다. 중기 목표를 설정할 때는 현재 내담자의 주의집중력과 학업성취도를 고려하여 실현 가능하면서도 구체적인 목표를 수립해야 한다.

단기 목표는 현재의 낮은 주의집중력을 높이는 것이다. 단기 목표를 설정하기 위해서는 현재 내담자의 생활 패턴, 학교 수업시간, 학원 및 과외 공부시간, 개인 공부시간 등을 객관적으로 파악해서 단계적인 계획을 수립해야 한다. 주의집중력의 향상 정도는 얼마나 오랜 시간 동안 공부를 했느냐보다는 얼마나 많은 양의 공부를 했느냐를 근거로 평가해야 하며, 구체적인 공부 과목 및 분량을 목록화하고 실제 공부한 내용에 대한 간단한 평가를 실시하여 질적인 평가도 병행해야 한다.

상담목표를 수립할 때는 내담자의 의견을 적극 반영하되, 현실적으로 수행 가능한 선에서 조정해야 한다. 또 상담목표는 설정된 이후에도 변경할 수 있기 때문에 상담과정 중에 상담목표의 적절성을 평가하여 수시로 재조정하도록 한다.

4) 개입전략 설정 및 개입

(1) 집중 방해 요인의 점검 및 관리

주의집중력이 높은 사람은 어떤 환경에서든 높은 집중력을 발휘할 수 있지만 주의집중력이 낮은 사람은 환경의 영향을 많이 받는다. 특히 아동과 청소년은 주변 환경에 따라 주의집중력이 크게 달라질 수 있으므로, 현재 내담자의 주의집중력을 방해할 만한 요소는 없는지 분석하고 환경을 변화시켜야 한다.

일반적으로 여러 사람에게 공통적으로 작용하는 집중력 방해 요인이 있다. 예를 들어, 대부분의 사람은 시끄러운 음악을 들으면서는 제대로 공부에 집중하지 못한다. 하지만 드물어도 어떤 사람은 록과 같은 시끄러운 음악을 틀어 놓을 때 최고의 집중력을 발휘하기도 한다. 때문에 일반적인 집중력 방해 요인뿐만 아니라 내담자에게만 적용되는 집중력 방해 요인을 찾는 것이 중요하다.

표 8-4 일반인에게 적용되는 집중력 방해 요인

번호	내용	점수	구체적 내용 혹은 이유
1	고민		
2	소음		
3	공상		
4	음악		
5	피로감		
6	교과에 대한 이해 부족		
7	심리적 압박감		
8	정돈되지 않은 방		
9	선생님에 대한 불만		
10	배고픔 혹은 배부름		
11	동성 친구		
12	이성 친구		
13			
14			
15			

〈표 8-4〉는 일반인에게 적용되는 집중력 방해 요인을 열거한 것이다. 나머지 빈칸에는 내담자가 생각하는 다른 방해요인을 적어 보게 하는 것도 좋다. 이 표를 내담자와 함께 작성하며 방해되는 자극을 0~100점 사이의 점수로 매겨 보도록 하면서 상담을 이끌 수 있다. 상담과정을 통해 내담자로 하여금 자신의 주의집중력에 영향을 미치는 환경을 통찰하고 그것을 변화시키려는 동기를 갖게 하기 위해서는 내담자에게 생각하고 분석할 수 있는 시간을 충분히 제공해야 한다. 예를 들어, 내담자가 음악에 70점의 점수를 주었다면 어떤 음악을 주로 듣는지, 특히 방해가 되는 음악의 종류는 무엇인지, 방해가 되는 줄 알면서도 음악을 듣게 되는 이유는 무엇인지 등을 탐색하여, 주의집중력을 높이기 위해 음악을 아예 듣지 않게 하는 것이 아니라 음악을 관리할 수 있게 해 주어야 한다.

(2) 좋아하는 과목부터 작은 단위로 나누어서 시작하기

일반적으로 주의집중 시간은 주어진 과제가 자신의 능력과 비슷한 수준이거나 약간 높은 경우 길어진다. 그러니 주의집중력이 낮은 학생에게는 쉽게 도전할 만한 재미있는 과제를 더 많이 경험시키는 것이 필요하다. 어려워하거나 흥미가 낮은 과목의 공부를 잠시 미루더라도 좋아하고 잘하는 과목을 통해 공부 습관을 잡고 집중력을 높이게 되면 자연스럽게 다른 과목에 대해서도 자신감을 갖고 집중을 더 잘하게 된다. 그러니 다른 교과목에 비해 상대적으로 성적이 더 잘 나오거나 흥미를 느끼는 과목이 있다면 그 과목의 공부시간을 늘리는 것이 좋다. 만약 잘하거나 좋아하는 과목이 없다면 성적을 올리기가 비교적 쉬운 과목을 먼저 공략하도록 한다.

주의집중력이 낮은 학생에게 무리하게 많은 양의 내용을 한꺼번에 학습시키는 것은 효과적이지 않다. 일반적으로 한 가지 과제에 집중할 수 있는 시간은 초등학교 저학년의 경우 15~20분이다. 초등학교 고학년과 중학생 시기에는 그 시간이 조금씩 증가해서 30분 정도 집중할 수 있지만, 30분이 지나고 나면 집중력이 서서히 줄어들기 마련이다. 물론 주어진 과제가 매우 흥미롭거나 내적으로 동기부여가 잘된 상태에서는 그보다 오랜 시간 집중할 수 있지만, 공부에 대한 흥미가 별로 없고 습관화되어 있지 않은 학생에게는 20~30분도 집중하기 어려울 수 있다. 그러므로 내담자의 현재 주의집중 시간을 파악하여 그에 맞게 학습량을 쪼개는 방법을 알려 주는 것이 도움이 된다. 작은 단위로 쪼개진 과제를 마무리하고 성취감과 만족감을 느낀 후에 또 다른 과제를 시작하도록 하면 주의집중 시간이 오래 지속되게 된다.

(3) 자기통제력 향상을 위한 내재적 언어학습

내재적 언어란 입을 통해 밖으로 나오는 소리를 갖는 언어(외현적 언어)와 달리 속으로 혼자 하는 생각과 같은 형태의 말을 뜻하며, 흔히 혼잣말이나 속말과 같은 의미로 쓰인다. 언어는 합리적·논리적 사고를 위한 내적인 조정자나 도구의 역할을 수행하는데, 특히 문제 해결이나 정교한 특정 행동을 기대받는 상황에서 자기대화(self-talk) 형식을 띠게 된다.

내재적 언어를 통한 자기조절 능력은 연령이나 생리적 현상 등의 영향을 받으며, 언어를 활용하는 능력이나 준비도에 따라 개인차가 크게 나타난다. 내재적 언어를 교수하기 위한 방편으로 자기교시 훈련이나 소리 내어 말하기(Think Aloud) 등의 훈련 프로그램이 개발된 바 있는데, 그 공통점은 문제 해결에 필요한 생각을 도출하기 위해 단계별로 생각을 나누고 자기 자신과의 대화를 촉진하는 것이다.

일반적으로 주의집중 능력 향상을 위한 내재적 언어는 4단계 혹은 5단계로 세분화되어 있다. 이는 내담자의 특성이나 해결해야 할 문제의 성격에 따라 적절한 것을 활용하면 된다.

[1] Meichenbaum과 Goodman(1971)

문제 정의, 집중 유도, 자기평가, 자기 강화 등의 각 단계마다 외현적 모델링에서 시작해서 내재적 시연으로 끝나는 언어의 내재화 과정을 학습한다.

① 외현적 모델링 단계: 성인 교수자가 특정 과제를 수행하면서 자기통제 언어

를 입 밖으로 소리 내어 말하고 아동은 이를 관찰한다.

② 안내를 통한 외현적 모델링 단계: 성인 교수자의 시연과 지도하에 아동이 자기통제 언어를 소리 내어 말하도록 독려한다.

③ 외현적 시연 단계: 교수자의 안내가 없는 상태에서 아동 스스로 자기통제 언어를 소리 내어 말하도록 한다.

④ 속삭임을 통한 시연 단계: 자기통제 언어를 입 밖으로 소리 내되 낮고 작은 소리로 내도록 지도한다.

⑤ 내재적 시연 단계: 소리 내지 않고 마음속으로 자기통제 언어를 사용하도록 한다.

[2] Kendall 등(Kendall & Braswell 1985; Kendall & Finch, 1976)

사회적 맥락에서의 문제해결 전략과 Meichenbaum과 Goodman의 자기교시 훈련을 정교화하여 언어적 자기교시를 통한 문제해결 전략을 제시한다.

① 문제 정의 단계: 무엇을 해야 하는가? 문제는 무엇인가?

② 문제에 대한 접근 단계: 모든 가능한 답을 살펴보자, 내가 지금 하는 것만 생각하자, 집중하자.

③ 답의 선택 단계: 답을 하나 고르자.

④ 답의 검토 단계: 답을 검토하자.

⑤ 자기강화 단계: 아, 잘했군. /아, 실수했군. 다음에는 더 천천히 하고 좀 더 집중하여 바른 답을 고르자.

[3] 소리 내어 말하기(Think Aloud) 훈련

인지적 문제해결 과정에서 내재적 언어를 활성화시키는 자기교시 훈련과 사회적 문제 상황에서 계획 세우기, 해결책 탐색, 결과 산출과정을 언어화하는 문제해결 훈련을 적절히 병행한 접근법이다.

① 문제 정의: 내가 해결해야 할 문제는 무엇이지? 나는 무엇을 해야 할까?
② 문제 탐색: 나의 계획은 무엇이지? 나는 그것을 어떻게 해결해야 할까?
③ 자기 점검: 나는 나의 계획을 활용하고 있는가?
④ 자기 평가: 나는 어떻게 했는가?

④ 한국집중력센터의 5단계 생각법

학습 상황에서 적극성과 자기 관찰 능력을 향상시켜 주의집중력을 높이기 위해 고안한 접근법이다.

① 문제 정의: 무엇을 해야 하지?
② 계획 수립: 어떤 방법으로 할까?
③ 중간 점검: 계획대로 하고 있나?
④ 사후 평가: 어떻게 했지?
⑤ 자기 강화: 잘했어, 열심히 노력한 덕분이야. /괜찮아, 다음번에 더 노력하자.

(4) 자기 모니터링 지도

주의집중력을 높이기 위해서는 자신의 집중력 상태를 스스로 모니터링할 수 있어야 한다. 그래야 흐트러진 생각과 행동을 바로잡고 목표 지향적으로 행동할 수 있기 때문이다. 주의집중력이 낮은 학생일수록 자신의 집중력 상태를 모니터링하지 못한다. 평소에도 자기가 무슨 생각을 하고 어떻게 느끼고 있는지, 어떻게 행동하고 있는지에 대한 인식을 제대로 하지 못하기 때문에 쉽게 딴생각에 빠지거나 충동적으로 행동하게 된다.

따라서 상담자는 상담 장면에서 자주 학생의 주의집중력과 관련된 행동을 관찰해서 알려 주고, 집중하고 있는 것과 그렇지 않은 것의 차이를 스스로 인식하도록 돕는 것이 필요하다. 또 상담자와 대화를 하거나 과제를 수행하는 동안 얼마나 집중했는지, 집중을 방해하는 생각이나 느낌은 무엇이었는지 등을 내담자에게 탐색하도록 하여 자신의 주의집중력에 대한 관찰 및 평가를 통해 주의집중력을 통제할 수 있도록 하는 것이 바람직하다.

5) 사례관리

주의집중 능력은 시간, 공간 등의 물리적 환경은 물론 가족, 친구 등의 심리적 환경에 따라 변화하기 쉽다. 그래서 상담을 통해 주의집중 능력이 어느 정도 향상되었다고 해도 이것이 어떠한 상황에서든 계속될 것이라고 기대할 수는 없다. 때문에 내담자 스스로 자신의 주의집중 상태를 스스로 모니터링하도록 연습시킴과 동시에 집중력이 급격히 낮아질 때는 다시 상담센터 등을 방문하여 도움을 받도록 하는 것이 좋다. 또한 주의집중 문제가 학령기 이전부터 또래보다 현격히 심각한 수준으로 나타났다면 ADHD의 가능성도 고려하면서 상담을 진행하도록 한다.

제9장
학습부진 영재아

학습목표

1. 학습부진 영재아의 원인과 특성을 이해할 수 있다.
2. 학습부진 영재아의 판별에 필요한 정보와 그것의 획득에 사용되는 검사방법에 대해 이해할 수 있다.
3. 학습부진 영재아를 위한 상담 및 교수 프로그램과 이를 운영하는 사람들에게 요구되는 자질을 이해할 수 있다.

이 장의 구성

학습부진 영재아

학습부진 영재아 정의	학습부진 영재아의 판별	학습부진 영재아를 위한 상담 및 교수 프로그램
• 영재성과 학습부진 • 영재아의 학습부진 원인 • 학습부진 영재아의 특성	• 지적 능력과 학업적 수행 간의 불일치 • 평균 이상의 인지적 능력 • 심리적 처리과정의 곤란 • 학습행동 파악	• 학습장애 영재아를 위한 상담 프로그램 • 교수 환경 및 프로그램 • 학습장애 영재아 프로그램 운영 상담자와 교사의 자질

키가 작고 깡마른 갑근이는 1학년을 마칠 때까지 겨우 한글을 더듬더듬 읽고, 글쓰기에서는 글자의 형태를 알아볼 수 없을 정도로 썼으며, 문장의 문맥을 연결시키지 못해 어떤 내용을 썼는지조차 알아보기 힘든 상태였다.

2학년이 시작될 무렵, 1학년 담임교사는 갑근이가 쓰기와 읽기 장애로 공부에 흥미를 잃어 과제를 내주면 좌절감만 준다고 조언하였다. 갑근이는 그러한 장애로 인해 과제를 하지 않아서 집에서는 엄마에게 매일 야단을 맞고, 학교에서는 선생님에게 혼나며, 친구들에게는 따돌림을 당해 정말로 재미없는 학교생활을 보내 왔던 것이다.

2학년이 된 갑근이의 담임을 내가 맡게 되었다.

3월 초 어느 날, 나는 퇴근길에 아이의 엄마를 만나게 되었다. 엄마는 심각한 표정으로 담임이 된 나를 보고 근심 걱정을 털어놓기 시작하였다. 아들이라고 하나뿐인 갑근이가 글쓰기가 엉망이고 말조차 하지 않으려 한다며 부끄럽다고까지 하였다. 또한 갓난아기일 때부터 학령기까지 엄마와 떨어져 동네 할머니들의 보살핌 속에 자라서 정이 메말라 있고 정서적으로 불안정한 상태라고 하였다. 집에서는 말썽만 부리고 공부를 하라고 하면 울기부터 한다며 답답한 심정을 털어놓았다. 갑근이는 학령기에 부모와 떨어져 살았기에 부모의 사랑을 받지 못했으며, 문자 지도를 받을 시기를 놓치고 말았다고 하였다. 그래서 먼저 엄마를 안정시키기 위해 나는 특수교육 자격증을 가지고 있고 그러한 아이들을 성공적으로 가르친 경험이 있으며 이번에도 최선을 다하여 가르쳐 보겠다고 하였다. 그제야 엄마의 마음이 조금 놓였는지 흥분된 마음이 가라앉아 있음을 볼 수 있었다. 엄마한테 지난날보다 아이에게 더 많은 사랑과 관심을 보여 줄 것을 부탁하였다.

2학년 4월, 갑근이는 웩슬리 지능검사에서 지능지수가 놀랍게도 132라는 높은 수준으로 나왔다. 어휘 문제, 기본지식 문제에서는 상당히 낮은 점수를 받았으며, 산수 문제, 이해 문제에서는 또래보다 높은 점수를 받았다. 그리하여 교육 가능성을 확인하고 조심스럽게 접근을 시도하였다.

1학년 때 담임이 나에게 조언한 대로, 갑근이는 2학년에 올라와서도 읽기, 받아쓰기를 처음부터 하지 않으려고 하였다. 달래 가면서 시켜도 보았지만 역시 하지 않았다. 그런데 수학시간만 되면 무엇인가를 하려는 반응을 보이다가 이내 포기하는 것을 발견하게 되었다. 아마도 자신이 있으면서도 차마 말을 꺼내기가 힘들었던 모양이었다.

뭔가를 배우면서 동시에 배우지 못한다는 것이 가능할까? 어떤 학습자는 학교 과제에는 거의 노력을 기울이지 않으면서도 정작 학교 공부와 상관없는 까다롭고 창의적인 일에 많은 시간과 노력을 기울이는 경우가 있다. 왜 그럴까? 이런 질문에 답을 찾아냄으로써 성취도는 낮으나 창의적인 일을 해내는 학습부진 영재아의 역설적 측면에 대해 더욱 명확히 이해할 수 있게 될 것이다. 학교 상담자와 학교 심리학자를 포함한 대부분의 상담자는 그동안 영재에게는 특별한 어려움이 없다고 생각해 왔다. 발달적으로 장애가 있는 아동의 문제는 인정하지만 영재에 대해서는 다른 태도를 지녀 온 것이다. 영재와 발달장애 아동은 분명히 서로 다르다. 가령 IQ가 50인 학생이 정규 수업에서 교육적 · 발달적 요구를 충족시킬 수 있을까? 아무도 그렇다고 대답하지는 않을 것이다. 그러나 IQ가 150인 학생에게는 그와 같은 것을 기대한다. 사실 두 집단은 모두 평균적인 IQ 범위에서 크게 벗어나 있다. 즉, 통계적으로 두 집단 모두 평균에서 3표준편차 이상 떨어져 있으며, 일반 학습자와는 다른 이질적인 집단이다. 사실 영재성의 사회적 · 정서적 기능에 대한 연구의 대부분은 특수교육 관련 저널에 게재되기 때문에 학습상담자뿐만 아니라 일반 상담자가 영재성의 효과에 관한 문헌을 접하기란 쉽지 않다. 따라서 상담이나 심리치료에서 영재아를 다루는 대부분의 상담자는 영재성을 무시하게 되는 경우가 많다. 그런 상담자가 상담을 할 경우 내담자는 상담자가 뭐가 잘못되었는지 이해하지 못하고 있다는 느낌을 받을 수도 있다. 이 장에서는 학습상담자의 효과적인 개입을 돕기 위해 학습부진 영재아에 대한 정의와 주요 특성을 설명하고자 한다. 그리고 학교 학습과 상담 장면에서 그들을 판별하고 도와주기 위한 절차와 개입방법을 살펴보겠다.

1. 학습부진 영재아 정의

1) 영재성과 학습부진

학습부진 영재아는 영재성과 학습부진아의 특징이 동시에 나타나는 아동이다. 그들은 매우 높은 지적 능력을 보여 주고 있으나 일상적인 학업과제나 시험 성적에서는 학령 수준에도 못 미치는 수행을 나타낸다. 학습부진 영재아를 정의하기 위해서는 학습부진과 영재의 정의를 먼저 살펴보아야 한다. 일반적으로 학습부진은 성취 개념에 기초하고 있다. 성취에는 사전적 정의로 '목표 달성'(성취, 완성, 수행, 실행)의 개념(idea)이 포함되어 있다. 그리고 성취, 즉 달성의 수준에 대한 판단은 교사, 검사 등에 의해서 평가된다. 따라서 성취에 대한 대부분의 특징적인 정의 역시 성취자에 대한 개별 적성 이외의 가치판단, 견해, 외부 기준에 의존한다. 즉, 성취란 개념은 한 사람의 능력과 일관된 수준에서의 달성을 의미하며, 이는 합리적이고 적절한 내외적 기준에 의해서 기대되는 바를 말하는 것이다. 이렇게 볼 때, 학습부진은 개인의 능력과 적성검사의 수행에서 나타난 '개인의 적성(aptitude) 수준까지 측정되지 않는 수행(performance)' 혹은 '기대 수준 이하의 수행'으로 규정될 수 있다(김동일, 이대식, 신종호, 2009).

반면 영재는 '능력이 뛰어나고 탁월한 성취를 보일 가능성이 있는 자로서 자아를 실현하고 사회에 공헌하기 위해서는 정규 학교 교육과정이 제공하는 것 이상의 특수한 교육 프로그램과 지원을 필요로 한다고 전문가에 의해 판단되는 자'를 말한다. 학습부진과 영재에 대한 이와 같은 정의는 학자의 관점과 철학적 입장에 따라 여전히 의견이 분분하다. 이 장에서는 학습상담을 위한 실제적 유용성을 감안하여 학습부진 영재아의 정의상 중요한 몇 가지 핵심만을 언급하고자 한다.

첫째, 학습부진 영재아는 학습 장면에서 전통적인 방식이 아닌 다른 방식으로 지식을 배우고 축적한다. 둘째, 경우에 따라서 부진은 회복되기 어려운 문제에 기인하며 근본적인 원인 치료보다는 교육 및 상담을 통한 보완적인 기법의 적용이 우선되어야 할 수도 있다. 셋째, 부진은 다양한 원인에서 기인한다. 이를테면 특정 영역에서 영재아의 학습양식에는 부적합한 교수 또는 학습 전략 등으로 인해 성취에 실패하여 좌절하게 될 수 있다. 학습에서의 실패 경험은 파괴적 행동, 낮은 자기효능감, 주의력결핍 및 과잉행동 등의 문제로 나타나기도 한다. 그리고 이런 행동은 다시 학습을 방해하게 된다.

학습부진 영재아에 대해 더 많은 관심을 갖게 되는 것은 적절한 도움을 주었을 때 그들이 이룰 수 있는 성취의 폭과 내용이 크고 다양할 것이라는 생각 때문이다. 따라서 학습부진 영재아에 대해 논의할 때 우선적인 관심은 그들의 부진보다는 영재성이다.

영재의 초기 정의는 창의적 산출물을 포함한 천재성이나 재능에 초점을 두고 있다. 그러나 이후 이론가들은 실재 수행보다는 검사 점수, 이를테면 지능지수(IQ)를 강조하게 되었다. 그러다 점차 다시 초기 개념으로 회귀하는 인상을 받게 된다. Renzulli(1978)는 학업적 영재성, 창의적-생산적 영재성, 과제 집착력을 모두 중요하게 생각하고 있으나 특히 창의적 산물에 초점을 두었다. 다른 연구자들도 특정 영역에서 뛰어난 수행이 있는지 살펴볼 것을 제안하였다. Gardner(1983)는 다중지능을 제안하면서 개인마다 탁월한 재능 영역이 있다는 점을 강조하였다. Tannenbaum(1979) 역시 영재성은 특정 영역에서 구체적인 기술을 가르친 후 수행을 평가해 봄으로써 식별할 수 있다고 주장하였다. 영재에 대한 정의는 여전히 '천부적으로 타고난(gifted)' 것을 조건으로 하는 기존 입장과 '현재의 지식과 사고를 반영하는' 최근 연구 결과에 기초한 입장 간의 정의와 개념적 논쟁이 계속되고 있다. 미국의 국가수월성교육위원회(NCEE)는 영재를 다음과 같이 정의하고 있다.

> 영재는 일반 아동과 그들의 나이, 경험 또는 환경과 비교했을 때 탁월한 재능 수행 능력을 지니거나 매우 높은 수준의 성취를 할 수 있는 잠재력을 보여 주는 아동이다. 이런 아동은 지적 · 창의적 분야와 예술 분야에서 높은 성취력을 나타내고, 비범한 리더십을 지니며, 특정 학문 영역에서 탁월하다. 그들은 학교에서 일반적으로 제공되지 않는 서비스나 활동을 필요로 한다. 우수한 재능은 모든 문화적 집단, 모든 경제 계층, 그리고 인간 노력의 모든 분야에서 아동기나 청소년기에 나타난다.

이러한 여러 영재에 대한 개념은 Ross와 Parker(1980)에 의해 이미 제시된 바 있으므로, 학습부진아 가운데 특별한 재능을 지니고 있는 학습자를 융통성 있게 식별하는 데 도움이 된다. 앞서 언급한 바와 같이, 학습부진 영재아는 영재아와 학습부진아의 양상을 모두 가지고 있는 교차 영역에 속하는 학습자다. 여러 임상적 경험과 연구를 통해 밝혀진 내용을 살펴보면, 학습부진 영재아는 다음의 측면에서 영재아 및 학습부진아와 비슷한 양상을 보인다. 우선 학습부진 영재아는 다음과 같은 측면에서 영재아와 비슷하다.

- 지능검사 결과, 지능이 최우수 수준에 위치함. 웩슬러 지능검사상 언어적 이해나 지각에서 130 이상, 전체 척도에서 120 이상으로 나타남.
- 세부적인 것을 기억하고 다루는 것보다는 광범위한 주제를 탐구하는 데 흥미와 능력을 보임. 어려운 과제일수록 잘하고 오히려 쉬운 과제를 제대로 못하는 경우도 있음.
- 실제적인 생각보다는 다소 직관적인 몽상가임. 흥미 있는 영역에서 창의성이나 문제해결 능력을 발휘함.
- 세련된 유머감각을 나타냄.
- 수학, 예술 등 우수한 능력을 필요로 하는 분야에서 두각을 보임.
- 아동기에는 합리적 사고보다는 인간적인 욕구와 개인적인 감정에 따라 결정을 내리고 매우 민감함. 청소년기에는 점차 논리적으로 바뀜.
- 도전적인 과제를 학습하는 데 매우 큰 관심을 보임. 학습하려는 준비가 되어 있음.

반면 학습부진 영재아는 다음의 측면에서 학습부진아와도 비슷하다.

- 지능검사에서 고르지 않은 지능 패턴을 보임. 주의집중 과제를 어려워함.
- 내용이 강조되는 영역에서는 우수한 면을 보이나 언어 영역(읽기, 쓰기)에서 곤란을 겪으며 학업 패턴이 고르지 않음.

- 필체가 나쁘거나 내용을 조직화하지 못하는 등 글자와 관련된 어려움을 보임.
- 기능 결손에 대한 교육이 요구됨. 맥락을 통해 가르치는 것에 잘 반응함.
- 대집단에서 주의산만함. 과제를 완성하는 데 어려움을 경험함.
- 시간과 자료를 관리하고 조직화하는 데 어려움을 보임. 잘 잊어버리거나 숙제를 마치지 못하고 완성하는 데 많은 시간이 소요됨.
- 언어를 이해하고 반응하는 데 일반 영재아에 비해 많은 시간이 소요됨.
- 사회적 기술과 상식적인 문제해결 능력이 부족함.
- 시각적 또는 청각적 지각 결손 또는 빛에 대한 시각적 민감성을 보임.
- 통합적 기능을 요구하는 과제나 여러 자료가 한꺼번에 제시되면 수행하는 데 어려움을 보임.

학습부진 영재아에 대한 여러 연구는 이와 같은 학습부진 영재아의 서로 상충되며 복합적인 모습이 어디에서 기인하는지에 대한 답을 찾고자 연구해 오고 있다. 다음에서는 영재아의 학습부진 원인에 대해 살펴보겠다.

2) 영재아의 학습부진 원인

학습부진을 야기하는 원인에는 여러 가지가 있다. 수많은 학습부진의 이유를 체계적으로 구분하기 위해 편의상 일시적인가 지속적인가, 그리고 내부적 요인의 영향인가 외부적 요인의 영향인가로 구분하여 살펴보고자 한다. 일시적인가 혹은 지속적인가의 구분은 학습부진 문제의 상대적인 지속기간에 기초하여 구분하는 것이다. 일시적인 요인은 지속적 요인에 비해 오래 유지된다. 이 구분은 동시에 만성 여부를 고려한 것이다. 내부적인 것과 외부적인 요소는 학습부진의 원인이 학습자 내부에서 기인하는가 혹은 환경적인 것인가에 따른 구분이다. 외부적 요소에는 특정 학교체제 내에서의 학업 기준, 부모의 질병 등이 포함되며, 반면에 내부적 요소에는 학습부진아의 지능, 특정 학습장애 여부 등이 포함된다. 구분의 기준으로 삼고 있는 두 차원은 서로 교차하거나 상호작용한다. 즉, 일시적 요인은 외부적이거나 내부적일 수 있다. 예를 들어, 좋아하는 교사가 병이 생겨서 잠시 휴직하여 학교에 없기에 발생하는 학습부진은 일시적이고 외부적인 요소의 영향이다. 혹은 학생이 질병으로 인해 수업에 집중하지 못하는 경우는 내부적 문제이며 일시적일 수 있다. 마찬가지로 지속적인 요인 역시 내부적이거나 외부적일 수 있다. 예를 들면, 학생 가족이 전학을 가게 되는 경우, 그리고 새로운 학교에서 비행집단에 속하게 되는 경우는 학습자에게 지속적이고 외부적인 영향을 주게 된다. 반면 지속적인 내적 요인에는 개선될 수 없는 청각 또는 시각 능력의 손상, 학업 수행과정에서 방해가 되는 특정 분야의 학습장애나 특정 성격적 기질 등이 해당된다. 실제 가정이나 학교 생활에서 상대적 개념에 기초한 범주 구분은 유동적인 측면이 있다. 예를 들면, 교우 문제나 약물 문제가 일시적으로 발생한다면 시간이 지나고 학년이 높아지면서 사라질 수도 있다. 하지만 교우 문제가 개선되지 못하거나 약물 문제가 광범위해진다면 그 원인은 지속적일 수 있다. 그 외 학습부진은 가족 위기와 학생의 성취에 영향을 미치는 성격적 요인이 동반되어 내부적 요인과 외부적 요인의 결합으로 나타날 수도 있다.

영재에 대한 연구 가운데는 그들이 삶에서 부적응을 경험하게 만드는 내적 취약성에 대해 살펴본 것들이 있다. 이러한 연구 결과는 영재아의 정서 · 행동적 측면, 사회적 적응, 성차 등에 대한 주제를 포함한다. 정서 · 행동적 측면의 연구에서 Terman(1959)은 최소 5명 중 1명꼴로 영재아가 일반아동보다 더 많은 실수를 하며, 20명 중에 1명꼴로 심각한 문제를 일으키며, 과도한 자기비판과 같은 성격 특성 때문에 정서적 스트레스를 받는다고 보고하였다. 그리고 영재에 관한 종단적 연구에서는 남성이 여성에 비해 부적응이 상대적으로 더 늘어나는 것으로 보고되었다. 영재의 특수한 문제를 사회적 적응상의 어려움에 기인하는 것으로 제시하는 연구에서는 이러한 어려움이 미성숙과 우수한 지능의 혼란스러운 결합 때문에 생긴다고 보고 있으며, 높은 지능을 지닌 아동은 특별히 관심을 가지고 도와주지 않으면 고립되어 다른 아동과 거의 어울리지 못한다는 점을 지적하고 있다. 이러한 영재아의 특성은 모두 그들이 학습부진을 가져오게 하는 정서적 문제와 결부될 수 있는 것들이다. 영재가 학습부진을 경험하게 될 때 영향을 줄 수 있는 요인은 완벽주의, 과민성, 대인관계 기술, 사회적 고립, 비현실적 기대, 적절한 교육의 부재 등으로 나눠 볼 수 있다.

첫째, 완벽주의는 우수한 지능을 소유한 개인에게 흔히 나타나지만 가장 간과하기 쉬운 특성이다. 이 성격 특성 때문에 영재는 성공할 가능성이 있어 보이는 학업이나 활동만을 선택하기도 하는 문제점이 나타난다. 사례 연구나 면접에서 보고된 바에 따르면 영재는 완벽주의로 인해 고통을 받는 것으로 나타나고 있다. 영재가 자신의 완벽주의적 경향을 인식하고 그 결과를 평가하며 효과적으로 그것을 통제하는 법을 배운다면 탁월성을 성취하는 데 중요한 자원이 될 수 있을 것이다.

둘째, 영재아에게서 보이는 과민성은 신경체계로 인해 발생한다. 즉, 신경체계의 과민성으로 인하여 대단히 많은 감각 자극을 수용함으로써 지적인 능력이 나타난다고 보는 관점인데, 이로 인해 영재는 사회적 상황에서 언어적 · 비언어적 메시지를 재빨리 파악하고 대인관계를 조절하는 법을 매우 빨리 배우므로 사회 문제 해결에서 우수한 경우가 많다. 반면 이러한 과민성 때문에 영재는 과잉행동성을 나타낼 수 있다. 따라서 그들에게는 자극에 대해 선택적으로 주의집중하여 효과적으로 학습할 수 있도록 가르치는 것이 필요하다. 영재는 신체적인 것뿐만 아니라 타인의 사회적 반응에 대한 과민성 또한 지니고 있어서 사회적 피드백에 매우 예민하고 고립감이나 거부당했다는 느낌을 가질 수 있는 위험이 있다.

셋째, 대인관계 기술의 결핍이다. 이 유형은 높은 성취를 보이며, 이미 어려서부터 사회 상황을 조작하는 유형과 불평을 통해서 자기 멋대로 하고자 하는 유형 두 가지로 나뉘는데 이들 모두 대인관계 기술에서 문제를 보인다. Hollingworth (1926)에 따르면 재능을 가진 아동은 혼자 작업하여 개인 내적 보상을 받기 쉽다. 이는 결국 영재가 대인관계를 통해 관계기술을 학습할 수 있는 경험이 줄어들 수 있다는 점을 시사한다.

넷째, 사회적 고립 경험이다. 창의성 연구자들은 영재의 정서적 어려움의 근원이 창의적인 욕구와 능력의 표현을 억압하는 사회 압력 때문에 생긴다는 점을 지적한다. 사회적 고립은 종종 아동의 질문을 회피하거나 화를 내는 부모의 행동과 태도 때문에 발생한다. 사실상 뛰어난 성취를 하는 아동은 다른 사람을 불편하게 만드는 경향이 있고, 이 때문에 그들의 자기존중감은 점차 낮아져 결과적으로 사회적 고립을 겪게 되는 것이다. 이는 창의적 작업에 필요한 경험일 수 있으나 학교 학습에서는 학습부진의 원인으로 작용할 수 있다.

다섯째, 비현실적 기대다. 영재는 높은 목표를 설정하는 경향이 있는데, 문제는 성인이 아동의 그러한 특성을 인식하지 못할 뿐더러 그들도 아동에게 비현실적인 기대를 한다는 것이다. 이것은 아동에게 결과적으로 부정적인 결과를 가져온다. 학업성취와 관련된 적절한 기대 조정에 실패할 경우 효능감과 학습과 관련된 자아개념에 지속적인 영향을 줄 수 있다.

여섯째, 적절한 교육의 부재다. 학교에서 영재의 학습양식에 맞는 교육적 기회가 주어지지 않는 것이 취약성의 원인이 되기도 한다. 공교육이 종종 존재하지도 않는 평균인을 강조하게 되면 영재는 학교생활이 힘들어진다. 이는 학습동기를 낮추고 학습 활동에 영향을 주어 학습부진을 유발할 수 있다.

3) 학습부진 영재아의 특성

학습부진 영재아의 특성에 대한 연구들은 지적 능력과 그 외 행동 연구에 초점을 맞추고 있다. 우선 지적 능력에 초점을 둔 연구들은 주로 지능검사에 기초하고 있다. 이러한 연구 결과에서 학습부진 영재아는 개념 형성과 추상적 개념을 조정하는 능력이 뛰어나다. 따라서 그들이 더 나은 성취를 하기 위해서는 학습 내용과 의미 있는 상호작용을 하는 것이 매우 중요하다. 전체적인 맥락과 연결되지 못하고 중요성이 부각되지 못할 경우 세부적으로 다루어지는 내용은 지적으로 동화되기 어렵다는 것이다. 또한 머릿속에서 광범위하고 큰 생각이나 추상적 개념을 가지고 있을 때 그것을 잘 정리하여 순차적으로 표현하거나 혹은 세부적인 내용을 설명하지 못한다. 이로 인해 교육적 중재에서는 추상적인 개념이나 일반화에 초점을 두고, 교사나 학습상담자는 영재아가 생각을 정리하여 표현할 수 있는 대안적인 의사소통 방식과 조직화전략을 함께 제공하는 것이 필요하게 된다.

학습부진 영재아에 대한 다른 연구들은 효능감, 창의적 잠재력, 자아개념, 통제 소재, 귀인, 파괴적 행동 등 다양한 특성을 살펴보고 있다. 이러한 연구는 학습부진 영재아가 매우 인상적이며 창의적인 일을 해내면서도 스스로 불행해하거나 좌절감을 느끼는 경우가 있다는 점을 지적하고 있다. 여러 연구에서 나타나고 있는 학습부진 영재아의 특성을 영재아나 일반 학습부진아와 서로 비교하여 살펴본 결과를 요약하면 다음과 같다.

우선 효능감의 경우, 학습부진 영재아는 영재아나 일반 학습부진아에 비해 상대적으로 성공에 대한 지각은 낮고 실패에 대한 지각은 높으며 전반적인 학습 효능감은 낮게 나타났다. 둘째로 창의적인 잠재력의 경우, 학습부진 영재아는 영재아나 일반 학습부진아에 비해 창의적 특성에 대한 자기 인식과 교사 인식이 모두 높으며 어휘와 수리적 독창성, 창의적 · 공간적 흥미 또한 모두 높게 나타났다. 셋째로 자아개념의 경우, 학습부진 영재아는 상대적으로 자기평가가 부정적으로 나타났다. 넷째로 통제 소재의 경우, 학습부진 영재아는 성공과 실패에 대하여 모두 낮은 내적 통제 소재를 지니고 있는 것으로 나타났다. 다섯째로 학습 성공과 실패에 대한 귀인 성향의 경우, 학습부진 영재아는 성공에 대해 능력이나 운에 귀인은 덜 하는 반면 노력이나 과제 난이도에는 귀인을 더 많이 하였다. 학습 실패는 과제 난이도에 크게 귀인하였으며 능력은 상대적으로 덜 귀인하였다. 그러나 운이나 노력에는 더 귀인하는 것으로 나타났다. 학습부진 영재아의 이러한 심리적 요인의 특성은 교육적 중재나 학습상담에 유용한 정보가 된다.

학습부진 영재아의 또 다른 행동적 특성으로 파괴적 행동을 들 수 있는데, 교사는 학습부진 영재아가 영재아나 일반 학습부진아에 비해 심한 것으로 보고하고 있다. 특히 그들은 공격적이거나 위축된 행동반응을 보이는 경우가 있으며, 특히 공격적인 학습부진 영재아의 경우는 학교 장면에서 특수학급에 의뢰되는

표 9-1 학습부진 영재아의 행동반응

공격적이고 적대적인 행동반응	위축된 행동반응
• 규율이나 요구에 비순응함 • 공부하지 않고 다른 아동을 방해하며 배회함 • 주목을 받으려고 여러 가지 다양한 방법으로 경쟁함 • "치, 나도 알아요." "난 그거 하고 싶지 않은데…."라는 말로 과제수행을 거부함 • 함부로 행동하며 자제력이 부족함 • 공격적이고 경멸하는 태도를 보이며 심하게 싸워서 친구들과의 관계가 소원함	• 친구들이나 교사와 의미 있는 대화를 하지 않음 • 몽상, 방황, 낙서 등 환상의 세계에서 삶 • 집단에서 함께 학습하지 못함. 항상 위축되어 혼자 있음 • 공부나 교실 활동에서 아무것도 하지 않으려 함 • 자신을 보호하려고 하지 않음

경우가 많다. 공격적이고 적대적인 행동에는 규율을 지키지 않고 수업을 방해하며, 친구와 싸우거나 함부로 행동하는 모습이 포함된다. 그리고 위축된 행동에는 의미 있는 의사소통을 하지 못하거나 백일몽에 빠지거나 모둠 활동에서 소외되는 모습이 포함된다.

경우에 따라서는 행동이 일정치 않은 아동, 즉 공격과 위축 사이를 넘나드는 예측하기 힘든 아동도 볼 수 있다. 학습부진 영재아가 이와 같은 행동을 보이게 될 경우에 그들의 주변, 즉 교사, 부모, 주변 아동은 부정적 인상을 형성하며 몇 가지 오해에 기초한 반응을 보이게 된다. 그리고 이러한 반응은 다시 학습부진 영재아의 행동에 영향을 주는 순환 과정을 거치게 된다. 학습부진 영재아의 문제행동에 대해 교사는 문제가 아동의 태도나 노력과 관련된 것이라고 생각하는 경우가 많다. 따라서 아동이 결국 문제이고 구체적인 원인은 아동이 미성숙하거나 부적응하기 때문이라고 여기게 된다. 부모의 경우는 아동의 문제와 교사의 반응으로 인해 점차로 학교에 대해 매우 부정적 감정을 가지게 되며, 문제를 부적절한 교육 환경과 프로그램으로 인식하고 깊은 좌절을 경험하게 된다. 이로 인해 아동 자신은 다시 낮은 자존감, 깊은 자기혐오, 좌절, 적대감, 거부감, 고립감, 책임감 등을 느끼고 경험하게 된다. 학습부진 영재아가 보이는 바람직하지 않은 행동 패턴(학습부진, 사회적 소외, 정서적 곤란 등)을 미리 방지하기 위해서

조기 판별의 중요성이 지적되어 왔다. 이는 기본적으로 영재의 학습부진을 예방하고 영재가 자신의 능력을 충분히 발달시켜서 학문적으로 탁월한 성취를 할 수 있도록 하며, 지도자에게 필요한 대인관계 기술을 발달시킬 수 있도록 하겠다는 취지에 기초한다. 그러나 이미 학습부진 양상을 보이는 경우는 그들이 영재성을 지니고 있는지의 여부를 가려 차별적 처치를 제공하는 것이 효율적 개입을 위한 필수 과정이 될 것이다.

2. 학습부진 영재아의 판별

이 절에서는 학습부진 영재아를 판별하는 다양한 전략을 살펴보고자 한다. 부모나 교사는 자녀 또는 학생이 학습과정에서 어려움을 겪는 것으로 보이면 학습자를 평가하게 된다. 학습상담자가 이러한 학습자를 의뢰받게 되면 통상적인 형식적 평가과정을 거치게 되는데, 이는 결국 의사결정을 위한 정보 수집과정이 된다. 형식적인 검사, 관찰, 그리고 면접 내용을 분석하고자 할 때는 몇 가지 영역에서 자료를 수집하게 된다. 학습부진 영재아를 판별할 때는 특정한 능력이나 흥미에 대한 확인만이 아니라 추상적 사고과정에서의 평균 이상의 능력을 확인해야 한다. 학습부진 영재아를 판별할 경우에는 일반적으로 다음 세 종류의 정보를 수집해야 한다. 첫째, 웩슬러 아동용 지능검사의 하위검사 점수 분석을 통한 학생의 추상적 사고능력과 개념적 영역에서 평균 이상의 인지능력을 확인한다. 실시된 지능검사 결과를 통해서 지적 능력과 학업 수행 간의 불일치 정도를 파악한다. 둘째, 심리적 처리과정상의 문제점을 파악한다. 이것은 정보처리 과정에 대한 것을 의미한다. 셋째, 학습행동을 파악한다. 이때 학생의 흥미와 함께 선호하는 학습 및 의사소통 양식을 평가한다.

다음에서는 학습부진에 대한 판별의 일반적 지침을 먼저 제시하고 영재성에 대한 판별전략을 제시한다. 학습부진의 식별에 대한 기존 문헌 내용이 많기에 이 절에서는 그 내용을 요약하여 제시하겠다.

1) 지적 능력과 학업적 수행 간의 불일치

학습부진에 대한 전통적인 정의는 평점 평균으로 측정한 과거와 현재의 학업 성취 간의 차이에 바탕을 두고 있다. 더 최근의 방법으로는 학습부진을 두 가지 표준화 검사인 지적 능력(예: IQ)과 표준화된 성취도 검사 간의 불일치로 정의하는 것이다. 아마도 가장 널리 사용되는 경우는 지적 능력의 표준화된 측정과 평점 평균에 의한 학업성취 간의 불일치일 것이다. 학습부진의 개념을 어떻게 정의하느냐에 따라서 학생의 범주화나 검사 결과, 자료 해석 등이 전적으로 달라질 것이다. 능력과 수행 수준의 편차를 고려하는 것이 널리 적용되고 있으나, 이는 표준화된 검사가 갖는 상대적 위치만을 강조하는 문제와 절대평가를 통해 개인 내 변화에 초점을 두는 성적체계(grading system) 간의 내재적 한계를 가지고 있다. 또 다른 정의는 통계적 절차를 이용해서 다듬어져 왔다. 즉, 회귀 모델을 능력 측정과 평점 평균에 적용한 것이다. 이 방법의 주요 장점은 표준화된 통계적 절차와 개인별 다양성을 허용하는 방식으로 능력과 수행 측정이 함께 이루어진다는 점이다. 그러나 이러한 방식으로 통계적인 고려를 함에도 학습부진을 정의하는 것은 임의적일 수밖에 없다. 예를 들어, 학습부진이 어째서 평점 평균 아래의 특정 표준편차로 정의되어야만 하는가 등이다.

이와 같이 능력과 수행의 편차를 고려하는 기준에는 여러 가지가 있다. 어쨌든 성취란 개념은 개인의 능력과 일관된 수준에서의 달성을 의미하며, 이는 합리적이고 적절한 내외적 기준에 의해서 기대되는 바를 말하는 것이다. 따라서 학습부진은 개인의 능력과 적성검사의 수행에서 나타난 '개인의 적성 수준에 미치지 못하는 수행' 혹은 '기대 수준 이하의 수행'으로 규정될 수 있다. 불일치로서의 학습부진은 학년 수준의 편차, 기대 학령 공식, 회귀 공식, 표준 점수의 차이 등의 조작적 정의가 이루어진다. 이 가운데 기대 학령 공식, 회귀 공식, 표준 점수의 차이를 설명한 내용은 1장을 참고하기 바란다.

2) 평균 이상의 인지적 능력

여기에서 우리의 관심은 현재 학습부진 상태이나 잠재적으로 영재성을 지닌 학생을 어떻게 밝혀낼 수 있는가다. 학습부진 영재아를 판별하기 위해서는 영재성을 판별함과 동시에 학습부진을 판별할 수 있어야 한다. 영재성과 학습부진 중 어느 쪽을 먼저 진단하건 다른 한쪽으로 진단될 가능성을 항상 염두에 두고 균형을 잃지 않도록 주의를 기울여야 한다.

Renzulli(1978)의 개념에 따르면 영재성은 평균 이상의 능력, 창의성, 과제 몰입이라는 세 가지 특성이 상호작용하는 것이다. 능력은 비교적 안정된 요소인 반면, 창의성과 과제 몰입은 상황적일 수 있다. 따라서 학습부진 영재아의 경우 학교 과제행동만 평가할 것이 아니라 여타의 전체 환경을 평가함으로써 긍정적 측면과 부정적 측면을 고르게 고려하는 것이 필요하다.

학습부진 영재아의 인지능력을 평가하고자 할 때는 지능검사를 실시하는 경우가 많다. 이때 학습상담가는 주의를 기울여야 한다. 예를 들어, 아동 · 청소년형 웩슬러 지능검사(WISC)를 실시하여 전체 지능지수만으로 학습자를 평가할 경우 잠재적인 지적 능력이 간과될 수 있다. 이러한 문제점을 극복하기 위해서는 하위검사 점수의 패턴을 분석하여야 한다. 여기에서 제시하는 학습부진 영재아의 판별과정은 크게 두 단계로 나뉜다. 첫 번째는 선행 판별이며 두 번째는 역동적 판별이다. 선행 판별은 학생이 기존에 가지고 있는 검사자료나 면접 정보를 수집해서 분석하는 것이며, 역동적 판별은 아동의 재능이나 흥미가 잘 나타나는 상황을 관찰하는 것이다.

(1) 선행 판별

선행 판별에서 가장 많이 사용되는 검사자료는 지능검사 결과다. 특히 WISC-R의 하위검사에서 강점 영역을 찾아내어 그것 간의 논리적 연관성을 해석해 내는 것이 중요하다. 학습부진 영재아의 판별에서 지능검사를 활용할 때에는 프로파일상에 나타나는 약점 때문에 강점이 과소평가되지 않도록 주의해야 한다. 인지적 측면에서 학습부진 영재아는 보통 통합적 지능(공간 조작, 패턴화된 계열화, 추상적 개념화)의 한두 영역에서 강점을 나타내는 반면, 분산적 지능 영역(세부적 기억, 즉시적 정보처리, 패턴화되지 않은 계열화)에서 약점을 드러낸다. 대개 지능검사 점수는 언어성 검사 및 동작성 검사 점수와 전체 점수로 보고되는 경우가 많다. 그러나 학습부진 영재아의 경우 언어성 검사와 동작성 검사를

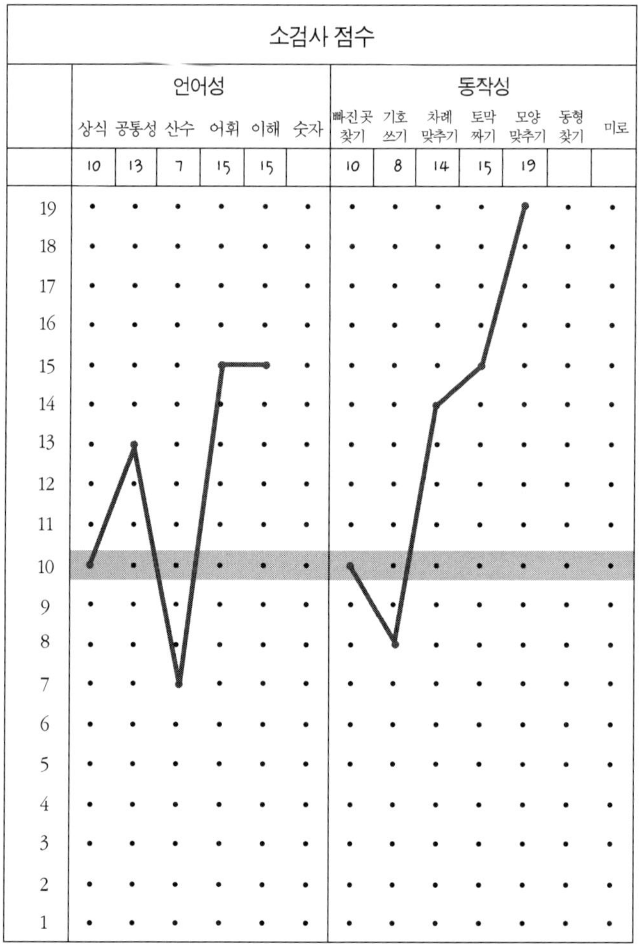

[그림 9-1] 학습부진 영재아의 지능검사 프로파일

교차하여 살펴봐야 하는 경우가 많다. 따라서 학습상담가는 이 점에 주의해야 한다. [그림 9-1]에 제시된 지능검사 결과는 이러한 주의사항을 짚어 볼 수 있는 인지적 능력 패턴의 한 예다. 이 아동은 산수, 기호 쓰기, 숫자 검사에서 약점을 보이고 있다. 그러나 모양 맞추기, 토막 짜기, 그림 맞추기, 이해도, 어휘 검사에서는 상대적으로 강점을 보이고 있다. 검사 점수상 언어성 검사 점수는 107점이며 동작성 검사 점수는 120이므로 그 차이가 매우 두드러지는 것은 아니다. 그러나 앞서 제시한 기준에 비춰 보면 이 아동은 통합적 지능 영역, 즉 공간 조작(모양 맞추기, 토막 짜기 등)과 추상적 개념화 능력(어휘, 이해도)이 상대적으로 더 두드러진다. 따라서 학습부진 영재아의 패턴을 보인다고 할 수 있다.

단, 영재성의 특성은 평균 이상의 지적 능력이라는 점을 상기할 때, 과연 어느 정도의 점수가 영재성의 지표가 될 수 있을지 생각해 보아야 할 것이다.

Renzulli가 제시한 기준을 따를 경우, 학습부진 영재아는 특정 하위검사에서 평균보다 1표준편차 이상의 낮은 점수를 받는 특징이 있다. 아동이 적어도 한두 개 하위검사에서 15점 이상을 받으면서 환산 점수 13점 이상을 받아 평균보다 높은 능력을 입증하고 동시에 그 하위검사 간의 논리적 연관성이 있으면 학습부진 영재아로 진단될 가능성이 높다. 이때 학습부진임이 입증되기 위해서는 지능과 성취 간의 2표준편차 이상의 차이가 나타나야 한다.

구조화된 면접에서는 아동의 영재성 및 학습장애 특성이 나타나는 상황을 민감하게 감지할 수 있어야 한다. 이는 〈표 9-2〉와 같은 구조화된 면접지를 미리 작성하여 활용할 수 있다. 이 외에도 과잉행동, 정서장애, 일반적 협응 곤란, 충동성, 주의력결핍, 공격적 혹은 위축된 행동, 주의 산만, 낮은 자존감 등의 정서적 특징이 나타나는 지도 면접을 통해 파악할 수 있다.

이상의 선행 판별을 통해 학습부진 영재아를 변별할 때 얻게 되는 정보는 Renzulli의 영재성 개념, 즉 평균 이상의 인지적 능력, 창의성, 과제 몰입에 비춰 정리해 볼 수 있다. 우선 평균 이상의 인지적 능력의 항목은 다음과 같다. 지능검사 점수의 프로파일과 하위 검사 패턴이 있다. 성인의 관심사를 이해할 뿐만 아니라 관심이 많다. 역사에 대한 지식을 많이 축적하며, 탐구심 혹은 호기심이

표 9-2 구조화된 면접양식(Davis, & Limm, 2001)

1. 학생의 흥미나 관심 사항을 기술해 주세요.

2. 학생이 특정 영역의 활동에 완전히 몰두해 있는 상황을 관찰한 적이 있습니까? 있다면 그 상황을 자세히 기술해 주세요.

3. 학생이 정치나 종교, 시사와 같이 어른스러운 주제를 이야기하는 것을 관찰한 적이 있습니까? 있다면 그 상황을 자세히 기술해 주세요.

4. 학생이 자기주장적이고 고집이 세며 공격적인 모습을 보이는 상황을 본 적이 있습니까? 있다면 그 상황을 자세히 기술해 주세요.

5. 학생이 특별히 하기 싫어하는 활동이 있습니까? 있다면 그 활동과 상황을 자세히 기술해 주세요.

6. 학생이 특별히 호기심을 보이는 상황을 관찰한 적이 있습니까? 있다면 그 상황을 자세히 기술해 주세요.

7. 학생이 특히 상상을 잘 하는 상황을 관찰한 적이 있습니까? 있다면 그 상황을 자세히 기술해 주세요.

8. 학생이 유머가 풍부하거나 유머를 잘 이해하는 상황을 관찰한 적이 있습니까? 있다면 그 상황을 자세히 기술해 주세요.

많고 모든 것에 대해 질문을 한다. 다양한 인물 등을 포함한 복잡한 이야기를 구성해 낼 수 있다. 둘째, 창의적 특성의 항목은 다음과 같다. 학습부진 영재아는 유창하게 변명을 하며 영리하게 상황을 잘 회피한다. 탐구심이 많고 풍부한 상상력으로 이야기를 구성할 수 있다. 상황 속에 포함되어 있는 유머를 잘 이해한다. 마지막으로 과제 몰입의 항목은 다음과 같다. 역사에 대한 강한 관심을 지니고 있으며 역사와 관련된 모든 책을 읽는다. 자신이 흥미를 지니고 있는 영역을 다룬 책들에 몰입하며 장시간 책을 읽는다. 이에 대한 내용을 정리하면 〈표 9-3〉과 같다.

표 9-3 영재 특성 영역별 학습부진 영재아 평가 항목

영재 특성 영역	학습부진 영재아 평가 항목
평균 이상의 지적 영역	• 성인 관련 주제에 대한 이해와 관심 • 역사 지식이 많음 • 탐구심 혹은 호기심이 많고 질문이 빈번함 • 다양한 인물이 포함된 복잡한 이야기를 구성함
창의성	• 유창하게 변명함 • 영리하게 상황을 회피함 • 탐구심이 많음 • 풍부한 상상력으로 이야기를 구성함 • 상황 속에 포함된 유머를 이해함
과제 몰입	• 역사에 강한 관심을 보임 • 역사책을 읽음 • 흥미 영역에 해당하는 책에 몰입하며 오랜 시간 책을 읽음

(2) 역동적 판별

역동적 판별은 표준화된 검사에서 재능을 충분히 발휘하지 못하거나 기존의 검사가 영재성과 관련된 정보를 제공하지 못할 때 유용하게 사용될 수 있다. 학습장애 영재 학생의 잠재적 능력을 판별하기 위해서는 특정한 상황 속에서 그들의 능력, 흥미, 창의력, 과제에 몰두하는 능력 등을 평가해야 한다. 만약 어떤 학

생이 학교나 가정의 일상적인 장면에서 우수한 능력을 드러내게 되면(혹은 일상적인 장면에서 충분히 그 능력을 발현하지는 못하지만 잠재적 능력이 감지되면), 그 능력이 충분히 드러날 수 있는 구체적인 활동을 고안해서 그 속에서의 학생 행동을 관찰할 수 있다. 개방적이고 창의적인 다양한 활동 속에서 영재성이 드러나게 되는 것이다. 다양한 단체 활동을 포함한 특별활동, 견학, 연사 초청강의, 탐구 활동 등은 학생이 어떤 주제에 흥미를 가지고 있으며 어떤 재능을 가지고 있는지를 알아내는 데 유용하게 활용될 수 있다.

가장 중요한 것은 학생의 잠재성을 알아차릴 수 있는 교사의 능력이다. 교사는 다양한 활동 속에서 학생이 문제해결 능력, 지도력, 장의적인 아이디어, 깊이 있는 질문 등을 드러내는지를 관찰해야 한다. 필요하다면 행동 체크리스트를 만들어서 활용할 수도 있다.

3) 심리적 처리과정의 곤란

학습부진의 정의는 앞서 살펴본 바와 같이 잠재적 능력과 실제 수행 간의 편차를 의미한다. 여기서의 편차는 학습자가 정보를 인식하고 처리하는 과정상의 문제로 인해 발생할 수 있다. 심리적 처리과정에서 발생하는 문제를 평가하는 것은 이러한 정보처리상의 문제점을 구체적으로 밝히는 것이다. 신경심리적 문제를 포함하여 정보처리 과정상의 문제점을 밝히기 위해 주로 쓰이는 검사는 다음과 같다. 우선 지적 기능을 평가하는 검사로는 웩슬러 지능검사가 많이 쓰이는데, 이 검사는 언어성 검사와 수행검사를 포함하고 있다.

학업성취도 검사로는 포괄성취도검사(Wide Range Achievement Test), 슬로슨 읽기검사(Slosson Reading Test), 핵심 수학검사(Key Math Test) 등이 있다. 이들 검사는 성취도 영역 전반 혹은 읽기나 수학과 같은 개별 과목을 평가한다. 피바디 개인성취도검사(Peabody Individual Achievement Test)는 수학, 읽기, 재인, 이해, 철자와 일반 정보에 대한 문항을 포함하고 있다. 국내에서는 한국교육과정평가원에서 실시하는 학업성취도 평가가 있다. 이 평가는 초등학교 6학년, 중학교 3학년, 고등학교 1학년을 대상으로 하여 국어, 사회, 수학, 과학, 영어 교과 평가가 이루어지며, 평가 문항은 선택형과 서답형 및 수행평가로 구성되어 있다. 학습장애로 인한 부진 문제를 구체적으로 밝히는 검사로는 BASA(기초학습기능 수행평가체제; 김동일, 2005a), 한국판 학습장애 평가척도(K-LDES; 신민섭, 홍강의, 김중술, 조수철, 1998) 등이 있다. 이 두 검사는 표준화된 연령별 규준을 갖추고 있으며, 학습장애에 대한 정의에 입각하여 학습 문제를 범주화함으로써 교사나 부모가 평가하도록 하는 학습장애 선별검사다. 두 검사 모두 학습자의 문제를 진단하고, 학습장애의 유형과 심각성에 대한 평가치를 제공하며, 개별 처치에 필요한 정보를 제공한다.

심리적 처리과정에 대한 검사로는 무동작 시각인식검사(Motor-Free Visual Perception Test), 청각변별검사(Auditory Discrimination Test), 디트로이트 학업 적성검사(Detroit Tests of Learning Aptitute) 등이 있다.

4) 학습행동 파악

학습부진 영재아의 학습행동 평가에서는 학생의 흥미와 함께 선호하는 학습 및 의사소통 양식을 평가한다. 학업성취도는 학습자의 인지적 특성과 함께 동기, 불안, 자아개념을 포함한 정의적 특성의 영향도 크게 받는다. 여러 연구에서 제시하고 있는 학습부진 영재아의 일반적 특징에는 다음의 항목이 포함된다. 높은 지능지수를 갖고 있으나 학교 학습행동을 제대로 하지 못한다, 이미 습득한 기술이나 단순 반복적인 과제수행을 싫어하는 면이 있다, 학교 출석이 저조하며 시험과 성적에 대한 불안도가 높다, 자신에게 몰입하며 다양한 분야에 관심을 지니고 있다, 일상적인 교수방법으로는 잘 동기화되지 않는다 등이다. 학습행동 평가는 이러한 학습부진 영재아의 특성을 파악하기 위한 수단으로 활용된다. 이때 적절한 교육적 중재 및 상담 프로그램 계획을 세우는 데 평가 결과를 활용할 수 있어야 한다.

학습상담에서 중요하게 고려되는 동기와 그 외의 정의적 특성을 평가하는 검사 가운데 객관형 검사로는 학업성취동기검사, 학습흥미검사, 귀인척도, 시험불안검사, 자아개념검사 등이 있다. 저조한 학업성취도가 우울, 불안, 대인관계에서 오는 이차적 문제인지를 밝힐 수 있는 주관적 검사로는 집-나무-사람검사(HTP), 문장완성검사(SCT), 주제통각검사(TAT)와 같은 투사검사가 있다. 학습자의 정의적 문제와 행동적 문제가 함께 나타나는 대표적인 문제로는 주의력결핍 과잉행동장애(ADHD)를 들 수 있는데, ADHD 평가에는 코너스 척도와 아동 · 청소년 행동점검목록(CBCL)이 많이 쓰인다. 그러나 진단을 위해서는 이 두 검사 외에 전반적 영역에 걸친 평가가 필요하다.

학습 유형은 사람들이 정보를 이해하고 기억하는 방식(Brown, 1984)으로 정의될 수 있다. 이를 좀 더 광의적으로 정의하면, 학습 유형은 학습하는 과정에 나타나는 행동양식으로 학습 습관, 학습방법, 학습요령 등을 총괄하는 복합적인 학습자의 특성이며 새로운 개념이나 원리를 학습해 나가는 과정에서 개개인 나름대로 지식을 다루는 독특한 방식이라고 할 수 있다(임창재, 1994). 학습 유형을 측정하는 대표적인 검사로는 학습양식검사(Student Style Inventory)가 있다. 학습부진아는 학습기술이 부족한 경우가 많기 때문에 학습부진 영재아 역시 적절한 학습기술을 익히도록 하는 것이 필요할 수 있다. 이때 학습전략 검사나 학습기술 진단검사를 학습부진 영재아의 평가 도구에 포함시킬 수 있다. 국내에 다양한 학습전략 검사와 학습기술 검사가 소개되고 있는데, 최근 제작된 검사는 검사 결과에 따른 학습기술 프로그램을 연계하여 제시하고 있다.

표 9-4 학습행동 평가 목록 (신을진, 김형수, 2007, 재인용)

검사명(개발자)	검사 목적/대상	검사 구성 및 활용
학습흥미검사 (조붕환, 임경희, 2003)	• 학습흥미 점검 • 초 · 중고등학생	• 학습유형과 교과별 학습흥미 점검 • 학습유형에서는 창의형, 사고형, 탐구형, 활동형의 네 가지 하위요인, 그리고 교과별 학습흥미에서는 국어, 수학, 사회, 과학, 체육, 음악, 미술, 실과 홍미의 여덟 가지 하위요인으로 학습 흥미를 측정하고 학습 유형과 과목에 따라 개입이 필요한 항목을 파악할 수 있음

검사명(개발자)	검사 목적/대상	검사 구성 및 활용
아동용 귀인양식검사(정은주, 손진훈 번안, 1981)	• 귀인양식 검사 • 초등학생	• 통제 가능과 통제 불가능 • 학습에 대한 귀인양식을 확인하여 동기 수준을 확인할 수 있으며, 학습행동을 유발하는 데 필요한 귀인 사고를 파악하여 교육시킬 수 있음
시험불안도 측정(최진승 번안, 1989)	• 시험불안 측정 • 중고등학생	• 인지적 요인과 정서적 요인 • 불안의 인지적 요인인 걱정과 정서적 요인인 정동을 평가하여 시험불안을 다스리도록 돕기 위한 개입 항목을 파악할 수 있음
자아개념척도(김용래, 1993)	• 학업 자아개념 측정 • 초 · 중등학생	• 학업 자아개념과 비학업 자아개념 • 학교일반, 학업능력, 수업, 학업성취, 교과 영역에서 자아개념을 측정하고 개입이 필요한 항목을 파악할 수 있음
투사검사[HTP, SCT, TAT]	• 학습에 영향을 미치는 학습자의 정의적 특성에 대한 수준 확인 • 초 · 중등학생	• HTP는 집-나무-사람을 학습자가 직접 그린 것을 검사 해석에 활용하며, 문장완성검사인 SCT는 학습자가 완성한 문장을 검사 해석에 활용하고, TAT는 제시된 그림에 대한 학습자의 상황 해석에 기초해 검사 해석을 함 • 저조한 학업성취도가 우울이나 불안 혹은 대인관계에서의 어려움과 같은 이차적 요인에 기인하는 것인지를 확인
아이오와 코너스 척도(신민섭 외, 2005)	• 주의력결핍 및 과잉행동 수준 관찰 평가 • 초 · 중등학생	• 학부모 및 교사가 관찰을 통해 자녀 혹은 학생을 평가 • 전체 합산 점수의 절반 이상으로 점수가 나올 경우 ADHD 가능성을 의심하게 됨
아동청소년 행동 점검목록[CBCL](유안진, 한미현, 1995)	• 아동 · 청소년의 문제행동과 사회적 능력을 표준화된 형태로 기록 • 초 · 중등학생	• 사회능력 척도(세 가지)와 문제행동증후군 척도(아홉 가지)로 구성 • 부모 설문 형식의 행동조사표로 부모 혹은 아동 · 청소년과 함께 생활하는 어른이 아동 · 청소년의 문제행동과 사회적 능력을 표준화된 형태로 기록하는 행동평가 도구

3. 학습부진 영재아를 위한 상담 및 교수 프로그램

학습부진 영재아가 기존의 프로그램을 통해 적절하게 도움을 받지 못하는 경우가 있다. 이는 제공되는 프로그램이 다음의 몇 가지 측면에서 제한점을 지니고 있기 때문이다. 첫째, 프로그램의 내용이 개인적인 강점이나 흥미에 중점을 두고 있지 않다. 둘째, 읽기와 쓰기를 지나치게 강조하고 있다. 셋째, 기존의 교육과정에 대한 대안적 교육과정을 가지고 있는 것이 아니라 내용만 추가되었다. 넷째, 학생들이 독립적으로 학습할 수 있다고 보고 있어 구조화된 지도가 적절히 제공되지 못하고 있다.

학습부진 영재아는 능력 혹은 정서적 측면에서의 단일한 문제로 학습에 부적응한 것이 아니다. 따라서 스스로 학습할 수 있기 위해서는 상담을 통한 정서적 지지와 함께 적절한 교수 프로그램이 함께 제시되어야 한다. 다음에서는 학습부진 영재아를 위한 처치로서 상담 및 교수 프로그램에 포함되어야 할 항목을 제시한다.

1) 학습장애 영재아를 위한 상담 프로그램

학습부진 영재아의 강점과 흥미를 키워 줄 기회를 제공하는 프로그램은 매우 다양하다. 하지만 학습장애 영재아를 위한 프로그램으로 성공한 프로젝트는 다음과 같은 요소를 공통적으로 가지고 있다.

(1) 대안적인 사고양식 및 의사소통 양식

Gardner(1983)는 학교가 언어적 재능을 가진 학생의 재능만을 개발한다고 지적하고, 다중지능 또는 사고양식의 가능성을 강조하고 있다. 많은 학습부진 영재아는 비언어적 영역에서 강점을 가지고 있으므로 주로 언어적 재능을 요구하는 학교에서는 부적응할 확률이 높다. 학습장애 영재아를 위한 상담 프로그램을 구성할 때는 비언어적 영역에서 강점을 가진 학습장애 영재아를 위해 영상적 사고, 공간설계, 극적인 표현 등의 활동을 위주로 구성하는 것이 좋다. 이러한 양식으로 학습할 기회만 주어진다면 학습장애 영재아는 더욱 동기화되고 성공할 것이다.

(2) 영재성을 판별하는 전략

학습부진 영재아를 판별할 때는 특정한 능력이나 흥미에 대한 확인만이 아니라 추상적 사고과정에서 평균 이상의 능력을 확인하려 한다. 앞서 제시한 바와 같이, 판별과정에서는 선행 판별과 역동적 판별의 단계를 거쳐 정보를 수집한다. 선행 판별에서는 기본적으로 학생이 가지고 있는 심리 측정적 자료로 추상적 사고능력과 개념적 영역의 평균 이상 인지능력을 확인한다. 특히 웩슬러 아동용 지능검사의 하위검사 점수의 분석은 많은 정보를 제공한다. 이때 공통성, 토막 짜기, 이해, 모양 맞추기, 어휘, 차례 맞추기, 상식의 하위검사 중 적어도 3개 이상에서 13점 이상의 환산 점수를 받아야 한다. 역동적 정보는 대상 학생의 흥미와 함께 선호하는 학습 및 의사소통 양식을 평가한다. 이를 위해 탐험 체험과 창의적 활동을 사용할 수 있으며, 이에 대한 관찰을 통해 학생들이 특정한 영역에서 창의적인지의 여부를 파악한다. 학습상담자는 창의적인 행동과 과제에 몰두하는 신호를 알아차릴 수 있어야 한다.

(3) 동기화

자신의 강점을 사용할 기회를 거의 갖지 못한 학습부진 영재아는 대부분의 학습에서 흥미를 잃고 좌절한 경험이 많다. 따라서 그들이 프로그램에 들어오게 되면 그 프로그램이 자신의 영재성을 개발하기 위한 것임을 확신시켜 주어야 한다. 또한 프로그램 활동을 통한 결과물에 대한 가치, 문제해결 과정에서 그들이 들인 노력 등을 인정해 주어야 한다. 무엇보다 중요한 것은 학습부진 영재아의 영재성을 단지 알아주는 것만이 아니라 그 가치를 인정한다는 메시지를 주는 것이다.

(4) 교수전략

학습부진 영재아를 위한 학습양식의 선택, 판별절차, 동기화 기법, 교수전략은 모두 내적 일관성을 가져야 한다. 예를 들어, 극적 표현에 능력을 가진 아동이라면 아이디어를 글로 쓰라고 하기보다는 먼저 연기해 볼 기회를 주는 것이 좋다. 마찬가지로 시각적 · 공간적 능력이 뛰어난 아동에게는 그들의 양식에 맞는 고유한 방식으로 사고하고 학습하도록 도와주어야 한다.

학습부진 영재아를 위한 상담 서비스를 제공할 때는 특수교육 서비스 체제 중에서 어떤 것을 제공할 것인가를 함께 결정할 수 있어야 한다. 학습부진이 있지만 영재성 또한 무시되어서는 안 된다. 아동에게 적합한 프로그램을 구성하려고 할 때는 체계적인 조사과정이 필요하다. 〈표 9-5〉는 적합한 프로그램을 구성하고자 할 때 필요한 질문을 제시한 것이다.

표 9-5 프로그램 구성을 위한 질문

1. 기초학습기능은 익히고 있지만 학습과제를 제대로 수행하고 있지 못한가, 아니면 기초 학습기능이 결핍되어 있는가?
2. ADHD에 의료적인 지원(투약)이 필요한가?
3. 학습환경의 구조화(수업 시간표, 알림장, 개인 열람석 등)가 되면 아동이 좀 더 바람직한 행동을 보이는가?
4. 학급 토론에서 또는 특별히 관심 있는 주제에서 아동이 영재성을 보이는가?
5. 창의적인 생각을 하거나, 예술작품을 만들거나, 기타 예술 영역에서 비상한 능력을 보이는가?
6. 아동의 자아개념이 비현실적으로 높거나 낮은가 혹은 현실적인가?
7. 대인관계 기술을 가르치거나 자존감을 증진할 필요가 있는가?
8. 담당교사가 특수한 요구가 있는 아동을 받아들일 의사가 있는가? 이런 아동을 위한 교육방법에 대해 충분한 준비가 되어 있는가?
9. 장기적 고려가 필요한가? 집중적인 단기적 중재가 필요한가?
10. 컴퓨터나 계산기 같은 보조기기를 어느 정도 이용할 수 있으며, 그 기기를 사용하는 것을 교사가 융통성 있게 허용하는가?

(5) 정서적 지지의 제공

학습부진 영재아는 자신이 가지고 있는 강점과 약점 사이에서 심한 불일치를 경험하기 때문에 정서적 문제를 가지고 있기 쉽다. 그들에게는 집단상담 등의 활동을 통해 정서적 긴장을 풀고 또래에게서 지지받는 경험을 하도록 배려할 수 있다. 집단상담 상황에서 교사는 학생 간의 상호작용을 촉진하면서 학습부진 영재아가 가진 특수한 문제를 끌어낼 수 있다.

(6) 부모와 협조하기

상담자는 다음 항목에 대해서 부모가 상담자, 교사 혹은 기타 전문가와 협조하도록 조언을 할 수 있다.

- 상담자나 교사와 만나기 전에 아동에 대한 세심한 관찰 결과나 질문 목록을 준비시킨다. 이는 학습부진 영재아와의 감정적 대화를 피하는 데 도움이 된다.
- 학습부진 영재아에 대한 정보와 전략을 상담자 및 교사에게 제공하도록 한다. 예를 들면, "집에서는 이것이 우리 아이를 이해하는 데 정말 도움이 되고 있어요. 선생님께서도 읽어 보시면 도움이 될 것 같아서요."와 같은 방식으로 대화하도록 안내한다.
- 상담자 및 담임교사 이외에 다른 전문가의 도움을 요청하도록 안내한다. 예를 들면, 이웃반 교사, 교과전담 교사, 양호교사, 학교운영위원회 위원, 학교장, 장학사 등과의 네트워크를 형성하도록 한다.
- 부모와 아동이 현실적 목표를 수립하는 데 참여하는 것이 중요함을 인식시킨다. 이때 생활에서 우선순위를 설정하도록 하며, 학업 이외에 레크리에이션 활동과 가족시간을 마련해 보도록 권한다.
- 자녀가 학업을 조직하고 계획하는 것을 도울 시간을 매일 밤 따로 마련하도록 권한다. 학습부진 영재아는 조직화 능력이 부족하므로 가정에서 부모가 계획 세우기를 돕는 것이 필요하다.

- 학부모 모임을 구성하도록 권한다. 이때 상담자는 교사와 협조한다.
- 시간이 필요하다는 점을 인식시킨다. 아동의 독특한 요구에 대해 이해가 필요하며 이러한 필요에 대해 주변 사람의 인식이 확대되는 데 시간이 걸린다는 것을 이해하도록 돕는다.
- 지역사회에서 제공하는 다양하고 풍부한 기회를 활용하도록 안내한다. 학습부진 영재아의 여러 문제에 대해 도움을 줄 수 있는 다양한 지역사회 서비스 정보를 안내하고 이용하도록 한다. 여기에는 지역 상담기관 외에 음악회, 독서 클럽, 대학 개설 청소년 프로그램, 여름 레크리에이션 프로그램, 다른 영재아를 만날 수 있는 학습 프로그램, 과외활동 등이 포함된다.
- 자녀의 이야기를 세심하게 경청하도록 안내한다. 학습부진 영재아에게는 의사소통 과정에서 의도하는 바가 무엇인지 이해하려는 노력을 기울이는 것이 중요하다는 점을 인식시킨다. 언어적 · 비언어적 징후에 모두 민감해야 함을 알려 준다.

2) 교수 환경 및 프로그램

영재성을 지닌 학습자는 자신의 관심 분야에 대해 여러 자료를 통해 스스로 배우고 탐구하는 데 많은 시간을 보내므로 일반아동보다 더 많은 지식과 기술을 익힌 상태로 입학하게 된다. 일반적인 초 · 중등학교의 교육과정은 평균 능력을 지닌 학생을 위해 구안된 것이므로, 영재성을 지닌 학습자는 보통 그 내용에 대해 흥미나 도전감을 느끼는 경우가 드물어 수업을 등한시하게 됨으로써 결국 학습부진이 될 수 있다. 따라서 그들을 위한 특수교육과정이 구안되어야 한다. 전통적인 교수방법인 교사 중심의 구조화된 집단수업에서 영재성을 지닌 학습자는 심각한 어려움을 겪을 수 있다. 영재는 보다 창조적이고 자기 표현적이며, 복잡한 방법으로 학습하는 것과 질문하고 논쟁할 기회를 갖는 것을 좋아하며, 교사의 결정에 종종 도전한다. 영재성을 지닌 학습자에게 영향을 미치는 학급 분위기는 경쟁심 강조 정도, 개인차 중시 정도, 상호작용의 기회 등이다. Torrance(1962)

는 영재가 사회적 고립을 극복하기 위하여 작업이나 실험, 창조적인 활동을 할 때 적합한 급우와 함께 해야 한다고 제안했다. 나이나 지적 능력이 비슷한 또래의 사회·정서적 지지가 영재로 하여금 높은 성취를 하는 데 필요한 긍정적인 자기개념을 개발시키도록 돕는다. 따라서 적절한 교실 분위기를 제공하는 것은 매우 중요한 문제가 된다.

학습부진 영재아동이 갈등을 해결하기 위하여 공격적인 형태를 나타낼 때, 교사에게는 그들이 문제아로 보이게 된다. 우수한 아동이건 학습부진아건, 모든 영재는 전형적인 학급 상황에서 사회·정서적 어려움을 겪고 있다고 할 수 있다. 특히 남아의 경우는 이러한 스트레스에 더 반항적이고 파괴적으로 반응하며 여아의 경우는 위축된 행동을 보일 수 있다. 지금까지의 연구에 따르면 영재의 사회·정서적 문제는 학급 배치와 관련이 있다. 영재가 평범한 학생과 섞여 학급에 배치될 경우 적응에서 더 많은 문제가 생길 수 있다. 따라서 학습부진 영재아를 위한 프로그램 운영 시에는 학급 배치를 고려하는 것이 좋다. 학습부진 영재아는 학습부진과 영재라는 두 가지 극단적인 특성 때문에 학교와 가정에서 무수히 많은 부정적 평가를 듣게 된다. 그로 인해 자신에 대한 낮은 자존감을 형성하기 쉽고, 심한 경우에는 우울이나 공격적 행동으로 표출하기도 한다. 그들에게는 이렇게 목표를 성취하면서 기쁨을 느낄 수 있는 활동이 필요하므로 그들의 지능 수준에 적절한 난이도의 도전감을 느낄 만한 의미 있는 과제를 제시하면 도움이 된다. 이를 위해서는 적절한 활동을 선택하고, 학생의 약점을 보완하며, 행동관리를 하고, 정서적 지지를 제공하는 등의 활동을 교수전략에 포함해야 한다.

(1) 적절한 활동 선택하기

적절한 활동을 선택하는 과정에서 교수자는 토론이나 실험 등 적극적인 연구활동을 활용해야 한다. 창의적 사고를 표현하고 동기를 진작할 수 있도록 확산적 사고를 요구하는 활동을 개인 혹은 소집단으로 제공한다. 동시에 학생 스스로 자신의 강점과 선호에 맞게 활동을 선택할 수 있도록 여러 가지 선택안을 제공한다. 때로는 전문가가 사용하는 방법으로 자신의 관심 분야를 탐색할 수 있도록 하며, 다른 사람도 관심을 보일 만한 실제적인 문제를 학습부진 영재아의 관심 분야와 연결시켜 연구하도록 한다.

(2) 보상전략

학습부진 영재아는 학교 밖에서는 매우 똑똑하고 창의적인 아이로 인정받을 수 있지만 극도로 구조화된 환경, 즉 정해진 공간에서 교육과정에 맞게 일률적인 교육 활동이 일어나는 상황에서는 자신이 가지고 있는 약점이 확연히 문제시될 수 있다. 〈표 9-6〉은 학습부진 영재아가 학교에서 경험할 수 있는 문제와 이를 보상해 줄 수 있는 전략이다.

표 9-6 학습 문제별 보상전략

문제	보상전략
읽기능력 부족	• 인쇄 자료 외의 자료 • 그림책 혹은 만화책 • 시각적인 요소가 들어가 있는 교수자료
정보 조직	• 선행 조직자(advanced organizer), 시각적 모형 • 반응양식이 제시되어 있는 문제지 • 조직전략 교수: 그물망, 스토리 보드, 벤다이어그램, 순서도 등
세부 사항과 과제 기억	• 암기법 • 심상법
쓰기와 철자에서 부족한 능력	• 컴퓨터 워드프로세서 프로그램
가치감	• 각 구성원이 그 학생의 강점에 기여할 수 있는 협동학습 기회

(3) 행동관리

일반적으로 학습장애 영재아는 주의력결핍, 과잉행동, 의존적 태도 등의 문제행동을 같이 드러낸다. 그들의 행동을 관리하기 위해서는 다음의 전략이 필요하다.

우선 책임감을 느끼도록 한다. 배워야 할 것, 배우는 방법, 의사소통 양식 등을 결정하는 데 학생이 참여할 수 있는 폭을 확대하고, 교사가 학생에게 기대하는 바와 채점의 기준 등을 미리 제시해서 학생의 책임감을 불러일으킬 수 있다. 결정된 사항에 대해서는 계약서를 쓰는 것도 좋다. 둘째, 계획을 세운다. 숙제나 활동을 돕기 위한 계획을 장기적으로 세운다. 계획표 안에는 과제의 내용, 마감날짜, 관련 자료를 구할 수 있는 곳 등 세부적인 것도 포함시킨다. 셋째, 용납되는 행동과 그렇지 않은 행동에 대한 명확한 기준을 제시한다. 학생이 자신을 잘 통제할 경우에는 칭찬이나 미소 등으로 강화해 줄 수 있다. 물리적 공간을 분리해서 자유롭게 행동해도 되는 곳과 규칙을 준수해야 하는 곳으로 구분해서 스스로 자신의 행동에 책임을 지도록 도울 수도 있다. 넷째, 하기 싫어하는 과제 후에 좋아하는 과제를 배치해서 동기를 높일 수 있다. 다섯째, 충분한 시간을 배치한다. 학습부진 영재아는 관심을 가지고 있거나 강점을 보이는 활동을 할 때는 장시간 몰두하게 된다. 이때 지나치게 엄격한 시간 제한을 하는 것보다 다른 시간을 융통성 있게 재배치해서 좋아하는 활동을 계속할 수 있도록 배려한다. 마지막으로 좌절하지 않도록 배려한다. 심한 좌절감을 경험할 수 있는 활동은 양을 줄여 주거나 다른 활동으로 대치시켜 준다.

(4) 학습부진 영재아의 교육 프로그램의 유의점

학습부진 영재아를 위한 교육 프로그램은 교육적 측면과 함께 상담 및 의료와 연계되는 측면을 함께 고려해야 한다. 다음의 항목은 학습부진 영재아를 위한 교육 프로그램을 구성할 때 유의해야 할 내용을 정리한 것이다.

- 학습에 필요한 도구와 자료를 준비하고 내적인 사고과정을 발달시키는 데 필요한 '구조화' 혹은 '조직화' 기능을 가장 먼저 교육한다. 예를 들면, 과제 기억하기, 학교에서 집으로 책과 숙제를 가져오기, 공부하는 것과 노는 것의 구분 및 시간관리, 자기 생활의 통제력 가지기 등이 여기에 포함된다.
- 읽기와 연산이 정상화되도록 지속적으로 교육한다. 소리 내지 않고 읽으면

서 내용을 이해할 정도까지 되어야 하며, 이때 또래교수법, 학습 도움실, 자문 교사 등을 활용한다.

- 읽기와 수학의 기초기능이 적절한 성취를 보이나 쓰기 과제이행이 어려울 경우, 과제 수에 워드프로세서를 이용하여 과제를 수행하게 하거나 구두로 과제 수행 여부를 가리는 방식을 취할 수 있다. 영재교육 프로그램에 배치하기보다는 일반학급에서의 심화교육, 개인교사, 협동학습 활용이 바람직하다.
- 학습장애와 영재성 모두를 고려한 프로그램을 제공한다. 이때 일반학급 교사, 학습장애 교사, 학교 상남자 등에 의한 체계적 조력이 필요하다. 그리고 학교 밖 자원도 활용한다.
- 워드프로세싱, 철자검색, 계산기 같은 보조 기기를 활용한다.
- 모든 전문가가 자주 피드백을 제공한다. 교사는 학습 영역에서, 상담자는 정서 영역에서, 부모는 학습부진 영재아의 가정 및 일상생활에서 관찰 정보와 견해를 서로에게 제공한다.
- 상급 학년 진학 시 특별한 진로계획 수립이 필요하다. 수학 장애 아동이 회계, 엔지니어링 영역으로 진로를 선택하는 것은 비현실적이다.
- 특수한 자질에 맞는 학업 및 과외 활동 참여를 권장한다.
- 필요할 경우, 의사결정과정에 아동이 참여할 수 있도록 한다. 교육적 선택에서의 장단점, 선택상의 유의점 등에 대해 함께 논의할 수 있다.
- 의학적 치료가 필요할 경우, 가능한 한 초기에 제공하여야 한다.

3) 학습부진 영재아 프로그램 운영 상담자와 교사의 자질

학습장애 영재아 프로그램은 개인의 영재성을 인정해 주고 학생이 자신을 잘 이해하는 데 도움이 되어야 한다. 특히 교사는 학생이 존중받고 있다고 느끼고 자신의 재능이 인정받고 있다고 느낄 수 있는 분위기를 만들어 주어야 한다. 학습장애 영재아 프로그램을 운영하는 교사는 학생의 개인차를 인정하고 강점을 강조해야 한다. 또한 학생이 자신의 목표를 성취해 나가는 데 방해가 되는 약점을 최소화시키도록 도와주어야 한다. 마지막으로 학습부진 영재아 프로그램을 운영하는 교사는 학생이 꼭 독해와 작문을 잘해야만 학습과 창작을 할 수 있는 것이 아님을 이해해야 한다. 다음은 상담자와 교사가 학습부진 영재아와 그 부모를 대할 때 고려해야 할 점이다.

- 학생 스스로 자신이 교사에게서 존중받고 있고 자신의 재능이 인정받고 있다고 느낄 수 있는 분위기를 조성해야 한다.
- 학생의 개인차를 인정하고 학습부진 영재아의 장점을 최대한 살려서 학생 스스로 자신의 목표를 성취해 나갈 수 있도록 도와주어야 한다.
- 학생 스스로 자신의 목표를 성취해 나가는 데 방해가 되는 약점을 최소화시킬 수 있도록 도와주어야 한다.
- 학생이 꼭 독해와 작문을 잘해야만 학습과 창작을 할 수 있는 것이 아님을 이해해야 한다.
- 학부모가 자녀 문제로 좌절하여 화를 내더라도 수용하고 공감하도록 노력한다. 상담자나 교사 개인에 대한 비난으로 받아들이지 말아야 한다.
- 도움받을 수 있는 전문가 네트워크를 형성하거나 조직하도록 한다. 상담자와 교사는 학교의 다른 과목 교사, 특수교사, 학습부진과 영재 분야 전문가 등과 네트워크를 형성한다.
- 학습부진 영재아가 보일 수 있는 취약성과 위험 요인을 이해한다. 대인관계에서의 소외로 인한 어려움을 극복하도록 가정과 연계하며, 특별활동과 활동 단체를 지도하는 교사가 이들 학생을 수용할 수 있어야 한다.
- 우울 증상을 점검한다. 낮은 흥미 및 자존감, 집중력 저하, 절망감 등이 3~6개월간 지속될 때 그에 대한 상담을 해야 한다.
- 학습부진 영재아의 관심 영역에서 직접적 영향을 주는 긍정적인 동일시 모델을 제공한다. 교사, 지역사회 인사 등이 포함될 수 있다.
- 주위 사람에게 융통성 있게 학습부진 영재아를 대하도록 권한다.

제10장
학습 무동기

학습목표

1. 학습동기의 다양한 요소를 이해할 수 있다.
2. 학습 무동기 내담자 상담의 절차와 내용을 이해하고 실행할 수 있다.

이 장의 구성

학습 무동기

학습동기에 대한 이해	학습 무동기에 대한 학습상담 절차
• 학습동기의 정의 • 학습 무동기의 원인	• 상담관계 형성과 상담 구조화 • 학습 문제의 진단 • 상담목표의 설정 • 개입전략 설정 및 개입 • 사례관리

중학교 3학년인 현민이는 공부에 대한 별다른 의욕이나 욕심이 없다. 현민이의 부모는 초등학교 고학년 때부터 공부에 흥미를 보이지 않는 현민이를 학원도 보내 보고 과외도 시켜 봤지만, 모든 교사의 공통적인 의견은 아이가 도무지 공부하려 하지 않는다는 것이었다. 야단을 치거나 매를 들면 마지못해 조금 하기는 하지만 억지로 시키는 공부의 효과가 크게 나타나기는 힘들었다. 현민이는 공부 이외에 특별히 관심을 쏟는 분야가 있다기보다는 매사에 시큰둥하고 새로운 시도나 도전을 좋아하지 않는 성격으로 보인다. 심지어 또래 아이들이 몰두하는 게임이나 TV 프로그램에 대한 집착도 그다지 크지 않은 편이다. 현민이도 공부를 잘하면 좋다는 것을 알고는 있지만 성적을 올리기 위한 노력은 별다르게 하고 있지 않으며 성적에 대한 조바심도 그다지 많지 않다.

1. 학습동기에 대한 이해

1) 학습동기의 정의

동기란 인간 행동의 방향을 정해 주는 인간 행동의 에너지다. 학습동기는 무언가를 배우고 익히고자 하는 행동 에너지로, 학령기 아동과 청소년이 학습자로서의 기능을 수행하기 위해 반드시 필요한 요소다.

학습동기에 가장 강력한 영향을 미치는 동기 중의 하나는 성취동기다. 성취동기는 McClelland(1985)와 Atkinson(1980)이 성취욕구이론으로 정립한 개념인데, 성취동기가 높은 사람은 도전적이고 어려운 과제를 성취함으로써 만족을 얻으려 한다. 성취동기가 높은 사람은 수업과 과제에 더 잘 몰두하고, 과제를 즉각적으로 시작해 완성할 때까지 주의를 기울이며, 어려운 문제가 나타났을 때도 쉽게 포기하지 않고 스스로 해결하려고 노력하는 모습을 보인다. 또 성적이나 최종적인 결과만을 놓고 자신을 평가하거나 그에 맞추어 노력을 제한하지 않고 과제가 요구하는 것보다 더 많은 노력으로 더 나은 성취를 이루고자 한다.

성취동기는 다시 성공 추구 동기와 실패 회피 동기로 구분할 수 있다. 인간은 누구나 성공을 추구하는 동기를 가지고 있지만 동시에 실패를 회피하고자 하는 동기를 가지고 있다. 성취동기가 높은 사람은 목표 달성이 지나치게 어려운 비현실적인 과제에 도전하기보다는 중간 정도의 난이도 과제에 도전하는 경향이 두드러지고, 실패하고 있는 상황에서조차 지속적인 노력을 계속하는 특징이 있다. 반면 실패 회피 동기가 높은 사람은 위험이 높은 새롭거나 도전적인 과제를 회피하는 경향이 강하기 때문에 실패 가능성이 있는 상황에서 시도 자체를 꺼리거나 누구도 성공할 수 없는 매우 비현실적이고 무모한 시도를 하는 경향이 있다. 이는 실패와 그에 따른 결과가 성취동기보다 강력한 동기로 작용하기 때문인 것으로 해석된다.

한편 동기는 내재적 동기(intrinsic motivation)와 외재적 동기(extrinsic motivation)로도 구분할 수 있다. 내재적 동기는 개인적 흥미에 따라 도전할 만한 과제를 찾아 정복하는 과정에서 자연스럽게 능력을 발휘하게 되는 동기를 의미한다. 외재적 동기는 과제에 대한 관심이나 흥미보다는 그것을 통해 얻게 되는 이익에 의해 동기화되는 것을 의미한다. 내재적 동기가 높은 사람은 과제 자체나 그것이 가져다주는 성취감을 즐기는 반면, 외재적 동기가 높은 사람은 과제를 통해 얻게 되는 보상이나 처벌 등 자기 자신보다는 타인에 의해 제공되는 유인가의 영향을 받게 된다.

Vallerand와 Bissonnette(1992)는 학습동기를 자기결정성(self determination)의 개념으로 정리하면서 내재적 동기와 외재적 동기에 더해 무동기 상태로 구분한 바 있다. 자기결정성이론에 따르면 무동기는 자율성이 가장 낮은 상태에 해당하며, 외재적 동기는 자율성이 낮은 상태에서 외적 강압이나 보상에 의해 동기화되는 상태에 해당한다. 반대로 내재적 동기는 높은 자율성에 의해 지적 성취 및 자극을 추구하기 위해 동기화되는 상태를 의미한다. Vallerand와 Bissonnette가 구분한 학습동기를 자율성이 낮은 순서부터 정리하면 다음과 같다(임은미, 1998, 재인용).

- 무기력 단계(amotivation): 학습동기가 전혀 내면화되지 않은 상태다. 자신의 학업행동의 성과를 의심할 뿐만 아니라 성과를 내기 위한 행동을 해낼 자신조차 없다는 무기력에 빠져 목표 지향적인 행동을 전혀 하지 않으려 한다. 학생은 학습된 무기력을 느낀다.
- 외적 강압 단계(extrinsic-external regulation): 누군가가 직접적으로 보상을 주거나 통제를 가하면서 구체적인 행동을 지시할 때 행동을 수행한다. 교사나 부모 등 주요 타자의 처벌을 피하고 보상을 받기 위해 공부한다.
- 내적 강압 단계(extrinsic-introjected regulation): 스스로가 자신의 행동을 통제하지만 행동의 직접적인 통제자가 타인에서 자신으로 바뀌었을 뿐 외적 가치나 보상체계를 그대로 내면화한 단계로서 죄책감이나 긴장, 불안을 피하기 위하여 공부한다.
- 유익 추구 단계(extrinsic-identified regulation): 어떤 목표를 이루기 위해 유익한 행동을 스스로 선택하여 수행한다. 수학과목에서의 능력을 향상시키기 위해 수학 과외공부를 선택하는 것이 그 예다.
- 의미부여 단계(extrinsic-intergrated regulation): 스스로 어떤 행동을 가치 있다고 판단하여 선택할 뿐 아니라 그 결정이 자신의 자아개념, 인생관, 목적에 부합하기 때문에 행동을 수행하면서 갈등을 경험한다. 공부하면서 내적 갈등이나 긴장을 경험하지는 않는다.
- 지식 탐구 단계(intrinsic-to know): 알고 이해하고 의미를 추구하려는 욕구에 의해 공부한다. 새로운 내용을 학습하고 탐구하고 이해하는 동안에 경험하는 즐거움과 만족을 추구한다.
- 지적 성취 단계(intrinsic-to accomplish to things): 과제를 완벽하게 수행하는 데 주안점을 두며, 유능감을 느끼고 성취하고 창조하면서 경험하는 즐거움과 만족을 얻기 위해서 공부에 몰두한다. 스스로의 한계를 극복하기 위해 과제를 요구받은 것 이상의 수준으로 하려고 노력하는 것이 그 예다.
- 지적 자극 추구 단계(intrinsic-to experience stimulation): 무아지경, 흥분감, 절정 경험 등을 얻기 위해 공부한다. 자극적인 토론에서 경험하는 재미를 얻

기 위해 수업에 참여하거나 열정적이고 흥분되는 학습 내용을 통해 강렬한 지적 즐거움을 얻기 위해 독서하는 것이 그 예다.

2) 학습 무동기의 원인

학습동기가 매우 낮거나 없는 상태는 매우 다양한 원인에 의한 결과이나, 크게는 기질적 관점, 행동주의적 관점, 인지주의적 관점, 인본주의적 관점으로 구분할 수 있다.

(1) 기질적 관점

기질적 원인은 주변 세계에 대한 호기심이 부족하고 겁이 많으며 사회적 보상에 둔감하고 인내력이 낮은 기질적 특성을 생득적으로 가지고 있는 경우에 해당한다. Cloninger(1998)는 자극에 대해 자동적으로 일어나는 정서적 반응 경향으로서의 기질을 크게 자극 추구, 위험 회피, 사회적 민감성, 인내력 등으로 구분하여 유형화한 바 있다. 구체적으로 정의하면, 자극 추구는 새로운 자극이나 보상 신호에 대한 반응 및 처벌을 적극적으로 회피하기 위한 반응이며, 위험 회피는 처벌이나 위험의 신호, 보상 부재의 신호에 대한 반응이다. 그리고 사회적 민감성은 사회적 보상 신호 및 타인의 감정에 대한 민감성에서의 개인차다.

자극 추구 성향이 높은 개인은 새로운 자극에 쉽게 흥분하고 충동적으로 행동하며 주변을 활발하게 탐색하는 특성이 있는데, 이는 도파민계의 활성도가 낮기 때문인 것으로 알려져 있다. 위험 회피 성향이 높은 개인은 불확실성에 대한 공포와 예기 불안이 높아 쉽게 피로해지고 잘 동기화되지 않는 특성이 있는데, 이는 세로토닌계의 활성도가 높은 것과 관련된 것으로 보인다. 또 사회적 민감성이 높은 개인은 환경과의 상호작용에서 경험하는 쾌락과 고통에 따라 환경과의 상호작용을 지속하려는 경향이 강한 특성이 있으며, 노르에피네프린의 영향을 받는다.

지금까지의 연구는 자극 추구 성향과 도파민의 관계에 대한 연구가 주류를 이루면서 이러한 기질적 특성이 충동적인 행동이나 중독 성향 등과의 관계에서 어떤 작용을 하는지를 밝히는 데 치중해 왔다(예: 윤재희, 1998; Ebstein et al, 1996). 앞으로는 매우 낮은 자극 추구 성향이나 높은 위험 회피 성향, 낮은 사회적 민감성 등이 학습 무동기와 어떠한 관계를 맺는지에 대한 연구가 필요할 것으로 보인다.

추정컨대, 새로운 자극이나 보상 신호에 반응하는 정도가 낮아 행동이 쉽게 활성화되지 않거나(낮은 자극 추구), 처벌이나 위험 신호에 지나치게 민감하게 반응하여 행동 억제 성향이 강하거나(높은 위험 회피), 부모나 교사 등 주요 타인으로부터 제공되는 보상이나 평가에 민감하지 않은(낮은 사회적 민감성) 개인의 경우 기질적으로 낮은 동기 상태를 갖기 쉬울 것으로 기대된다.

표 10-1 개인의 기질에 영향을 미치는 신경전달물질

기질	특성	신경전달물질
자극 추구 (novelty seeking)	새로운 자극이나 보상 신호에 대한 반응 및 처벌을 적극적으로 회피하기 위한 반응	도파민
위험 회피 (harm avoidance)	처벌이나 위험의 신호, 보상 부재의 신호에 대한 반응	세로토닌
사회적 민감성 (reward dependence)	사회적 보상 신호 및 타인의 감정에 대한 민감성	노르에피네프린

(2) 행동주의적 관점

행동주의적 관점에서 동기는 강화와 벌에 의해 설명된다. 행동주의에 따르면 동기는 식욕이나 성욕과 같은 기본적인 생리적 욕구를 해소하고자 하는 경향성에 의해 유발되는데, 이러한 생리적 욕구를 해소시킬 수 있는 음식과 같은 강화물은 일차적 강화물에 해당한다. 그리고 일차적 강화물과 연합된 사건은 이차적 강화물이 된다. 예컨대, 음식을 주면서 머리를 쓰다듬는 경우는 머리를 쓰다듬는 것이 이차적 강화물이 된다.

행동주의적 관점에서는 학습동기 역시 일차적 강화물 혹은 이차적 강화물이

제공될 때, 다시 말해 외재적 강화물이 있을 때나 벌과 같은 불쾌한 자극을 피할 수 있을 때 형성되는 것으로 기대된다. 마찬가지의 원리로 학습 무동기는 외부로부터 적절한 강화가 주어지지 않거나 학습을 하지 않았을 때 받게 되는 벌의 정도가 낮은 상태가 지속될 때 발달할 수 있다. 앞서 살펴본 Vallerand와 Bissonnette(1992)의 학습동기 구분에 따르면, 자율성이 낮은 개인은 내재적 동기보다는 무동기 혹은 외재적 동기 단계에 머물러 있기 쉬우므로 적절한 강화와 벌을 통해 학습동기를 높여야 할 것이다.

(3) 인지주의적 관점

학습동기에 대한 인지주의적 관점은 귀인이론(attribution theory)과 학습된 무력감(learned helplessness)으로 나누어 설명될 수 있다.

귀인은 성공 혹은 실패에 대한 원인을 찾는 과정에서 나타나는 경향성을 의미한다. 귀인이론은 인간은 누구나 자신에게 일어난 어떠한 사건이나 결과가 어떠한 이유에서 일어났는지를 알고자 하며, 각기 다른 방식으로 그 원인을 찾는다고 가정한다. 귀인이론은 개인이 성공 혹은 실패를 귀인하는 방식을 원인의 소재, 안정성, 통제 가능성 차원으로 구분해서 설명하고 있다(Weiner, 1984).

우선 원인의 소재는 성공 혹은 실패의 원인을 개인 내부에서 찾느냐 혹은 외부에서 찾느냐에 따라 구분된다. 개인 내부 원인에는 능력, 노력, 건강 등이 포함되며, 외부 원인에는 운, 타인, 난이도 등이 포함된다. 원인의 안정성은 원인이 시간과 장소에 따라 쉽게 변화하느냐 그렇지 않느냐에 따라 구분된다. 시간과 장소의 영향을 많이 받아 안정성이 떨어지는 것으로 분류되는 원인에는 노력, 기분, 운 등이 있으며, 시간 및 장소의 영향을 덜 받아 비교적 안정적인 것으로 분류되는 원인에는 능력, 난이도 등이 있다. 마지막으로 원인의 통제 가능성은 개인의 의지에 따라 변화 가능하느냐 그렇지 않느냐에 따라 구분된다. 개인의 의지에 따라 통제 가능한 원인의 예로는 노력이 대표적이고, 통제 불가능한 원인의 예로는 능력, 운, 난이도가 대표적이다.

일반적으로 무동기 혹은 낮은 동기는 실패에 대한 귀인을 개인 내부보다는 외부의 안정적인 요인에서 찾으며, 자신이 그 결과를 변화시킬 수 없다고 믿는 것과 관련이 있다. 학습된 무력감은 거듭된 실패 경험으로 인해 자신의 반응이 혐오 자극에 어떠한 영향도 미칠 수 없다는 것을 사전에 학습한 결과에서 기인한다(Seligman & Maier, 1967). 학습자의 경우 기대에 못 미치는 낮은 성적과 같은 결과를 자주 경험하면서 자신의 노력 여하가 성적 변화를 이끌 수 없다는 믿음을 갖게 되면 성적 향상을 위한 어떠한 노력도 하지 않는 무동기 상태에 쉽게 빠질 수 있다.

자신의 노력이 성적에 어떠한 영향도 미칠 수 없다는 사실에 대한 기대는 학습자로 하여금 결과를 통제하려는 기대를 감소시킬 뿐더러, 노력이 성적 변화를 이끌 수 있다는 사실을 경험을 통해 학습할 기회마저 박탈하게 된다. 이는 노력 후에 실망을 경험하느니 차라리 노력하지 않고 실망 역시 경험하지 않겠다는 학습자의 또 다른 선택의 결과이기도 하다. 또한 노력에 대한 결과가 실패로 나타나는 경험이 외상적인 경우, 즉 전혀 예상하지 못했던 큰 실패를 경험할 경우, 학습자는 결과에 대한 통제 가능성에 대한 자신감을 급격히 상실하고 무기력해져서 쉽게 우울 상태에 이를 수 있다.

개를 비롯한 다양한 동물뿐만 아니라 인간을 대상으로 하여 광범위하게 이루어진 후속 연구에 따르면, 자신이 통제할 수 없는 부정적 결과를 경험한 모든 동물이 학습된 무력감에 빠지는 것은 아니며, 특히 인간의 경우 반응과 결과 간의 무관성을 인지적으로 평가한 결과에 따라 무기력 정도가 달라진다는 것을 알 수 있다. 즉, 현재의 실패 경험을 인지적으로 해석하는 과정에서 자신이 결과를 통제할 수 없다는 것과 함께 그 결과가 미래에도 여전히 통제 불가능할 것이라는 믿음을 형성할 때 무기력과 우울에 빠지게 되는 것이다.

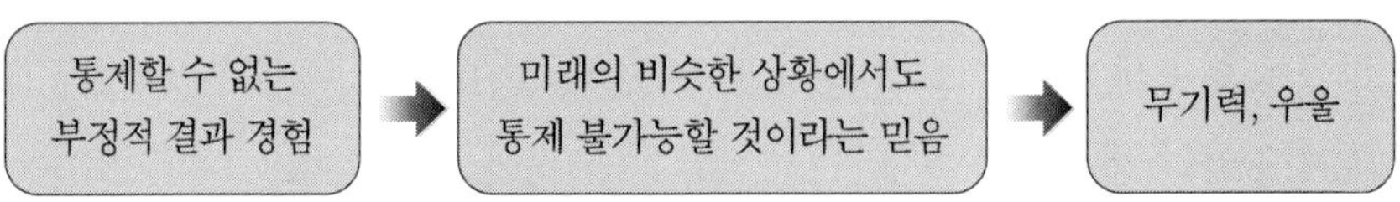

[그림 10-1] 학습된 무기력 과정

이러한 믿음은 기대와 다른 부정적 결과에 대한 귀인 성향의 영향을 받게 된다. 즉, 불안정 · 내적 요인(노력)보다 안정적 · 내적 요인(지능)이나 안정적 · 외적 요인(난이도), 안정적 · 내적 요인(운) 등에 더 자주 귀인하게 되면 무력감을 더 많이 느껴 무동기에 이르기가 쉽다.

(4) 인본주의적 관점

인본주의적 관점에서 동기는 자신의 잠재력을 최대한 실현하기 위한 개인의 경향성으로 설명된다. 대표적인 인본주의 학자인 Maslow(1970)는 인간이 보편적으로 가지고 있는 욕구에는 일정한 위계가 있으며, 하위 욕구가 충족되어야만 상위 욕구가 발생한다고 주장하며 욕구위계이론을 제안하였다.

- **생리적 욕구**: 욕구 위계의 맨 아래에 위치한 인간의 가장 기본적인 욕구로 공기, 물, 음식, 휴식 등을 포함한다. 배고픔이나 갈증, 피곤 등이 누적되어 있을 경우 상위 욕구가 발달하지 못한다.
- **안전의 욕구**: 예측 불가능한 상황이나 위험한 상황을 피하려고 하는 경향, 두려운 타인이나 익숙하지 못한 상황에 접근하지 않으려는 경향 등을 의미한다. 특히 전쟁, 질병, 천재지변 등의 상황뿐만 아니라 심리적 불안이 큰 환경에서도 안전의 욕구가 크게 자리하게 된다.
- **소속과 애정의 욕구**: 자신이 속한 집단에서 소속감을 느끼고 타인과 애정의 관계를 맺고자 하는 욕구다. 아동의 경우 학교나 가정에서 중요한 구성원으로 인식되고 다른 구성원과 원만한 관계를 유지하는 것을 통해 획득될 수 있다.
- **자존의 욕구**: 자신을 가치 있는 사람으로 인정받고자 하는 욕구다. 자존의 욕구가 충족되면 자신감, 유용감, 가치감 등을 갖게 되지만, 그렇지 못한 경우 열등감, 무력감, 허탈감에 빠지게 된다.
- **지적인 욕구**: 자신의 주변을 둘러싸고 있는 세계에 대해 알고자 하는 호기심과 탐구심을 의미한다. 이 욕구가 강할 때 인간은 서로 다른 사상(事象)을

연결하고 조직하고 체계화하여 분석하는 지적인 활동을 수행하게 된다. 학습에 대한 동기는 지적인 욕구와 관련되는데, 하위 단계의 욕구가 충족되지 않은 상태에서 지적인 욕구가 발현되기를 기대하기는 어렵다.

- 심미적 욕구: 아름다움과 완전함을 추구하고자 하는 욕구로 예술품이나 완벽한 아름다움을 추구하고자 한다.
- 자기실현의 욕구: 인간의 욕구 위계 중 가장 높은 단계에 속하는 것으로 자기 자신이 잠재적으로 실현 가능한 모든 것을 발현하고자 하는 욕구다.

Maslow는 이 중 하위의 4개 욕구를 결핍 욕구로, 상위의 3개 욕구를 성장 욕구로 구분하였다. 결핍 욕구가 부족한 것(음식, 안전, 사랑, 자존감 등)을 확보하기 위해 행동한다면 성장 욕구는 보다 나은 상태를 만들기 위해 행동한다는 차이가 있다.

여기서 눈길을 끄는 것은 지적인 욕구는 성장 욕구에 속한 반면, 소속과 애정의 욕구, 자존의 욕구는 결핍 욕구에 속한다는 것이다. 이는 자신이 속한 집단에서 사랑과 인정을 받으면서 스스로에 대해 괜찮은 사람이라는 믿음이 자리할 때 지적인 욕구가 발현될 수 있으며 집중력 또한 발휘될 수 있음을 의미한다.

하위 욕구가 충족되어 지적 욕구에까지 이른 개인은 높은 학습동기를 갖게 되지만, 하위 욕구가 충족되지 않는 개인은 하위 욕구를 먼저 충족시키고자 하는 경향성을 갖기에 학습에는 무관심할 수밖에 없게 된다. 실제로 많은 학습자는 지적 욕구에 의해 동기화되기보다는 자존의 욕구(예를 들어, 다른 사람에게 무시당하지 않기 위해)나 소속과 애정의 욕구(예를 들어, 부모나 친구의 인정을 받기 위해)를 충족하기 위해 동기화되어 있다. 이런 경우 학업을 통해 그 욕구가 충족될 수 없다는 것을 경험하거나(예를 들어, 높은 성적을 받아도 부모의 인정을 받을 수 없는 경우), 학업 이외의 것으로 그 욕구를 충족시킬 수 있게 되었을 때(예를 들어, 비행청소년 집단에서 소속과 애정의 욕구를 채우게 되는 경우) 쉽게 학습 무동기에 이를 수 있다.

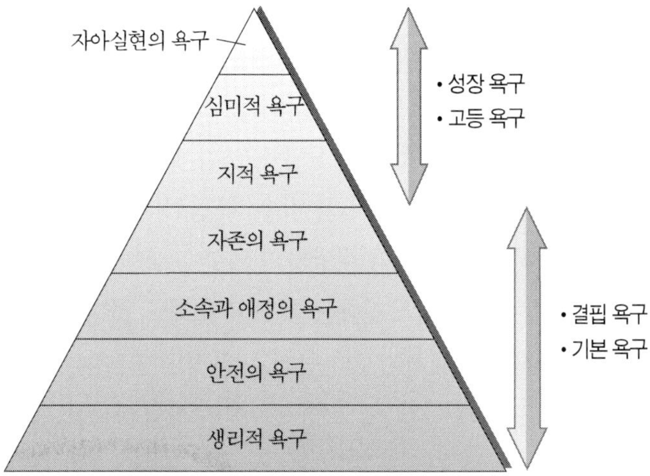

[그림 10-2] Maslow의 욕구위계 모형

2. 학습 무동기에 대한 학습상담 절차

1) 상담관계 형성과 상담 구조화

학습에 대한 동기가 낮은 내담자는 학습뿐만 아니라 일상생활 전반에 대한 동기가 낮은 경향이 있다. 때문에 공부에 흥미를 보이지 않는 것은 물론, 일상생활 전반에서 별다른 흥밋거리를 찾지 못한다. 전반적으로 활력 수준이 낮으며 대인관계를 시작하거나 유지하고자 하는 노력도 게을리 하고 외모도 잘 가꾸지 않는다. 그렇기에 상담 장면에서도 쉽게 동기화되지 않는다. 또한 그들은 학습동기가 낮은 자신의 상태에 대한 문제의식을 가지고 있지 않는 경우가 많아, 자발적으로 상담을 희망하기보다는 부모나 교사에 의해 강제적으로 상담에 참여하게 되는 경우가 많다.

이러한 이유로 학습동기가 낮은 내담자와는 신뢰 있고 안정적인 상담관계를 맺는 것이 쉽지 않다. 그들은 상담에 자주 빠지거나 늦으며 상담 활동에도 소극적으로 반응해서 상담자를 쉽게 지치게 만들고, 상담자와의 힘겨루기 상황을 자주 조장하게 된다.

그러므로 상담자는 상담 초기의 상담 구조화에 특히 힘써야 한다. 내담자와 보호자가 동석한 상황에서 상담시간, 비용, 불참이나 지각 시의 불이익 등을 분명히 전달하여야 하며, 상담자와 내담자의 역할을 설명하는 과정에서 상담의 효과가 내담자에 의해 크게 달라진다는 것도 강조해야 한다. 또한 상담자는 내담자의 변화를 조급하게 기대하기보다는 라포 형성에 힘쓰며, 작지만 측정 가능한 여러 목표를 함께 달성해 나갈 수 있게 장기적인 상담계획을 수립해야 한다.

2) 학습 문제의 진단

학습 무동기와 관련된 진단은 주로 동기, 불안, 자아개념 등의 정의적 영역에 대한 평가에 주로 의존하게 된다. 비구조화된 면접과정에서는 문장완성검사가 주로 활용되고, 표준화된 심리검사로는 청소년용 다면적 인성검사(MMPI-A; 마음사랑, 2005), 청소년용 기질 및 성격 검사(JTCI; 마음사랑, 2004) 등이 활용된다.

(1) 문장완성검사

문장완성검사(Sentence Completion Test: SCT)는 가족, 이성, 대인관계, 자아개념 등의 대표적 영역에 대한 다수의 미완성 문장을 제시하고 그에 답하는 사람이 자기 생각대로 완성하게 하는 검사다. 이는 자유연상 검사의 일종이다. 문장완성검사는 답하는 사람의 욕구, 내적갈등, 환상, 감정, 태도, 야망, 적응의 어려움 등을 파악하고자 할 때 효과적이다.

문장완성검사는 문장에 나타난 감정적 색채나 문장의 맥락 등을 통해서 답하는 사람의 태도, 그가 주의를 쏟고 있는 특정 대상이나 영역이 보다 잘 제시될 수 있으며, 검사에 답하는 사람에게 반응의 자유와 가변성도 허용할 수 있는 강점을 가진 것으로 평가되고 있다.

(2) 다면적 인성검사

한국판 다면적 인성검사-청소년용(한국판 MMPI-A)은 1992년 미국에서 개발된 MMPI-A를 우리나라 상황에 맞추어 한국어로 번역하고 표준화 작업을 거쳐 개발한 것이다.

MMPI-A의 임상 척도는 10개(건강염려증, 우울증, 히스테리, 반사회성, 남성-여성성, 편집증, 강박증, 정신분열증, 경조증, 내향성 등)로 구성되어 있다. 임상 척도를 해석할 때는 임상적인 유의미성을 결정하는 수준으로 T점수 65점이 권장된다. 즉, T점수가 65 이상일 경우 임상적으로 의미 있는 상승이라고 간주할 수 있으며, 해당 척도에 대한 기술 내용을 그 개인에게 더 확신 있게 적용할 수 있다. 반드시 고려해야 할 점은 T점수가 65점을 넘는다고 해서 척도와 관련된 모든 해석이나 상관 결과가 특정 개인에게 다 적용되지는 않는다는 점이다. MMPI-A의 임상 척도는 개별 척도 각각의 해석이 중요한 것이 아니며, 척도 간의 상관관계를 보는 것이 필요하다.

(3) 청소년용 기질 및 성격 검사

기질 및 성격 검사(Temperament and Character Inventory: TCI)는 미국 워싱턴 대학교 교수인 Cloninger(1998)의 심리생물학적 인성 모델에 기초하여 개발된 검사로서 개인의 기질 및 성격을 측정하기 위한 것이다. 기질을 측정하는 4개의 척도와 성격을 측정하는 3개의 척도를 포함하여 모두 7개의 기본 척도로 이루어져 있다.

Cloninger의 심리생물학적 인성 모델에서는 인성(personality)을 이루는 두 개의 큰 구조로서 기질(temperament)과 성격(character)을 구분하고 있다. TCI는 기존의 다른 인성검사와 다르게 개인의 기질과 성격을 구분하여 측정할 수 있다는 데 큰 장점이 있다. 이와 같이 기질과 성격을 분리함으로써 인성 발달에 영향을 미친 유전적 영향과 환경적 영향을 구분하여 인성 발달과정을 이해하는 것이 가능해졌다.

TCI를 통해 측정되는 네 가지 기질 차원은 자극 추구, 위험 회피, 사회적 민감성, 인내력의 차원이고, 세 가지 성격 차원은 자율성, 연대감, 자기 초월의 차원이다. 이러한 일곱 가지 기질과 성격의 차원은 상호작용하면서 개인이 삶의 경험에 대해 적응해 가는 고유한 양상을 만들어 내고, 정서장애 및 행동장애에 대한 취약성에 영향을 미친다는 가정하에 검사를 해석하고 상담에 활용할 수 있다.

3) 상담목표의 설정

학습 무동기 내담자와의 상담관계에서 궁극적인(혹은 장기적인) 상담목표는 학습동기 및 학업성취도 향상이 되겠지만, 그에 도달하기 위해서는 내담자의 특성 및 상황에 따라 다양한 단기, 중기 목표 설정이 필요하다.

단기 목표의 경우, 학교 성적과 관련성이 없거나 적더라도 일상생활에서 자신의 노력으로 작은 변화를 일으킬 수 있는 것으로 설정하는 것이 바람직하다. 학습 무동기 내담자의 상당수는 학습을 포함한 일상생활에서 거듭된 실패를 경험하였기에 자신의 행동이 외부 환경에 적극적인 변화를 일으킬 수 있다는 믿음이 약하다. 이로 인해 노력 자체를 회피하고 무동기 상태에 머물러 성공 경험의 기회가 제한되는 악순환에 빠지기 쉽다. 그러므로 학교에 지각하지 않기, 매일 영어 단어 10개씩 외우기 등과 같이 비교적 실천이 용이한 작은 목표를 하나씩 성취하고 추가하는 과정을 통해 일상생활 전반의 무력감과 무동기 상태를 변화시키는 것이 필요하다.

중기 목표는 학습과 관련된 성공 경험에 초점을 맞추는 것이 바람직하다. 학습 무동기 내담자의 경우 성적 저하의 원인을 자신의 낮은 인지적 능력으로 귀인하는 경향과 실패 회피 동기가 강하다. 즉, 노력을 했음에도 성적이 나오지 않을 경우 경험해야 할 무능감과 좌절감을 회피하기 위해 애초에 노력 자체를 하지 않는 특성을 보이는 것이다.

이러한 내담자에게는 학업에서의 실제적인 성공 경험을 통해 귀인 성향을 변화시키고 성취동기를 고무시키는 과정이 필요하다. 즉, 내담자가 비교적 자신 있어 하는 과목이나 상대적으로 성적을 올리기 쉬운 한두 개 과목을 집중 공략하여 실제로 성적이 오르는 경험을 하게 되면 학습에 대한 동기가 상승하게 되는 것이다.

4) 개입전략 설정 및 개입

(1) 점진적 변화 기대

학습 무동기 내담자의 상당수는 학습에서의 거듭된 실패로 인한 좌절과 무력감을 경험하고 있기 때문에 우울, 불안과 같은 이차적 문제를 가지고 있거나, 가족이나 또래 관계 문제가 복합적으로 나타나는 경우가 많다. 또한 그들은 상담 자체에 대해 회의적이거나 방어적인 태도를 보이기 쉽다. 이러한 이유로 학습 무동기 내담자와의 상담에서는 변화가 매우 더디게 일어난다. 내담자와의 신뢰 있는 관계 형성 자체가 어려운 경우도 있고, 심리상담이나 가족상담을 병행해야 하는 경우도 있다.

그러므로 상담자 자신이 우선 조급한 마음을 버려야 한다. 상담자는 측정 가능하고 작은 변화를 단기 상담목표로 잡아 하나씩 성취해 나가되, 절대 일상생활 전반에서의 활력이나 성적 향상 등의 근원적인 변화를 단기간 내에 기대해서는 안 된다. 또한 이러한 내담자의 상태와 상담 전반에 대한 상담자의 계획을 상담 시작 전은 물론 상담과정 중간에 보호자에게 알려야 한다. 그래야만 보호자는 작은 변화에 주목할 수 있고 긴 시간 동안 인내할 수 있다.

(2) 귀인양식의 변화

귀인양식, 즉 사건이나 행동의 결과에 대한 원인을 탐색하는 심리적 경향은 인간 행동 및 동기에 영향을 미칠 뿐만 아니라 교육을 통해 변화 가능하다는 점에서 주목을 받는다. Weiner(1984)는 〈표 10-2〉와 같이 학습과 관련된 귀인양식을 원인의 소재, 안정성, 통제 가능성을 기준으로 구분하였다. 이 중에서도 내적으로 통제 가능하면서 불안정한 특성을 갖는 노력에 귀인하는 것이 학습동기를 높이는 데 가장 큰 기여를 하는 것으로 보고되고 있다.

표 10-2 Weiner의 귀인양식 구분

	원인의 소재	안정성	통제 가능성
노력	내적	불안정적	통제 가능
능력	내적	안정적	통제 불가능
운	외적	불안정적	통제 불가능
난이도	외적	안정적	통제 불가능

학습동기를 높이기 위한 귀인양식 변화 프로그램은 공통적으로 실패 상황에서의 귀인 피드백 변화에 초점을 맞추고 있다. 기대에 못 미치는 결과에 대한 귀인과정에서 기존의 능력이나 운, 난이도가 아닌 노력에 귀인하도록 귀인 피드백을 변화시킴으로써 노력과정에서의 비효율성이나 문제점을 분석하고 변화시키도록 유도하는 것이다.

성공에 대한 귀인양식의 경우 운이나 난이도 같은 외적 귀인보다는 노력이나 능력과 같은 내적 귀인이 더 바람직하다는 데 이견이 없다. 하지만 성공 시에는 능력 귀인이 노력 귀인에 비해 자존감과 효능감을 더욱 향상시킨다는 의견과 성공이나 실패 상황 모두 능력보다는 노력에 귀인하는 것이 바람직하다는 의견으로 나뉜다.

(3) 성공 경험의 확대

내담자에게 성공 경험은 자신에 대한 인식을 변화시키고 동기 수준을 높여 준다. 내담자에게 성공 경험을 확대시키기 위해서는 내담자가 성공할 수 있는 적절한 수준의 학습목표를 설정해야 한다. 학습동기가 낮은 내담자일수록 누구나 성취할 수 있는 아주 낮은 목표나 매우 달성하기 힘든 매우 높은 목표를 설정하는 경향이 강하므로, 내담자의 현재 능력과 노력 정도를 파악하여 적절한 수준의 학습목표를 설정할 수 있도록 도와야 한다. 이를 위해서는 목표를 설정할 때 (전 과목 평균 3점 올리기, 반 석차 15등 안에 들기 등) 통제 불가능한 변수가 많은 목표보다는 목표 달성을 위해 해야 할 노력의 정도와 방향이 분명하고 성취하기 쉬운 목표(사회 점수 5점 올리기, 영어 수행평가 B 이상 받기 등)를 설정하는 것이 바람직하다.

또한 내담자에게 성공을 자신의 노력에 의해 이루었음을 인식시켜야 한다. 동기 수준이 낮은 내담자일수록 성공에 영향을 미친 요인을 자기 내부보다는 외부에서 찾는 경향이 강해 '문제가 쉬워서 누구나 시험을 잘 봤다' '이번에는 운이 좋아서 예외적으로 좋은 결과가 나온 것이다'와 같이 난이도나 운으로 귀인하기 때문에 이를 변화시켜야 한다. 즉, '문제집을 풀기 전에 교과서 훑어보기를 한 덕분에 성적이 올랐다' '틀린 문제를 지나치지 않고 다시 한 번 풀어서 완벽하게 이해하고 넘어간 것이 시험에서의 실수를 줄이는 데 도움이 되었다' 등과 같이 노력에 귀인할 수 있게 해야 하는 것이다.

5) 사례관리

학습 무동기를 나타내는 내담자 중 일부는 우울하고 침체된 기분을 지속적으로 경험하는 등의 심각한 심리적 문제를 동반하기도 한다. 따라서 지속적인 심리상담과 함께 학습 문제를 다루는 것이 좋다. 그들은 또한 학습을 포함한 일상생활 전반에서 흥미 결여와 낮은 동기 상태를 나타내기 쉬우므로 학교 및 가정에서의 생활이 규칙적이고 활력적으로 이루어질 수 있게 생활관리를 해 주어야 한다. 부모 등과의 협력적 관계 형성을 통해 규칙적인 수면 및 식습관을 갖게 하고 적절한 수준의 운동과 외부 활동을 하도록 하여 내담자 혼자 침체되고 고립된 생활을 하지 않도록 주의를 기울여야 한다.

제11장
웹 기반 학습상담

학습목표

1. 학습부진의 유형을 구분하고 그 특성을 이해할 수 있다.
2. 학습전략 프로그램의 종류와 프로그램 구성의 공통 요소를 이해할 수 있다.
3. 학습전략 프로그램의 실제 주요 내용을 파악하고 프로그램 효과를 확인함으로써 적용에 도움이 되는 시사점을 이해할 수 있다.

이 장의 구성

웹 기반 학습상담

웹 기반 학습상담 프로그램의 개발	웹 기반 학습상담 프로그램의 구성	웹 기반 학습상담 프로그램의 효과
• 웹 기반 학습상담 프로그램 개발 개요	• 내용 구성 • 웹 기반 설계 및 프로그램 구현	• 프로그램 효과 영향 요인 • 웹 기반 학습 프로그램 효과 • 웹 기반 학습 프로그램의 효과 연구에 기초한 시사점

웹 기반 학습상담 프로그램은 대체로 학습자의 통제성이 강조된다. 따라서 학습자가 제시된 학습자료에 대해 자신의 관심과 학습 요구에 맞게 학습 내용, 전략, 연습 문제 등을 선택하고, 자신의 학습 속도에 맞게 학습을 진행하면서 학습과정에 대해 다양한 통제권을 가질 수 있다. 컴퓨터 기반의 상호작용적인 학습환경을 더욱 촉진할 수 있도록 프로그램을 구성하는 것이 효과적인 프로그램 개발의 핵심이 될 것이다. 또한 교수(instruction)와 교수 내용의 관계와 마찬가지로, 학습상담과 상담을 통해 전달되는 내용은 그것을 전달하는 데 사용되는 기술적 효과와 분리되기 어려울 것이다. 이 장에서는 웹 기반 학습상담 프로그램 개발과정 및 구성 그리고 프로그램 효과에 대하여 다루도록 하겠다.

1. 웹 기반 학습상담 프로그램의 개발

컴퓨터 기반의 학습상담 환경은 웹을 기반으로 함으로써 더욱 증진될 수 있다. 웹 기반 학습(web-based instruction)은 컴퓨터 기반 학습에 비해 내담자에게 다음과 같은 이유에서 더 큰 통제력을 제공할 수 있다. 첫째, 학습 내용의 관리가 네트워크를 통해 이루어지기 때문에 시공간적 제약이 줄어든다. 둘째, 이를 통해 상담자가 도움을 주고자 하는 학습 내용의 관리가 더욱 효율성을 얻게 되고, 학습에 대한 내담자의 자기통제 범위가 더욱 확대된다. 셋째, 네트워크에 접속함으로써 웹 기반 학습의 진행이 가능하다는 점에서 분리된 개별 컴퓨터 기반 학습에 비해 수용 가능한 학습상담의 대상이 넓어진다. 매체의 측면에서만 볼 때, 학교와 상담실에서 찾아볼 수 있는 대부분의 문서자료와 그러한 정보의 활용에 필요한 도구는 의지와 재정만 충분하다면 컴퓨터 기술에 의해 얼마든지 대체될 수 있다는 생각이 크게 확산되고 있다(Winne & Stockley, 1998).

웹 기반 학습상담 프로그램이 대체로 학습자 스스로 학습하도록 구성된다는 점에서, 이러한 프로그램의 구성과 개발에 대한 연구는 주로 자기조절학습 프로그램의 개발에 초점이 맞추어져 왔다. 따라서 이 절에서는 웹 기반 학습상담 프로그램의 개발 내용을 더 구체화시켜 자기조절학습 프로그램 개발과정을 중심으로 하여 세부 내용을 살펴보겠다.

웹 기반 학습상담 프로그램을 개발하기 위해서는 내용 구성, 웹 기반 설계, 그리고 프로그램의 구현을 포함하는 일련의 전략적 단계를 거치게 된다. 교수-학습 과정에서와 마찬가지로 학습상담에서도 궁극적인 목표 가운데 하나는 내담자가 독립적으로 적응적 학습을 수행할 수 있게 돕는 것이다. 따라서 웹 기반 학습상담 프로그램에서는 자기조절학습을 강화할 수 있는 요소를 각 전략적 단계마다 최대한 포함시켜야 한다. 우선 내용 구성 단계에서는 프로그램이 목표로 하는 자기조절학습의 하위 요소를 식별하여 정리한다. 이 단계에서는 이론적인 하위 구성 개념을 충실히 포함함으로써 구성타당도를 최대한 높여야 한다. 그리고 선행 프로그램에서 고려한 효과적 요소를 충분히 고려하여 포함시킬 요소의 범위를 결정해야 한다.

둘째, 웹 기반 설계 단계에서는 이론적 구인의 연결을 결정하고 학습자의 프로그램 사용 경로를 예측하여 하나의 프로그램 흐름 체계를 작성한다. 학습상담 프로그램을 대면 상황에서 실시하는 경우에는 회기별로 정해진 활동을 순차적으로 진행하면 된다. 그러나 웹 기반 프로그램을 만들 때에는 단선적인 방식으로 요소들을 나열하는 것만으로는 곤란하다. 웹 기반 학습상담 프로그램의 하위 요소와 이를 구현한 기능이 어떤 흐름으로 연결될지에 대한 여러 직선적 경로와 순환 구조를 만들어야 하며, 경우에 따라서는 효과적인 사용 흐름을 결정하여 하나의 체계를 구성할 수 있어야 한다.

셋째, 프로그램의 구현 단계에서는 내용 및 구성 요소를 프로그램 흐름의 설계에 기초해 학습자가 사용하게 되는 인터페이스상의 기능으로 구현해 낸다. 이 때에는 이론적 구인의 기능적 구현, 구현된 기능에 대한 사용자 편의, 시각적 부담을 줄이고 식별을 촉진시킬 수 있는 화면 디자인 등을 함께 고려해야 한다. 다음 절에서는 이상의 내용에 대해 좀 더 구체적으로 살펴보겠다.

2. 웹 기반 학습상담 프로그램의 구성

1) 내용 구성

앞서 웹 기반 학습상담 프로그램을 개발하기 위해서는 내용 구성, 웹 기반 설계, 그리고 프로그램의 구현을 포함하는 일련의 전략적 단계를 거치게 됨을 언급하였다. 따라서 웹 기반 자기조절학습 프로그램을 구성하고자 할 때는 내용 구성 측면에서 자기조절학습을 구성하는 요소를 먼저 살펴보아야 한다.

자기조절학습의 선행 연구에 기초해 볼 때, 자기조절학습의 개념은 인지전략, 동기조절, 행동조절과 더불어 학습환경의 영역을 포괄한다(양명희, 2000; Bandura, 1986; Schunk, 1990; Zimmerman, 1990). 그러나 자기조절학습의 설계전략에 대한 선행 연구는 대부분 자기조절학습의 일반적인 구성을 언급하는 데 치중되어 있다. 따라서 매체를 적용한 자기조절학습 프로그램의 설계전략과 구성 과정, 즉 매체의 특성과 자기조절학습이 상호작용할 수 있도록 프로그램을 구성하는 문제를 다룬 연구는 많지 않다. 웹 또는 컴퓨터 인터페이스를 활용한 자기조절 프로그램의 설계전략과 관련된 선행 연구의 대부분이 매체를 적용할 때 구현되어야 할 요소를 중심으로 설계전략을 언급하고 있다.

신민희(1999)는 그러한 내용을 종합하여 웹 기반 자기조절학습 프로그램의 구성전략을 제시하고 있다. 그 프로그램의 구성전략에는 ① 학습자의 전략적 행동능력을 향상시키는 학습 내용 제공하기, ② 학습자의 확신 키우기, ③ 모델링-코칭-용암(modeling-coaching-fading) 방법 적용하기, ④ 전략에 대한 정보 제공하기, ⑤ 자기 반영(self-reflection) 촉진을 위한 질문하기, ⑥ 학습 지도 혹은 조력 활동의 제공의 여섯 가지가 포함된다. 이를 구체적으로 살펴보면 다음과 같다.

• 학습자의 전략적 행동능력을 향상시키는 학습 내용 제공하기: 학습자가 자율적으

로 의사결정을 내릴 수 있도록 학습 내용을 융통성 있고 선택 가능한 형태로 제공하는 것이 필요하다(Lin, 1994; McCombs, 1984).

- 학습자의 확신 키우기: 학습과정에 대한 자기조절 능력을 개발하기 위한 표준적인 처방은 효율적인 교수과정을 통해 자기 확신을 얻도록 하는 것이다(Lebow, 1995). 이를 위해서는 특정 전략을 사용하는 것의 유용성 혹은 가치를 강조하여 제시하는 활동이 요구된다.
- 행동주의적 방법 적용하기: 전문가 혹은 우수한 학습자의 방법을 내면화시키도록 하기 위한 것이다. 구체적인 방법에는 모델링-코칭-용암의 과정이 있다(Volet, 1991). 모델링은 우수한 학습자의 높은 수준의 전략 사용과 학습과정을 학습자가 사용해 보도록 촉진하기 위한 과정이다. 코칭은 학습자에게 자신에게 적합한 전략과정을 선택해서 사용해 보도록 기회를 제공하는 과정이다. 그리고 용암은 학습자가 스스로 이러한 연습을 계속하도록 허용하는 과정이다.
- 전략에 대한 정보 제공하기: 학습자에게 세부 전략, 즉 과제 분석, 모니터링, 과제량 혹은 수준 선택, 평가 및 재선택의 과정을 경험하는 것이 필요하다는 점이 강조된다(Merrill, 1980; Schmitt & Newby, 1986; Zimmerman, 1990). 이를 위해 학습과정에서 전략 사용의 이유, 연습 기회, 학습 내용과 예시, 연습 문항 등을 가지고 전략을 직접 사용해 볼 수 있는 기회를 포함시킬 것이 제안된다.
- 자기 반영 촉진을 위한 질문하기: 자기 반영은 상위인지적 지식과 자기조절의 핵심적인 구성 요소인 상위인지의 조절을 서로 연결시키는 역할을 하는 것이다(Ertner & Newby, 1996).
- 학습 지도 혹은 조력 활동 제공하기: 앞에서 지적했듯이, 자기조절학습은 궁극적으로 독립적인 학습을 하게 되는 것이지만 이론가들은 학생들의 자기조절 능력을 향상시키기 위해서 다른 학습자와의 상호작용이 필요하다는 점을 지적하고 있다(Henderson, 1986). 교수자 또는 우수한 또래 학습자와의 협력적인 상호작용은 학습의 효과를 높인다(Henderson, 1986). 구체적으로

학습 지도와 조력 활동에는 '힌트 제공'이 포함될 수 있는데, 힌트에는 학습 내용에 대한 정보 제공뿐만 아니라 이미 익힌 학습전략을 회상하여 사용하도록 촉진하는 기능이 포함된다.

신민희(1999)가 제시한 이러한 설계 원리는 여러 선행 연구를 정리한 것으로 어떤 기준이나 틀에 의해 자기조절학습 프로그램의 구성 요소를 의도적으로 나눈 것이 아니다. 그러나 학습자의 전략적 행동능력을 향상시키는 학습 내용 제공하기, 모델링-코칭-용암 방법의 사용, 전략에 대한 정보 제공하기, 자기 반영 촉진을 위한 질문하기, 학습 지도 혹은 조력 활동 제공하기는 다른 연구자들이 제시한 설계전략의 내용과 일부 일치하고 있다.

2) 웹 기반 설계 및 프로그램 구현

이상의 내용이 주로 프로그램에서 포함해야 할 구성 요소에 대한 설명이라면, 다음에서 제시하는 임철일(2001)의 프로그램 개발전략은 자기조절학습 프로그램을 웹으로 구성하는 데 있어서 내용 구성과 설계 모두를 포함한 정보를 제공하고 있다. 특히 자기조절학습의 요소를 웹에서 기능할 수 있는 형태로 구현하는 과정과 전략을 세분하여 단계별로 제시하고 있다.

(1) 웹 기반 자기조절학습 프로그램 개발단계

임철일(2001)은 Zimmerman과 Martinez-Pons(1986)가 제시한 자기조절학습 전략의 요소, 즉 자기평가, 조직과 변환, 목표 설정과 계획, 정보 추구, 기록 유지와 저장, 환경 구성, 자기 중요성, 암송과 기억, 친구나 교사 및 다른 성인으로부터 도움 구하기, 시험지나 공책 및 교과서 요약하기 등 총 14개 범주에 기초하면서 동시에 자기조절학습의 구조적 요소를 중심으로 하여 프로그램에서 구현될 구성 요소를 제시하고 있다. 그리고 이러한 구성 요소를 포함해 학습자에게 전달하게 될 시스템의 구성을 ① 자기조절학습 능력 모형의 선정/재정의, ② 웹

표 11-1 웹 기반 자기조절학습 프로그램 개발단계와 수준

단계	활동	
1단계	자기조절학습 능력 모형의 선정/재정의	
2단계	웹 기반 자기조절학습 프로그램의 하위 설계전략 도출	
3단계	구현 복잡성에 따른 수준의 구분	1수준: 자기조절학습에 관한 일반적인 안내 수준의 전략
		2수준: 학습 내용의 특성에 따른 전략
		3수준: 학습 내용의 특성과 학습자의 반응에 따른 전략

기반의 하위 설계전략 도출, ③ 구현 복잡성에 따른 수준의 세 단계로 구분하였다. 그 내용은 〈표 11-1〉과 같다.

우선 1단계에서는 자기조절학습의 이론적 구성 요소를 선정하고 그 하위 변인을 정의한다. 여기서 제시되고 있는 구성 요소는 양명희(2000)의 자기조절학습 구조 모형에 포함되는 자기조절학습 요소 중 동기조절 요소를 제외한 나머지를 포괄한다. 2단계에서는 웹 기반 자기조절학습 프로그램의 하위 설계전략을 도출한다. 여기서는 자기조절학습의 하위 요소를 행동적으로 프로그램화하는 과정을 고려한다. 1단계와 2단계의 내용을 종합하여 자기조절학습 구성 요소와 이를 프로그램으로 구현하는 과정을 연결 지어 구체적으로 살펴보면 다음과 같다.

앞서 제시한 인지조절과 행동조절 요인에 속하는 자기조절학습의 하위 요소와 이를 좀 더 행동화한 14개 범주를 프로그램으로 구현하는 과정은 경험적 전략에 많이 의존한다. 첫째, 인지조절은 인지전략과 상위인지 전략으로 구분된다. 인지전략은 학습자가 자료를 기억하고 이해하는 데 사용하는 실제적인 전략이다. 일반적으로 시연, 정교화, 조직화 전략이 포함된다. 시연전략은 단기기억 속에서 정보가 유지되도록 하기 위한 전략이다. 행동적으로 구현할 경우 밑줄 긋기, 강조 표시하기, 베끼기, 색칠하기, 노트하기 등이 포함될 수 있다. 주로 단순 과제에 많이 사용된다. 정교화 전략은 의미를 부여해 학습자료의 내용을 파지하기 위한 것으로, 이전 정보와 새로운 정보를 학습자에게 의미 있는 임의의 형태로 관련짓는 것이다. 조직화 전략은 학습 내용 요소 간의 관계를 논리적으로 구성하는 것이다. 주요 개념을 중심으로 내용을 분석해 보거나 그것 간의 관계를 추론해 보도록 하는 것이다.

상위인지 전략은 학습자가 학습하면서 자신의 인지과정에 대한 개념을 형성하는 것이다. 그리고 이를 통해 효과적인 인지전략을 활용하도록 촉진하는 것이다. 상위인지 전략에는 계획, 점검, 조정 전략이 포함된다. 계획전략은 어떤 전략과 정보를 사용할 것인지에 대한 계획이다. 학습 시작 단계에서 차례나 전체 내용을 훑어보거나 문제 풀이 전에 출제 의도를 추측해 보는 것이 포함될 수 있다. 점검전략은 학습자 자신이 주의집중 행동과 그에 따른 학습 내용 이해 정도를 확인하는 것이다. 여기에는 학습 내용에 집중하기, 학습 내용 이해 정도에 대한 자기평가, 시험 속도 점검 및 정해진 시간 내에 풀기 등이 포함된다. 조정전략은 학습 성과 및 효율성을 고려해 학습행동을 교정하거나 잘못된 부분을 수정하는 활동이다.

자기조절학습을 웹으로 구현하는 과정에서 인지조절 전략의 내용은 명시적으로 상위인지 전략에 초점을 두고 있다. 모범 전자노트의 활용, 학습상황 또는 학습경로 안내, 평가결과 제시 등은 상위인지 전략을 고려한 메뉴라고 할 수 있다. 반면 인지전략은 학습자료의 제공과 학습과정에서 학습자와 교수자 간의 상호작용을 통해 활용되도록 의도되고 있다. 전자노트 활용, 학습 내용 목록 제시, 심화학습과 시험문제 제시 등의 메뉴는 인지전략을 고려한 메뉴다.

둘째, 행동조절은 행동통제와 학업시간 관리, 그리고 도움 구하기를 포함한다. 행동통제는 과제 곤란도나 과제수행에 방해가 되는 요소를 극복하고 학습을 지속하는 능력이다. 구체적으로 행동 지향적인 학습자는 자신의 현재 의도를 유지·실행하는 데 뛰어나다. 그리고 학습과 같은 복잡한 상황에서 긍정적인 정서 상태나 기대를 유지하고 능률적인 행동을 계획한다. 학업시간 관리는 효과적으로 학습시간을 이용하기 위해 계획을 세우고 목표를 설정하는 전략적 태도에서 나온다. 학습시간의 관리와 조절은 자기 점검, 계획, 효능감, 만족감과 밀접한 관계를 지닌다. 도움 구하기는 과제 해결을 위해 힌트나 단서를 제공받기 위해 간접적인 도움을 구하는 행동이다. 자신의 힘으로 해결하기 어려운 과제에 부딪혔을 때 자신보다 나은 또래 학습자나 교사 등에게 도움을 요청하는 것이다. 도움 구하기는 인지전략이나 상위인지 전략보다 시간관리와 같은 행동 변인과 높은 상관을 보이기 때문에 행동조절에 포함된다.

자기조절학습을 웹으로 구현하는 과정에서 행동조절 전략의 내용은 주로 시간관리와 도움 구하기를 촉진하기 위한 형태의 메뉴로 구성되고 있다. 그리고 지속적인 프로그램 사용과정에서 행동 통제력이 유발될 것을 기대하는 것으로 보인다. 학습상황 또는 학습경로 안내, 게시판 형태의 도움 구하기 메뉴 구성 등은 시간관리와 도움 구하기를 고려해 주로 구현되는 메뉴다.

기존의 자기조절학습 프로그램에서는 동기조절 요소에 대한 부분이 배제되어 있다. 동기조절에는 숙달목적 지향성, 자기효능감, 과제 가치 등이 포함된다. 숙달목적은 학습에 대한 내재적 가치와 노력을 강조한다. 숙달목적을 지향하는 학습자는 새로운 지식과 기능의 습득을 지향하고 과제를 이해하려고 노력하며 능력 향상과 숙달감을 중시한다. 자기효능감은 목적에 도달하는 데 필요한 자신의 인지능력에 대한 판단으로, 주어진 학습 장면에서 자신이 일정 수준 이상의 수행을 해낼 것이라는 학습자의 내적 신념이다. 자기효능감은 구체적인 행동이나 인지기능을 요구하는 상황과 특정 과제에 영향을 받으며, 학습전략, 학업성취도, 인지 활동, 노력과 같은 자기조절학습과 높은 상관을 지닌다. 그리고 자기효능감 수준에 따라서 과제수행에 필요한 동기 유발이나 성공을 위한 노력의 수준 등이 좌우될 수 있다.

동기조절 요소는 자기조절학습 과정에서 다뤄지는 과제 내용 및 과제량과 관련이 있다. 과제 내용에는 흥미 유발 정도뿐만 아니라 난이도 등이 포함될 수 있다. 학습자의 동기 수준에 따라 자기조절학습에서 다뤄지는 과제에 대해 유발되는 도전감이나 기울여야 할 노력의 정도 등이 달라질 수 있다(양명희, 2000). 이때 동기조절 요소는 자기조절 학습행동에 영향을 주는 요소로서 우선 고려되는 것이다. 성취 가치는 주어진 학습을 가치 있게 여기는 이유라고 볼 수 있으며,

중요성 가치, 활용성 가치, 내재적 가치로 나뉜다. 중요성 가치는 어떤 과제나 성취 영역에서 수행을 잘할 수 있을 것인가에 대한 주관적인 중요성을 의미한다. 활용성 가치는 과제 자체와는 관계가 없을 수도 있으나 목표를 달성하는 수단으로서 지각된 과제 유용성을 의미한다. 그리고 내재적 가치는 어떤 과제를 수행하면서 얻을 수 있는 즐거움을 의미한다. 선행 연구에서 활용되고 있는 거의 모든 자기조절학습 프로그램에는 동기적 요소가 배제되어 있다. 그러나 적용 효과 면에서 자기조절학습 프로그램은 학습자의 동기 향상에 정적 효과를 지니는 것으로 보고되고 있다(김형수, 김동일, 2007). 명시적으로 언급되고 있지는 않으나, 이러한 효과는 인지 및 행동 조절 요소를 중심으로 하여 구성된 프로그램에 동기에 영향을 주는 공통된 요소가 포함되어 있기 때문일 수 있다. 선행 연구에 따르면 이러한 영향은 프로그램에 포함된 평가적 요소의 영향일 수 있다. 이러한 추론은 대부분의 프로그램에서 평가과정을 공통적으로 수반하고 있으며, 동시에 그 평가는 동기 수준의 변화에 영향을 주는 요소로 제시된다는 점에 기초한 것이다(황정규, 1998).

(2) 웹 기반 자기조절학습 프로그램 설계전략과 모형

여러 선행 연구에서 활용된 대부분의 자기조절학습 프로그램은 이상의 내용에 기초하여 프로그램 체제의 구성을 시도하고 있다. 임철일(2001)이 이상의 내용을 종합하여 구현한 설계전략은 〈표 11-2〉와 같다.

3단계에서 제시하고 있는 자기조절학습에 관한 일반적인 안내, 학습 내용의 특성에 따른 전략, 학습 내용의 특성과 학습자 반응에 따른 수준별 전략은 상세한 설계방식을 취하고 있다. 이 전략에서는 일반적인 안내 설계전략, 학습 내용 특성에 따른 설계전략, 학습 내용과 학습자 반응에 따른 설계전략 등으로 복잡성 수준을 나누고 있다. 그리고 수준별로 자기조절 학습전략의 하위 범주를 배치한 후에 실제 웹상의 메뉴를 통해 구현될 활용전략의 요소를 함께 제시하고 있다.

이상의 내용은 자기조절학습의 일반적인 구성 요소에 기초하여 이를 웹상에

표 11-2 웹 기반 자기조절학습 프로그램 설계전략

복잡성 수준	웹 기반 자기조절학습 전략 촉진 설계전략	자기조절학습 전략
1수준 (일반적 안내 설계전략)	• 자기조절학습 능력 평가 및 조언 • 자기조절학습 방법 기술 요청	• 자기평가
	• 전자노트의 작성 요청 • 모범 전자노트 제시	• 조직화와 변형 • 계속적인 기록과 심사
	• 동료에게 질문하기 • 교사에게 질문하기 • 외부 전문가에게 질문하기	• 사회적 도움
	• 최적의 물리적 환경 설정 유도	• 환경 구조화
	• 성찰적 일기 작성 요청 • 모범 성찰적 일기의 제시	• 자기 보상 및 처벌
	• 모범적 전자노트의 제시	• 자료 검토
	• 학습 상황 안내	• 학업시간 관리
2수준 (학습 내용 특성에 따 른 설계전략)	• 심화학습 자료 제시	• 정보 탐색
	• 확인 문제 제시 • 학습 개관 제시	• 시연과 기억
	• 학습자의 목표 설정 • 상세 목표의 제시 • 모범 성찰적 일기의 제시	• 목표 설정과 계획
	• 시험 문항군의 제시	• 자료 검토
3수준 (학습 내용과 학습자 반응에 따른 설계전략)	• 자신의 학습 경로 제시 • 모범 학습자의 학습 경로 제시	• 목표 설정과 계획

서 충실히 구현하려는 측면에 초점을 맞추고 있다. 따라서 웹 기반 프로그램의 특성에 기초하여 평가체계의 적용 효과를 강화할 수 있는 설계전략에 대한 정보는 다소 부족하다. 이런 측면은 자기조절학습의 선행 요소인 인지조절과 동기조절을 평가하는 검사 시스템의 구성 부분을 강조한 강선경(2003)의 제안에 기초하여 보완할 수 있다. 연구 맥락상 평가체계의 강조는 자기조절학습 과정에서 학습 내용을 학습자의 조절 수준에 따라 조정하고자 하는 연구자의 의도가 반영된 것으로 보인다. 시스템 구성 설계에서는 학습자를 중심으로 학습자 정보, 학

습 및 평가 자료 데이터베이스, 그리고 학습 및 평가 자료를 학습자에게 전송하기 위한 웹 서버의 구현 등과 같은 매우 실제적인 측면에 초점을 맞추고 있다. 강선경은 특히 평가 도구 문항의 구성에 있어 Zimmerman의 인지조절 및 동기조절에 대한 연구에 기초해 인지조절검사의 경우 정교화, 계획성, 조직화, 점검성 등의 네 요소에 대한 문항을 구성하였으며, 동기조절검사의 경우는 숙달목적지향성, 자기효능감, 성취 가치성의 세 요소에 대한 문항을 구성하였다. 두 검사의 문항 요소는 양명희(2000)의 자기조절학습 구조분석에서 제시한 인지조절 및 동기조절의 하위 요소와 유사하다. 강선경(2003)이 자기조절학습의 선행 요소인 인지 및 동기 조절에 대해 제시하고 있는 강화된 평가체계는 평가와 처치의 연계에 기초한 상담적 관점에서 볼 때 프로그램의 평가 항목에서 고려할 수 있는 유용한 정보를 제공한다.

자기조절학습 시스템 구현을 위한 설계과정을 하나의 모형으로 제시한 Winne과 Stockley(1998)의 연구는 웹 기반 학습상담 프로그램의 설계 단계에서 참고하기에 좋을 만한 정보를 제공하고 있다. 그들은 자기조절학습 프로그램을 통해 학습자가 거치게 되는 일련의 체계는 학습 활동 전반에 걸쳐 학습자가 적용하게 되는 패턴화된 인지적 작동과정임을 전제하면서 정보처리 모형을 더욱 충실히 따르고 있다. 그들이 기초하고 있는 정보처리 모형은 특히 상위인지 수준에서 일어나는 세 가지 변화에 초점을 두고 있다. 구체적으로 살펴보면, 우선 상황에 따라 전략의 활용을 결정하는 과정에서 상황에 따른 조건적 지식(conditional knowledge)과 각각의 조건 상황에 따른 행동 목록이 기존의 행동전략 지식에 추가되거나 감해질 수 있다. 둘째로 의사결정에 조건적 지식을 사용하는 데 있어 상황에 따라 가중치를 부과할지의 여부를 학생이 조정할 수 있다. 마지막으로 이 과정을 통해 학생이 조건적 지식과 그에 대한 행동전략 간에 새로운 연계를 구성할 수 있다. 일반 교수 이론이나 일반적인 웹페이지 구성절차에 근거하여 프로그램 틀을 구현하고자 한 기존의 프로그램 설계 연구와 달리, Winne과 Stockley(1998)는 조건모형에 기초해 3+1 단계, 즉 자기조절학습의 3개 필수 단계와 1개 선택 단계로 이루어진 프로그램 구성체계를 제시하고 있다. 각 단계는 과제 인식(과제 영역에 대한 이해와 추론, 과제 영역에 대한 흥미와 효능감, 전략에 대한 지식), 목표 설정, 목표 달성을 위한 전략 사용(전략 사용의 적절성을 결정하는 조건적 지식)의 필수 단계와 전략 수정의 선택 단계로 이루어져 있다. 여기에 목표설정 단계와 목표달성 단계 전후로 전략 활용과정을 모니터링하고 통제할 수 있는 프로파일 형태의 학습자 정보를 반복적으로 산출하는 과정이 포함되어 있다. 이때 프로파일링되는 내용이 평가의 내용이 된다. Winne과 Stockley의 모형은 모니터링과 자기평가 과정을 한층 강조한 모형이다. 이 모형은 정보처리이론에 기초해 웹이라는 환경에 적합한 자기조절 프로그램의 구성과 설계 원리를 제시하고 있다.

자기조절학습은 행동적인 측면에서 학습자가 자신의 학습행동을 통제하고 조절하는 과정이 강조된다. 이런 점에서 학습자의 진전도뿐만 아니라 프로그램 활용 충실도를 평가할 수 있는 상담자 측의 수단이 프로그램 체계에 포함될 필요가 있다. 학습자가 자신의 진전도를 모니터링할 수 있는 수단은 기존의 교수 설계 분야에서처럼 목표와 수행 간의 불일치를 평가하는 과정과 이를 사용자 메뉴에서 확인할 수 있는 기능을 제공함으로써 구현할 수 있다. 이러한 점은 기존의 프로그램 설계에서 부분적으로 반영되고 있다. 임철일(2001)의 경우 학습자의 프로그램 메뉴를 통한 학습의 경로를 보여 주는 웹 트랙킹 기술을 사용하였다. 그러나 연구 결과 학습자가 학습을 잘 수행할 수 있는 동적인 안내 정보를 제공하기 위한 목적에서 구현된 시스템은 그 기능을 잘 수행하지 못하였다. 따라서 이를 보완하는 것이 필요하다는 점을 지적하고 있다. 그것은 시스템의 문제라기보다는 확인된 사용자 정보를 처치에 적용하는 과정에서 발생한 문제라고 볼 수 있다(Overbaugh, 1994). 학습상담의 영역에서는 특히 프로그램을 실시하는 상담자가 프로그램이 사용자에게 충실히 적용되고 있는지를 모니터링하는 것이 매우 중요하다. 동시에 이는 프로그램의 효과 평가 측면에서 프로그램의 충실한 활용 여부를 확인하기 위해서도 필요하다. 기존 연구에서는 이러한 측면에 대해 거의 언급하고 있지 않은 실정이다. 현재 한국청소년상담원 사이버상담실에서 적용하고 있는 로그파일 분석이 대안으로 활용될 수 있을 것으로 보인다. 로그

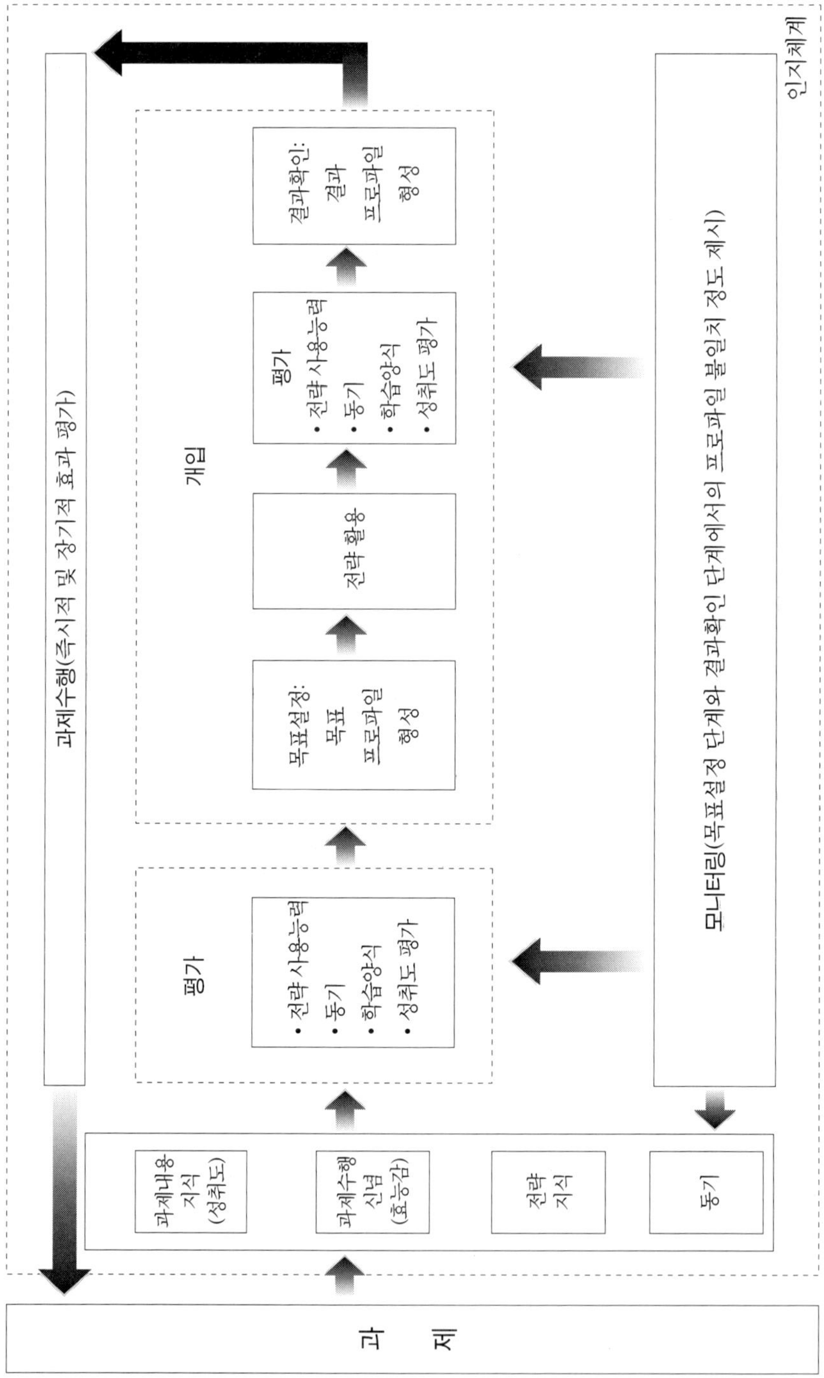

[그림 11-1] 웹 기반 자기조절학습 프로그램의 모형

파일의 분석과정은 웹 트랙킹과 유사하다. 다만 로그파일 분석은 개별 사용자의 프로그램 및 하위 메뉴의 방문 경로뿐만 아니라 방문자의 방문 정보, 사이트 열람 정보, 페이지 방문 정보 등 대한 구체적인 정보를 확인할 수 있다(최영환, 이상용, 2000). 통상적으로는 웹의 기능과 사용자 선호를 확인하기 위해 사용되어 온 기능이지만 자기조절학습 프로그램을 충실히 사용했는지의 여부를 평가하기 위한 시스템 도구로서도 유용성을 지닌다.

이상의 내용을 종합하여 웹 기반 자기조절학습 향상 프로그램의 설계전략을 제시하면 [그림 11-1]과 같다.

3. 웹 기반 학습상담 프로그램의 효과

웹 기반 프로그램의 효과 요인에 대한 연구들은 1990년대 초반에는 컴퓨터 통신을 교실 수업의 보조매체로 활용한 수업에 대한 설계 및 활용전략, 성공 요인을 주로 살펴보았으나, 1990대 중반 이후로는 웹 기반 프로그램 및 교육에서 교사-학생 및 학생-학생 상호작용을 활발하게 촉진하는 전략이나 학생의 학습 동기를 유발하는 전략의 탐색에 대한 연구가 진행되고 있다. 이 같은 연구 경향은 결과적인 측면에서 웹 기반 학습 프로그램의 효과성 분석이 점차 영향 요인 분석으로 연구 초점이 변화되는 것을 보여 준다. 웹 기반 학습에 영향을 미치는 요인에 대한 연구로 초점이 전환된 것은 효과성에 대한 축적된 연구 결과를 바탕으로 한 프로그램을 구성할 때 어떤 요인을 고려해야 하는지에 대한 중요한 정보를 제공하는 계기가 되었다.

1) 프로그램 효과 영향 요인

여러 연구에서 밝혀지고 있는 웹 환경에서의 상호작용에 영향을 주는 요인에는 ① 학습 내용이나 토론 주제와 같은 내용 요인, ② 프로그램 운영자가 어떠한 활동을 하느냐와 관련된 교수자 요인, ③ 학습자의 사전 능력이나 학습양식, 몰입 정도 등과 같은 학습자 요인, ④ 웹 기반이 어떠한 형태로 설계되었고, 어떤 활동을 요구하느냐 등의 설계 요인, ⑤ 물리적, 심리적, 제도적 차원의 지원환경 요인이 있다(정인성, 1999a). 이 가운데 설계 요인과 지원환경 요인을 제외한 나머지 세 요인인 학습자 특성, 과제 특성, 처치 특성에 대한 내용을 살펴보면 다음과 같다.

(1) 학습자 특성 요인

학습자 특성과 관련된 주요 요인으로는 학습동기, 사고양식, 학습 양식, 선행 학업 수준 등을 고려할 수 있다. 첫째, 학습동기의 경우 선행 연구들은 학습동기가 높을수록 학업성취 및 그 전이 효과가 높아진다는 점을 보고하고 있다. 학습동기는 행동을 유발하고 방향을 제시하고 그것을 유지시키는 내적 상태로, 학습자의 성취 욕구 정도를 조절하는 중요한 심리 변인이다(Pintrich & Schunk, 2002). 학습동기 자체는 McKeachie, Pintrich, Lin과 Smith(1991)가 제시한 교수-학습 일반 모델에서와 같이 전통적 교수-학습에서도 학업성취에 영향을 미치는 주요 변인이다. 특히 자기조절학습과 개별화 학습을 지향하는 e-러닝 프로그램의 교수-학습 방식을 고려할 때, 학습동기는 학습 태도와 성취 결과에 큰 영향을 미칠 것이라고 예측할 수 있다. 동기이론의 측면에서 타인의 강요 없이 스스로 학습을 계속하려는 동기는 내재적 동기에 속하는데, 웹 기반 프로그램 환경에서는 이러한 내재적 동기가 중요한 의미를 갖는다(Duchastel, 1997).

둘째, 학습자 특성 중 성취도에 영향을 미치는 것으로 상당한 관심을 받아 온 것이 사고양식이다. 학습자가 정보를 재구성하는 과정에 영향을 미치는 태도나 선호양식, 습관적인 전략의 사용 등을 사고양식이라고 할 때, 웹 기반 프로그램에서 학습자의 사고양식과 학업성취는 상관 관계가 있음을 가정할 수 있다. 웹 기반 프로그램에서 사고양식의 경우 장 독립적인 학습자가 장 의존적인 학습자보다 더 높은 학업성취도를 가져오는 것으로 보고하고 있는 연구들이 이러한 가정을 뒷받침한다(Jonassen & Wang, 1993; Weller, Repman, & Rooze, 1994).

셋째, 학습자 특성 요인 중 학습양식은 컴퓨터 인터페이스와 프로그램 내용 구성 면에서 충실도 수준에 영향을 줄 수 있다는 선행 연구결과가 제시되고 있다(유병민, 박성열, 임정훈, 2005). 학습양식은 과제 특성, 자기조절학습 능력(임철일, 2001), 인지양식(성봉기, 2003) 등과 맞물려 학업성취에 영향을 준다는 것이다.

(2) 과제 특성 요인

과제 특성 요인은 웹 기반 프로그램이 전달하는 학습 내용의 특성을 말하는 것으로 선언적 지식과 절차적 지식으로 구분할 수 있다. 학습의 내용이 선언적 지식에 관한 것인지 혹은 절차적 지식에 관한 것인지에 따라 학습자는 다른 정보처리 과정을 거치게 된다(Woolfolk, 2000). 선언적 지식은 지식을 이해하고 기억하고 설명하기 위한 것이지만, 절차적 지식은 다양한 학습 활동의 수행방식에 대한 지식이기 때문이다. 면대면 학습에서 지식 전달 위주의 교육을 받았던 것에 비해, e-러닝에서는 역동적인 형태의 교수-학습 과정과 학습자료를 경험할 수 있다. 또한 개인의 수준에 따라 단계적으로 학습이 이루어지기 때문에 '어떻게 해야 하는지'에 대한 절차적 지식의 습득이 더욱 구체적으로 이루어질 수도 있다.

이 외에 과제 특성으로 교과목의 종류에 대한 고려도 요구된다. 대개는 인지양식과 함께 고려되는 것으로, 사고 형태가 활용매체 및 과제 내용과 함께 상호작용하며 학습 결과에 영향을 줄 수 있기 때문이다(Parkinson & Redmond, 2002). 국내에서는 학습자의 학습 양식이 수학, 사회, 과학 등 여러 교과목의 학업성취도에 개별적으로 영향을 미치는지에 대한 선행 연구가 이루어지고 있다. 이는 웹 기반 프로그램에서 교과목의 종류가 학습자 특성과 맞물려 학업성취도에 영향을 줄 수 있음을 시사한다.

(3) 수업 처치 요인

우선 수업 처치의 하위 요소 중 수업 주체와 관련해서는 크게 교사중심 수업

대 학생중심 수업으로 구분하여 볼 수 있다. 웹 기반 프로그램을 사용한다고 해서 모든 수업이 학습자 중심으로 이루어지는 것은 아니다. 학습자가 주도적으로 참여할 수 있도록 학습과정을 계획하고 그에 적합한 피드백과 자료를 제공하는 것은 여전히 교수자의 중요한 역할이기 때문이다. 웹 기반 교육에서 학습 활동의 촉진자로서 교수자 역할(장정아, 2005)이나 토론수업 장면에서 지적, 사회적, 조직적 역할을 하는 교수자의 촉진 활동(Paulsen, 1995)에 대해서도 그 중요성이 지적되고 있다. 교사중심 수업은 능력 수준이 낮거나 e-러닝 학습의 경험이 적은 학습자에게 더 효과적인 수업방식이 될 수 있다. 하지만 능력 수준에 따라 학습자의 자기조절학습이나 이를 위한 학습 활동의 구조화가 중요해진다. 이런 점에서 볼 때, 웹 기반 프로그램에서 교수중심 학습과 학습자중심 학습 중 어떤 수업 처치가 더 효과적인가는 획일적으로 단정하기 어려운 문제다.

두 번째로 수업 처치의 하위 요소 중 학습자의 학습 참여방식과 관련해서는 독립학습 대 협동학습으로 구분할 수 있다. 웹 기반 프로그램이 교실에서의 전통적 수업에 비해 효과적일 수 있는 중요한 요인은 온라인 환경이 제공하는 교수자와 학생 간, 학생 서로 간의 상호작용이 가능하기 때문이다(Bates, 1995). 이러한 상호작용은 수업이 어떤 활동을 중심으로 설계되었는가에 따라 학업성취에 차별적인 결과를 가져올 수 있다. 최근 들어 일부 연구자가 웹 기반 환경에서 독립학습과 협동학습에 따른 학업성취도를 비교하고 있다. 이러한 연구에는 일반 웹 기반 교육에서 독립학습과 협동학습에 따른 학업성취도 차이를 보는 연구(이명근, 최은희, 2001)와 함께 학력 수준(김달하, 2003), 특정 과목에서의 협동학습 효과(곽민희, 유정문, 2004)를 고려한 연구가 포함된다. 최근에는 협동학습의 유형을 집단 토론학습, 프로젝트 학습 등으로 세분화하여 그 영향을 평가하고 있다.

세 번째로 수업 처치의 하위 요소 중 피드백 제시와 관련된 내용으로 피드백 제시 유무와 그 유형 등에 대한 연구가 진행되어 왔다. 학습목표 도달을 위해서는 현재 자신의 학습 수준이 어느 위치에 있는지 혹은 학습과정이 잘 진행되어 가는지에 대한 학습자의 자기 인식이 필요하다. 면대면 학습과 달리 웹 기반 프로그램에서는 자기 점검을 위한 피드백을 교사와 동료 모두에게 받을 수 있는 환경이 조성되어 있다. 또한 대부분의 경우 학습의 주도권을 학습자 개개인이 가지고 있기 때문에, 학습자는 학습에 대한 피드백에 더욱 민감하게 반응하고 책임감을 느낄 수 있다. 이에 따라 웹 기반 학습에서 피드백이나 피드백 제공자의 유형이 학업성취나 내적 동기에 미치는 영향(김현미, 2004), 자기조절 수준에 따른 피드백 유형이 학업 성취에 미치는 영향(임진표, 2005), 웹 기반 자기조절학습 환경을 위한 설계전략의 특성과 효과(임철일, 2001), 메타인지 수준에 따라 피드백 유형이 학업성취에 미치는 영향(임태현, 2005) 등의 연구가 진행되었다.

2) 웹 기반 학습 프로그램 효과

웹 기반 학습 프로그램 가운데 학습상담을 목적으로 하는 명시적인 프로그램은 많지 않다. 그리고 그중에서 프로그램의 효과를 밝히고 있는 경우는 매우 드물다. [그림 11-2]는 경상북도 청소년지원센터에서 개발하여 활용하고 있는 웹 기반 학습기술 프로그램의 도입부 화면이다.

[그림 11-2] 경상북도 청소년지원센터 웹 기반 학습기술 프로그램

김동일, 신종호, 고범석, 계보경과 김형수(2006)는 초등학생을 대상으로 하여 이 프로그램의 활용 효과를 살펴보았는데, 연구결과 프로그램 사용자의 통제집단 대비 효과 크기가 .98로 나타나 매우 큰 효과가 있는 것으로 보고되었다. 명시적인 웹 기반 학습상담 프로그램의 효과에 대한 국내 연구는 부족한 반면 웹 기반 학습 프로그램의 활용과 그에 대한 효과 연구는 활발하게 이루어져 왔다. 여기에서는 매체 활용 면에서나 프로그램 구성의 유사성을 고려하여 웹 기반 학습 프로그램의 효과를 제시하고자 한다.

앞서 살펴본 바와 같이, 웹 기반 학습 프로그램의 효과 연구는 전체 효과를 살펴보는 것에서 점차 그 하위 구성 요소 및 영향을 세분하여 밝히는 쪽으로 옮겨가고 있다. 이러한 경향을 감안하여 웹 기반 학습 프로그램의 효과를 종합적으로 분석한 김동일 등(2006)은 웹 기반 학습의 여러 영향 요인을 범주별로 나눠 그에 다른 프로그램 효과를 구체적으로 제시함으로써 웹 기반 학습상담 프로그램 개발에 실제적인 시사점을 제공하고 있다. 그들은 교수-학습 일반모형에 기초해 학업성취도 영향 요인을 크게 학습자 특성(학교급, 학업 수준, 사고양식), 과제 특성(과목 종류, 지식 종류), 수업 유형(수업 주체, 피드백 유형)으로 구분하여 웹 기반 학습 프로그램의 효과를 제시하고 있다. 2000년 이후 발행된 국내 학위 및 학술지 논문 72편을 분석해 107개의 효과 크기를 산출하였는데, 분석결과 웹 기반 학습 프로그램의 전체 평균 효과 크기는 .52(U3=69.84%)인 것으로 나타났다. 이러한 결과는 웹 기반 학습 프로그램을 활용한 학습자 집단의 평균 점수가 그렇지 않은 집단의 약 69%보다 상위에 있다는 것을 의미한다.

하위 요인별 효과 크기의 분석결과, 학습자 특성 측면에서 학교급은 초등학교와 중학교에 적용된 웹 기반 학습 프로그램의 효과 크기가 유의하게 높았으며

표 11-3 웹 기반 학습 프로그램의 전체 효과 크기

구분	사례 수 (논문 편수)	평균 효과 크기	평균 효과 크기 표준편차	U3(%)	평균 효과 크기에 대한 95% 신뢰 구간
전체 연구물	107(72편)	.52	.56	69.84	.08～.96

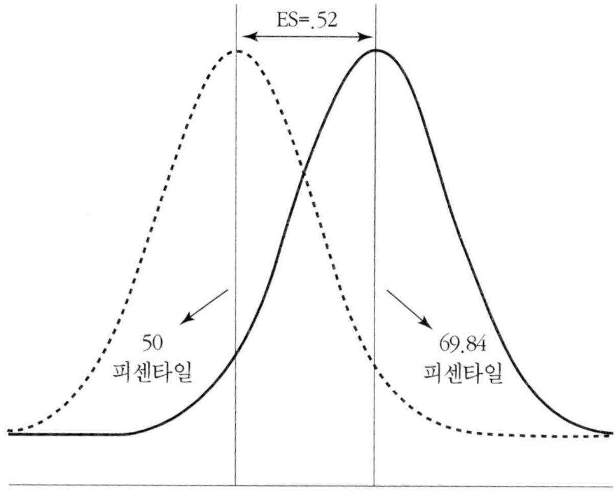

[그림 11-3] 웹 기반 학습 프로그램의 전체 효과 크기

학습장애 학생에게 적용된 경우 효과 크기가 두드러졌다. 사고양식 측면에서는 웹 기반 학습 프로그램이 장 독립적 학습자에게 효과적이었다. 수업 유형 측면에서 수업 운영을 학습자중심 협동학습 형태로 진행할 때, 그리고 피드백 유형과 내용은 토론방과 게시판을 활용하여 과제 지향 및 정보 제공을 중심으로 제공할 때 더욱 효과적인 것으로 드러났다. 과제 특성 측면에서는 지식의 종류는 선언적 지식에 적용하는 빈도가 높았으며, 적용 과목은 주로 과학과 사회 과목에 치중되어 있었다. 전반적인 효과 크기는 .50 이상으로 나타났다.

다음에 제시한 〈표 11-4〉와 〈표 11-5〉는 웹 기반 학습 프로그램의 효과를 살펴본 국내 학위 및 학술지 논문을 요약 정리한 것이다. 〈표 11-4〉는 웹 기반 학습 프로그램의 효과를 밝힌 국내 학위논문의 개별 특성을, 그리고 〈표 11-5〉는 국내 학술지 논문의 개별 특성을 정리한 것이니 참고하기 바란다.

표 11-4 국내 학위논문의 개별 특성 및 효과 크기(신종호, 박인우, 김동일, 계보경, 2005, 재인용)

저자	수업 처치	피드백	과제 특성	적용 과목	적용 영역	적용 대상 (학교급)	학업 수준	연구 대상 수	효과 크기	주요 검사 도구
박명식 (2005)	교사중심	없음	혼합형	사탐	정의적 영역 (학습 소외감)	초등 고학년	일반학생	80명 (40/40)	-.08	• 학습 소외감 검사 (Middleton, 1963) • 학습몰입검사(Chan, 1988)
					정의적 영역 (학습 몰입)				.11	
백운재 (2003)	교사중심	없음	절차적	사탐	정의적 영역	초등 고학년	일반학생	66명 (33/33)	.69	• 자체 제작 질문지
한정화 (2003)	학생중심	없음	혼합형	과탐	학업성취 (기억)	초등 고학년	일반학생	90명 (46/44)	-.27	• 과학과 학업성취도 (인천광역시교육과학연구원 제작) • 과학과 태도검사지 (반승록, 2000)
					학업성취 (이해)				1.09	
					정의적 영역 (과학과 태도)				.44	
노영조 (2001)	학생중심	없음	혼합형	과탐	학업성취	중학생	일반학생	60명 (30/30)	-.02	• 학습성취도검사 • 자기조절적 문제해결 능력 및 정보활용 능력 신장에 대한 검사
이효복 (2004)	교사중심	없음	절차적	언어	학업성취	중학생	일반학생	160명 (80/80)	.28	• 학업성취도검사
					정의적 영역 (학습만족도)				.63	
*강미현 (2003)	교사중심	없음	혼합형	수리	정의적 영역 (귀인 성향)	초등 고학년	일반학생	86명 (43/43)	.60	• 귀인성향 검사도구 (유기섭, 1990) • 문제해결력검사(한국교육개발원, 1985)
					인지적 영역 (문제해결력)				-.33	
윤선미 (2003)	교사중심	없음	선언적	기타	학업성취 정의적 영역 (학습 태도)	고등학생	일반학생	60명 (30/30)	-.36	• 학업성취도검사 • 학습태도검사(남경임, 2002)
김지홍 (2003)	교사중심	게시판	혼합형	기타	전략적 영역 (자기 주도적 학습 준비도)	고등학생	일반학생	60명 (30/30)	.53	• 자기조절적 학습준비도(이동조, 2001과 이재국, 2001 수정 활용)

저자	수업 처치	피드백	과제 특성	적용 과목	적용 영역	적용 대상 (학교급)	학업 수준	연구 대상 수	효과 크기	주요 검사 도구
이상훈 (2002)	교사중심	기타	혼합형	사탐	전략적 영역 (자기조절적 학습)	초등 고학년	일반학생	26 (13/13)	.26	• 자기조절적 학습능력 검사도구(안이숙, 1998)
					학업성취				.37	• 학업성취도검사
황인경 (2001)	교사중심	없음	혼합형	기타	전략 사용 (정보검색 능력)	초등 고학년	일반학생	69 (33/36)	2.75	• 컴퓨터 사용능력 검사 (Hau, 2000) • 정보검색검사(자체 제작)
					정의적 능력 (사용 편의성)				.33	• 사용편의성 검사 (Jurek, 1995)
*이오규 (2000)	학생중심 협동학습	없음	혼합형	사탐	학업성취	초등 고학년	일반학생	20 (10/10)	1.63	• 소집단 협동학습 • 문제해결 과제 적용 • 학업성취도검사
공영아 (2001)	학생중심 개별학습	없음	선언적	과탐	학업성취	중학생	일반학생	314 (199/115)	-.07	• WBI 학습 프로그램 • 학업성취도 검사
유재익 (2003)	교사중심	없음	선언적	수리	학업성취	초등 고학년	일반학생	216 (73/143)	-.58	• 웹 기반 학습(학습지, 구체물 조작과 비교) • 공간시각화 검사지
염준서 (2000)	학생중심 협동학습	토론방	절차적	과탐	학업성취	초등 고학년	일반학생	77 (36/41)	.56	• 문제중심 웹 기반 토론학습 • 학업성취도검사
나경화 (2000)	교사중심	없음	선언적	과탐	학업성취	초등 고학년	일반학생	157 (77/80)	1.10	• 웹 기반 수업 • 과학탐구능력 검사
*김혜희 (2003)	학생중심 독립학습	없음	절차적	기타	학업성취	대학생	일반학생	55 (28/27)	-.37	• 웹 기반 학습(노트 기록) • 인지양식 구분(장독립성) - 성취도검사 자체 제작
곽민희 (2003)	학생중심 협동학습	없음	선언적	과탐	학업성취 학습 태도	중학생	일반학생	146 (73/73)	.38 .39	• 웹 기반 프로젝트 수업 • 과학 학업성취도검사 • 학습태도검사
황우열 (2000)	교사중심	없음	선언적	사탐	학업성취	초등 고학년	일반학생	80 (40/40)	-.39 .42	• 교사통제 수준(자유/통제) • 개념원리 • 문제해결학습 • 획득 · 파지 검사

저자	수업 처치	피드백	과제 특성	적용 과목	적용 영역	적용 대상 (학교급)	학업 수준	연구 대상 수	효과 크기	주요 검사 도구
신예진 (2002)	교사중심	없음	선언적	과탐	학업성취	대학생	일반학생	46 (23/23)	.60	• 웹 기반 시뮬레이션 • 성취도검사 자체 제작
*김경훈 (2003)	교사중심	없음	선언적	수리	학업성취 학습 태도	중학생	일반학생	60 (30/30)	.56 .56	• 웹 기반 학습(통제 유형) • 성취도검사 자체 제작 • 학습태도검사
주미숙 (2001)	학생중심 협동학습	없음	선언적	기타	학업성취	중학생	일반학생	68 (34/34)	.96	• 웹 기반 소집단 토론 학습 • 성취도검사 자체 제작
오광숙 (2001)	교사중심	없음	선언적	기타	학업성취 학습 흥미	고등학생	일반학생	80 (40/40)	.16 .22	• 웹 기반 구성주의 학습 • 기능사 평가지(성취도) • 흥미도검사
*김옥숙 (2001)	학생중심 협동학습	게시판	절차적	언어	학업성취	중학생	일반학생	100 (56/44)	1.21	• 웹 기반 토론수업(성취도 구분) • 성취도검사 자체 제작
*최정심 (2001)	학생중심 협동학습	없음	선언적	기타	학업성취 효능감	중학생	일반학생	52 (26/6)	.28 .65	• 웹 기반 프로젝트학습(성취도 구분) • 성취도검사 자체 제작 • 자기효능감검사
장석만 (2003)	학생중심 독립학습	없음	선언적	과탐	학업성취 탐구능력	중학생	일반학생	66 (33/33)	.49 .35	• 웹 기반 탐구학습 • 성취도검사 자체 제작 • 과학탐구능력 검사지
*성봉기 (2003)	학생중심 협동학습	없음	선언적	사탐	학업성취	초등 고학년	일반학생	80 (40/40)	.35	• 협동/개별 학습 구분 • 인지양식 구분(장독립성) • 성취도검사 자체 제작
*이근태 (2004)	학생중심 독립학습	없음	혼합형	사탐	학업성취	초등 고학년	일반학생	40 (20/20)	1.17	• 동기요소 구분 적용 • 성취도검사 자체 제작
*선종삼 (2002)	학생중심 협동학습	토론방	혼합형	사탐	학업성취 전략적 지식	초등 고학년	일반학생	78 (39/39)	.90 1.90	• 상위인지 훈련 수준 • 성취도검사 자체 제작
*박지희 (2003)	학생중심 독립학습	없음	선언적	사탐	학업성취	초등 고학년	일반학생	67 (35/32)	.54	• 자료공유 여부 비교 • 이해도 평가 도구 • 수행평가 도구

저자	수업 처치	피드백	과제 특성	적용 과목	적용 영역	적용 대상 (학교급)	학업 수준	연구 대상 수	효과 크기	주요 검사 도구
*이미선 (2002)	교사중심	없음	선언적	과탐	학업성취	초등 고학년	일반학생	40 (20/20)	.53	• 인지양식유형 구분(숙고/속응 구분) • 인지속도양식 측정도구 • 성취도검사 자체 제작
김은진 (2002)	교사중심	없음	선언적	사탐	학업성취 학습 태도	초등 고학년	일반학생	76 (38/38) .	.58 1.38	• 웹 기반 프로젝트 학습 • 학업성취도검사 • 학습태도검사
*표은주 (2002)	교사중심	없음	선언적	기타	학업성취	초등 고학년	일반학생	40 (20/20)	.48	• 사고양식 구분 • 전체/지엽 및 귀납/연역 • 사고양식검사 • 학업성취도검사
*이현웅 (2001)	교사중심	없음	선언적	과탐	학업성취	고등학생	일반학생	79 (40/39)	.46	• 정보지각양식 구분 • 추상/구체 • 귀납/연역
*이상근 (2001)	교사중심	없음	선언적	과탐	학업성취	중학생	일반학생	80 (40/40)	1.69	• 하이퍼텍스트 구조 적용 • 인지양식 구분(장독립성) • 집단잠입도형검사 • 학업성취도
*장지호 (2002)	교사중심	없음	선언적	과탐	학업성취 학업 흥미	중학생	일반학생	118 (64/54)	.67	• 인지양식 구분(장독립성) • 학업성취도검사 • 학습흥미도검사
*최은희 (2001)	교사중심	없음	선언적	언어	학업성취	초등 고학년	일반학생	60 (30/30)	.17	• 협동/개별학습 비교 • 학업성취도검사
*임진표 (2005)	교사중심	개별 피드백	선언적	사탐	학업성취	초등 고학년	일반학생	80 (40/40)	.43	• 피드백 유형 구분(관련정보형/정오형) • 학업성취도검사
*이연실 (2005)	교사중심	없음	선언적	사탐	학업성취	초등 고학년	일반학생	80 (40/40)	.32	• 인지양식구분(장독립성) • 학업성취도검사
김정옥 (2002)	학생중심 협동학습	없음	선언적	사탐	학업성취	중학생	일반학생	80 (40/40)	.45	• 웹 기반 협동학습 • 학업성취도검사 • 협동학습태도검사
김홍렬 (2001)	학생중심 협동학습	없음	선언적	사탐	학업성취	중학생	일반학생	59 (28/31)	.74	• 웹 기반 토론학습 • 학업성취도검사

저자	수업 처치	피드백	과제 특성	적용 과목	적용 영역	적용 대상 (학교급)	학업 수준	연구 대상 수	효과 크기	주요 검사 도구
*김달하 (2003)	학습중심 협동학습	없음	선언적	수리	학업성취	고등학생	일반학생	40 (20/20)	.79	• 협동/개별학습 비교 • 학업성취 수준 구분 • 학업성취도검사
김은숙 (2002)	교사중심	없음	선언적	언어	학업성취	고등학생	일반학생	75 (37/38)	-.04	• TEPS 활용
최은희 (2004)	교사중심	없음	선언적	사탐	학업성취 학업 태도	초등 고학년	일반학생	57 (28/29)	.62 1.24	• 웹 기반 과제학습 • 학업성취도검사 • 학습태도검사
*최문정 (2004)	교사중심	없음	선언적	사탐	학업성취	중학생	일반학생	107 (47/60)	.73	• 인지양식 구분(장독립성) • 인지양식검사 • 성취도검사
*김성미 (2004)	교사중심	없음	선언적	사탐	학업성취	초등 고학년	일반학생	94 (48/46)	.43	• 집단잠입도형검사 • 학업성취도검사
박정숙 (2001)	교사중심	없음	선언적	수리	학업성취 학습 태도	초등 고학년	일반학생	88 (44/44)	.73 .39	• 웹 기반 소집단학습 • 성취도검사 • 학습태도검사
고문식 (2003)	학생중심 협동학습	없음	선언적	사탐	학업성취	초등 고학년	일반학생	81 (40/41)	.26	• 웹 기반 프로젝트학습 • 학업성취도검사
*임태현 (2005)	학생중심 협동학습	과제지향 동기유발	선언적	사탐	학업성취	초등 고학년	일반학생	63 (30/33)	.61	• 피드백 유형 구분 • 과제지향/동기유발 • 학업성취도검사
*박희선 (2002)	교사중심	과제지향 동기유발	선언적	언어	학업성취	초등학생	자폐학생	30 (15/15)	.79	• 피드백 제시유형 구분 • 과제지향/동기유발 • 학업성취도
*강명선 (2005)	교사중심	없음	선언적	언어	학업성취	고등학생	일반학생	103 (52/51)	-.33	• 인지양식 구분(장독립성) • 어휘검사 • 집단잠입도형검사
김효진 (2002)	학생중심 협동학습	없음	선언적	사탐	학업성취 학습동기	초등 고학년	일반학생	80 (40/40)	.14 .49	• 학업성취검사 • 학습동기검사
*고윤희 (2002)	학생중심 협동학습	없음	선언적	기타	학업성취	초등 고학년	일반학생	78/96 138/88	-.46 .09	• 웹 기반 토론학습 • 학습유형 구분 • 수렴/확산 • 동화/조절

저자	수업 처치	피드백	과제 특성	적용 과목	적용 영역	적용 대상 (학교급)	학업 수준	연구 대상 수	효과 크기	주요 검사 도구
*왕선희 (2003)	교사중심	없음	선언적	수리	학업성취 공간 지각	초등 고학년	일반학생	113 (67/46)	1.01	• 인지양식 구분(장독립성) • 집단잠입도형검사 • 공간지각력검사
이희연, 최은경 (2000)	학생중심 개별학습	없음	선언적	과탐	학업성취	중학생	일반학생	198 (132/66)	.31	• 인터넷 홈페이지 활용수업 • 학업성취도검사

* 웹 기반 학습을 적용한 상태에서 구체적인 처치법 간의 효과 크기를 비교하기 위한 처치비교설계 적용 연구.

표 11-5 국내 학술지 논문의 개별 특성 및 효과 크기

저자	수업 처치	피드백	과제 특성	적용 과목	적용 영역	적용 대상 (학교급)	학업 수준	연구 대상 수	효과 크기	주요 검사 도구
정미경, 감경현 (2004)	교사중심	사이버 교사	혼합형	수리	학업성취	초등 고학년	일반학생	320	.34 .71	• 사이버학습 프로그램 • 학업성취도검사
지손미, 김은진 (2002)	학생중심 독립학습	게시판	혼합형	사탐	학업성취 정의적 영역	초등 고학년	일반학생	76	.58 1.38	• 웹 기반 프로젝트학습 • 학업성취 검사지 • 학습태도 검사지(학습태도, 컴퓨터 흥미도)
최영재, 김광선 (2002)	교사중심	게시판	선언적	과탐	학업성취 정의적 영역	초등 고학년	일반학생	271	0 0	• 웹 기반 소집단학습 • 학업성취도 평가지 • 탐구능력 평가지 • 과학적 태도검사지
이재경 (2000)	학생중심 독립학습	게시판	혼합형	·	인지적 능력 정의적 영역	초등학생	일반학생	375	.75 .75	• 자기조절학습 모형 • 자기조절학습 측정 도구
백남영, 이희순 (2003)	학생중심 협동학습	게시판	혼합형	과탐	인지적 능력	초등 고학년	일반학생	120	.86	• 웹 활용 수업모형 • 과학탐구능력 검사지
임혜미, 노선숙 (2000)	교사중심	게시판	선언적	수리	학업성취도	고등학생	일반학생	78	1.38	• '인터넷 함수연구반' 사이트 • 학업성취도검사

저자	수업 처치	피드백	과제 특성	적용 과목	적용 영역	적용 대상 (학교급)	학업 수준	연구 대상 수	효과 크기	주요 검사 도구
김동식, 김지일 한지호 (2001)	교사중심	없음	선언적	음악	정의적 영역	초등 고학년	일반학생	80	.08 .02 0 0	• 웹 학습 프로그램 • 학습자태도 검사지 • 네비게이션 패턴 분석 • 상호작용빈도 조사
홍기철, 김세찬 (2004)	교사중심	게시판	선언적	사탐	인지적 능력 정의적 영역	초등 고학년	일반학생	41	1.41 1.13	• 웹 기반 문제중심학습 • 자기조절적 학습력 검사지 • 학습동기 검사지
박수경, 강민주 김상달 (2001)	학생중심 독립학습	게시판	선언적	과탐	학업성취 정의적 영역	고등학생	일반학생	162	.10 .37	• 웹 기반 학습 프로그램 • 성취도평가 중간고사 • 과학과목 태도검사 (TOSRA)
곽찬근, 신현기 (2001)	학생중심 협동학습	없음	선언적	도덕	인지적 영역 정의적 영역	초등 저, 고학년	장애학생	20	1.99 1.99	• 웹 기반 협력학습 • 지능검사 • 사회적 능력 및 학교 적응력 검사 • 사회성 측정지수법
송판섭, 남철우 김정길외 (2002)	학생중심 협동학습	게시판	선언적	과탐	인지적 능력 정의적 영역	초등 고학년	일반학생	80	.81	• 웹 기반 학습 • 환경관련 검사도구
주미숙, 양현호 이성근 (2002)	학생중심 협동학습	토론방	혼합형	실과	학업성취 정의적 영역	중학생	일반학생	68	.70	• 웹기반 소집단 토론 학습 • 토론학습 결과 종합 평가표 • 만족도 검사지 • 면담
손지영 (2002)	학생중심 독립학습	없음	선언적	사탐	인지적 능력 정의적 영역	초등 고학년	일반학생	282	1.99 1.99	• 사회과 웹 기반 수업 • 설문지로 평가
김병욱, 이기종 (2001)	교사중심	게시판	선언적	과탐	학업성취 정의적 영역	중학생	일반학생	114	-.47 .39 .40	• 웹 기반 수업 • 학업성취도 검사지 • 과학수업 태도 검사지 • 컴퓨터 수업태도 검사지

저자	수업 처치	피드백	과제 특성	적용 과목	적용 영역	적용 대상 (학교급)	학업 수준	연구 대상 수	효과 크기	주요 검사 도구
*임철일 (2001)	교사중심	게시판	혼합형	기타	학업성취	대학생	일반학생	50	-.19	• 웹 기반 자기조절학습 환경 • 자기조절학습 검사지 • 중간고사(단답형, 서술형)
장석만, 서순식 (2004)	학생중심 독립학습	없음	혼합형	과탐	학업성취 인지적능력	중학생	일반학생	66	.48 .36	• 웹기반 탐구학습 • 과학탐구능력검사지 • 학업성취도 검사지
*이명근, 최은희 (2001)	학생중심 (독립 대 협동)	토론방	혼합형	언어 (작문)	학업성취	초등 고학년	일반학생	60	.16	• 웹 기반 작문수업 • 과제 통한 학업성취도평가
곽민희, 유정문 (2004)	학생중심 협동학습	게시판	혼합형	과탐	학업성취 정의적 영역	중학생	일반학생	146.38 1.29		• 웹 기반 소집단 프로젝트학습 • 성취도평가 시험 • 과학과목 태도검사(TOSRA)
*왕선희 (2003)	교사중심	없음	선언적	수리	학업성취 공간 지각	초등 고학년	일반학생	113 (67/46)	1.01	• 인지양식 구분(장독립성) • 집단잠입도형검사 • 공간지각력검사
이희연, 최은경 (2000)	학생중심 개별학습	없음	선언적	과탐	학업성취	중학생	일반학생	198 (132/66)	.31	• 인터넷 홈페이지 활용수업 • 학업성취도검사

* 웹 기반 학습을 적용한 상태에서 구체적인 처치법 간의 효과 크기를 비교하기 위한 처치비교설계 적용 연구.

3) 웹 기반 학습 프로그램 효과 연구에 기초한 시사점

(1) 수업 처치

첫째, 웹 기반 학습 프로그램의 효과에 대한 선행 연구들은 전반적으로 교사 중심보다는 학습자 중심의 학습활동이 프로그램 활용 후 더 높은 성취 결과를 가져온다는 것을 보여 주고 있다. 학습자 중심의 학습 활동은 독립적인 학습 활동보다는 협동학습 형태가 웹 기반 학습 프로그램 효과를 높이는 데 더욱 효과적인 것으로 나타나고 있다. 이와 같은 연구 결과는 협동학습과 같이 프로그램 환경 내에서의 사회적 상호작용을 증가시키는 것이 이러한 적극적 학습 참여를 유도할 수 있다는 측면에서 효과적 방법이 될 수 있음을 간접적으로 시사해 주는 것이다. 교사중심 및 학습자중심(독립 및 협동) 웹 기반 학습 프로그램에 대한 개별 효과성 연구의 특징을 구체적으로 살펴보면 교사-학생, 학생-학생 상호작용이 활발하게 이루어지도록 수업 설계를 한 경우가 보다 큰 효과 크기를 나타내고 있음을 확인할 수 있었다. 따라서 이러한 상호작용을 촉진할 수 있는 프로그램 환경 구성에 중요하며 이를 위한 방안이 마련되어야 할 것이다.

둘째, 피드백 유형 및 내용 측면에서는 토론방이나 게시판을 활용한 피드백 유형이 프로그램 효과를 높이는 데 더욱 효과적이며, 피드백의 내용 면에서는 과제지향 피드백과 정보 제공 형태의 피드백이 동기유발 피드백이나 정오형의 피드백보다 더 효과적인 것으로 나타났다. 특히 피드백의 전달은 학생이 수행하는 과제를 중심으로 이루어질 때 더 효과적임을 확인할 수 있었다. 상대적으로 효과 크기가 크게 나타난 연구논문의 특성을 분석해 보면 교사-학생, 학생-학생 상호작용이 활발하게 이루어지고, 이 과정에서 학생들이 자신이 수행하고 있는 과제와 관련해 '다양하고' '직접적인' 피드백을 받을 수 있도록 프로그램 환경이 구성되어 있음을 확인할 수 있었다. 이는 프로그램 환경의 구성을 가능하면 다양한 피드백을 동시적 · 비동시적으로 제공받을 수 있도록 하는 것이 효과적인 학습체제 구현에 중요함을 시사한다.

(2) 과제 특성

첫째, 전달되는 지식의 형태 측면에서는 분석 대상이 된 연구논문의 연구 대상의 과반수가 차치하는 초등학교 고학년과 중학생의 경우 선언적 지식이 절차적 지식이나 혼합형에 비해 적용 비율이 다소 높았다. 이는 아직까지도 개념 중심의 내용을 전달하는 보조적 · 대체적 수단으로서 프로그램 학습을 활용하고 있음을 반영하는 것으로 볼 수 있다. 하지만 개념에 대한 학습뿐만 아니라 문제

해결학습이 점차 강조되고 있는 상황을 고려하여 볼 때, 절차적 지식인 문제해결 능력을 신장시킬 수 있는 프로그램의 개발과 적용이 더 적극적으로 고려되어야 한다. 선언적 지식에 대한 개념학습에 있어 상대적으로 큰 효과 크기를 나타낸 연구논문들은 개념을 중심으로 한 사회적 공유가 활발히 일어나도록 학습환경을 설계하였다는 특징을 갖고 있었다. 이해의 공유는 교사-학생, 학생-학생 상호작용을 촉진함으로써 유도될 수 있으며, 얼마만큼 구체적인 개념에 대한 상호 공유 경험을 갖도록 할 것인가가 효과적인 프로그램 체제 설계에 있어 중요한 요인이 될 수 있음을 시사한다.

효과적으로 문제해결학습이 프로그램을 통해 이루어지도록 하기 위해서는 문제에 대해 독립적이고 체계적으로 접근해 갈 수 있도록 구조화된 설계를 제공해주되 문제해결을 위한 활동에 대해 간접적인 안내와 피드백 제공방식이 프로그램 설계 시 고려되어야 한다.

둘째, 적용 과목의 경우에는 관련 분석 대상 논문의 과반수가 과학과 사회 과목에 대한 적용 빈도가 높았다. 이들 과목은 선언적 지식에 대한 학습이 주가 될 수 있는 과목으로, 개념에 대한 공유를 촉진하는 프로그램의 매체적 특성을 반영한 결과라고 해석할 수 있다. 구조적으로 학습 내용의 전달체계도 효과에 영향을 미치는 것으로 나타났는데, 예를 들면 학습 내용의 전달체계가 네트워크 형식보다는 위계적 형식으로 전달될 때 그 효과가 두드러지는 것으로 나타났다. 이는 개념 전달이 주가 되는 학습의 경우 학습 내용에 대한 구조적 이해를 도울 수 있는 프로그램 전달체계로 설계하는 것이 필요함을 시사한다.

(3) 학습자 특성

첫째, 학교급의 경우에는 초등학교 고학년과 중학생에 적용된 경우 효과 크기가 유의하게 높게 나타났으며, 이는 고등학생에 비해 초등학생과 중학생이 프로그램을 통해 더 많은 교육적 혜택을 볼 수 있음을 시사한다. 다만 이 연구에서 낮은 효과 크기를 보인 고등학생 집단에 대한 효과는 처치의 적용기간이나 운영된 웹 기반 학습의 질, 학습자의 참여도 등에 영향을 받았을 가능성이 존재하므로 '고등학생에게 프로그램이 효과적이지 않다'는 결론을 내리기는 어렵다.

둘째, 학습능력의 경우에는 매체의 활용이 학습장애 학생에게 더 유용한 것으로 나타나고 있다. 일반적으로 학습장애 학생에게 적용한 전통적 학습법의 적용 효과는 일반학생에 비해 두드러지게 효과가 큰 것으로 알려져 있다. 분석에 포함된 연구 편수가 현저히 적기 때문에 그 결과를 일반화하는 데 제한이 따르나, 웹 기반 학습법에서도 같은 결과가 나타날 것으로 짐작할 수 있다. 다만 일반학생과의 인지적 능력의 차이에서 비롯되는 웹 기반 프로그램 처치방식의 차별화 등에 대해서는 추가적인 연구가 필요하다.

셋째, 사고양식을 구분하여 적용한 대부분의 연구는 학습자의 장 독립적 사고와 장 의존적 사고의 비교에 초점이 맞춰져 있었다. 전반적으로 웹 기반 학습은 장 독립적 학습자에게 더 효과적인 것으로 나타났다. 그러나 이러한 효과는 학교급에 영향을 받는 것으로 나타나 초등학교와 중학교 시기의 학습자에게 더욱 효과적이었다.

학습자 특성이 웹 기반 학습 효과에 미치는 영향을 고려할 때, 웹 기반 학습 프로그램을 구현할 경우 학습자의 특성을 평가할 수 있는 기능이 요구된다고 볼 수 있다. 물론 현실적으로 학습자 특성을 평가해서 구분한다고 해도 그에 잘 부합하는 맞춤식 웹 기반 학습 프로그램을 제공한다는 것은 하나의 사이트에서 여러 급 간에 속한 대상에게 포괄적인 학습 내용을 제공하는 방식으로 구현된 현재의 사이버 학습환경에서 충족시키기 어려운 요구일 수 있다. 그러나 이미 구현된 프로그램의 활용 절차나 방법을 조정함으로써 웹 기반 학습의 활용 효과를 더욱 높일 수 있을 것으로 기대된다. 이를테면 사고양식에 차이가 있을 경우, 장 독립적 학습자는 문제해결학습과 개념학습 중 문제해결학습 메뉴를 먼저 활용하게 할 수 있으며, 장 의존적 학습자는 개념학습을 먼저 활용하게 할 수 있다.

제12장
학업증진을 위한 몇 가지 조언

학습목표

1. 학습자의 식단 및 건강관리 방법을 이해한다.
2. 스트레스 및 피로에 대처하는 방법을 이해한다.
3. 학습증진을 위한 시간관리, 독서, 음악 활용 등 보조전략의 활용방법을 이해한다.

이 장의 구성

학습증진을 위한 몇 가지 조언

식단관리	건강관리	스트레스	시간관리	피로	독서	음악
• 올바른 식습관 • 균형식을 위한 식사 구성탑 • 피해야 할 식습관 • 두뇌 발달에 좋은 음식 • 두뇌 발달 식단	• 청소년기의 건강관리 • 학교교육과 정신건강	• 이완기법 • 인지적 재구조화	• 시간관리의 중요성 • 건강관리, 자기관리와의 연관성	• 피로의 의미 • 피로의 원인 • 피로 회복방법	• 도서선택 • 독서 시 유의사항 • 독서 후 활동	• 음악의 효과 • 학습효율성 전략 • 학습에 대한 음악치료의 적용 • 음악치료에 활용할 곡 목록

학교에서 학생들을 지도하다 보면 학습 활동을 잘 따라오는 아동이 있는 반면에 학습부진을 겪는 아동도 꽤 많다. 이러한 학습부진이 지속되다 보면 아동은 전체적인 학교생활에서 부적응하게 될 가능성이 크고, 자존감 또한 점점 떨어지게 된다. 그러므로 이러한 아동이 학습부진을 극복할 수 있도록 여러 가지 방법을 적용해 보는 일이 꼭 필요하다. 이 장에서는 교과학습 이외에 학업증진을 위해서 활용할 수 있는 여러 가지 보조전략을 소개하고, 이들 방법을 통해서 학생들의 학습을 촉진할 수 있는 몇 가지 구체적인 방법을 살펴보겠다.

1. 학습자의 식단관리

이 절에서는 학생의 영양관리를 도움으로써 학습 능률을 높이고, 그로 인해 학습부진을 극복하거나 학습 활동을 촉진할 수 있는 방법에 대해 제시해 보고자 한다.

우리나라의 특수한 상황으로 인해 청소년기 학생들은 상급 학교 진학을 위한 수험생활에서 많은 스트레스를 받게 된다. 수험생에게 건강은 매우 중요한 부분으로 신체와 뇌의 대사과정에 영양이 충분히 공급되어야 학습 능률이 오르는데 실생활에서 영양관리를 제대로 실천하지 못하는 경우가 많다. 수험생의 건강관리 중에서 무엇보다 중요한 것은 영양관리다. 이 시기는 스스로 자신의 건강을 관리할 수 있는 시기이지만 시간과 수면 부족, 시험 압박 속에서 많은 학생이 식욕을 잃거나 불규칙한 식사를 하게 될 가능성이 높아진다. 정신 활동은 뇌라는 인체기관에 의해 좌우되는데, 뇌는 영양소로 구성되고 작동하므로 적절한 영양 공급 없이 공부를 잘하도록 기대할 수는 없다.

뇌세포의 35%를 차지하는 단백질 구성 물질인 아미노산은 사고, 기억, 언어, 신경 전달에서 중요한 기능을 담당하므로 콩, 두부, 생선, 달걀, 살코기 등을 충분히 섭취해야 한다. 뇌세포를 구성하는 불포화 지방산은 등 푸른 생선, 견과류, 땅콩, 참기름 등으로 섭취하고 성장과 대사, 면역력 유지에 필요한 영양소는 녹황색 채소와 과일을 많이 먹음으로써 얻을 수 있다. 학생은 영양소가 골고루 함유되어 있는 음식을 적절히 섭취함으로써 신체적 · 정신적으로 건강해질 수 있다. 칼슘은 정신건강과 밀접한 관계가 있다. 학생들이 즐겨 먹는 인스턴트식품, 햄, 소시지, 아이스크림, 콜라, 주스 등의 가공 식품에는 대부분 인산염이라는 성분이 많이 들어 있다. 인산염은 체내에서 칼슘과 결합하여 인산칼슘이란 형태로 몸에서 빠져나가거나 칼슘의 흡수 자체를 방해한다. 우리나라 사람들의 칼슘 공급원은 주로 콩류, 곡류, 채소류인데 이러한 식물성 식품에는 섬유소와 피틴산, 옥살산 등이 포함되어 있어 칼슘의 흡수율을 낮춘다. 칼슘의 가장 좋은 공급원은 우유, 뼈째 먹는 식품, 달걀노른자, 견과류, 푸른 잎채소 등이다.

정해진 식사로 섭취되는 영양분 이외에 보충되어야 할 영양분은 간식을 통해서 공급될 수 있다. 저녁 늦게까지 공부하는 학생에게는 소화가 잘 되고 위에 부담이 가지 않으면서 영양이 풍부한 간식과 야식을 공급해 주어야 한다. 그러나 야식을 과다하게 먹으면 위에 부담을 주고 졸음을 일으켜 공부에 방해가 될 수 있으므로 과식하지 않도록 주의해야 한다. 간식의 종류로는 소화가 잘 되고 위에 부담이 적은 계절 과일이나 야채, 우유, 요구르트 등이 적당하다. 날씨가 추워지면 육즙, 수프, 떡, 달지 않은 한과 등을 간식으로 제공할 수 있다.

우리의 식생활이 서구화되면서 커피는 한국인의 기호음료로 일상생활에 깊이 스며들었다. 많은 청소년이 잠을 쫓고 정신을 맑게 한다는 이유로 커피를 애용하고 있다. 커피에는 카페인이라는 약리 작용을 갖는 특수 성분이 들어 있어 일단 한번 마시면 계속 마시게 되는 습관성 중독이 생긴다. 다량의 카페인은 뇌신경전달물질의 기능을 잠재적으로 방해하여 자극제나 흥분제 역할을 하며 종종 불면증을 일으키기도 하는데 이 때문에 일시적으로 잠이 오지 않아 정신이 맑은 것처럼 느끼게 된다. 그러나 카페인은 어린아이에게는 신경과민, 신경질 등의 행동 양상을 일으키며, 임산부에게는 임신 전후 필요한 주요 미네랄인 철분과 칼슘을 흡수하는 신체기능을 저하시킨다. 이는 임신 초기 태아에게 충분한 영양소가 전달되는 것을 막는다. 특히 블랙커피는 위장에서 카페인을 신속히 흡수하여 신경을 흥분시키므로 크림과 설탕을 적당히 넣어서 마시는 것이 더 낫다. 그러나 크림과 설탕은 비만증이나 당뇨병이 있는 청소년에게는 적절하지 않으므로 연유 또는 우유 등을 타서 마시도록 한다. 카페인은 커피뿐만 아니라 홍차, 코코아, 초콜릿, 콜라 등에도 함유되어 있고 의약품으로 판매되는 피로 회복용 드링크제, 강심제, 흥분제, 이뇨제, 체중조절제 등에도 있으므로 주의해야 한다.

이제 실제로 영양 섭취가 학습 활동에 미치는 영향에 대해 제시해 보고자 한다. 운동을 해서 근육을 자꾸 사용하면 계속해서 근육이 발달하듯이, 두뇌도 활동과 훈련을 잘 시키면 좋아질 수 있다. 이렇게 두뇌가 활성화되려면 균형 잡힌 영양을 섭취해야 한다. 균형 잡힌 식사를 하면 신체가 건강해지고 우리의 뇌세포도 활발한 사고 활동을 할 수 있게 되는 것이다. 뇌세포가 활발하게 활동하면 학습 효과도 극대화되어 학업성취도가 증가될 수 있다. 성장함에 따라 뇌와 신경의 발달에 필요한 세포 성분으로 가장 기초가 되는 것은 단백질이다. 단백질은 근육을 비롯하여 피질, 내장 등 여러 가지 체세포의 생성에 필수적이다. 특히 뇌와 신경세포의 생성에 대량으로 쓰인다. 이렇게 두뇌를 많이 써서 공부하는 학생의 경우에 균형 잡힌 영양 섭취는 학업성적을 높이는 데 필수적이며 그중에서도 특히 두뇌 발달 및 신체 구성의 기본이 되는 단백질을 충분하게 섭취하는 것이 좋다. 그리고 비타민 A, 비타민 C, 비타민 E, 칼슘, 섬유소, 레시틴 등을 먹으면 두뇌 기능이 활성화되고 뇌세포의 노화가 방지되므로 충분히 섭취하도록 한다. 그러나 카페인이 들어 있는 음식물은 잠시의 각성 효과는 있으나 장기적인 관점에서는 부작용이 크므로 가급적 섭취를 피하도록 한다.

학생으로 하여금 아침식사를 거르지 않도록 하는 것 또한 학습 활동을 촉진시키는 방법이다. 요즘에는 밤늦게까지 공부하다가 늦잠을 자서 아침을 거르는 학생이 많은데, 연구 결과에 따르면, 아침식사를 했는지 안 했는지에 따라 뇌의 기능이나 학습 능률이 크게 달라진다. 학습자들이 아침을 먹어야 하는 이유는 학습을 하려면 뇌의 움직임이 활발해져야 하는데 아침밥을 굶으면 두뇌가 제대로 작동하지 않기 때문이다. 즉, 두뇌는 혈당이 공급되어야 활발하게 움직이는데, 뇌에 혈당을 전해 주는 기능을 아침밥이 하기 때문이다. 아침의 경우 식사 간격이 다른 식사 간격보다 더 길다. 예를 들어, 전날 오후 7시에 저녁을 먹은 사람이 오전 7시에 아침을 먹는다면 10시간 정도를 공복 상태로 있게 된다. 이때는 혈당 수준이 하루 중 가장 낮아 두뇌가 일할 수 없는 상태이기 때문에 오전 일찍부터 두뇌 활동을 활발히 해야 하는 성장기 학생은 아침밥을 먹었느냐 먹지 않았느냐에 따라 학습성취도가 달라질 수밖에 없다.

1) 올바른 식습관

신체 리듬에 맞춰 규칙적으로 식사하는 것은 아주 중요하다. 특히 아침식사는 자동차에 시동을 걸듯 인체에 시동을 걸어 주므로 꼭 챙겨 먹도록 한다. 아침을 거르면 혈당치 저하로 무기력해지고 집중력이 떨어지며, 이후 과식으로 이어져 영양 불균형을 초래한다. 이러한 불규칙한 식사를 계속하면 소화기 관련 질환이 발병하여 건강을 해치게 된다.

또 다양한 식품을 선택하여 균형 잡힌 식사를 하는 것도 중요하다. 균형 잡힌 식사란 모든 영양소가 적당량 포함되어 있는 식사를 말하며, 균형 잡힌 식사를 위한 가장 좋은 방법은 매끼 또는 매일의 식사에서 식품 구성탑에 있는 다섯 가지 식품군을 골고루 섭취하는 것이다. 한 끼니의 식사에 함유된 영양소 간에 양적인 불균형이 생기면 그것들은 서로 흡수와 대사 과정을 방해하여 체내 이용률을 낮춘다. 같은 식품군 내에서도 식품의 종류에 따라 영양소 조성에 차이가 있으므로 한두 가지 식품만 계속 먹는 것보다 여러 가지 식품을 자주 바꾸어 가며 먹는 것이 더 좋다.

2) 균형식을 위한 식품 구성탑

식품 구성탑은 일반인이 균형 잡힌 식생활을 위해서 각 식품군이 차지하는 중요성을 쉽게 이해할 수 있도록 그림으로 표시한 것으로 식품 구성탑의 5개 층은 다섯 가지 기초식품군을 나타내며 각 층의 내용은 [그림 12-1]과 같다.

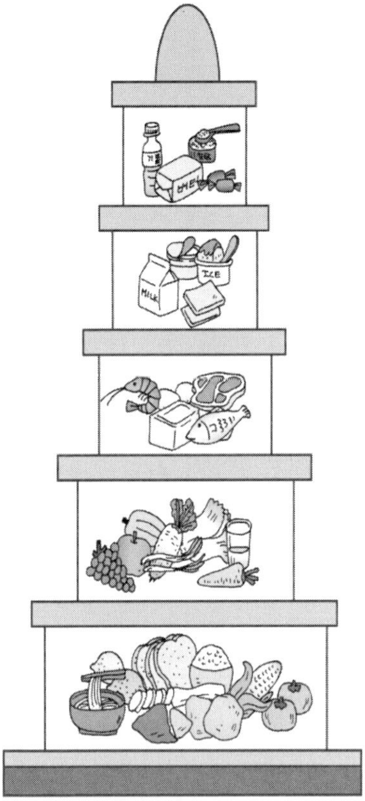

[그림 12-1] 기초식품군 구성탑

또한 소금의 과잉 섭취는 고혈압을 비롯한 순환기계 질환의 주요 원인이 되므로 건강을 위해 소금 섭취를 하루 10g 이하로 줄이는 것이 좋다. 한국인의 평균 하루 소금 섭취량은 20g, 세계보건기구(Joint FAO/WHO Expert Committee on Food Safety, 1984) 권장량은 10g 이하다. 생리적으로 하루에 필요한 소금량은 5g이다. 소금을 줄이려면 소금 절임, 가공, 인스턴트식품의 섭취를 덜 하고 외식의 빈도를 줄여야 한다.

음식은 30회 이상 씹는 것이 좋은데, 옛 조선 왕실에서는 어린 왕족에게 볶은 콩을 씹게 했다고 한다. 이는 딱딱한 음식을 오래 씹어 먹게 함으로써 두뇌를

표 12-1 소금이 많은 식품 목록

식품군	식품 종류
소금에 절인 식품	젓갈류, 장아찌, 자반고등어, 굴밥
훈연 · 어육식품	햄, 소시지, 베이컨, 훈연연어
소금이 많이 첨가된 스낵 식품	포테이토칩, 팝콘, 크래커 등
인스턴트식품	라면, 즉석 식품류, 통조림 식품
가공식품	치즈, 마가린, 버터, 케첩
조미료	간장, 된장, 고추장, 무스타소스, 바비큐소스

발달시키기 위한 것이었는데, 요즘 엄마들은 아이가 씹는 데 불편할까 봐 음식물을 다져 먹이거나, 질기고 딱딱한 것은 아예 먹이지 않으려고 하여 오히려 아이의 두뇌 발달을 막고 있다. 그리고 아이에게 씹을 필요가 없는 연한 음식만을 먹이면 아이의 위턱과 아래턱에 결함이 생길 수 있으므로 주의해야 한다. 앞서 언급한 딱딱한 음식을 오래 꼭꼭 씹으면 뇌 기능이 발달하는 이유는 씹을 때의 자극이 치아 주위에 있는 감각 수용기를 거쳐 뇌로 전달되면서 뇌 신경회로가 활발해지기 때문이다. 또 오래 씹으면 음식을 천천히 먹기 때문에 성격이 차분해지고 집중력이 향상되는 효과도 얻을 수 있다. 그런데 성장한 후에는 식습관을 고치기 어려우므로 어릴 때부터 꼭꼭 씹어 먹는 습관을 들이도록 해야 한다. 이런 습관을 들이는 좋은 방법은 아이에게 30회 이상 씹어야 하는 재료로 요리를 해 주는 것이다. 무나 당근 등의 뿌리채소는 물론 식탁에 자주 오르는 감자 등의 재료를 큼지막하게 썰고, 채소는 푹 익히지 않는 조리방법을 활용해 볼 만하다.

무엇보다 중요한 것은 즐거운 대화를 하며 즐거운 분위기 속에서 식사를 하는 것이다. 편안한 분위기에서 즐거운 대화를 나누며 식사를 하면 소화효소 분비가 촉진되고, 뇌에서 정서 안정에 도움이 되는 각종 신경전달물질도 분비된다. 요즘 엄마들은 아이의 바쁜 일정 때문에 대화할 시간이 부족해서인지 아이가 밥을 먹을 때 잔소리를 하는 경향이 있는데 이는 아이의 두뇌 발달을 저해하므로 주의해야 한다. 아무리 두뇌에 좋은 음식이라도 즐거운 마음으로 먹지 못한다면 영양 성분이 제대로 흡수되지 않는다.

3) 피해야 할 식습관

(1) 주의력을 떨어뜨리는 인스턴트식품

늦은 시간까지 책상 앞에 앉아 있는 수험생은 출출할 때 간편한 간식거리를 찾는 경우가 많다. 밥 대신 햄버거나 컵라면으로 끼니를 때우고 청량음료로 갈증을 해소하다 보면 각종 식품 첨가물을 과잉 섭취하게 된다. 이는 주의력결핍과잉행동장애의 원인이 되며 집중력을 떨어뜨린다.

(2) 숙면을 방해하는 카페인

잠을 쫓으려 찾게 되는 커피도 피해야 할 음식이다. 과도한 카페인 섭취는 중추신경을 흥분시켜 두근거림, 현기증 등을 유발할 수 있고, 오히려 숙면을 방해해 피로를 회복시키는 것이 아니라 장기적으로는 피로를 더 쌓이게 할 수 있다.

(3) 민감한 장을 자극하는 찬 음식

한참 예민한 수험생은 스트레스로 인해 장이 제 기능을 하지 못하기 때문에 조금만 신경을 써도 복통을 호소하며 화장실을 찾기 일쑤다. 여기에 아이스크림이나 차가운 음료를 자주 접하다 보면 반복되는 체내 열손실로 배탈, 설사는 물론 콧물, 코막힘 등 호흡기 질환까지 얻어 공부에 방해를 받을 수 있으므로 주의해야 한다.

4) 두뇌 발달에 좋은 음식

두뇌 발달에 도움이 되는 음식은 뇌세포의 구성과 활동을 촉진시키는 성분을 함유한 것이다. 뇌를 구성하는 주요 성분에는 단백질, 비타민, DHA 등이 있다.

단백질은 뇌세포의 주요 구성 성분으로서 뇌가 활발하게 기능하는 데 필요한 필수 요소다. 비타민은 1군의 유기화합물로서 정상적인 생리기능을 유지하는 데 소량만 있으면 되지만 자체적으로는 생합성이 되지 않아 다른 천연물에서 섭취해야 한다. 비타민은 뇌의 성장과 발육에 작용하며, 주 영양소인 단백질을 합성, 분해하여 뇌세포에 사용되도록 하는 역할을 한다. DHA는 고도 불포화지방산의 일종으로 두뇌작용을 활발하게 하고 혈중 콜레스테롤을 낮추는 작용을 하지만, 사람의 체내에는 DHA를 생합성하는 데 필요한 효소가 존재하지 않기 때문에 DHA를 함유하는 음식을 섭취하여 보충해야 한다. 이들 성분과 함께 요오드와 칼륨, 오메가3지방산, 철분, 미네랄 등의 영양소도 두뇌의 발달과 기능에 도움을 준다. 다음의 내용에서는 이들 영양소를 함유한 음식을 구분하여 살펴보도록 하겠다.

- 머리를 좋아지게 하는 해바라기 씨: 해바라기 씨는 칼슘, 철분, 칼륨 등 신경계통에 필요한 미네랄이 골고루 함유된 식품으로, 꾸준히 먹으면 신경이 안정돼 차분하고 신중해지는 효과가 있다.
- 뇌신경을 안정시키는 견과류: 호두와 잣 등의 견과류에는 뇌신경을 안정시키는 칼슘과 비타민 B군이 풍부하게 들어 있다. 또 두뇌 발달에 필요한 비타민 A, B군과 미네랄도 함유되어 있어 신경세포를 안정시키고 원활한 두뇌활동을 하도록 도와준다. 견과류는 씹는 맛이 고소해 아이들 간식으로도 적합하지만 소금을 가미하거나 기름에 볶은 견과류는 오히려 건강에 좋지 않으니 유의해야 한다. 견과류로 할 수 있는 요리로는 콩카레조림, 콩샐러드, 콩다시마조림, 껍질콩된장무침, 콩고기김치볶음, 콩햄야채볶음, 닭고기캐슈너트볶음, 아몬드단호박찜, 호두땅콩조림 등이 있다.
- 철분이 다량 함유된 깻잎: 시금치보다 2배 이상 많은 철분을 함유한 깻잎은 하루에 3～4장만 먹어도 하루 섭취량을 채울 수 있다. 철분은 비타민 C와 함께 먹으면 흡수율이 높아지는데 깻잎에는 비타민 A와 C도 풍부하게 들어있다.
- 두뇌 발달에 필요한 영양소가 다량 함유된 시금치: 두뇌 발달에 좋은 녹황색 채소

중 단연 으뜸은 시금치다. 섭취 후 체내에서 DHA로 변하는 알파리놀렌산과 카로틴, 비타민 C는 물론 철분까지 다량 함유되어 있어 두뇌 발달에 필요한 영양소의 보고라고 할 수 있다.

- 뇌세포를 활성화시키는 등푸른 생선: 등푸른 생선은 뇌신경계의 반응 속도를 높이는 대표적인 음식으로, 뇌세포를 활성화시키는 DHA 및 학습과 기억능력을 개선시키는 오메가3지방산이 다량 함유되어 있다. 대표적인 등푸른 생선에는 고등어, 꽁치, 참치, 장어, 멸치 등이 있다.
- 머리를 맑게 해 주는 해조류: 요오드와 칼륨이 다량 함유된 미역은 두뇌 발달에 꼭 필요한 식품인데, 요오드는 두뇌 발달에 깊이 관여하는 갑상선 호르몬의 주성분이며, 칼륨은 머리를 맑게 하고 피로 회복에 효과적인 영양소다. 이 외에 비타민 A와 B군이 다량 함유되어 있는 다시마도 두뇌에 좋은 식품이다. 해조류로 할 수 있는 요리로는 미역줄기볶음, 해초무침, 미역달걀말이, 미역샐러드, 다시마튀김, 김무침, 톳조개무침, 멸치꽈리고추볶음, 잔멸치볶음, 멸치깻잎찜, 뱅어포구이, 뱅어포샐러드, 마른새우, 배추볶음 등이 있다.
- 집중력을 높여 주는 감자: 대표적인 알칼리성 식품인 감자에는 비타민 C와 E, 철분이 풍부하며 기억력과 사고력을 향상시키는 비타민 B1 · B2가 다량 함유되어 있어 꾸준히 섭취하면 집중력이 좋아진다.
- 양질의 단백질을 공급하는 검은콩: 콩은 성장과 두뇌 발달, 건강까지 한꺼번에 잡을 수 있는 식품이다. 그중에서도 두뇌 발달에 꼭 필요한 양질의 단백질과 지방산, 비타민 B1 · B2가 다량 함유되어 있다. 볶은 콩을 씹으면 뇌를 자극해 두뇌 발달에 도움을 주므로 아이에게 물기가 없는 행주로 콩의 겉만 닦아 튀겨 주면 좋은 간식거리가 된다.
- 두뇌 발달에 좋은 레시틴이 함유된 옥수수: 옥수수는 단백질과 비타민, 미네랄, 섬유소 등이 풍부하며, 특히 옥수수 눈에 들어 있는 레시틴 성분은 두뇌 발달에 좋은 영향을 미친다. 옥수수는 가열해도 영양소가 쉽게 파괴되지 않는 식품으로 쪄서 먹거나 옥수수수프 등으로 만들어 먹어도 영양소 섭취에

좋다.

- 시력을 보호하는 당근, 간, 장어, 돼지고기, 구운 김, 문어, 오징어, 새우, 감: 이들 음식에는 비타민 A와 B군, 타우린이 함유되어 있다. 우선, 당근, 간, 장어 등에 들어 있는 비타민 A는 시력을 보호하고 점막을 정상적으로 유지시키며, 돼지고기, 구운 김 등에 포함되어 있는 비타민 B는 눈의 피로 회복 및 눈의 근육 피로를 개선한다. 그리고 문어, 오징어 등 수산제품과 김 등에 들어 있는 타우린은 시력 저하를 예방한다.
- 스트레스와 피로 회복을 돕는 토마토, 당근, 귤, 오렌지, 레몬, 녹황색: 이들 음식에는 비타민 C가 다량 함유되어 있다. 뇌는 좌 · 우 반구로 나뉘어 상호 협력해서 모든 활동을 하는데, 비타민 C의 도움 없이는 좌뇌와 우뇌가 상호작용을 하기 어렵다.
- 소화력 향상에 도움을 주는 고구마, 연근, 미나리, 양배추: 이들 음식에는 당분이 다량 함유되어 있다. 위와 속이 나쁜 것은 위가 늘어나거나 위의 기능이 떨어진 것인데, 당분을 많이 섭취하게 되면 그만큼 소화과정의 최종 산물(단당류)의 생성에 도움을 준다.
- 면역력을 강화시켜 주는 무, 양파, 양배추, 콩나물, 숙주나물, 당근뿌리, 고추열매: 이들 음식에는 파이토케미컬과 베타카로틴이 다량 함유되어 있다. 무, 양파 등 담색채소의 파이토케미컬 성분은 백혈구를 활성화시켜 면역력을 증대시키고 당근, 고추 등과 같이 베타카로틴이 많이 함유된 녹황색 채소는 피부와 점막을 튼튼하게 만들어 바이러스나 세균이 우리 몸속으로 침입하지 못하게 한다.

5) 두뇌 발달 식단

건강한 뇌를 위한 식단 구성은 몇 가지 원칙에 기초한다. 우선 저지방, 적절한 단백질, 높은 복합 탄수화물 등을 위주로 한다. 이러한 식단은 뇌의 중요한 요소인 혈당 수치를 안정시킨다. 둘째, 정제되지 않은 곡물, 야채, 식물성 단백질, 과일, 생선으로 구성한다. 식물성 식단은 체내에 노폐물이 쌓이는 것을 줄임으로써 두뇌 기능을 촉진한다. 셋째, 비타민 A, C, E, 복합비타민 B, 콜린이 풍부한 레시틴, 마그네슘이 포함된 미량의 원소, 미네랄 복합체 등의 항산화물로 식단을 구성한다. 이들 영양소는 신경세포를 보호한다. 각 식단의 구성은 되도록 다양한 식품 종류를 포함하는 것이 좋으며 이를 통해서 균형 있는 영양분 섭취가 가능하게 된다(Khalsa & Stauth, 2006).

두뇌발달에 도움이 되는 식단을 요일별로 짜 보면 다음과 같다.

(1) 월요일 식단

현미에 함유된 단백질과 비타민 E는 뇌의 노폐물을 제거함으로써 뇌세포가 단백질의 아미노산을 이용해 묵은 세포를 새로운 세포로 바꿀 수 있도록 도와주는 역할을 한다.

아침	현미쌀밥, 된장찌개, 고등어자반, 브로콜리볶음, 연근전, 김치
점심	현미쌀밥, 콩비지찌개, 연두부참깨샐러드, 청포묵무침, 숙주나물, 나박김치
저녁	현미쌀밥, 닭백숙, 마늘종새우볶음, 가지나물, 깍두기

(2) 화요일 식단

뇌의 회전을 좋게 하는 것은 바로 단백질이다. 특히 두부나 달걀은 양질의 단백질을 다량 함유하고 있어 두뇌 회전에 많은 도움을 준다.

아침	보리밥, 배추들깨국, 병어강정, 고구마순볶음, 호박조갯살볶음, 김치
점심	채소카레덮밥, 된장국, 녹차달걀찜, 두부전, 오이소박이
저녁	흑미밥, 김치두부찌개, 버섯잣불고기, 팽이버섯전, 가지볶음, 열무김치

(3) 수요일 식단

아침밥을 먹기 싫은 날에는 간단한 죽이라도 꼭 먹게 한다. 아침식사를 거르면 뇌의 에너지원인 포도당이 부족하게 되어 집중력이 떨어질 수 있다.

아침	호박죽, 감자조림, 나박김치
점심	흑미밥, 동태매운탕, 호두땅콩정과, 탕평채, 시금치나물, 김치
저녁	흑미밥, 버섯전골, 오징어양파볶음, 콩나물잡채, 숙주나물, 김치

(4) 목요일 식단

뇌에 노폐물이 쌓이는 것을 막아 두뇌 회전이 잘 되도록 도와주는 비타민 E는 잣, 호두, 땅콩 등의 견과류와 현미, 녹황색 채소 등에 함유되어 있다.

아침	현미찹쌀밥, 오징어무국, 임연수어구이, 참나물무침, 곤약감자조림, 김치
점심	김치볶음밥, 달걀파국, 시금치무침, 부추전, 오이소박이
저녁	현미찹쌀밥, 북어콩나물국, 돼지갈비찜, 미역줄기볶음, 땅콩강정, 김치

(5) 금요일 식단

멸치, 우유, 호두, 뱅어포 등에 다량 함유된 칼슘은 뇌의 집중력과 기억력을 향상시켜 준다.

아침	보리밥, 호박잎된장국, 장조림, 김파래자반, 꽈리고추볶음, 깍두기
점심	보리밥, 어묵무국, 닭볶음탕, 해물파전, 김치
저녁	흑미밥, 생태찌개, 장어생강구이, 채소샐러드, 멸치볶음, 김치

(6) 토요일 식단

두뇌의 영양 공급원인 포도당 흡수에 도움을 주는 비타민 B1은 두뇌가 지치지 않게 도와주는 영양소로 돼지고기, 콩, 녹황색 채소에 다량 함유되어 있다.

아침	차조밥 · 순두부찌개 · 녹차달걀찜 · 호박나물 · 해물동그랑땡 · 김치
점심	차조밥 · 열무토장국 · 탕평채 · 돼지고기호두불고기 · 양배추쌈 · 깍두기
저녁	차조밥 · 동태매운탕 · 고등어김치조림 · 참나물무침 · 콩나물무침 · 깍두기

2. 건강관리

건강관리는 인생 설계 전반에서 상당한 비중을 두고 꾸준히 노력해야 할 부분이다. 세계보건기구(WHO)는 50년 전부터 건강을 "완전한 신체적, 정신적, 사회적 안녕 상태로서 단순히 질병이 없거나 병약하지 않다는 뜻은 아니다."라고 정의하였다(Joint FAO/WHO Expert Committee on Food Safety, 1984). 영적 차원은 "인간 건강의 영적 측면과 그 외 측면 간의 중요한 일치 및 상호작용"을 의미한다(Donnelly, 2005). 즉, 건강이라는 것은 체력이 좋고 병이 없는 상태만을 뜻하는 것이 아니다. 그것은 육체적, 정신적, 사회적 기능을 제대로 할 뿐 아니라 모든 삶이 완전히 균형 잡힌 상태를 말하는 것이다.

1) 청소년기의 건강관리

청소년기는 전 생애에서 최고도의 건강을 향유하고 있어 오히려 건강의 진가를 망각하거나 경시하는 경향이 있다. 또한 각종 시험에 대한 스트레스, 운동 부족, 잘못된 식습관, 불규칙한 생활 습관 등으로 인해 성인병 및 퇴행성 질환과 같은 각종 건강장애를 앓는 청소년이 늘어나고 있다. 청소년기는 자기 동일시의 위기를 맞이하는 시기로서 급격한 신체적·생리적 변화와 더불어 여러 가지 정신적·심리적 요구에 수반되는 갈등이 있어 대부분의 청소년이 성장·발달의 전환기에 있게 된다. 이 시기에는 가치관의 혼란으로 인해 청소년이 음주, 흡연, 약물 남용, 각종 상해 등에 노출되기 쉽다. 게다가 맞벌이 부부가 점차 늘어나면서 청소년과 부모 사이의 대화가 줄어들고 서로를 돌볼 시간 여유가 부족해 청소년의 건강장애에 신경을 쓰지 못하게 되면서 청소년 건강에 대한 가정의 역할이 약해지고 있다. 이에 가정의 이러한 역할을 청소년이 소속되어 있는 학교가 점차 맡게 되었는데 학교에서의 건강관리 또한 제대로 이루어지지 못하고 있는 실정이다.

2) 학교교육과 정신건강

(1) 학교의 물리적 환경

학교의 물리적 환경은 크게 실내환경과 실외환경으로 구분된다. 학교의 물리적 환경 요소들은 학생의 생리적 욕구나 신체적 건강에 영향을 미칠 뿐만 아니라 정신 활동과 정서적 반응에도 영향을 주며 학생들의 잠재적 교육과정에도 중요한 영향을 미칠 수 있다. 따라서 적합한 물리적 환경 변인과 바람직한 사회 · 심리적 환경 변인이 함께 주어져야만 학생의 정신건강이 더욱 증진될 수 있다.

(2) 교사와 학생의 관계

교사와 학생의 관계는 학생의 학업성취, 학교에 대한 태도, 학문적 자아개념, 정신건강 등에 직접적인 영향을 주게 된다. 교사와 학생의 관계를 바탕으로 형성되는 교실의 분위기는 학생의 행동 변화에도 영향을 주는데, 이러한 교실 분위기 유형은 전제형, 민주형, 방임형으로 나눌 수 있다.

- 전제형: 서로에 대하여 적대심이나 반항심을 보인다.
- 민주형: 친밀감과 협동성을 보이고 활발하게 활동하는 경향성을 보인다.
- 방임형: 활발하기는 하나 무기력하고 태만한 모습을 나타낸다.

교사가 학생과의 바람직한 관계 형성을 위해 고려해야 할 점은 다음과 같다.

- 교사 자신의 기준으로 학생을 보지 말아야 한다.
- 학생의 발달 수준이나 상황을 고려해야 한다.
- 문제행동의 원인을 다각적으로 분석해야 한다.
- 행동이 반복적인가 또는 습관적인가를 고려해야 한다.
- 특정한 문제 상황이 다른 행동과 어떻게 연결되어 있는가를 종합적으로 판

단해야 한다.

- 교우관계를 고려해야 한다.
- 학생 자신이 자신의 문제를 어떻게 지각하고 있는가를 살펴야 한다.

교사-학생 상호작용에는 지적인 교류뿐만 아니라 감정적인 교류가 수반되기 때문에 교사의 정신건강은 학생의 정신건강과 밀접하게 관련이 있다. 교사는 자신의 정신건강을 우선적으로 고려해야 하고, 학생을 독립된 개인으로 볼 수 있는 안목이 있어야 하며, 학생의 지적 능력에 대한 획일적인 평가방법을 삼가고, 개개의 학생이 보여 주는 행동의 의미와 원인을 이해하려고 노력해야 한다. 또한 교사는 학생에 대한 심리적 이해를 할 수 있는 조건을 갖춤으로써 학생의 정신건강을 증진시킬 수 있어야 한다.

- 교우관계: 교우관계의 성패 여부는 지적인 면과 성격적인 면 모두의 영향을 받는다.
- 학업성취의 누적적 경험: 학업성취에서의 계속적인 실패와 그로 인한 좌절 경험은 학생에게 부정적인 자아개념을 형성시킨다.
- 학습 집단: 학습 집단은 학생의 정신건강에 직접적인 영향을 미칠 수 있으므로 학습과제의 해결에서 학습 집단은 대집단보다 소집단으로 편성하는 것이 더 효율적이다.

3. 스트레스

스트레스는 스트레스원과 스트레스 반응의 조합으로서 스트레스원은 스트레스 반응을 유도해 낼 잠재성을 갖고 있다. 만일 스트레스원이 비위협적인 것으로 해석된다면 그것에 굳이 반응할 필요는 없다. 스트레스는 심장박동률, 혈압과 호흡률의 증가를 포함하는 신체의 변화(스트레스 반응)를 유발하는데, 이런 생리학적 변화는 직접적인 신경계의 작용과 다양한 호르몬 분비의 결과로 나타난다.

스트레스 관리의 목표는 일상의 모든 스트레스를 제거하기보다 적정 수준의 스트레스를 유지하도록 하는 것이다. 스트레스는 자극이 되는 생활 사건에서 출발하며 이에 대한 해석에 따라 생리적 흥분과 정서적 각성과 같은 반응이 일어나게 된다. 이것이 만성화되면 발병, 빈약한 업무나 학교 성적, 역기능적 인간관계와 같은 부정적인 결과가 초래된다. 상담자는 내담자에게 스트레스 관리기술을 가르침으로써 효율적이고 생산적으로 학습 기능을 유지하도록 도울 수 있는데, 스트레스 관리기술에 대해 살펴보면 다음과 같다.

1) 이완기법

이완기법은 심장박동률, 혈압, 호흡, 근육 긴장과 그 외 다양한 생리적 변화에 기초한다. 일부 이완기법은 먼저 마음을 이완시키고 난 후에 몸을 뒤따르게 하지만, 대부분은 몸을 먼저 이완시킨 후 마음이 그에 따르게 한다.

(1) 명상

명상은 명상가에게 변하지 않는 대상(벽에 있는 점 등)이나 반복되는 어떤 것(반복되는 단어 등)에 초점을 맞추도록 한다. 하루에 두 번, 즉 해가 뜨는 아침과 해지기 직전에 약 20분 동안 시행할 것을 권한다.

(2) 마음챙김

현재 순간에 주의를 집중하는 마음챙김은 매우 좋은 방법이다. 지금 당장 매 순간에 집중하는 것이다. '만약 무엇이라면(what-ifs), 단지 ~라면(if-onlys)' 대신에 '무엇이다'에 초점을 둔다. 부주의는 경험보다는 오히려 목표를 지향한 주의로 인해 현재 순간을 무시하기 때문에 발생한다.

부주의는 학교나 직장으로 습관적으로 운전할 때와 마치 자동조종 장치처럼 자신을 설명할 때 발생한다.

스트레스는 종종 과거(죄의식, 수치, 후회)나 미래(다가올 사건에 대한 두려움)에 대한 생각의 집중으로 야기되므로 마음챙김은 스트레스를 관리하는 훌륭한 방법이 된다. 마음챙김은 많은 방법으로 개발될 수 있는데, 그중 하나가 호흡에 초점을 맞추는 것이다. 호흡에 모든 초점을 맞추면서 마음은 조용해지고 몰입적인 마음챙김이 가능해진다.

(3) 횡격막호흡

스트레스를 받을 때 호흡은 빨라지고 얕아지며 가슴에서 이루어진다. 사람들에게는 호흡하는 몇 가지 다른 방식이 있다(Girdano, & Everly, 2001). 사람들이 가슴의 상부 1/3을 확장할 때는 상부 늑골 호흡(늑골을 연결하는 늑간 근육에서 명명된 것)을 하고 있는 것이다. 대부분의 사람은 가슴의 중간 1/3(대략 여섯 번째 늑골 아래)을 확장시켜 호흡을 하는데, 이는 흉부 호흡 혹은 중간 늑골 호흡으로 알려져 있다. 더 이완되고 건강해질수록 호흡은 복부를 확장하는 형태를 띠는데, 이런 식으로 호흡할 때 횡격막이 확장되기 때문에 횡격막 호흡이라 부른다. 때때로 사람들은 다량의 공기를 들이마시고 그것을 느리게 내쉬면서 스트레스를 경감시킨다. 이를 매우 깊은 호흡이라 부르는데, 스트레스에 대한 즉각적 반응으로서 매우 효과적이다.

횡격막 호흡을 촉진하는 단계는 다음과 같다.

① 반듯이 눕고 배에 책을 올려놓으라. 호흡과 함께 책이 올라가도록 하라.
② 배 위에 오른손을 얹고 왼손은 가슴 위에 놓으면서 호흡할 때 오른손이 올라가도록 하라.
③ 시계의 초침을 사용해서 5초 동안 들이마시고 5초 동안 내쉬라.
④ 주문을 반복하고 마음속에 그것을 말할 때 동시에 호흡하라.

2) 인지적 재구조화

인지적 재구조화는 스트레스를 줄이기 위해 스트레스원을 보는 방식을 통제하는 방법이다. 의도적으로 상황의 긍정적인 측면에 초점을 맞추어서 그 상황에 대한 대안적 측면을 고려하게 한다. 아래에서는 인지적 재구조화의 예로 자기 대화와 스트레스 예방접종에 대하여 살펴보겠다.

(1) 자기 대화

이 기법은 내담자가 위협이 되는 상황을 현실적으로 인식하도록 도와 스트레스 반응 강도를 감소시키는 방법이다. 내담자는 자기 대화 기법을 통해 위협 상황에서 발생할 수 있는 최악의 시나리오를 생각해 본 후 그 일의 발생 가능성을 추정해 봄으로써 자신의 스트레스를 줄일 수 있다.

(2) 스트레스 예방접종

이 기법은 Meichenbaum(1977)이 제안한 것으로서 유행성 감기에 대한 예방접종을 할 수 있는 것처럼 스트레스에 대한 예방접종도 할 수 있다는 것이다. 스트레스 예방접종은 스트레스에 대한 대응행동을 준비하는 데 자기 대화를 이용한다. 예를 들면, 내담자는 스트레스 사건을 준비하고 있을 때 자신에게 다음과 같이 말할 수 있다. '나는 잘 준비하고 있고 그러므로 잘할 수 있다.' 혹은 '도움이 필요하면 항상 베티를 부를 수 있다.' 또 그들이 스트레스를 주는 상황을 실행하고 있을 때는 이렇게 말할 수 있다. '지금 나는 그것을 하고 있다. 이제까지 그것을 했고 아무렇지도 않았다.' 그리고 실행을 마친 후에는 '해냈다! 다음번에도 다시 그것을 할 수 있을 거라고 확신한다.' 등의 진술문으로 스트레스에 대한 대처를 강화시킬 수 있다.

4. 시간관리

앞서 살펴본 건강관리는 시간관리와 밀접한 관계가 있다. 그 이유는 우선 건강한 사람은 좋은 시간을 많이 만들어 낼 수 있기 때문이다. 좋은 시간이란 시간관리학의 입장에서 보았을 때 정력이 왕성한 시간, 집중할 수 있는 시간, 창의력이 뛰어난 시간이다. 나무가 좋은 산소를 만들어 내듯, 건강한 사람만이 좋은 시간을 많이 만들어 낼 수 있는 것이다. 반대로 건강하지 못한 사람은 나쁜 시간만을 만들게 된다. 또한 건강한 사람은 올바른 판단을 할 수 있고 능률적으로 일할 수 있기 때문에 좋은 시간관리를 할 수 있다. 하루 동안에 하는 일의 분량도 건강할 때 할 수 있는 양과 건강이 나쁠 때 할 수 있는 양 사이에 엄청난 차이가 난다.

시간관리의 핵심 전략은 목표, 우선순위, 그리고 계획이다. 가장 중요한 목표를 고르는 것이 바로 우선순위를 결정하는 것이며, 그다음 과정은 언제 어떻게 하느냐의 행동을 정하는 것인데, 이런 과정은 계획이라고 할 수 있다. 즉, 목표를 달성하기 위해 수단과 방법을 조직하는 것이다. 크든 작든 하나의 일을 제대로 이루기 위해서는 목표가 분명해야 하고 치밀한 계획이 있어야 한다. 분명한 목표는 동기를 부여하고 의욕을 불러일으킨다. 목표를 분명히 하지 않으면 계획은 형식적인 일로 전락하게 된다. 시간관리의 핵심 전략인 목표 설정, 우선순위 결정, 계획 수립은 시간관리뿐만 아니라 인생을 성공적으로 살기 위해서 반드시 필요한 전략이다(유성은, 2006).

시간관리가 필요한 근본적인 이유는 인간의 욕구를 충족시켜 줄 수 있는 시간이 유한하다는 사실에 있으며, 특히 시간은 인간의 모든 활동에 꼭 사용되는 자원이라는 면에서 그 중요성이 더욱 강조된다(오현진, 2006). 시간관리란 시간을 관리하는 것이 아니라 시간과 관련하여 자신을 관리하는 것이며, 실제 시간관리는 매일의 지속적인 훈련과 실천을 통해서만 가능하다(Zenus, & Jones, 1993). 시간관리는 좁게는 시간 갈등의 해소를 통해 적정한 휴식과 놀이 시간을 확보하기 위한 전략이며, 넓게는 주어진 시간을 보람되고 가치 있는 것으로 채울 수 있도록 생활을 관리하고 운영해 나가는 전략을 실천하는 방법이다(한혜정, 2005).

위에서 언급했듯이, 건강관리와 시간관리는 매우 밀접한 관계를 가지고 있다. 그러므로 건강관리를 돕는 것은 학습활동을 촉진시키는 방법 중의 하나로 적용될 수 있다. 하지만 건강관리라는 것은 하루아침에 이루어지는 것이 아니기 때문에 꾸준한 훈련이 필요하다. 이에 대한 훈련에는 다섯 가지 정도가 있는데, 학생의 학습활동을 촉진시키기 위해서 그러한 훈련을 꾸준히 실천할 수 있도록 지도하여야 한다. 첫 번째 훈련은 규칙적이 되도록 하는 것이다. 두 번째 훈련은 올바른 식습관을 갖도록 하는 것이다. 세 번째 훈련은 자신에게 적합한 운동을 하도록 하는 것이다. 네 번째 훈련은 즐거운 마음을 갖고자 노력하도록 하는 것이다. 다섯 번째 훈련은 꿈과 목표를 늘 새롭게 하도록 하는 것이다. 이때 학생 스스로 훈련하기 어려워하는 부분에 대해서는 상담자가 지속적인 관심을 가지고 도움을 주어야 한다.

자기 관리의 핵심은 시간관리와 환경관리에서 비롯된다. 청소년을 대상으로 하여 청소년 시간관리 실태를 살펴본 연구에 따르면 효과적인 시간관리가 되려면 목표 세우기, 계획 세우기 등과 같은 일반적인 관리기술과 집중력, 태도와 같은 정서적인 측면이 체계적으로 조직되고 정리되어야 하는 것으로 나타났다(박경애, 김택호, 1994).

5. 학습과 피로

1) 피로의 의미

학습은 유기체를 긴장 상태에 머물게 한다. 대체로 처음에는 긴장되어 학습을 할수록 능률이 올라가나 같은 학습을 반복한다면 능률이 올라가기는커녕 진보 정도가 줄어드는 경우까지 생긴다. 이와 같이 일정한 시간 동안 학습이나 작업 활동을 계속하면 객관적으로는 학습능률의 감퇴 및 저하, 착오의 증가가 일어나고 주관적으로는 주의력의 감소, 흥미의 상실, 권태 등 일종의 복잡한 심리적 불쾌감이 일어난다. 이러한 현상을 피로(fatigue)라고 하며, 이것이 고도에 도달한 것을 소진(exhaustion)이라고 한다.

2) 피로의 원인

피로감은 학습증진이나 작업능률과 밀접한 관계가 있다. 그러나 피로한 느낌과 실제적인 피로는 반드시 일치하지는 않는다. 실제로는 몹시 피로하지만 그 일에 대한 관심, 흥미, 노력 등의 심리석 조건에 따라 이렇다 할 피로를 느끼지 않는 경우가 있는가 하면, 반대로 실제로는 하나도 피로하지 않지만 그 일에 대한 관심 및 흥미의 상실, 정서적 불안정 등으로 몹시 피로한 느낌을 지니게 되는 경우도 있다. 피로는 왜 일어나며 어떤 경우에 발생하는지 살펴보면 다음과 같은 원인을 찾을 수 있다.

(1) 생리적(신체적) 원인

① 영양 부족으로 저장된 에너지원의 소모, 질병, 체질, 신체적 결함 등
② 피로 독소, 즉 노폐물의 축적(유산칼륨, 인산염)
③ 산소의 결핍(이산화탄소의 축적)
④ 신체적 · 생리적 불균형(자세의 고착화, 안근의 긴장)

(2) 학습 자체의 원인

① 학습 내용 및 학습 지도법의 부담량(각 교과에 따라 피로치가 다르다), 난이도, 교과에 대한 적성 등
② 정서적 불안정, 갈등, 혼란 상태

(3) 학습환경 원인

① 물리적 조건, 학습 도구 및 시설의 불비, 온도 및 습도, 조명, 색채, 책상 및

의자, 소음 등

② 사회적 조건, 인간관계, 문화적 · 경제적 조건, 가정생활의 분위기 등

(4) 시기 및 계절의 영향

① 대체로 오전보다 오후에 피로를 많이 느끼며, 1일 수업시간 중에서는 처음과 마지막 시간에 학습능률이 떨어진다.

② 일주일 중 월요일이 가장 능률이 오르지 않으며, 수 · 목요일에 능률이 오르다가 그 후에 저조하고 토요일에는 다시 약간 높아지는 경향이 있다.

③ 계절에도 봄 · 가을이 여름 · 겨울보다 능률적이나, 여름철보다는 겨울철에 학습 효과가 좀 더 높다. 기타 학교의 여러 행사, 휴가 등의 전후도 학습효과와 밀접한 관계가 있으며, 대체로 이 시기에 학습효과가 떨어지는 편이다.

3) 피로 회복방법

피로 회복방법은 피로의 원인마다 차이는 있지만 대체로 휴식과 수면이 가장 효과적이다. 그러나 수면시간도 연령에 따라 다르며, 한 번에 오랜 시간 휴식을 하는 것보다는 여러 차례로 나누어 하는 것이 효과적이다. 그 이유는 휴식시간이 길어지면 연습 효과나 몸풀기(warming up)를 한 것이 사라지기 때문이다. 그 밖에 피로 회복방법으로는 음식(영양소) 섭취, 안정, 산책, 기분 전환, 오락, 가벼운 운동경기 및 율동, 음악 감상, 담화, 물리적 요법(목욕, 마사지, 피로 독소의 제거, 조제약 등) 등이 있다.

6. 독 서

지식과 정보를 얻는 데에 독서만큼 효과적인 것은 없다. 또한 자기 개선을 위

해서도 독서만큼 좋은 방법은 없다. 독서는 뚜렷한 목적을 가지고 읽으면 그만큼 효과도 커지는데, 그 목적으로는 '자기실현 혹은 자기 개선' '폭넓은 교양의 습득' '구체적인 지식과 기술의 습득' '시행착오를 최대한 줄임' '감화와 감동, 기쁨을 얻음' 등이 있다. 이러한 목적을 지닌 독서가 그만큼의 효과를 발휘하기 위해서는 먼저 독서를 하는 방법이 바로잡혀야 한다. 그렇다면 책을 효과적으로 읽기 위한 방법은 무엇일까? 『청소년 상담 보조전략』(김재은 외, 1997)에서는 그 방법을 세 가지로 구분하여 요약하였다. 학습부진아가 독서를 통해 자기 자신을 개선하게끔 하려면 다음과 같은 세 가지 방법을 가지고 이끌어 주어야 한다.

첫 번째는 무슨 책을 읽어야 하느냐다. 무조건 학업 관련 서적만을 읽으라고 권할 것이 아니라 여러 교양서적을 읽게 함으로써 간접적으로 성적 향상을 이룰 수 있도록 해야 한다. 모든 학문은 서로 통한다는 말이 있듯, 교양서적을 많이 읽게 되면 성적 향상에도 큰 도움이 된다. 그렇게 읽을 책이 선정되고 나면 어떤 부분을 읽어야 할지를 결정해야 한다. 처음부터 자세히 읽어야 할 책도 있고 부분만 선별해서 읽어야 할 책도 있기 때문이다. 그다음으로는 읽는 목적을 뚜렷하게 제시해 주어야 한다.

두 번째는 책을 읽는 동안에 어떤 점에 유의해야 하는가다. 우선 제목과 서문 그리고 소제목을 훑어봄으로써 내용을 파악하도록 하고, 다음으로는 핵심 단어를 유의하면서 읽도록 지도한다. 그렇게 보았을 때 뛰어넘어야 할 부분은 과감하게 뛰어넘도록 하고, 평이한 내용은 빠른 속도로, 그리고 중요한 내용은 천천히 반복해서 읽도록 한다. 저자의 사상의 흐름을 파악하며 읽고 있는지 수시로 확인해야 하고, 단어와 문장 속에 포함되어 있는 깊은 뜻을 발견하도록 지도해야 한다.

세 번째는 책을 읽은 후에 무엇을 해야 하는가다. 책을 모두 읽은 후에 중요한 내용에 표시하도록 하고, 책 옆의 공란에 요점을 기록하도록 지도한다. 또 노트에 중요한 사항을 기입하게 하거나 또는 중요한 부분만을 복사하여 따로 자료를 만들거나 컴퓨터에 입력하도록 지도한다.

이러한 지도와 함께 아동의 가정에서도 독서를 권장하는 분위기를 조성해 주어야 한다. 이를 위해서는 먼저 부모가 독서하는 모습을 보여 주도록 하고, 아이가 읽고 싶어 하며 읽을 만한 가치가 있는 책을 선택해 주도록 해야 한다. 또한 책이 아동의 손길이 닿는 곳에 있도록 항상 신경을 써 주어야 한다. 이렇게 가정에서의 독서가 이루어지는 것이 중요한 이유는 학교에서의 독서에 비해 뚜렷한 목적이 없이 비전문적이어서 아동에게 부담을 주지 않으면서도 독서에 대한 흥미와 바른 습관을 유발할 수 있다는 장점이 있기 때문이다. 이러한 독서지도는 발달 단계에 맞추어 하는 것이 효과적인데, 이는 대표적으로 취학 전과 취학 후로 구분해 볼 수 있다. 취학 전에는 아동의 책에 대한 관심을 높이고 정서를 풍부하게 해 주면서 아동이 독서에 대해 흥미를 가지도록 하는 데 중점을 두도록 한다. 그리고 취학 후에는 학교의 독서지도와 관련지어 지도하는 것이 중요하고, 도서관과 친근해질 수 있도록 도서관 견학 등의 기회를 가지도록 해 준다.

독서를 통한 상담 및 치료에서는 치료를 목적으로 하여 읽기자료를 체계적으로 적용하는데, 이 경우 내담자의 읽기 발달 수준에 맞게 독서 자료 및 활동을 구성하고 독서치료의 이론적인 원리를 적용해야 한다. 또한 현대사회의 많은 정보는 문자를 통하여 전달되고 교환되며, 형식교육이 이루어지는 학교에서의 교수-학습 과정에서 읽기는 필수적이다. 이러한 점에서 읽기능력은 학습, 사회생활, 인격 형성을 위한 중요한 도구가 되기도 한다. 학습이 부진한 학생을 진단하고 상담하려고 할 때 읽기 발달 수준을 먼저 판단해 보아야 하는 이유가 바로 여기에 있다.

실제로 읽기 발달단계 이론은 학교 현장에서 계속적으로 곤란을 겪는 아동의 읽기와 여타 문제를 이해하는 데에 도움을 준다. 그들은 읽기장애 또는 학습장애를 가진 아동으로서 그들의 지체된 읽기능력은 언어 발달의 결손이라고 볼 수 있다. 읽기장애나 학습장애를 겪는 아동은 지적인 능력에는 별 문제가 없다. 그들은 개념이나 언어를 이해하는 데에 어려움이 있기보다는 음운학적인 측면에서 어려움을 가지고 있는 경우가 많다. 그러므로 읽기 발달 단계의 1단계인 문자 해독이나 2단계인 유창성에 대해서 어려움을 겪는 아동은 이후 단계에서 제대로 적응하지 못하므로 어려움을 겪고 있는 단계부터 적절한 처치를 제공해야 한다.

독서를 치료적으로 활용하고자 할때, 기초하는 이론에 따라 과정상의 차이를 보일 수 있다. 다음에서는 정신역동이론에 기초한 독서의 과정을 소개하도록 하겠다. 교사 또는 상담자는 독서 활동을 실시할 때 이러한 과정을 하나하나 잘 거칠 수 있도록 지도해 주어야 한다. 첫 번째 과정은 '동일시' 과정이다. 이 과정에서 내담자는 작중 인물의 영향을 받아서 그 인물의 견해와 일치 또는 반대되는 표현을 하게 된다. 그리고 작중 인물의 운명에 대해 관심을 보이고 실제로 그 인물이 된 것 같은 기쁨을 보이기도 한다.

두 번째 과정은 '투사'과정이다. 투사에는 통각적인 투사와 인지적인 투사가 있다. 작중 인물 사이의 관계를 이해하거나 작중 인물의 동기를 이해하는 것이 통각적인 투사이고, 저자의 의도를 추정하거나 생활 이론상의 결과 해석을 하는 것이 인지적인 투사다.

세 번째 과정은 '카타르시스' 과정이다. 이 과정에서 내담자는 죄의식, 염려, 긴장 등의 감정을 입으로 표현하게 되고 과거의 기억을 소생시킨다. 또한 주인공이나 저자에 대한 공격을 하기도 한다.

네 번째 과정은 '통찰'과정이다. 여기서 내담자는 자기 인식의 증거인 소속감, 자기 이해 등과 같은 감정을 느끼게 되고, 타인 인식에 대한 증거인 이해, 인내, 포용을 보인다. 그리고 정확성과 타당성을 지닌 동기 분석을 할 수 있으며, 인식적인 지각을 정확하게 형성한다. 또한 가치와 목적 등에 새로운 개념을 병합시키며 자신의 무의식적인 욕구를 의식하여 깨닫고 더 깊은 자기 이해를 얻게 된다.

독서치료 과정에서 중요한 것은 독자와 자료의 상호작용이므로 자료의 종류와 형태, 선정 원칙을 고려해야 한다. 독서치료에 사용되는 자료는 일반적인 심리학 문헌과 기사, 전기류, 역사, 과학, 민속 등 광범위한데, 그 자료의 형태는 인쇄자료건 필름, 녹음, 그림의 형태건 간에 내용에 따라 교훈적 자료와 상상적 자료로 나누어진다. 교훈적 자료는 '가르치고 일러 주어 사람들을 이해하도록' 의도된 것으로 주로 아동 양육, 결혼과 성, 스트레스를 다루는 법, 흡연, 음주,

체중조절, 자부심, 타인과의 협력방법 등 '어떻게'에 치중된 것이다. 이는 전통적인 교육과정에 쓰이는 교과서와 유사하며, 따라서 교육적이다. 상상적 자료는 시, 소설, 희곡, 에세이, 전기 등 문학작품으로 인간의 경험을 나눠 주고 또 바람직한 변화에 필수적인 것으로 여겨지는 정서적 반응을 불러일으킨다. 즉, 훌륭한 전기에서 어느 개인의 일생을 재음미하거나 소설양식으로 된 전기에서 경험을 재체험하게 된다. 또한 내담자는 시에서 주요한 의미를 포착한다든지, 소설이나 짧은 이야기에서 의미 있는 상황을 참조함으로써 경험을 재구성하게 된다.

자료의 형태로는 인쇄자료와 시청각자료가 있다. 둘을 비교해 보면, 인쇄자료의 장점은 시청각자료보다 상상력을 더 많이 남기며, 회상하여 분석할 여유가 있고 더욱 안정적인 분위기를 제공해 준다는 것이다. 반면에 시청각자료의 장점은 전체적인 인상을 남기는 것이 책보다 빠르며, 시간이 절약되고 훨씬 더 적극적이며, 책보다는 훨씬 더 사실적이라는 것이다. 공공기관에서 실시하는 독서치료에서는 영화를 이용하기도 한다. 그 이유는 똑같은 책을 개개인 모두에게 공급하기에는 예산이 부족하고, 참여가 자의에 의한 것이 아닐 수 있어 계속적인 참여를 기대하기 어렵고, 참여자의 주의력이 짧기 때문이다. 현재 환자를 다루고 교육하는 데 시청각자료가 성공적으로 쓰이고 있는데, 이러한 자료를 선정할 때는 우선 도서의 명성이나 분량보다는 독자의 흥미에 중점을 두어야 한다. 자료 선정 시의 원칙을 정리하여 살펴보면 다음과 같다.

- 치료자에게 익숙한 자료를 고른다.
- 시, 짧은 이야기, 짧은 희곡과 같은 간단한 작품이 다루기 쉽고 읽고 회상하는 데도 효과적이며, 읽는 시간 또한 적게 소요된다.
- 독자의 문제를 고려하여 그 문제와 일치하지는 않더라도 적용이 가능한 자료를 선정한다.
- 독자의 독서능력을 평가하고 적합한 자료를 선정한다.
- 생활연령과 정신연령을 고려하여 선정한다.
- 개인이 지금까지 읽은 자료나 개인이 나타내는 흥미에 기초한 독서 선호도

를 고려한다. 글을 모르는 독자의 경우에는 영화나 TV 프로그램이 독서 선호도를 알 수 있는 지침이 된다.

- 독자가 나타내고 있는 감정이나 분위기와 동일한 감정과 분위기를 주는 자료가 대체로 효과적이다. 그러나 절망적이거나 부정적인 것 또는 자살 내용은 예외로 한다.
- 시청각자료도 인쇄자료만큼이나 세심한 주의와 평가를 거쳐 선정해야 한다.

이와 같이 전적으로 독자를 중심에 두고 책을 골라야 한다. 청소년 내담자에게 추천하는 자료를 충분히 알지 못하는 상황에서 선정할 경우 여러 가지 역효과가 발생할 수 있다. 즉, 의미를 왜곡하거나 정보를 잘못 얻어 오히려 의기소침하고 고독감을 증대시키는 결과를 초래하거나, 부적합한 기대나 소망을 가지게 하거나, 자신에게 적용되지도 않는 사상이나 사실을 자신의 것으로 끼워 맞추려 하여 결국 절망감에 더 빠지게 할 수 있다.

이제 독서치료의 실제에 적용할 수 있는 독서치료의 전체 과정을 제시하고자 한다. 독서치료의 시행 단계는 4단계로 이루어져 있다. 각 단계에 대해 간단하게 요약해 보면 다음과 같다.

① 계획: 이 단계에서는 자료의 내용과 형태를 검토하여 자료를 선정해야 한다. 그리고 내담자의 배경, 이야기의 결말, 개념의 전개, 여러 가지 차원에서의 예상 질문 등에 근거하여 질문을 작성해야 한다.
② 예비: 이 단계에서는 주의를 집중시키고 토론의 목적을 설정해 주어야 한다. 그리고 내담자의 직접적인 경험과 이야기를 관련시켜 주고, 내담자가 작중 인물과 동일시하도록 격려해 주어야 한다.
③ 실시: 이 단계에서는 내담자에게 자료를 읽히고 준비한 질문을 제시한다. 이때 내담자의 언급과 관심에 지속적인 반응을 해 주어야 한다.
④ 사후 검토: 이 단계에서는 토론을 마무리해야 한다. 이때 주고자 하는 정보를 명확히 해야 하고, 개념은 재검토할 수 있어야 하며, 질문에 답변할 수

표 12-2 도움이 되는 책 목록

영역별	책 제목	소개	서지정보
학업 부진	엄마가 나서면 사춘기에도 성적이 오른다	사춘기에 나타나는 자녀의 특징을 유형별로 나누고, 각 유형의 특징과 올바른 지도법을 소개한다. 각 장마다 사춘기 자녀의 문제행동 유형을 알아볼 수 있는 '체크리스트'가 제시되어 있다. 이 책은 사춘기 자녀의 감추어진 속마음을 상황별로 살펴보고, 부모가 지켜야 할 역할과 코칭 기법을 풍부하고 생생한 사례와 함께 담고 있다. 자녀의 일기장을 엿보듯, 자상한 상담가의 조언을 듣듯, 흥미롭고 편안하게 짜인 이야기들은 사춘기 자녀를 키우는 부모님의 걱정과 시름을 덜어 준다.	정순중 지음/아울북(2006)
	우리는 바다로	이 책은 저마다 다른 환경과 성격을 지닌 일곱 아이의 모습이 실감나는 대사와 심리 묘사, 개연성 있는 사건 전개를 통해 생생하게 그려져 있다. 아이들 자신뿐만 아니라 그 부모와 형제, 학교 선생과 학원 강사 같은 주변 인물까지도 살아 꿈틀거리도록 형상화한 점이 돋보인다.	郡須正幹 지음, 이경옥 옮김/보림출판사(2007)
	정답은 내안에 있다	EBS 방송교재 백배 활용법, 청소년이 꼭 관심을 가져야 할 경제공부법, 상식의 보고 신문과 TV 활용법 등 학교 성적뿐만 아니라 사회에 적응하기 위해 꼭 필요한 능력을 청소년기에 기르기 위해 해야 할 일까지 함께 담았다. 학교 공부만이 공부가 아니다. 시련도, 게임도, 놀이도 다 내일을 살아갈 청소년에게는 훌륭한 도전과제이며 공부다. 적극적이고 활발하게 공부를 즐길 것을 권하는 책이다.	이창환 지음/주니어김영사(2005)
	성공하는 10대의 비밀노트	자신의 하루하루를 주체적이고 조직적으로 관리하고, 시험과 공부에 대한 두려움을 없애면 시간을 벌 수 있다는 것을 보여 준다. 지은이는 12세의 딸을 둔 아버지의 마음으로 아이들이 자신의 삶을 보다 의미 있게 꾸려 가는 데 필요한 추상적 관념의 덩어리, 이를테면 자기 관리, 능력 개발, 동기부여 같은 명제를 구체적 현실에서 쏙쏙 뽑아내어 현실적인 조언을 해 준다.	Tomas Wieke 지음/장혜경 옮김/푸른숲(2003)
학교 부적응	달팽이 껍질 속으로 숨은 외톨이	은둔형 자녀에 대한 분석을 담은 책이다. 일본의 전체 인구 중 1%가 은둔형 외톨이 '히키코모리'로, 점차 확산되는 추세다. 비단 일본만 그런 것이 아니라 현재 한국에서도 가족해체와 과잉보호로 인해 은둔형 외톨이가 속출하고 있다. 이 책은 은둔형 외톨이가 나타나는 원인을 살펴보고 그 대안을 제시한다.	김종진 지음/해피아워(2006)
	풀무학교 이야기 (첫째 묶음)	학교가 마을이고 마을이 곧 학교인 풀무학교 이야기를 전해 주는 책이다. 저자가 1998년에 펴낸 『더불어 사는 평민을 기르는 풀무학교 이야기』의 제목을 바꾸어 새롭게 펴낸 것이다. "노동의 참된 가치를 알며, 사람과 지역과 자연과 더불어 살 줄 아는 이 시대의 평민을 길러 내자."라는 기치 아래 1958년에 설립된 풀무학교에서 학생들은 인문 교양뿐 아니라 실제로 논밭에 나가 일을 하고 종교를 통해 몸과 마음을 닦았다. 1부에는 풀무학교의 바탕을 이루는 기본 생각과 관련된 글들을, 2부에는 역사, 시설, 교육과정 같은 학교의 이모저모를 소개하는 글들을 엮었다. 그리고 3부에서는 학생들의 생활과 '인생의 창업'에 대해 이야기한다.	홍순명 지음/부키(2006)

영역별	책 제목	소개	서지정보
학교 부적응	엄마 도와줘	이 책은 유아기의 아동부터 청소년에 이르기까지 경험할 수 있는 학교 폭력, 집단 따돌림, 아동 성범죄, 사이버 범죄 등 아동 범죄에 관한 학부모들의 이해를 돕고 그 예방과 치료 방법에 관한 해결책을 제시한다. 특히 '아이의 본능적 감각을 중시하라'고 주장한다.	신순갑, 이정환 지음/ 달과소(2007)
	황희처럼 듣고 서희처럼 말하라	청주교육대학교 초등교육과 교수 박성희가 지은 책으로, 우리나라 역사에 등장하는 위인의 삶과 사상을 통해 미래를 이끌어 나갈 청소년의 고민을 풀어주는 청소년을 위한 인생 지침서다. 이 책은 황희와 서희, 유성룡과 김성일, 이이와 허목 등 우리나라 역사에 등장하는 위인의 삶과 사상을 통해 청소년의 일상생활과 밀접한 우정, 연애, 진로 등의 주제를 다룬다. 성공과 경쟁을 위한 기술과 전략을 가르치는 데에 집중하기보다는 청소년이 삶을 이끌어 나가는 데 필요한 가치와 태도를 가르쳐 주고 있다.	박성희 지음/ 이너북스 (2007)
	엄마는 파업중	아동작가 김희숙의 단편동화 모음집(총12편)으로 대부분의 작품은 우리 주변에서 쉽게 볼 수 있는 아이들의 모습을 그리고 있다. 표제작인 『엄마는 파업중』은 집안일에 지친 엄마가 급기야는 파업을 하게 되고, 그제야 가족들이 엄마가 하는 일의 중량을 체감하게 된다는 내용이다. 이 작품은 동화의 기피 대상인 주부의 가사노동을 생생하게 담아낸 것은 물론 초등학교 국어 교과서에도 실려 있다. 그 외의 작품 또한 자폐아, 장애아우, 남녀평등, 가부장제 등의 주제를 담고 있다. 이렇게 작가는 소외된 이웃들의 결코 가볍지 않은 문제에 관심을 내비친다.	김희숙 지음/ 푸른책들 (2006)
	학교를 넘어서	이 책은 우리 학교의 현실을 비판하고 나아갈 방향을 제시하고 있다. 저자가 수능이 끝나자마다 집필을 시작하여 완성한 책에서 젊은이의 시각이 살아 있고 대안에도 현실성이 있다. 1부에서는 학교의 실상과 본질을 밝히고 있다. 학교에서 실제 무슨 일이 일어나고 있는지를 비판적인 시선으로 바라보고 있다. 2부에서는 이러한 학교체제를 넘어서는 폭넓은 대안을 모색하며, 탈학교 운동의 모습을 보여 준다.	이한 지음/ 민들레(2003)
	학교 가기 싫은 아이, 학교 가고 싶은 아이	이 책은 학교에 적응하지 못하는 자녀를 둔 부모를 위해 집필된 자녀 교육서로, 아이가 경험하는 여러 갈등이나 곤란한 유형을 알아볼 뿐만 아니라 각각의 원인과 극복방법을 살펴본다. 아울러 아이가 행복한 마음으로 즐거운 학교생활을 할 수 있는 방법을 소개한다.	이영민 지음/ 한울림(2006)

있도록 해 주어야 한다. 또한 토론에의 참여를 인정해 주는 반응을 보여야 하며, 수용된 감정적 반응을 상호 교환하는 의사소통이 필요하다. 이야기

나 토론에 대해 평가하는 시간을 가지는 것도 좋다.

이러한 각 단계를 시행해 봄으로써 문제를 파악하고, 자료를 선정해 치료과정을 진행해 가면서 내담자의 심미적 경험 상태를 파악하여 그에 따른 후속적인 독서를 처방하거나, 유사한 문제를 지닌 사람 또는 전문가와의 대화 등으로 통찰에 이르도록 격려하는 체계적인 조력이 이루어져야 한다. 그리고 중요한 것은 읽어야 할 분량과 기간에 대해 세심하게 계획을 세워야 한다는 것이다. 내담자의 문제를 다루는 데 충분한 도움이 될 만한 적정 독서량을 정해야 하고, 양의 초과로 인해 역효과가 일어나지 않도록 주의해야 한다. 또한 내담자가 자신의 문제와 유사한 경우를 읽으면서 자신의 문제를 합리화하거나 단순히 책 몇 쪽을 읽음으로써 문제가 해결될 수 있다고 믿을 수 있으므로 적용할 때 주의 깊게 관찰하고 체계적인 상담과정을 반드시 병행해야 한다.

7. 학습과 음악

음악은 인간의 심리뿐 아니라 인간의 생리에도 큰 영향을 주며, 심지어 음악을 통해 정신병 치료도 가능하다. 그러나 음악치료는 어디까지나 정신치료나 상담의 보조 요법이지 음악 자체로 정신장애와 행동 문제를 모두 해결할 수 있는 것은 아니다. 음악치료에는 세 가지 방법이 있는데, 환자나 내담자와 함께 하는 음악치료, 감상 형식으로 들려주는 음악치료, 그리고 분위기 조성을 통한 음악치료가 그것이다. 따라서 음악치료는 장애자의 음악적 적성이나 능력에 관계없이 음악을 통해서 지능적, 지각적, 정서적 성장을 도와주는 수단이 된다.

우리나라 청소년은 초등학교부터 입시 위주의 교육을 받으며 치열한 경쟁과 수시로 변하는 교육과정 속에서 혼동을 겪고 있다. 최근 정부의 학력증진 목표 아래 사교육이 더욱 활기를 띠고 있으며, 특정 교과목에 대한 중요성이 갈수록 강조되어 학생들의 부담은 가중되고 있다. 그리하여 성적의 서열화 및 입시교육은 더욱 고조되어서 많은 청소년이 국어, 영어, 수학 위주의 공부를 하도록 강요받고 있다. 그러나 청소년기의 학생에게는 논리력, 사고력, 창의력, 문제해결력, 집중력을 길러 주는 교육이 시급하다. 게다가 질풍노도의 시기인 청소년기는 신체의 발달과 더불어 갈등, 고민, 불안감을 느끼는 시기로 정서적 안정이 필요한데 현실적으로 치열한 경쟁과 인간성 상실로 인해 청소년 문제가 사회 문제로까지 이어지고 있다. 그러므로 인간미 상실을 겪는 이때 정서의 함양을 위한 매체가 필요하며, 그 대표적인 것이 음악이나 운동이다. 여기에서는 청소년의 정신건강과 정서 순화에 중요한 영향을 미치는 음악에 대해 살펴보겠다.

1) 음악의 효과

최근에 이루어진 음악과 학습에 대한 많은 연구에서 음악이 학습에 미치는 효과가 긍정적인 것으로 나타났다(Jensen, 2000). 음악치료에 사용되는 여러 형태의 음악은 사람의 행동과 심리 상태에 다양한 반응을 일으킨다. 도약 진행을 하는 리드미컬한 음악은 움직임을 유도해 내고, 순차 진행의 느리고 서정적인 음악은 마음을 안정되고 평화롭게 만든다. 이러한 음악이 사람에게 치료목적으로 적용될 때 나타나는 효과를 생리적, 심리적, 사회적 반응으로 분류하여 살펴보면 다음과 같다.

(1) 생리적 반응

음악이 혈압, 심장박동, 호흡 수, 뇌파, 피부반응 등 어떤 무의식적 생리반응에 영향을 끼친다는 것은 지난 수십 년간 꾸준히 이루어진 연구를 통해 알 수 있다. 그러나 음악이라는 영역 자체가 매우 다양하고 인간 또한 다양한 존재이므로 이러한 효과를 일반화하기란 참으로 어렵다. 즉, 음악에 대한 자율신경 반응은 획일적인 것이 아니라 개인의 나이, 성별, 몸의 상태, 심리적 상태에 따라 다르게 나타나며, 특별히 자신이 듣는 음악에 대한 선호도나 취향에 많은 영향을 받게 된다. 음악에 대한 반응을 예측할 수는 없으나, 일반적으로 나타나는 결과는 크게 신체반응을 자주 일으키는 음악과 침체시키는 음악으로 분류할 수 있다. 먼저 사람의 교감신경을 자극시켜 근육운동 시스템을 활성화시킴으로써 신체반응을 자주 일으키는 음악은 대개 스타카토, 싱코페이션, 악센트가 많고, 조성의 변화가 급격하고 음역의 폭이 넓으며, 예측할 수 없는 음악의 흐름을 지니고 있다. 반대로 부교감신경을 자극하여 편안하고 안정된 상태를 유도하는 음악은 레가토적인 멜로디 중심의 음악이며, 조성의 변화가 거의 없거나 관계조의 자연스러운 변화가 나타나고, 음역의 폭이 좁고 급격한 멜로디의 변화가 없으며, 대개 반복을 동반하여 진행을 예측할 수 있는 것들이다.

Goodman(1981)은 인간의 뇌반구는 음악에 대해 각각 다르게 작용한다고 하였다. 즉, 뇌의 좌반구는 음의 높낮이에 대한 인식, 멜로디, 리듬, 형태적 감각과 음악에 대한 기억을 맡고 있으며, 우반구는 음악의 지각과정에 근거를 두고 언어 기능과 행동에 영향을 준다는 것이다. 음악은 사람의 몸과 마음에 직접적이며 순간적으로 작용하여 그 사람의 감정을 외부로 표현할 수 있는 통로를 제공해 주기 때문에 다른 사람과 쉽게 접촉하여 의사소통할 수 있는 계기를 만들어 준다.

(2) 심리적 반응

음악은 미학적 관점에서 인간의 정서적인 행동에 영향을 미친다. 사람은 미적인 구조를 벗어날 수 없으며, 미적인 경험은 인류가 환경에 적응하고 자신을 조절시키는 최고의 장치로서 기능할 수 있다. Thaut(1990)는 그의 음악치료 모델에서 음악치료를 통해 '감정 경험'과 '감정 교류'의 과정을 거치며 '정서 수정' 단계를 거쳐 치료목적을 달성하게 된다고 한다. 그는 여기서 음악의 치료적 활동이 감정의 경험과 표현뿐만 아니라 타인에 대한 감정 교류의 이해를 형성케 하고, 자신의 감각적 행동을 종합, 조절, 변형시킬 수 있어야 한다고 주장한다. 음악은 심리적 발달 단계에서 볼 때 고유의 선법을 통해 표현되는데, 이것은 인간 내면에 있는 무의식의 세계와 연결해서 설명할 수 있다. 인간의 성격을 본능, 자아, 초자아로 나눈 Freud의 이론에 기초해 살펴보면, 음악은 우리의 본능적 욕구를 자극시키거나 표현하며 때로는 해소 · 감소시키기도 한다. 또한 음악은 감정을 발산시키거나 통제하여 자아를 강화시키고 초자아에 적응하며, 감정을 순화시키거나 보다 높은 수준의 지적 경험과 함께 풍부한 심미적 경험을 갖게 해 준다. 이 같은 음악의 심리적 효과를 정리하면 다음과 같다.

- 의사소통을 원만하게 하고 정상적인 인간관계를 맺는 데 도움을 준다. 음악은 가사의 일차적 의미뿐 아니라 그것의 상징적 의미를 전달하는 기능을 한다. 이러한 음악적 의사소통은 상호작용을 이룰 수 없는 내담자에게 매우 효과적이다.
- 자신이 이해할 수 있는 음악과 자신을 동일시함으로써 얻어지는 소속감을 통해 안정감을 얻고 심리적 치료가 이루어진다.
- 음악의 심리적 효과 중에서 가장 중요한 반응으로는 연상 작용을 들 수 있다. 각 개인은 경험을 통해 직간접적으로 특정 음악에 대한 특정한 연상을 가지고 있다. 이러한 연상은 치매성 환자를 포함한 노인을 위한 음악치료에 큰 효과가 있다.
- 음악은 자기표현과 긴장감 해소의 특별한 수단이 된다. 특히 언어장애 치료에 효과적이다.

(3) 사회적 반응

인류의 발생부터 함께해 온 음악은 가장 오래되고 가장 자연스러운 의사소통과 자기표현 수단이라고 할 수 있다. 음악의 사회적 반응 또한 심리적 반응과 마찬가지로 미학적 관점에서 살펴볼 수 있다. 이런 미학적 관점에서의 음악은 사회에서 공개적으로 표현하기 어려운 주제와 그 내용을 아무런 판단의 제재 없이 표현할 수 있다. 음악과 사람의 기본적인 관계에 있어 사람들은 미적인 표현과 경험을 필요로 하며, 그들의 문화 기반에 의거하여 음악에 반응한다. 음악은 종교와 밀접하게 연결되어 있으며, 의사소통 기능을 지님과 동시에 사람들에게 만족을 준다. 이러한 음악의 기능 혹은 역할로 인해서 음악의 힘은 집단 내에서 극대화될 수 있다(Sears, 1968).

2) 학습효율성 전략

(1) 학습전략

학습전략은 학습방법에 있어서 자신의 문제점을 파악하고 그것을 어떻게 보완하고 개선해 나갈 것인지를 인식하는 것이다. 학습 효율성을 높이기 위해서는 다양한 학습방법 개선전략이 필요하다. 그중에서 자신에게 적절한 학습방법을 찾는 것이 중요한데, 학습한 내용을 오래 기억할 수 있는 기억력과 시험에 대한 긴장으로 인한 정서 불안정을 스스로 관리할 수 있는 정서조절 능력이 필요하다. 음악은 이러한 조절능력을 돕는 기능을 한다.

(2) 집중력

집중력은 외부 자극에 방해받지 않고 하나의 과제를 지속시켜 갈 수 있는 능력이다. 집중력이 약한 학생은 음악의 선율을 지속적으로 감상함으로써 청취력을 길러 집중력을 향상시킬 수 있고, 운동을 통해 건강한 육체를 길러 외부의 자극에 대처할 수 있게 됨으로써 학습 효율성을 높일 수 있다.

(3) 정서조절 전략

정서조절 전략은 학습전략 중 정서와 관련된 사항으로 내향성, 민감성, 불안 등으로 인한 부정적 결과를 예방하고 대처하기 위해 사용하는 전략과 학업 실패를 극복하고 학업에 대한 긍정적 태도를 지니기 위해 사용할 수 있는 전략을 말한다. 세계 대회에서 좋은 성적을 거두고 있는 수영선수 박태환이 헤드폰으로 음악을 들으며 수영장에 입장하는 모습을 TV에서 본 적이 있을 것이다. 그것은 시합 전의 긴장된 마음을 음악으로써 이완하려는 것인데, 이렇게 학습뿐만 아니라 운동에서도 음악을 활용하여 불안한 정서로 인한 긴장을 스스로 조절할 수 있다.

3) 학습에 대한 음악치료의 적용

지금까지 음악치료의 효과를 크게 세 가지 기능 면에서 살펴보았다. 이러한 생리적, 심리적, 사회적인 다양한 기능은 개인의 배경과 상황에 따라 융통성 있게 적용된다는 점에서 주목할 만하다. 교육 현장에서 음악치료는 긍정적인 강화제로 사용되는 등 보조 역할을 하기도 하고, 장애로 인한 사회성의 후퇴, 자기비하, 자신감의 결여 등과 같은 개인적인 문제를 치료하고 향상시키는 데 중요한 역할을 하기도 한다.

(1) 자기 인식과 자신감 향상

음악은 연주 자체에 기쁨과 보람을 느끼게 하며 칭찬과 비평을 긍정적으로 받아들이게 한다(Hibben, 1991). 이는 사회적으로 인정을 받고 보상을 받을 수 있는 기회를 마련해 준다. 또 잘 계획된 음악 활동은 자기표현을 안전하게 할 수 있도록 해 준다.

(2) 집중력 향상

음악치료는 내담자의 주의집중 시간을 증가시키기 위해 사용될 수 있는데, 이런 시간은 학습과제 완성에 필수적이다. 음악을 듣는 활동은 학습에 주의를 집중하고 자신이 들은 것을 순차적으로 기억하게 함으로써 과제에 집중하고 조직화하는 능력을 발달시키는 데 도움을 준다. 짧은 노래나 음악적인 게임은 학습장애아에게 과제 완성감을 갖게 할 수 있다. 노래 부르기 등의 음악 활동은 언어의 상호작용을 촉진시키는 데 효과적이므로 치료 활동에서 단절되어 있는 여러 요인을 연결시키며 주의집중에 매우 효과적이다. 간단한 노래나 유희를 배우는 동안 눈 맞춤, 주의력 확대, 지시 따르기, 언어 모방, 기억, 세련된 운동의 기민함, 청각적 변별능력이 개선된다. 여러 감각기관을 사용하는 음악 활동은 내담자에게 과제에 대한 흥미를 주어 활동을 지속시킬 수 있도록 하는 충분한 힘을 가지고 있으며, 더 긴 시간 동안 교육과제에 참여할 수 있게 한다. 악기 사용은 주의집중에 방해가 될 수 있으므로 집중력이 잘 형성된 후에 사용하도록 한다.

(3) 사회성 향상

음악치료 과정에서 각각의 개인은 집단 활동을 통해 사회 경험을 가지게 된다. 사회 집단의 일원이 되기 위해서는 구성원 간의 의사소통이 필요하다. 음악 활동은 위협적이지 않은 의사소통 및 감정 표현의 방법으로 제공되는데, 음악 활동 중의 비언어적인 의사소통 행위는 언어나 글을 사용하여 의사소통을 하는 데 어려움을 갖는 대상자로 하여금 성공적인 의사소통 경험을 가지게 한다. 이를 통하여 집단 소속감과 동일감을 느끼게 되며, 자신과 타인과의 유사점과 차이점을 있는 그대로 수용하게 됨으로써 자기 성장의 기회를 가지게 된다(Siepker & Kandaras, 1985). 또한 자기가 집단에서 필요한 존재임을 알게 되면서 자기 가치감을 가지고 사회 활동에 참여하고 적응할 수 있는 힘이 생기게 된다.

(4) 지각력 향상

노래와 음악 활동은 언어적 학습기술(읽기, 쓰기)을 향상시키는 데 효과적이다. 노래 부르기나 노랫말 적기 훈련 등은 학생에게 멜로디나 가사를 들려주고 그것을 회상하여 옮겨 부르게 함으로써 청각 운동이 조화를 이루도록 돕고 나아가 언어적 학습능력을 향상시킨다. 학습장애인을 대상으로 한 연구에서도 일련의 음악치료를 시도한 결과 그들의 청각 인식능력 및 독해와 철자법 등이 향상되었다고 보고하였으며, 청각과 시각이 혼합된 방법이 학습장애아가 단어를 외우고 단어 기억력을 높이는 데 도움이 된다는 것을 발견하였다(Anderson & Shehan, 1984).

4) 음악치료에 활용할 곡 목록

정서적 변화를 이끌기 위해 음악을 사용할 경우 목적에 따라 고려할 수 있는 음악 목록을 정리하면 〈표 12-3〉과 같다.

표 12-3 음악치료를 위한 음악 목록(최병철, 2000)

분노를 완화시켜 주는 음악	• 묵상적인 음악: Wagner의 Tannhaeuser, Song to the Evening • 마음을 진정시키는 음악: Brahms의 Lullaby • 리드미컬한 흐름을 가진 음악: Love의 Old Sweet Song • 시적 사상을 가진 음악: Debussy의 Claire de Lune • 환상곡: Nevin의 The Rosary • 우울하게 하는 것: Chopin의 The Funeral March • 기타 - Bach의 Cantata, No. 82 - Beethoven의 Moon Light Sonata - Debussy의 Nocturne - Corelli의 Suite for String Orchestra
우울증 치료에 필요한 음악	- Bach의 Brandenburg concerto No. 2 F Major - Hyden의 Oratorio「The Creation」 - Liszt의 Hungarian Rhapsody No. 2 - Rimsky-Korsakow의 Scheherazade - Rossini의 William Tell Overture - Suppe의 Poet and Farmer Overture - Bach의 Coffee Cantata - Chopin의 Nocturne - Händel의 Water Music Suite - Liszt의 Mephisto Waltz
증오 · 질투 완화를 위한 음악	• 일반적 용도 - Gounod의 Soldier's Chorus, Love Duet - Wagner의 Spring Song - Hyden의 Water Music-Suite • 신체적 영향의 통제를 위한 음악 - Strauss의 Tales of the Vienna Woods - Chopin의 Nocturne in F Flat - Kreisler의 The Old Refrain - Tschaikowsky의 Waltz of Flowers - Corelli의 Sonata in D Minor • 만성적 증오를 완화해 주는 음악 - Sibelius의 Finlandia - Hyden의 Symphony No.101 in D, 'The Clock' - Smetana의 The Moldau - Bizet의 Prelude from L'Arlesienne Suite

증오 · 질투 완화를 위한 음악	- Chausson의 Poem for Violin - Chopin의 Ballades • 질투심과 의혹의 감정을 완화해 주는 음악 - Bach의 Cantata No. 21 - Borodin의 Quartet No., 1 in A - Chopin의 Nocturne in D Flat - Debussy의 La mer - Dvorak의 Quintet in A. Op. 81 - Falla의 Three Conered Hat - Mozart의 Serenade No. 12 in C Minor - Ravel의 Quartet in F - Schubert의 Quartet in A, Op. 114
비통을 경감하는 음악	- Beethoven의 Sonata Pathetique - Brahms의 제2 Chello Sonata - Bach의 Brandenburg Concerto No. 1 - Grieg의 Peer Gynt Suit No. 1 No. 2. - Händel의 Messiah - Monteverdi의 Madrigal
긴장에 의한 두통을 완화시켜 주는 음악	- Khachaturian의 Masquerade Suit - Lalo의 Symphony Espagnole - Liszt의 Hungarian Rhapsody No. 1 - Mozart의 Don Giovanni - Offenbach의 Tales of Hoffmann - Bach의 Goldberg Variations - Bizet의 Arlesienne Suite - Borodin의 L' Prince Igor: Polovstian Dances - Brahms의 Hungarian Dances - Chopin의 Polonaise Fantasie - Dvorak의 Slavonic Dances - Gershwin의 American in Paris - Gluck의 Orpheus and Eurydice
심인성 위장장애 치료에 필요한 음악	- Boccherini의 Concerto in D for Flute and String - Bach의 Concerto in D Minor for two violins - Mozart의 Sonata in A Minor - Debussy의 Children's Corner Suite - Dvorak의 Serenade for Strings, Op. 22 - Mendelssohn의 Octet in E Flat

생각에 자주 잠기게 될 때	- Ravel의 Pavane pour une Infante Défunte - Verdi의 La Forza del Destino - Paul Mauriat 악단의 Love is Blue
마음이 침울해 있을 때	- Saint-Saens의 Danse Macabre Op. 40. - Smetana의 Moldau - Dvorak의 Slavonic Dance C Major No. 1 Op. 46. - Liszt의 Hungarian Rhapsody No. 3
마음이 지쳐 있을 때	- Mozart의 Divertimento B Major K 287 - Mozart의 Minuet and Trio K 315a - Chopin의 Contre Danse - Light Music으로 Your Cheating Heart, Cold, Cold Heart
불안에 잠겨 있을 때	- Chopin의 Polonaise Op. 26, No. 1 - Chopin의 Polonaise Op. 44. No. 5 - Rachmaninoff의 Piano Concerto No. 2. Op. 18
슬픔에 잠겨 있을 때	- Tschaikowsky의 Valse Melancholique - Schubert의 Symphony No. 8. unfinished - Mozart의 Symphony No. 40 - Light Music으로 Harbor Light - The Look of love
외롭고 쓸쓸할 때	- Rameau의 Clavecin - Beethoven의 Symphony No. 5 - Beethoven의 Piano Sonata No. 18. Op. 31-3
마음이 초초할 때	- Brahms의 String Sextete Op. 18 - Dvorak의 Quartet America Op. 96 - 소품으로 Lielito Lindo, The Umbrellas of Cherbourg
집중력이 떨어졌을 때	- Hyden의 Quartet F Major Serenade Op. 3. - Mozart의 Violin Sonata No. 22 E Minor K 60. - Mozart의 Quintet No. 5 D Major K 593.
의욕이 저하되었을 때	- Smetana의 Quartet No. 1 "From My Life" - Border의 Speak Low, My Shaul
마음이 극도로 흥분되어 있을 때	- Mozart의 Piano Sonata No. 11 A Major K 331 - Schubert의 Military March K 733 - 소품으로 Dr. Zivago의 Lara's Theme, - What Now My Love, Hava Hava Hageela, - Quizas, Quizas, Quizas

잠이 오지 않는 밤을 위한 음악	- Mozart의 Piano Concerto No. 20 D Minor K 466 - Mozart의 Piano Concerto No. 24. C Minor K 491 - Chopin의 Piano Concerto No. 1 Op. 11 B Minor - Mozart의 Clarinet Concerto A Major
마음의 긴장이 계속될 때	- Dvorak의 Symphony No. 9 "From the New World", Op. 95. - Beethoven의 Symphony No. 6 Pastorale - Mozart의 Concerto for Flute and Harp

이상으로 학습부진을 극복하거나 학습활동을 촉진하기 위해 교과학습 이외에 적용할 수 있는 보조전략인 음악, 미술, 독서, 영양관리, 건강관리의 하위 항목에 대해 살펴보았다. 이러한 보조전략 가운데에는 경험적 연구를 통해 그 효과성이 입증된 것도 있으나 그렇지 못한 것도 있다. 따라서 상담자가 내담자의 상태를 파악한 후에 그중 어떠한 방법으로 도움을 주는 것이 가장 효과적일지 판단하여야 한다. 이때 어느 하나의 방법만을 사용하기보다는 내담자에게 필요한 경우 적절한 방법을 여러 가지 선택하여 그것들의 복합적인 상호작용 결과를 기대할 수도 있다. 일반적으로 이러한 방법은 하루아침에 눈에 보이는 성과를 나타내는 것은 아니므로 인내심을 가지고 진행해야 한다. 지속적인 적용과 실천을 하며 내담자뿐만 아니라 상담자까지도 마음을 합해 노력할 때 최상의 결과도 기대할 수 있다.

참고문헌

강선경(2003). 자기조절 학습 능력의 향상을 위한 학습 시스템 설계 및 구현. 원광대학교 교육대학원 석사학위논문.

곽민희, 유정문(2004). 웹기반 프로젝트 수업이 중학생의 과학 학업 성취도와 학습 태도에 미치는 영향. 한국지구과학회지, 25(2), 74-86.

김계현 편(2001). 상담심리학연구 II. 서울: 학지사.

김달하(2003). 웹기반 환경에서 학력수준에 따른 독립학습과 협동학습의 학업성취도 비교. 안동대학교 대학원 석사학위논문.

김동일(1997). 읽기장애에 대한 다학문적 접근과 전망: 전문가 면접을 중심으로. 청소년상담연구, 5(1), 55-79.

김동일(1998a). 학업발달상담. 교육학대사전. 서울: 하우.

김동일(1998b). 학습장애아동의 교육상담. 교육논총, 15(2), 167-189.

김동일(1999). 학습부진 영재아동. 서울: 원미사.

김동일(2004). 학습전략의 효과 및 특성 분석 연구에 기초한 초등학생과 중학생 대상 학습전략 프로그램 개발. 서울: 서울대학교 교육종합연구원.

김동일(2005a). 기초학습기능 수행평가체제—읽기검사. 서울: 학지사.

김동일(2005b). 학습전략의 효과 및 특성 분석 연구에 기초한 초등학생과 중학생 대상 학습전략 프로그램 개발. 서울: 서울대학교 교육종합연구원.

김동일, 박경애, 김택호(1995). 청소년 시간 · 정신에너지 관리 훈련 프로그램. 서울: 청소년대화의광장.

김동일, 신을진, 황애경(2002). 메타분석을 통한 학습전략의 효과연구. 아시아교육연구, 3(2), 71-93.

김동일, 신종호, 고범석, 계보경, 김형수(2006). e-러닝에서의 학업성취도 영향 요인 분석. 아시아교육연구, 7(4), 1-26.

김동일, 이대식, 신종호(2009). 학습장애 아동의 이해와 교육(2판). 서울: 학지사.

김동일, 정광조(2008). 불일치모형과 중재반응모형을 넘어서: 학습장애의 진단을 위한 새로운 통합 모형의 제안을 중심으로. 정서-행동장애연구, 24(1), 133-161.

김문주(1991). 우리나라 학생들의 시험불안 진단을 위한 도구 개발과정. 소아 · 청소년정신의학, 2(1), 32-42.

김미경, 문장원, 서은정, 윤점룡, 윤치연, 이상훈(2006). 정서 및 행동장애아 교육. 서울: 학지사.

김수동, 이화진, 유준희, 임재훈(1998). 학습부진아 지도 프로그램 개발 연구. 연구보고 RRC 98-4. 서울: 한국교육과정평가원.

김영진(1998). 효율적인 학습상담법. 서울: 양서원.

김영채(1991). 학습과 사고의 전략. 서울: 교육과학사.

김영채(1992). 학습전략 개발을 위한 훈련 프로그램. 한양대학교 대학생활연구, 10, 37-60.

김윤옥, 전정미(2003). 초등학교 학습장애학생에 대한 문장작성전략 교수가 문장작성 능력과 자기효능감에 미치는 효과. 특수교육학연구, 38(3), 241-158.

김용태(1999). 가족치료이론. 서울: 학지사.

김재은, 이성진, 채규만, 구본용, 오익수, 김동일(1997). 청소년 상담 보조전략. 서울: 청소년대화의광장.

김정규(2003). 비파사나 명상과 인지행동 치료를 통합한 불안장애의 게슈탈트 심리치료. 한국임상심리학회지: 임상, 22(3), 473-503.

김정진(2003). 자기주도적 학습전략 훈련이 초등영어교육에 미치는 영향: 학습전략 사용빈도, 선호도 및 학습태도의 변화. 인천교육대학교 대학원 석사학위논문.

김정화(2002). 중등학교 학생 건강관리를 위한 시스템의 설계 및 구현. 경남대학교 교육대학원 석사학위논문.

김종진(2006). 달팽이 껍질 속으로 숨은 외톨이. 서울: 해피아워.

김창대, 이정윤, 이영선, 남상인(1994). **청소년 문제유형분류체계: 기초연구**. 서울: 청소년대화의광장.

김창대, 이정윤, 임은미, 김택호, 이영선(1994). **성적이 떨어지는 아이들**. 청소년상담문제연구보고서, 9. 서울: 청소년대화의광장.

김창대, 이정윤, 이영선, 남상인(1994). **청소년문제유형분류체계: 기초연구**. 서울: 청소년대화의 광장.

김충기, 장성철(2008). **교육심리학**. 서울: 태영출판사.

김태성, 김형수, 이영선, 박정민, 임은미(2001). **Web을 활용한 청소년 심리검사 프로그램 개발**. 서울: 한국청소년상담원.

김현미(2004). 웹기반 문제 중심 학습(PBL)에서 피드백 제공자의 유형이 학습자의 학업성취도와 내적동기에 미치는 영향: 초등학교 4학년 과학과를 중심으로. 고려대학교 교육대학원 석사학위논문.

김형수, 김동일(2007). 메타분석에 기초한 자기조절학습 프로그램의 효과적 구성 탐색. **상담학 연구**, 8(2), 719-736.

김형수, 김동일, 황애경(2006). 학습자 특성 및 적용 영역별 인지학습전략의 효과. **교육과학연구**, 37(2), 43-74.

김형태, 오익수, 김원중, 김동일(1996). **청소년학업상담**. 서울: 청소년대화의광장.

김혜숙(1983). 중고생의 학습전략과 학업성취와의 관계. 서울대학교 대학원 석사학위논문.

김희숙(2006). **엄마는 파업중**. 서울: 푸른책들.

나동진(1999). **교육심리학**. 서울: 학지사.

대한특수교육학회(1986). **특수교육용어사전**. 대구: 대구대학교출판부.

류현주(2006). 학교건강증진사업의 실천정도, 중요성 인지도 및 개선방안. 계명대학교 교육대학원 석사학위논문.

마음사랑(2004). 기질 및 성격검사 매뉴얼. 서울: 마음사랑.

마음사랑(2005). 다면적 인성검사-청소년용(MMPI-A) 매뉴얼. 서울: 마음사랑.

모혜연(2000). 청소년기 스트레스 요인과 완벽주의 성향이 우울에 미치는 영향. 서강대학교 교육대학원 석사학위논문.

문선모(1994). 학습방략의 발달과 학업수행. **교육학연구**, 32(5), 47-74.

박경애, 김택호(1994). **청소년의 시간 관리: 기초 연구**. 서울: 청소년대화의광장.

박성수, 김혜숙, 이숙영, 김창대, 유성경(1997). **청소년 상담원리**. 서울: 청소년대화의광장.

박성희(2007). **황희처럼 듣고 서희처럼 말하라**. 서울: 이너북스.

박승호, 김동일, 황매향, 장미경(2003). **청소년 학업상담**. 서울: 한국청소년상담원.

박주영(2004). 학습장애아를 위한 음악 치료적 접근: 중학교 1학년 교과서를 중심으로. 경북대학교 교육대학원 석사학위논문.

박태임(1994). 학습습관 향상 프로그램이 학습습관, 학습동기 및 학업성취에 미치는 영향. 숙명여자대학교 대학원 석사학위논문.

박한숙(2000). 학습기술 훈련이 초등학교 아동의 학습태도, 성취동기 및 학업성취에 미치는 영향. 부신대학교 대학원 박사학위논문.

배성훈(2008). 시험 및 학업불안 감소를 위한 게슈탈트-인지행동 치료 프로그램의 개발 및 효과. 성신여자대학교 대학원 석사학위 논문.

백욱현(1993). 학습장애 개념정의의 타당성과 재개념화의 필요성. **교육학연구**, 31(1), 139-157.

서병완(1988). 학습습관 향상을 위한 집단상담 프로그램. **대학생활연구**, 6, 59-84.

서울대학교 교육연구소(1994a). **교육학대사전**. 서울: 서울대학교 교육연구소.

서울대학교 교육연구소(1994b). **교육학용어사전**. 서울: 하우.

서울대학교 교육학과 상담연구실(1996). **학습전략훈련 프로그램**. 서울: 서울대학교 교육학과 상담연구실.

성봉기(2003). 웹기반 수업에서 사고양식에 따른 학습유형의 학업성취 효과. 대구교육대학교 대학원 석사학위논문.

송인섭(1989). **인간심리와 자아개념**. 서울: 양서원.

승정자(1995). **부모에게 약이 되는 이야기, 20: 자녀의 성장을 돕는 식생활**. 서울: 한국지역사회교육협의회.

신민섭, 류명은, 김붕년, 황준원, 조수철(2005). 한국판 IOWA 코너스 평정 척도의 개발. **신경정신의학**, 44(1), 82-88.

신민섭, 홍강의, 김중술, 조수철(1998). 한국판 학습장애 평가척도의 개발 및 표준화 연구. **신경정신의학**, 37(6), 1233-1245.

신민희(1999). 학습자 통제형의 컴퓨터본위 수업에서 학습자의 자기 조절 능력을 고무하기 위한 교수 설계원리. **컴퓨터교육학회논문지**, 2(1), 71-82.

신순갑, 이정환(2007). **엄마 도와줘**. 서울: 달과 소.

신을진(2005). 학습목표 실천과정의 방해요소 분석. 서울대학교 교육대학원 박사학위논문.

신을진, 김형수(2007). **학교 학습상담 매뉴얼**. 서울: 교육인적자원부·서울대학교 교육연구소.

신종호, 박인우, 김동일, 계보경(2005). **e-러닝에서의 학업성취도 영향요인 분석**. 서울: 한국교육학술정보원.

심혜경(2003). 자기조절학습전략 훈련이 읽기학습부진아의 독해력 향상에 미치는 효과. 대구대학교 특수교육대학원 석사학위논문.

양명희(2000). 자기조절학습의 모형 탐색과 타당화 연구. 서울대학교 교육대학원 박사학위논문.

오성삼, 구병두(1999). 메타분석을 통한 한국형 학업성취 관련변인의 탐색. **교육학연구**, 37(4), 99-122.

오원석(2004). 자기조절학습이 학습부진아의 수학과 학업성취와 자기 효능감에 미치는 효과. 대구대학교 특수교육대학원 석사학위논문.

오현진(2006). 초등학생의 시간관이의 능력에 따른 자기효능감 연구. 부산교육대학교 교육대학원 석사학위논문.

오혜영, 김남성(2004). **한국 아동충동성 검사 실시 요강**. 서울: 한국가이던스.

원새연, 윤정륜(1994). De Bono의 CoRT 사고교육 프로그램이 국민학생의 창의성 향상에 미치는 효과. **사고개발연구**, 4(1), 47-88.

유병민, 박성열, 임정훈(2005). 학습 스타일에 따른 이러닝 콘텐츠 개발 유형에 대한 선호도 연구—K대학 사례를 중심으로. **한국교육정보미디어학회**, 11(3), 115-134.

유성은(2006). **시간 관리와 자아실현**. 서울: 중앙경제평론사.

유안진, 한미현(1995). 아동행동평가척도(CBCL)의 타당화 연구. **아동학회지**, 16(2), 5-21.

윤재희(1998). 인터넷 중독과 우울, 충동성, 감각추구 성향 및 대인관계의 연관성. 고려대학교 대학원 석사학위논문.

윤정일(1999). 교육개혁 추진과정의 쟁점. **한국교육학회 1999년도 춘계 학술대회 논문집—교육개혁 정책의 진단과 전망**.

이경배(2008). 시간 관리를 중심으로 한 자기조절 학습전략 프로그램이 시간 관리 능력 및 학습동기에 미치는 효과. 대구대학교 교육대학원 석사학위논문.

이대식(2001). 학습장애 진단과 판별: 불일치 기준의 문제점과 교과별 기초학습 기능의 역할. 정서 · 학습장애연구, 17(2), 9-41.

이명근, 최은희(2001). 웹기반 교육에서 개별학습과 협동학습이 학업성취도에 미치는 효과. 연세교육과학, 49, 121-133.

이상주(1999). 교육개혁 정책의 이념적 쟁점. 한국교육학회 1999년도 춘계 학술대회 논문집—교육개혁 정책의 진단과 전망.

이성진(2000). 행동수정. 서울: 교육과학사.

이영민(2006). 학교 가기 싫은 아이, 학교 가고 싶은 아이. 서울: 한울림.

이영식, 성종호, 손인기(2000). 청소년의 시험불안에 영향을 미치는 가정환경적 요인. 소아 · 청소년정신의학, 11(1), 16-26.

이원이(2002). 학습전략 프로그램의 효과에 관한 메타분석. 서울대학교 대학원 석사학위논문.

이임숙(2005). 품행장애 청소년 독서치료 사례. 서울: 한국독서치료학회.

이장호, 김연수(1992). 집단상담의 원리와 실제. 서울: 법문사.

이종목, 오익수(1984). 성취동기 육성 프로그램의 개발과 그 실시효과. 전남대학교 학생생활연구, 16, 29-57.

이재희(2000). 댄스스포츠 참여자들의 참여동기와 기술 유능감에 따른 여가인지 및 관여도 분석. 연세대학교 대학원 석사학위논문.

이창환(2005). 정답은 내 안에 있다. 서울: 김영사.

이한(2003). 학교를 넘어서. 서울: 민들레.

이형득(1995). 집단상담의 실제. 서울: 중앙적성출판사.

이혜성(1988) 잠재력 개발을 위한 집단상담 프로그램. 한양대학교 대학생활연구, 6, 41-58.

임경희, 조붕환(2000). 초등학생 진로인식을 위한 학습흥미 검사 개발에 관한 연구. 진로교육연구, 11, 231-257.

임규혁(2004). 교육심리학. 서울: 학지사.

임은미(1998). 학습동기 및 부모 행동과 학업 성취도의 관계. 서울대학교 대학원 박사학위논문.

임은영, 김자경, 김기주, 김주영(2007). 자기결정 프로그램이 초등학교 경도정신지체 아동의 자기결정력에 나타난 효과. 정신지체연구, 9(2), 21-36.

임진표(2005). 웹기반 수업에서 자기조절 기능 수준에 따른 피드백 유형이 학업성취에 미치는 효과. 대구교육대학교 교육대학원 석사학위논문.

임창재(1994). 학습양식을 형성하는 가정환경의 과정변인 탐색. 세종대학교 교육대학원 박사학위논문.

임철일(2001). 웹 기반 자기 조절 학습 환경을 위한 설계전략의 특성과 효과. **교육공학연구**, 17(3), 53-83.

임태현(2005). 웹기반 프로젝트 학습에서 학습자의 메타인지 수준에 따른 피드백 유형이 학업성취에 미치는 효과. 한국교원대학교 교육대학원 석사학위논문.

장정아(2005). 웹기반 PBL에서 튜터의 역할수행에 대한 사례연구. **교육공학연구**, 21(3), 97-129.

장혜정(2006). 아동의 완벽주의와 시험불안의 관계에서 자기효능감의 중재효과. 숙명여자대학교 대학원 석사학위논문.

정규만(2002). **성적을 올리는 수험생요리**. 서울: 효성 출판사.

정미현(2003). 부모의 양육태도와 아동의 자아탄력성 및 친구간 갈등해결전략과의 관계. 숙명여자대학교 대학원 석사학위논문.

정순중(2006). **엄마가 나서면 사춘기에도 성적이 오른다**. 서울: 아울북.

정인성(1999a). 웹기반 교수-학습 체제설계 모형. 나일주 편, **웹기반 교육** (pp. 77-100). 서울: 교육과학사.

정인성(1999b). 웹기반 교육의 효과 요인 분석. 나일주 편, **웹기반 교육** (pp. 299-329). 서울: 교육과학사.

조명한, 김경동, 강현두(1993). **청소년 문화정서지표 조사연구**. 서울: 한국문화예술진흥원 문화발전연구소.

조수철(1989). 시험불안의 측정. **신경정신의학**, 28(4), 668-677.

진위교(1999). 교육과 심리학의 이합사, 그리고 교수심리학의 발전. **교육심리학회 소식**, 4(1).

최문선, 유재민, 현명호(2005). 평가 염려 및 개인 기준적 완벽주의와 우울간의 관계: 자기 효능감의 매개효과와 중재효과. **한국심리학회지: 건강**, 10(1), 1-15.

최병철(2000). **음악치료학**. 서울: 학지사.

최영환, 이상용(2000). 로그파일분석을 이용한 개인화 웹 페이지 생성기. **공주대학교 생산기술연구소 논문집**, 8.

한국도서관협회(2005). **독서치료를 위한 상황별 독서목록(청소년, 어린이 편)**. 서울: 한국도서관협회.

한국집중력센터(2010). **주의집중능력검사 매뉴얼**. 서울: 생각상자.

한상량(1999). 게슈탈트 집단상담이 여고생들의 시험불안 감소에 미치는 효과. 강원대학교 대학원 석사학위논문.

한혜정(2005). Therapeutic Uses of Music with Older Adults by Alicia Ann Clair: 1, 2, 3, 4장. 서울: 숙명여자대학교 음악치료대학원.

홍강의, 신민섭, 조성준(1999). **주의력 장애 진단 시스템**. 서울: 아이큐빅.

홍경자, 김태호, 남상인, 오익수(1996). **청소년 집단상담**. 서울: 청소년대화의광장.

홍순명(2006). **풀무학교 이야기(첫째 묶음)**. 서울: 부키출판사.

황녹연(2009). 음악 감상이 청소년들의 정서와 학습에 미치는 영향 연구: 고등학생들을 중심으로. 목원대학교 교육대학원 석사학위논문.

황매향(2009). 학업상담을 위한 학업 문제 유형분류. **상담학연구**, 10(1), 561-581.

황애경(2003). 학교학습에서 인지학습전략효과에 대한 메타분석. 서울대학교 대학원 석사학위논문.

황정규(1998). **학교학습과 교육평가(개정판)**. 서울: 교육과학사.

황정규(1999). **학교학습과 교육평가**. 서울: 교육과학사.

황희숙(1999). 대학생의 학습력 증진을 위한 학습전략 훈련 프로그램의 개발 및 효과분석. **부경대학교 대학생활연구**, 10(1), 7-24.

那順 正幹(2007). **우리는 바다로**(이경옥 역). 서울: 보림출판사. (원전은 1980년 출간)

Ach, N. (1910). *Uber den Willensakt und das Temperament*. Leipzig, Germany: Quelle & Meyer.

Ackerman, P. L. (1989). Individual differences in information processing: An investigation of intellectual abilities and task performance during practice. *Intelligence, 10,* 109-139.

Adelman, H. S., & Tayler, L. (1985). The future of the LD field: A survey of fundamental concerns. *Journal of Learning Disabilities, 18*, 432-427.

American Association on Mental Retardation[AAMR]. (1994). **정신지체: 정의, 분류, 지원의 체계**(박승희 역). 서울: 교육과학사. (원전은 1992년 출간)

American Association on Mental Retardation[AAMR]. (2002). *Mental retardation: Definition, classification, and systems of supports* (10th ed.). Washington, DC: Author.

American Psychiatric Association. (1994). *Diagnostic and statistical manual for mental disorders* (4th ed.). Washington, DC: Author.

American Psychiatric Association. (2000). *Diagnostic and statistical manual for mental disorders* (4th ed., text revision). Washington, DC: Author.

Anderson, W. M., & Campbell, P. S. (Eds.). (1996). *Multicultural perspectives in music education* (2nd ed.). Reston, VA: Music Educators National Conference.

Atkinson, J. W. (1980). Motivational effects in so-called tests of ability and educational achievement. In L. J. Fyans, Jr. (Ed.), *Achievement motivation: Recent trends in theory and research* (pp. 9-21). New York: Plenum.

Atkinson, R. C., & Shiffrin, R. M. (1968). Human memory: A proposed system and its control processes. In K. Spence & J. Spence (Eds.), *The psychology of learning and motivation* (Vol. 2). New York: Academic Press.

Baker, L., & Brown, A. (1984). Metacognitive skills of reading. In D. P. Pearson (Ed.), *Handbook of research in reading*. New York: Longman.

Bandura, A. (1986). *Social foundations of thought and action: A social cognitive theory*. Englewood Cliffs, NJ: Prentice Hall.

Barkley, R. A. (1990). *Attention deficit hyperactivity disorder: A handbook for diagnosis and treatment*. New York: The Guilford Press.

Barnhill, G., Hagiwara, R., Myles, B. S., & Simpson, R. L. (2000). Asperger syndrome: A study of the cognitive profiles of 37 children and adolescents. *Focus on Autism & Other Developmental disabilities, 15*, 146-153.

Bates, A. W. (1995). *Technology, open learning and distance education*. London: Routledge.

Beirne-Smith, M., Patton, J. R., & Kim, S. H. (2006). *Mental retardation* (7th ed). Upper Saddle River, NJ: Pearson Merrill Prentice Hall.

Bender, W. (2008). *Differentiating instruction for students with learning disabilities:*

Best teaching practices for general and special educators (2nd ed.). Thousand Oaks, CA: Corwin Press.

Benson, J., & Bandalos, D. (1992). Second-order confirmatory factor analysis of the Reactions to Tests Scale with cross-validation. *Multivariate Behavioral research, 27, 459-487.*

Benson, J., & El-Zahaar, N. (1994). Further refinement and validation of the revised Test Anxiety Scale. *Structural Equation Modeling, 1*, 203-221.

Bloom, B. S. (1968). Learning for mastery. *UCLA Evaluation Comment, 1.*

Blum, N. J., & Mercugliano, M. (1997). Attention-deficit/Hyperactivity disorder. In M. L. Batshaw (Ed.), *Children with disabilities* (4th ed., pp. 449-470). Baltimore, MD: Paul H. Brookes Publishing.

Bos, C. S., & Vaughn, S. (2006). *Strategies for teaching students with learning and behavior problems* (6th ed.). Boston: Allyn & Bacon.

Brookover, W., Beady, C., Flood, P., Schweitzer, J., & Wisenbaker, J. (1979). *School social systems and student achievement: Schools can make a difference*. New York: Praeger.

Brown, S. W. (1984). The use of WISC-R subtest scatter in the identification of intellectually gifted handicapped children: An inappropriate task? *Roeper Review, 7*(1), 20-21.

Burns, D. D. (1980). The perfectionist's script for self-defeat. *Psychology Today*, November, 34-52.

Carroll, R. B. (1963). A model of school learning. *Teachers College Record, 64*, 723-733.

Carver, C. S., & Scheier, M. F. (1984). Self-focused attention in test anxiety: A general theory applied to a specific phenomenon. In H. M. Van der Ploeg, R. Schwarzer, & C. D. Spielberger (Eds.), *Advances in test anxiety research* (Vol. 3, pp. 3-20). Lisse, the Netherlands: Swets &. Zeitlinger.

Chapman, S. M. (1991). Introducing young children to real problems of today and tomorrow. *Gifted Child Today, 14*(2), 14-18.

Cloninger, C. R. (1998). The genetic and psychobiology of the seven-factor model personality. In K. R. Silk (Ed.), *Biology of personality disorders* (pp. 63-92). Washington, DC: American Psychiatry Press.

Cochran, L., Feng, H., Cartledge, G., & Hamilton, S. (1993). The effects of cross-age tutoring on the academic achievement, social behaviors, and self-perceptions of low-achieving African-American males with behavioral disorders. *Behavior Disorders, 18*, 292-302.

Coleman, M., & Webber, J. (2002). *Emotional and behavioral disorders* (4th ed). Boston: Allyn & Bacon.

Connolly, A. (1988). *Key math*. Circle Pines, MN: American Guidance Service.

Dansereau, D. F. (1978). The development of a learning strategies curriculum. In H. F. O'Neil, Jr. (Ed.), *Learning Strategies*. New York: Academic Press.

Dansereau. D. F. (1985). Learning strategy research. In J. W. Segal, S. F. Chipman, R. Dixson, W. J., & F. J. Massey, Jr. (1969). *Introduction to statistical analysis*. New York: McGraw-Hill.

Das, J. P., Naglieri, J. A., Kirby, J. R. (1994). *Assessment of cognitive processes: The PASS theory of intelligence*. Boston: Allyn & Bacon.

Davis, G., & Limm, S. (2001). 영재교육의 이론과 방법(송인섭, 이신동, 이경화, 최병연, 박숙희 편역). 서울: 학문사. (원전은 1994년 출간)

Deci, E. L., & Ryan, R. M. (1985). *Intrinsic motivation and self-determination in human behavior*. New York: Plenum.

Deshler, D. D., Ellis, E. S., & Lenz, B. K. (1996). *Teaching adolescents with learning disabilities* (2nd ed.). Denver, CO: Love.

Deshler, D., & Schumaker, J. (1988). An instructional model for teaching students how to learn. In J. Graden, J. Zins, & M. Curtis (Eds.), *Alternative educational delivery systems: Enhancing instructional options for all students* (pp. 391-411). Washington, DC: National Association of School Psychologists.

Diffenbacher, J. (1980). Worry and emotionality in test anxiety. In I. Sarason (Ed.), *Test anxiety: Theory, research and applications* (pp. 111-128). Hillsdale, NJ:

Lawrence Erlbaum Associates.

Donnelly, J. (2005). 건강상담: 이론과 실제(현명호 역). 서울: 박학사. (원전은 2003년 출간)

Duchastel, P. (1997). A motivational framework for web-based instruction. In B. Khan (Ed.), *Web-based Instruction* (pp. 179-184). Englewood Cliffs, NJ: Educational Technology Publications.

Dweck, C. S. (1999). *Self-theories: Their role in motivation, personality, and development.* Philadelphia: Taylor & Francis.

Dweck, C. S., & Leggett, E. L. (1988). A social-cognitive approach to motivation and personality. *Psychological Review, 95*, 256-273.

Ebstein, R. P., Novick, O., Umansky, R., Priel, B., Osher, Y., Blaine, D., Bennett, E. R., Nemanov, L., Katz, M., & Belmarker, R. H. (1996). Dopamine D4 receptor (D4DR) exon III polymorphism associated with the human personality trait of Novelity Seeking. *Nat Genet, 12*, 78-80.

Eccles, J. S., Wigfield, A., & Schiefele, U. (1998). Motivation to succeed. In W. Damon (series Ed.) & N. Eisenberg (vol. Ed.), *Handbook of child psychology* (5th ed., Vol. 111, pp. 1017-1095). New York: Wiley.

Edmonds, R. (1979). Effective schools for the urban poor. *Educational Leadership, 37*(1), 15-24.

Ellis, A. (1967). Rational-Emotive psychotheraphy. *Counseling & Psychotherapy.* New York: McGraw-Hill.

Erikson, E. H. (1968). *Identity: Youth and crisis.* New York: Norton.

Ertner, P. A., & Newby, T. J. (1996). The expert learner: strategic, self-regulated, and reflective. *Instructional Science, 24*(10), 1-24.

Faraone, S., & Biederman, J. (1994). Genetics of attention-deficit hyperactivity disorder. *Child and Adolescent Psychiatric Clinics of North America, 3*(2), 285-302.

Farmer, T. W., & Cadwallader, T. W. (2000). Social interactions and peer support for problem behavior. *Preventing School Failure, 44*, 105-109.

Festinger, L. (1957). *A theory of cognitive dissonance.* Stanford, CA: Stanford University Press.

Field, M. A., & Sanchez, V. A. (1999). *Equal treatment for people with mental retardation: Having and raising children.* Cambridge, MA: Harvard University Press.

Fravell, J. H. (1976). Metacognitive aspects of problem solving. In L. B. Resnick (Ed.), *The nature of intelligence.* Hillsdale, NJ: Lawrence Erlbaum Associates.

Fuchs, D., & Deshler, D. D. (2007). What we need to know about responsiveness to intervention (and shouldn't be afraid to ask). *Learning Disabilities Research & Practice, 22*(2), 129-136.

Fuchs, L. S., & Fuchs, D. (2001). Principles for the prevention and intervention of mathematics disabilities. *Learning Disabilities Research and Practice, 16*, 85-95.

Gagnon, E. (2001). *Power cards: Using special interests to motivate children and youth with Asperger syndrome and autism.* Shawnee Mission, KS: Autism Asperger Publishing.

Gagnon, E., & Myles, B. S. (1999). *This is Asperger syndrome.* Shawnee Mission, KS: Autism Asperger Publishing.

Gallagher, J., & Rogge, W. (1966). The gifted. *Review of Educational Research, 36*(1), 37-54.

Gardner, H. (1983). *Frames of mind: The theory of multiple intelligences.* New York: Basic Books.

Gardner, H. (1986). *Notes on cognitive development: Recent trends, new directions.* Orlando, FL: Academic Press.

Gardner, H. (1993). *Multiple intelligence: The theory into practice.* New York: Basic Books.

Girdano, A., & Everly, S. (2001). *Controlling stress and tension journaling workbook* (6th ed.). Boston: Allyn & Bacon.

Goldstein, H. (2002). Communication intervention for children with autism: A review of treatment efficacy. *Journal of Autism and Developmental Disorders, 32*(5), 373-396.

Goddard, R. D., Hoy, W. K., & Woolfolk-Hoy, A. (2000). Collective teacher efficacy: Its meaning, measure, and effect on student achievement. *American Educational Research Journal, 37*, 479-507.

Goodman, K. (1981). Music therapy. In S. Arieti (Ed.), *American handbook of psychiatry* (2nd rev. ed., Vol. 7, pp. 564-585). New York: Basic Books.

Graham, S., Harris, K. R., & Larsen, L. (2001). Prevention and intervention of writing difficulties for students with learning disabilities. *Learning Disabilities Research and Practice, 16*, 74-84.

Gresham, F. M., & Elliott, S. N. (1989). Social skills deficits as a primary learning disability. *Journal of Learning Disabilities, 22*(2), 120-124.

Gumpel, T. (1994). Social competence and social skills training for persons with mental retardation: An expansion of a behavioral paradigm. *Education and Training in Mental Retardation and Developmental Disabilities, 29*(3), 194-201.

Hallahan, D. P., & Kauffman, J. M. (1976). *Introduction to learning disabilities: A psycho-behavioral approach*. Engelwood Cliffs, NJ: Prentice-Hall.

Hallahan, D. P., Lloyd, J. W., Kauffman, J. M., Weiss, M. P., & Martinez, E. A. (2005). *Learning disabilities: Foundations, characteristics, and effective teaching*. Boston: Allyn & Bacon.

Hammill, D. D. (1985). *Detroit tests of learning aptitude 2*. Austin, TX: Pro-Ed.

Hanson, M. J., & Carta, J. J. (1995). Addressing the challenge of families with multiple risks. *Exceptional Children, 62*, 201-212.

Harper, G. F., Mallette, B., Maheady, L., Bentley, A. E., & Moore, J. (1995). Retention and treatment failure in classwide peer tutoring: Implications for further research. *Journal of Behavioral Education, 5*, 399-414.

Harris, K. R., & Pressley, M. (1991). The nature of cognitive strategy instruction: Interactive strategy construction. *Exceptional Children, 57*, 392-404.

Henderson, R. W. (1986). Self-regulated learning: Implications for the design of instructional media. *Contemporary Educational Psychology, 11*, 405-427.

Heward, W. L. (2009). *Exceptional Children: An introduction to special education* (9th ed). Upper Saddle River, NJ: Pearson.

Hibben, J. (1991). Group music therapy with a classroom of 6-8 year-old hyperactive learning-disabled children. In K. Bruscia (Ed.), *Case studies in music therapy.* Gilsum, NH: Barcelona Publishers.

Hidi, S., & Renninger, K. A. (2006). The four-phase model of interest development. *Educational Psychologist, 41*(2), 111-127.

Hildreth, G. (1962). *Educating gifted children at Hunter College Elementary School.* New York: Harper & Brothers.

Hodapp, V., & Benson, J. (1997). The multidimensionality of test anxiety: A test of different models. *Anxiety, Stress, and Coping, 10*(3), 219-244.

Hollingworth, L. S. (1926). *Gifted children: Their nature and nurture.* New York: Macmillan.

Huttenlocher, P. R., & Dabholkar, A. S. (1997). Regional differences in synaptogenesis in human cerebral cortex. *Journal of Comparative Neurology, 387,* 167-178.

Idol, L., & Croll, V. (1987). Story-mapping training as a means of improving reading comprehension. *Learning Disability Quarterly, 10,* 214-229.

Individuals with Disabilities Education Act[IDEA]. (1997 Amendments). Washington, DC: U.S. Government Printing Office.

Jackson, B., & Van Zoost, B. (1974). Self-regulated teaching of others as a means of improving study habits. *Journal of Counseling Psychology, 21*(6), 489-493.

Jacobson, E. (1938). *Progressive relaxation.* Chicago: University of Chicago Press.

Jensen, E. (2000). *Music with the brain in mind.* San Diego, CA: The Brain Store.

Joint FAO/WHO Expert Committee on Food Safety. (1984). *The role of food safety in health and development.* Geneva: WHO.

Jonassen, D. H., & Wang, S. (1993). Acquiring structural knowledge from semantically structured hypertext. *Journal of Computer Based Instruction, 20*(1), 1-8.

Jones, B. F. (1983). Integration learning strategies and text research to teach high order thinking skills in schools. Paper presented at the annul meeting of the America Educational Research Association. Montreal, Canada.

Kagan, J. (1965). *Matching familiar figures test.* Cambridge, MA: Harvard University.

Kauffman, J. M. (2005). *Characteristics of emotional and behavioral disorders of children and youth* (8th ed.). Upper Saddle River, NJ: Merrill/Prentice Hall.

Kaufman, A. S. (1975). Factor analysis of the WISC-R at 11 age levels between 6 1/2 and 16 1/2 years. *Journal of Consulting and Clinical Psychology, 43*, 135-147.

Kavale, K. A., & Forness, S. R. (1985). Learning disability and the history of science: Paradigm or paradox? *Remedial and special Education, 6*, 12-24.

Kavale, K. A., & Forness, S. R. (1995). *The nature of learning disabilities.* Mahwah, NJ: Lawrence Erlbaum Associates.

Kavale, K. A., & Forness, S. R. (1996). Social skill deficits and learning disabilities: A meta-analysis. *Journal of Learning Disabilities, 29*(3), 226-237.

Kazdin, A. (1993). Treatment of conduct disorder: Progress and directions in psychotherapy research. *Development and Psychopathology, 5*(1/2), 357-372.

Kendall, P. C., & Braswell, L. (1985). *Cognitive-behavioral self-control therapy for impulsive children.* New York: Guilford Press.

Kendall, P. C., & Finch, A. J. (1976). A cognitive-behavioral treatment for impulsivity: A group comparison study. *Journal of Consulting and Clinical Psychology, 46*, 110-118.

Keogh, B. (1994). What the special education research agenda should look like in the year 2000. *Learning Disabilities Research & Practice, 9*(2), 62-69.

Khalsa, D. S., & Stauth, C. (2006). 치매 예방과 뇌 장수법: 당신의 지력과 기억력을 향상시키는 의학 프로그램(추선희, 김정모, 허동규, 장현갑 공역). 서울: 학지사. (원전은 1999년 출간)

Kolb, B. (1995). *Brain plasticity and behavior.* Hillsdale, NJ: Erlbaum.

Kopp, C. B. (1984). Regulation of distress and negative emotion: A development view. *Developmental Psychology, 25*(3), 343-354

Krapp, A., Hidi, S., & Renninger, K. A. (1992). Interest, learning, and development. In. K. A. Renninger, S. Hidi, & A. Krapp (Eds.), *The role of interest in learning and development* (pp. 3-25). Hillsdale, NJ: Lawrence Erlbaum Associates.

Kuhl, P. K. (1993). Innate predispositions and the effects of experience in speech perception: The native language magnet theory. In B. deBoysson-Bardies, S. deSchonen, P. Juscyzyk, P. McNeilage, & J. Morton (Eds.), *Developmental neurocognition: Speech and face processing in the first year of life* (pp. 259-274). Dordrecht, NL: Kluwer Academic Publishers.

Lebow, D. G. (1995). *Constructive values for instructional design: A case study of graduate level learning environment.* Unpublished doctoral dissertation. Tallahassee, FL: Florida State University.

Lenz, B., Schumaker, J., Deshler, D., & Beals, V. (1984). *Learning strategies curriculum: The word identification strategy.* Lawrence, KS: The University of Kansas.

Lerner, J. W. (1993). *Learning disabilities: Theories, diagnosis, and teaching strategies* (6th ed.). Boston: Houghton Mifflin.

Liebert, R., & Morris, L. (1967). Cognitive and emotional components of teat anxiety: A distinction and some initial data. *Psychological Reports, 20*, 975-978.

Lin, X. D. (1994). *Metacognition: Implications for research in hypermedia-based learning environment.* Paper presented at the annual meeting of the Association of Educational Communications and Technology. Nashville, TN.

Luria, L. (1961). *The role of speech in the regulation of normal and abnormal behavior.* New York: Liveright.

Maehr, M. L., & Midgley, C. (1991). Enhancing student motivation: A schoolwide approach. *Educational Psychologist, 26*, 399-427.

Maehr, M. L., & Midgley, C. (1996). *Transforming school cultures.* Boulder, CO: Westview Press.

Mangnum, C. T. (1994). *Learning to study series* (Book B/C-Book H). Province, Rhode Island: Jamestown Publisher.

Mandler, G., & Sarason, S. (1952). A study of anxiety and learning. *Journal of Abnormal and Social Psychology, 47*, 166-473.

Maslow, A. H. (1970). *Motivaion and personality* (2nd ed.). New York: Harper & Row.

Mayer, R. E. (1987). *Educational psychology: A cognitive approach.* Boston: Little,

Brown and Co.

McCombs, B. L. (1984). Processes and skills underlying continuing intrinsic motivation to learn: Toward a definition of motivation skills training interventions. *Educational Psychologist, 19*, 199-218.

McClelland, D. (1985). *Human motivation*. Glenview, IL: Scott, Foresman.

McKeachie, J. L. (1986). *Evaluating teaching*. Minneapolis, MN: University of Minnesota.

McKeachie, J. L., Pintrich, P. R., Lin, Y. G., & Smith, D. A. F. (1991). *Teaching and Learning in the college classroom activities: Review of the research literature*. Ann Arbor, MI: University of Michigan: MCRITAC.

Meece, J. L. (1997). *Child and adolescent development for educators*. New York: McGraw-Hill.

Meihenbaum, D., & Butler, L. (1980). Toward a conceptual model for the treatment of test anxiety: Implications for research and treatment. *Test anxiety: Theory, research and applications* (pp. 187-208). Hillsdale, NJ: Lawrence Erlbaum Associates.

Meichenbaum. D. (1977). *Cognitive-behavioral modification*. New York: Plenum Press.

Meichenbaum, D., & Goodman, J. (1971). Training impulsive children to talk themselves: A means of developing self-control. *Journal of Abnormal Psychology, 77*, 115-126.

Mercer, C. D. (1991). *Students with learning disabilities* (4th ed.). New York: Macmilian.

Merrill, M. D. (1980). Learner control in computer-based learning. *Computers and Education, 4*, 77-95.

Moely, B. E., Olson, F. A., Halwes, T. G., & Flavell, J. H. (1969). Production deficiency in young children's clustered recall. *Developmental Psychology, 1*, 26-34.

Murray, C., & Greenberg, M. T. (2006). Examining the importance of social relationships and social contexts in the lives of children with high-incidence disabilities. *The Journal of Special Education, 39*(4), 220-233.

Naveh-Benjamin, M., McKeachie, W., & Lin, Y. G. (1987). Two types of test anxious students: Support for an information processing model. *Journal of Educational Psychology, 79*, 131-136.

Nicholls, J. G. (1967). The opinions on co-education of a group of secondary modern school children in the Machester area. There teachers and their parents. *British Journal of Educational Psychology, 37*, 396-397.

Nicholls. J. G. (1975). Casual attributions and other achievement-related cognitions: Effects of task outcome, attainment value, and sex. *Journal of Educational Psychology, 31*, 379-389.

Overbaugh, R. C. (1994). Research-based guidelines for computer-based instruction development. *Journal of Research on Computing in Education, 27*(1), 29-47.

Palincsar, A., & Brown, A. (1986). Interactive teaching to promote independent learning from text. *Reading Teacher, 39*(8), 771-777.

Palincsar, A., & Brown, A. (1988). Teaching and practicing thinking skills to promote comprehension in the context of group problem solving. *Remedial and Special Education, 9*(1), 53-59.

Parkinson, A. P., & Redmond, J. A. (2002). The impact of cognitive styles and educational computer environments on learning performance. *Tech. Rep: CS-2002-18.* Dublin, Ireland: Computer Sc Dept Trinity College.

Paris, S. G., & Lindauer, B. K. (1976). The role of influence in children's comprehension and memory for sentences. *Cognitive Psychology, 8,* 217-227.

Paulsen, M. (1995). Moderating educational computer difference. http://www.nki.no/ekko/for-alle/fagartikler/moderating.html.

Peter, D. & Insoo, K. B. (1998). 해결을 위한 면접(허남순, 노혜련 공역). 서울: 학문사. (원저는 1998년 출간)

Piaget, J. (1975). *The child's conception of the world.* Totowa, NJ: Littlefield, Adams.

Pintrich, P. R., & De Groot, E. V. (1990). Motivational and self-regulated learning components of classroom academic performance. *Journal of Educational Psychology, 82*(1), 33-40.

Pintrich, P. R., & Schunk, D. H. (2002). *Motivation in education: Theory, research, and applications* (2nd ed.). Upper Saddle River, NJ: Merrill/Prentice Hall.

Poplin, M. S. (1984). Summary rationalizations, apopogies and farewell: What we don' t know about the learning disabled. *Learning Disability Quarterly, 7,* 129–134.

Pressley, M. (1986). The relevance of the good strategy user model to the teaching of mathematics. *Educational Psychologist, 21*(1–2), 139–161.

Renninger, K. A. (1990). Children's play interest(s), representation, and activity. In R. Fivush & J. Hudson (Eds.),. *Knowing and remembering in young children* (pp. 127–147). Hillsdale, NJ: Lawrence Erlbaum Associates.

Renninger, K. A. (1992). Individual interest and development: Implications for theory and practice. In K. A. Renninger, S. Hidi, & A. Krapp (Eds.), *The role of interest in learning and development* (pp. 361–395). Hillsdale, NJ: Lawrence Erlbaum Associates.

Renzulli, J. S. (1975). *A guidebook for evaluating programs for the gifted and talented.* Ventura, CA: Office of the Ventura County Superintendent of Schools.

Renzulli, J. S. (1978). What makes giftedness: Re–examining a definition. *Phi Delta Kappa, 60,* 180–184, 261.

Rogers, C. R. (1963). The concept of the fully functioning person. *Psychotherapy: Theory, Research, and Practice, 7*(1), 17–26.

Rosenshine, B., & Stevens, R. (1986). Teaching functions. *Handbook of research on teaching* (3rd ed., pp. 376–391). New York: Macmillan.

Rose, M., Cundick, B., & Higbee, K. (1983). Verbal rehearsal and visual imagery: Mnemonic aids for learning–disabled children. *Journal of Learning Disabilities, 16,* 352–354.

Ross, A., & Parker, H. (1980). Academic and social self–concepts of the academically gifted. *Exceptional Children, 47,* 6–10.

Ryan, R. M., & Deci, E. L. (1996). Intrinsic and extrinsic motivations: Classic definitions and new directions. *Contemporary Educational Psychology, 25,* 54–67.

Sarason, I. G., & Sarason, B. R. (1990). Test anxiety. In H. Leitenberg (Ed.), *Handbook of social and evaluation anxiety.* New York: Plenum Press.

Sarason, S., Davidson, K., Lighthall, F., Waite, R., & Ruebush, B. (1960). *Anxiety in elementary school children.* New York: John Wiley & Sons.

Schmitt, M. F., & Newby, T. J. (1986). Metacognition: Relevance to instructional design. *Journal of Instructional Development, 9*(4), 29-33.

Schunk, D. H. (1985). Self-efficacy and school learning. *Psychology in the schools, 22*, 208-223.

Schunk, D. H. (1990). Socialization and the development of self-regulated learning: The role of attribution. Paper presented at the annual meeting of the American Educational Research Association. Boston, MA.

Schunk, D. H. (1991). Self-efficacy academic motivation. *Educational Psychologist, 26*, 207-231.

Sears, W. W. (1968). Processes in music therapy. In E. T. Gaston (Ed.), *Music in therapy* (pp. 30-44). New York: Macmillan Publishing.

Seligman, M. E. P., & Maier, S. F. (1967). Failure to escape traumatic shock. *Journal of Experimental Psychology, 74*, 3-17.

Shehan, P. K. (1984). The effect of instruction method on preference, achievement and attentiveness for Indonesian gamelan music. *Psychology of Music, 12*(1), 34-42.

Siepker, B., & Kandaras, C. (Eds.). (1985). *Group therapy with children and adolescents: A treatment manual.* New York: Human Sciences Press.

Silver, A. A., & Hagin, R. A. (1990). *Disorders of learning in childhood.* New York: Wiley.

Smetana, J. G., Yau, J., Restrepo, A., & Braeges, J. L. (1991). Adolescent-parent Conflict in married and divorced families. Developmental Psychology, *27*(6), 1000-1010.

Spielberger, C. D. (1972). Anxiety as an emotional state. In C. D. Spielberger (Ed.), *Anxiety: Current in theory and research* (Vol. 1, pp. 23-49). New York: Academic Press.

Spielberger, C. D., Gonzalez, H. P., Taylor, C. J., Anton, W. D., Algaze, B., Ross, G. R., & Westbury, L. G. (1980). *Test-anxiety iInventory: Preliminary professional manual.* Palo Alto, CA: Consulting Psychologists Press.

Spielberger, C., D. & Vagg, P. R. (Eds.). (1995). *Test anxiety: Theory, assessment, and treatment.* Washington, DC: Taylor & Francis.

Stipek, D. (1998). *Motivation to learn: From theory to practice.* Boston: Allyn & Bacon.

Strang, R. (1960). *Helping your gifted child.* New York: Dutton.

Swanson, H. L. (1989). Strategy instruction: Overview of principles and procedures for effective use. *Learning Disability Quarterly, 12*, 3-12.

Swanson, H. L. (1990). Introduction derived from the strategy deficit model: Overview of principles and procedures. In T. Scruggs & B. Y. L. Wong (Eds.), *Intervention research in learning disabilities* (pp. 34-65). New York: Springer-Verlag.

Tannenbaum, A. J. (1979). Pre-Sputnik to post-Watergate concern about the gifted. In A. H. Passow (Ed.), *The gifted and the talented.* Chicago: Nationl Society for the Study of Education.

Taylor, R. G. (1964). Personality traits and discrepant achievement: A review. *Journal of Counseling Psychology, 11*, 76-82.

Terman, L. (1959). *Genetic studies of genius: The gifted group at midlife.* Stanford, CA: Stanford University Press.

Thaut, M. (1990). Neuropsychological precesses in music perception. In R. Unkefer (Ed.), *Music therapy in the treatment of adults with mental disorders.* New York: Schirmer Books.

Tobias, S. (1994). Interest, prior knowledge, and learning. *Review of Educational Research, 64*, 37-54.

Torgesen, J. K. (1991). Learning disabilities: Historical and conceptual issues. In B. Y. L. Wong (Ed.), *Learning about disabilities* (pp. 3-37). New York: Academic Press.

Torrance. E. P. (1962). *Guiding creative talent.* Englewood Cliffs, NJ: Pretice-Hall.

Tuma, J. M. (1989). Mental health services for children: The state of the art. *American Psychologist, 44*(2), 188-199.

Turnbull, H. R. III, Turnbull, A. P., Wehmeyer, M. L., & Park, J. Y. (2003). A quality of life framework for special education outcomes. *Remedial and Special Education, 24*(2), 67-74.

Vallerand, R. J., & Bissonnette, R. J. (1992). Intrinsic, extrinsic, and amotivational style as predictors of behavior: A prospective study. *Journal of Personality, 60*, 599-620.

Volet, S. E. (1991). Modeling and coaching of relevant metacognitive strategies for enhancing university students' learning. *Learning and Instruction, 1*, 319-336.

Watson, J. B., & Raynor, R. (1920). Conditioned emotional reactions. *Journal of Experimental Psychology, 3*, 1-14.

Wehmeyer M. L., Palmer S. B., Smith S. J., Parent W., Davies D. K., Stock S. (2003). Adult outcomes for students with cognitive disabilities three-years after high school: The impact of self-determination. *Education and Training in Developmental Disabilities, 38*(2), 131-144.

Weiner, I. B. (1984). Principles for a theory of student motivation and their implication within and attributional framework. In R. Ames & C. Ames (Eds.), *Research on motivation in education in education: Student motivation* (Vol. 1, pp. 15-38). New York: Academic Press.

Weiner, I. B. (2002). How to anticipate ethical and legal challenges in personality assessment. In J. N. Butcher (Ed.), *Clinical personality assessment* (2nd ed., pp. 126-134). New York: Oxford University Press.

Weinstein, C. E., & Mayer, R. E. (1986). The teaching of learning strategies. In M. C. Wittrock (Ed), *Handbook of research on teaching* (3rd ed., pp. 315-327). New York: Macmillan.

Weller, H. G., Repman, J., & Rooze. G. E. (1994). The relationship of learning, behavior, and cognitive style in hypermedia based instruction: Implications for design of HEB. In W. M. Reed, J. K. Burton, & M. Liu (Eds.), *Multimedia and megachange: New roles for educational computing*. New York: Haworth Press.

Wepman, A. (1975). *Auditory discrimination test*. Chicago: Language Research Association.

Wieke, T. C. (2003). 성공하는 10대의 비밀노트(장혜경 역). 파주: 푸른숲. (원전은 2002년 출간)

Wigfield, A., & Eccles, J. S. (1989). Test anxiety in elementary and secondary school students. *Educational Psychologist, 24*(2), 159-183.

Wine, J. D. (1971). Test anxiety and direction of attention. *Psychological Bulletin, 76,* 92-104.

Wine, J. D. (1980). Cognitive-attentional theory of test anxiety. In I. Sarason (Ed.), *Test anxiety, theory, research and applications* (pp. 349-384). Hillsdale, NJ: Lawrence Erlbaum Associate.

Winne, P. H., & Stockley, D. B. (1998). Computing technologies as sites for developing self-regulated learning. In D. H. Schunk & B. J. Zimmerman (Eds.), *Self-Regulated Learning* (pp. 106-136). New York: The Guilford Press.

Wodrich, D. L. (1994). *Attention deficit hyperactivity disorder: What every parent wants to know.* Baltimore, MD: Paul H. Brookes.

Wong, B. (1985). Self-questioning instructional research: A review. *Review of Educational Research*, 55, 227-268.

Woolfolk, A. E., & Hoy, W. K. (1990). Prospective teachers' sense of efficacy and beliefs about control. *Journal of Educational Psychology, 82,* 81-91.

Woolfolk, A. E. (2000). 교육심리학(김아영 외 역). 서울: 학문사. (원저는 1998년 출간)

Woolfolk, A. E. (2001). *Educational psychology* (8th ed.). Needham Heights, MA: Pearson Education.

Zeidner, M. (1998). *Test anxiety: The state of the art.* New York: Plenum Press.

Zenus, L., & Jones, S. (1993). 시간을 창조하라(이승영 역). 서울: 유나이티드컨설팅그룹.

Zimmerman, B. J. (1990). Self-regulated learning and academic achievement: An overview. *Journal of Educational Psychology, 25*(1), 3-17.

Zimmerman, B. J., & Martinez-Pons, M. (1986). Development of a structured interview for assessing student use of self-regulated learning strategies. *American Educational Research Journal, 23*, 614-628.

Zimmerman, B. J., & Martinez-Pons, M. (1990). Student differences in self-regulated learning: Relating grade, sex, and giftedness to self-efficacy and strategy use. *Journal of Educational Psychology, 82*(1), 51-59.

Zimmerman, B. J., & Martinez-Pons, M. (1992). Perceptions of efficacy and strategy use in the self-regulation of learning. In D. H. Schunk & J. L. Meece (Eds.), *Student perceptions in the classroom* (pp. 185-207). Hillsdale, NJ: Lawrence Erlbaum Associates.

Zion, E., & Jenvey V. B. (2006). Temperament and social behaviour at home and school among typically developing children and children with an intellectually disability. *Journal of Intellectual Disability Research, 50*(6), 445-456.

참고 사이트

마음사랑 http://www.maumsarang.co.kr

아이큐빅 www.mindbig.co.kr

종로도서관 http://www.jongnolib.go.kr

학지사 http://www.hakjisa.co.kr

한국가이던스 www.guidancepro.co.kr

한국교육개발원 https://www.kedi.re.kr

한국심리검사연구소 http://www.kpti.com

한국집중력센터 www.ikcc.co.kr

찾아보기

인 명

내 용

저자 소개

김동일 (dikimedu@snu.ac.kr)

현재 서울대학교 사범대학 교육학과 교육상담전공 및 특수교육전공 주임교수로 재직하고 있으며 한국학습장애학회 회장으로 재임하고 있다. 서울대학교 교육학과를 졸업하고 교육부 국비유학생으로 선발되어 University of Minnesta 교육심리학과에서 석사 및 박사 학위를 취득한 후 Develop-mental Studies Center Research Associate, 한국청소년상담원 상담교수, 경인교육대학교 교육학과 교수를 역임하였다. 『학습장애아동의 이해와 교육』『BASA: Reading』『특수아동상담』 등 30여 권의 저 · 역서와 100여 편의 학술논문 빛 20여 편의 상담사례 논문이 있다.

신을진 (ejshin815@hanmail.net)

현재 한국사이버대학교 상담학과 교수로 재직하고 있다. 서울대학교 교육상담전공으로 석사 및 박사 학위를 취득하였다. 경인교육대학교 BK연구원, 서울대학교 교육종합연구소 객원연구원, 서울대 대학생활문화원 상담연구원, 청정학습클리닉 상담실장을 역임하였다. 『학교학습상담매뉴얼』『굿바이사교육』『상담기관의 카운슬러되기』 등의 저 · 역서가 있다.

이명경 (ikcc_co_kr@hanmail.net)

현재 한국집중력센터 소장으로 재직하고 있다. 서울대학교 교육상담전공으로 석사 및 박사 학위를 취득하였다. Simon Fraser University (in Canada) Visiting Scholar, 서울대학교 교육종합연구원 객원연구원을 역임하였다. 『집중력이 내 아이의 인생을 결정한다』『10살 전 아이에게 꼭 심어줘야 할 5가지 품성』『초등학생 내 아이를 위한 공부의 기술』『학교 상담 컨설테이션』 등의 저서가 있다.

김형수 (hskim70@hotmail.com)

현재 루터대학교 상담학과 교수로 재직하고 있다. 서울대학교 교육상담전공으로 석사 및 박사 학위를 취득하였다. 한국청소년상담원 상담연구원, 서울대학교 대학생활문화원 특별상담원, 서울대학교 교육종합연구원 객원연구원을 역임하였다. 『학교학습상담 매뉴얼』『심리검사를 통한 학생의 이해』『상담 및 조력전문가를 위한 수퍼비전의 실제』 등의 저 · 역서와 30여 편의 학술논문이 있다.

상담학총서
COUNSELING SERIES

학습상담

2011년 1월 10일 1판 1쇄 발행
2024년 1월 25일 1판 9쇄 발행

지은이 • 김동일 · 신을진 · 이명경 · 김형수
펴낸이 • 김진환
펴낸곳 • (주) 학지사
04031 서울특별시 마포구 양화로 15길 20 마인드월드빌딩
대표전화 • 02)330-5114 팩스 • 02)324-2345
등록번호 • 제313-2006-000265호

홈페이지 • http://www.hakjisa.co.kr
인스타그램 • https://www.instagram.com/hakjisabook

ISBN 978-89-6330-297-3 93370

정가 18,000원

저자와의 협약으로 인지는 생략합니다.
파본은 구입처에서 교환해 드립니다.